Studien zum ausländischen und intern

317

Herausgegeben vom

Max-Planck-Institut für ausländisches
und internationales Privatrecht

Direktoren:
Jürgen Basedow, Holger Fleischer und Reinhard Zimmermann

Gunnar Franck

Der Direktanspruch gegen den Haftpflichtversicherer

Eine rechtsvergleichende Untersuchung zum deutschen und skandinavischen Recht

Mohr Siebeck

Gunnar Franck, geboren 1983; Studium der Rechtswissenschaften an den Universitäten Halle-Wittenberg und Bergen (Norwegen); Master-Studiengang Wirtschaftsrecht in Halle (Saale); 2009 Abschluss LL.M.oec.; 2009–11 Referendariat in Hamburg, 2014 Promotion an der Universität Hamburg; Wissenschaftlicher Referent für Skandinavien und die Niederlande am Max-Planck-Institut für ausländisches und internationales Privatrecht in Hamburg.

ISBN 978-3-16-153480-5
ISSN 0720-1141 (Studien zum ausländischen und internationalen Privatrecht)

Die Deutsche Nationalbibliothek verzeichnet diese Publikation in der Deutschen Nationalbibliographie; detaillierte bibliographische Daten sind im Internet über *http://dnb.dnb.de* abrufbar.

© 2014 Mohr Siebeck Tübingen. www.mohr.de

Das Werk einschließlich aller seiner Teile ist urheberrechtlich geschützt. Jede Verwertung außerhalb der engen Grenzen des Urheberrechtsgesetzes ist ohne Zustimmung des Verlags unzulässig und strafbar. Das gilt insbesondere für Vervielfältigungen, Übersetzungen, Mikroverfilmungen und die Einspeicherung und Verarbeitung in elektronischen Systemen.

Das Buch wurde von Gulde Druck in Tübingen auf alterungsbeständiges Werkdruckpapier gedruckt und von der Buchbinderei Nädele in Nehren gebunden.

Meiner Familie

Vorwort

Die vorliegende Arbeit wurde im Sommersemester 2014 von der Fakultät für Rechtswissenschaft der Universität Hamburg als Dissertation angenommen. Sie entstand während meiner Zeit als Referent für Skandinavien und die Niederlande am Max-Planck-Institut für ausländisches und internationales Privatrecht in Hamburg. Rechtsprechung und Literatur konnte ich bis Mai 2014 berücksichtigen.

Der erfolgreiche Abschluss des Werkes gibt Anlass, mich herzlich bei denen zu bedanken, die zu seinem Gelingen beigetragen haben. Zuvörderst gilt mein Dank dabei meinem Doktorvater Prof. Dr. Dr. h.c. mult. Jürgen Basedow, der das Entstehen der Arbeit stets gefördert und konstruktiv begleitet hat. Herrn Prof. Dr. Robert Koch danke ich für die Erstellung des Zweitgutachtens und wertvolle weiterführende Hinweise.

Auch zahlreiche Freunde und Kollegen haben zum Gelingen der Arbeit beigetragen. Herzlich bedanken möchte ich mich daher bei Dr. Till Feldmann, Johannes Schilling, Dr. Matteo Fornasier und Dr. Jan D. Lüttringhaus. Mein ganz besonderer Dank gilt auch meinen schwedischen Kollegen Dr. Jessika van der Sluijs, Dr. Mia Carlsson, Prof. Dr. Jori Munukka und Philip Mielnicki vom Stockholm Center for Commercial Law sowie Prof. Dr. Dr. h.c. mult. Bertil Bengtsson. Sie alle haben zu einem äußerst ertragreichen Forschungsaufenthalt an der Universität Stockholm beigetragen – Ett stort tack till er alla! Janina Jentz und Ingeborg Stahl haben mich überaus kenntnisreich bei der Textverarbeitung sowie bei der Drucklegung der Arbeit unterstützt. Dafür danke ich ihnen herzlich.

Diese Arbeit wäre nicht entstanden ohne die fortwährende Unterstützung meiner Familie, insbesondere meiner Eltern und meines Bruders. Ihnen widme ich diese Arbeit.

Hamburg, im September 2014 *Gunnar Franck*

Inhaltsübersicht

Inhaltsverzeichnis XI
Abkürzungsverzeichnis XXI

§ 1 Einleitung 1

Kapitel 1 – Grundlagen

§ 2 Haftpflichtversicherung 7
§ 3 Direktanspruch in der Haftpflichtversicherung.................30
§ 4 Völker- und unionsrechtliche Vorgaben für die
     Kfz-Pflichtversicherung 62

Kapitel 2 – Direktanspruch in Deutschland und Schweden

§ 5 Geschichte des Direktanspruches......................................77
§ 6 Reichweite des Direktanspruches 89
§ 7 Inhalt des Direktanspruches 107
§ 8 Verjährung des Direktanspruches 116
§ 9 Auskunftsansprüche des Geschädigten...........................123
§ 10 Mitwirkungspflichten des Geschädigten gegenüber dem
     Versicherer 132
§ 11 Einwendungen des Versicherers aus dem
     Versicherungsverhältnis..140
§ 12 Bindungswirkung des Haftungsverhältnisses 181
§ 13 Regress des Versicherers 192
§ 14 Zugriff auf den Freistellungsanspruch außerhalb des
     Direktanspruches...200

Kapitel 3 – Schlussteil

§ 15 Zusammenfassung der wichtigsten Ergebnisse...............211
§ 16 Sieben Thesen zum Direktanspruch................................219

Literaturverzeichnis 221
Sachverzeichnis 229

Inhaltsverzeichnis

Abkürzungsverzeichnis XXI

§ 1 Einleitung 1
A. Gegenstand der Arbeit 2
B. Anlass der Arbeit 2
C. Methodik 4
D. Aufbau 5

Kapitel 1 – Grundlagen

§ 2 Haftpflichtversicherung 7
A. Haftpflichtversicherungsvertrag 7
   I. Rechtliche Rahmenbedingungen 7
      1. Gesetzliche Regelungen 7
      2. Allgemeine Versicherungsbedingungen 8
      3. Rechtsprechung und Schlichtungsstellen 9
      4. Gesetzesmaterialien 11
   II. Inhalt des Versicherungsvertrages 12
      1. Ansprüche des Versicherungsnehmers 12
      2. Regulierungsvollmacht des Versicherers 14
      3. Ansprüche des Versicherers 14
      4. Obliegenheiten des Versicherungsnehmers 14
B. Arten der Haftpflichtversicherung 16
   I. Freiwillige Haftpflichtversicherungen 16
      1. Definition und Zweck 16
      2. Versicherbare Risiken 18
   II. Pflichtversicherungen 18
      1. Definition und Zweck 18
      2. Pflichtversicherungen in Deutschland und Schweden 19
         a) Deutschland 20
         b) Schweden 21
   III. Verbraucher- und Unternehmerversicherung 22
C. Stellung des Geschädigten in der Haftpflichtversicherung 24

    I. Ausgangslage: Kein eigenes Forderungsrecht des Geschädigten 24
    II. Schutzmechanismen zugunsten des Geschädigten 26
        1. Freiwillige Haftpflichtversicherung 26
        2. Pflichtversicherung 28
D. Ergebnis 29

§ 3 Direktanspruch in der Haftpflichtversicherung 30

A. Grundlagen 30
    I. Definitionen 30
    II. Dogmatische Einordnung des gesetzlichen Direktanspruches 31
    III. Arten des gesetzlichen Direktanspruches 33
B. Abgrenzung zu anderen Durchgriffsrechten 35
    I. Abtretung des Freistellungsanspruches 35
    II. Haftpflichtversicherungsvertrag als Vertrag zugunsten Dritter 36
        1. Grundlagen 36
        2. Beispiele eines vertraglichen Direktanspruches 37
        3. Einschätzung 39
    III. Haftpflichtversicherer als alleiniger Verpflichteter 39
        1. Grundlagen 39
        2. Regelungsinhalt der trafik- und patientförsäkring 40
        3. Einschätzung 42
    IV. Ergebnis 43
C. Rechtspolitische Diskussion um den gesetzlichen Direktanspruch 44
    I. Pro 44
        1. Stärkung der Rechtsstellung des Geschädigten 44
        2. Zweck und Wirkung der Haftpflichtversicherung 44
        3. Erleichterte Schadensabwicklung 45
        4. Effizienz und Beschleunigung des Verfahrens 46
        5. Entlastung des Versicherungsnehmers 47
        6. Vertrauensverhältnis zwischen Schädiger und Geschädigtem 47
        7. Stärkung der Rechtsstellung des Versicherers 48
        8. Entschärfung der Interessenkonflikte des Versicherers 48
        9. Berücksichtigung einer Haftpflichtversicherung für die Haftung 49
        10. Direktanspruch als Verbraucherschutz? 52
    II. Contra 53
        1. Trennung von Haftung und Versicherung 53
            a) Aussage des Trennungsprinzips 53

	b) Anerkannte Wechselwirkungen zwischen Haftung und Versicherung 54
	c) Einschätzung 55
2.	Kontrollverlust des Versicherungsnehmers 57
3.	Informationsdefizit des geschädigten Dritten 57
4.	Schwächung der Präventivfunktion des Haftungsrechts.............58
5.	Prämienerhöhungen..60
6.	Missbrauchsgefahr 60
III.	Ergebnis 61

§ 4 Völker- und unionsrechtliche Vorgaben für die Kfz-Pflichtversicherung 62

A. Das Straßburger Übereinkommen von 1959 63
   I.   Hintergrund..63
   II. Inhaltliche Vorgaben...64
      1. Pflichtversicherung 64
      2. Direktanspruch 64
B. Unionsrechtliche Vorgaben 66
   I.   Erste bis Dritte Kraftfahrzeughaftpflicht-Richtlinien 66
   II. Vierte Kraftfahrzeughaftpflicht-Richtlinie 66
   III. Fünfte Kraftfahrzeughaftpflicht-Richtlinie 67
   IV. Sechste Kraftfahrzeughaftpflicht-Richtlinie 68
      1. Hintergrund 68
      2. Umfang des Direktanspruches 68
      3. Drittwirkung der Einwendungen des Versicherers 68
         a) Ausdrückliche Einwendungsausschlüsse 68
         b) Allgemeiner Einwendungsausschluss 69
   V. Verhältnis zum „Grüne-Karte-System" 70
      1. Hintergrund und Zweck des „Grüne-Karte-Systems"................70
      2. Rechte des Geschädigten..72
C. Ergebnis 74

Kapitel 2 – Direktanspruch in Deutschland und Schweden

§ 5 Geschichte des Direktanspruches 77

A. Deutschland 77
   I.   Rechtslage vor der VVG-Reform 78
   II. VVG-Reform von 2008 79
      1. Vorschlag der Reformkommission 79
      2. Ablehnung des Kommissionsentwurfes durch den GDV 80
      3. Referentenentwurf und Regierungsentwurf 81

		4. Verfahren im Bundestag 82
B.	Schweden 83
	I.	Rechtslage vor der FAL-Reform 83
	II.	FAL-Reform von 2005 84
		1. Verbraucherversicherungsgesetz..84
		2. Vorschlag für ein Schadensversicherungsgesetz 85
		3. Arbeiten an einem neuen FAL 86
C.	Vergleich und Ergebnis 88

§ 6 Reichweite des Direktanspruches 89

A. Deutschland 89
   I. Direktanspruch bei der Kfz-Pflichtversicherung 90
   II. Direktanspruch bei anderen Pflichtversicherungen 90
      1. Insolvenz des Versicherungsnehmers (§ 115 Abs. 1
        Satz 1 Nr. 2 VVG)...90
      2. Analoge Anwendung von § 115 Abs. 1 Satz 1 Nr. 2
        VVG? 92
      3. Unbekannter Aufenthalt des Versicherungsnehmers
        (§ 115 Abs. 1 Satz 1 Nr. 3 VVG)..94
      4. Nachträglicher Wegfall der Voraussetzungen eines
        Direktanspruches..95
B. Schweden 96
   I. Direktanspruch bei Pflichtversicherungen 96
   II. Direktanspruch bei freiwilligen Haftpflichtversicherungen 96
      1. Insolvenz des Schädigers 96
      2. Schädiger ist eine inzwischen aufgelöste juristische
        Person...98
      3. Subsidiäre Haftung des Versicherers bei
        Einwendungsausschlüssen 99
      4. Versicherungsnehmer behält die Versicherungssumme 100
   III. Direktansprüche in Spezialgesetzen 101
C. Übriges Skandinavien 102
   I. Norwegen..102
   II. Dänemark..103
   III. Finnland 104
D. Vergleich und Ergebnis 105

§ 7 Inhalt des Direktanspruches 107

A. Deutschland 108
   I. Vom Direktanspruch erfasste Ansprüche 108
   II. Inhalt und Umfang des Direktanspruches.....................................111
B. Schweden 112

	I.	Vom Direktanspruch erfasste Ansprüche 112
	II.	Inhalt und Umfang des Direktanspruches......................................114
C. Vergleich und Ergebnis 114

§ 8 Verjährung des Direktanspruches 116
A. Deutschland 116
B. Schweden 118
C. Vergleich und Ergebnis 121

§ 9 Auskunftsansprüche des Geschädigten 123
A. Deutschland 124
    I.   Private Auskunftsstellen 124
    II.   Behörden 124
        1. Aufsichtsbehörden...124
        2. Auskunftsanspruch 125
    III. Schädiger 126
    IV. Haftpflichtversicherer 127
    V.   Ergebnis 128
B. Schweden 129
    I.   Private Auskunftsstellen 129
    II.   Behörden 129
    III. Schädiger und Haftpflichtversicherung 130
    IV. Ergebnis 130
C. Vergleich und Ergebnis 131

§ 10 Mitwirkungspflichten des Geschädigten gegenüber dem Versicherer 132
A. Deutschland 133
    I.   Mitwirkungspflichten..133
    II.   Rechtsfolge der Verletzung 136
B. Schweden 138
    I.   Anzeige- und Aufklärungspflicht 138
    II.   Unrichtige Angaben gegenüber der Versicherung......................138
    III. Weitere Mitwirkungspflichten 139
C. Vergleich und Ergebnis 139

§ 11 Einwendungen des Versicherers aus dem Versicherungsverhältnis..140
A. Versicherungsrechtliche Einwendungen..141
    I.   Zahlungsverzug...141
        1. Deutschland...142

    a) Innenverhältnis 142
    b) Drittwirkung 143
  2. Schweden 144
    a) Innenverhältnis 144
    b) Drittwirkung 145
  3. Vergleich und Ergebnis 146
 II. Verletzungen versicherungsrechtlicher Obliegenheiten 147
  1. Deutschland 148
    a) Innenverhältnis 148
     (1) Vorvertragliche Anzeigepflicht 148
     (2) Gefahrerhöhung 148
     (3) Rettungsobliegenheit 149
     (4) Vertragliche Obliegenheiten 149
     (5) Anzeige- und Auskunftsobliegenheit nach Eintritt
       des Versicherungsfalles 150
    b) Drittwirkung 150
  2. Schweden 151
    a) Innenverhältnis 151
     (1) Vorvertragliche Anzeigepflicht 151
     (2) Gefahrerhöhung 152
     (3) Rettungsobliegenheit 152
     (4) Vertragliche Obliegenheit 153
     (5) Anzeige- und Auskunftsobliegenheit nach Eintritt
       des Versicherungsfalles 153
    b) Drittwirkung 154
     (1) Verstoß gegen Anzeigepflicht und unerlaubte
       Gefahrerhöhung 154
     (2) Verstoß gegen Rettungsobliegenheit und
       vertragliche Obliegenheiten 154
     (3) Verstoß gegen Anzeige- und
       Auskunftsobliegenheit nach Eintritt des
       Versicherungsfalles 155
  3. Vergleich und Ergebnis 155
    a) Verstoß gegen die vorvertragliche Anzeigepflicht 155
    b) Verletzung vertraglicher Obliegenheiten 156
    c) Verletzung der Anzeige-, Auskunfts- und
     Belegobliegenheiten 157
B. Vorsätzliche Herbeiführung des Versicherungsfalles 157
 I. Deutschland 158
  1. Innenverhältnis 158
  2. Drittwirkung 159
 II. Schweden 159
  1. Innenverhältnis 159

		2. Drittwirkung...160
	III.	Übriges Skandinavien 160
	IV.	Vergleich und Ergebnis 161
C.	Vertragliche Risikoausschlüsse und Selbstbehalt....................................162
	I.	Deutschland 163
		1. Vertragliche Risikoausschlüsse..163
		a) Innenverhältnis 163
		b) Drittwirkung...163
		2. Selbstbehalt 164
	II.	Schweden..164
		1. Vertragliche Risikoausschlüsse..164
		a) Innenverhältnis 164
		b) Drittwirkung...164
		2. Selbstbehalt 165
	III.	Vergleich und Ergebnis 165
D.	Andere Einwendungen des Versicherers 166
	I.	Deutschland 166
	II.	Schweden..167
	III.	Vergleich und Ergebnis 168
E.	Drittwirkung der Einwendungen in anderen skandinavischen Ländern 168
	I.	Grundsatz: Drittwirkung...169
	II.	Einwendungsausschlüsse 169
		1. Norwegen 169
		2. Finnland und Dänemark...170
F.	Drittwirkung von Einwendungen bei der Kfz-Pflichtversicherung..........172
	I.	Unionsrechtliche Vorgaben 172
	II.	Umsetzung der Richtlinienvorgaben 174
G.	Vergleich und Ergebnis 175
	I.	Innenverhältnis..175
	II.	Drittwirkung...176
		1. Grundsatz der uneingeschränkten Drittwirkung 176
		2. Ausnahmen..176
		a) Pflichtversicherungen..176
		b) Vorsätzliche Herbeiführung des Versicherungsfalles 180
		c) Einwendungsausschluss unabhängig vom Direktanspruch 181

§ 12 Bindungswirkung des Haftungsverhältnisses...181

A.	Deutschland 182
	I.	Schadensrechtliche Einwendungen...182
	II.	Erlass...183

	III. Aufrechnung	184
	IV. Anerkenntnis und Vergleich	185
	V. Gerichtliches Urteil im Haftungsprozess	186
	1. Grundsatz	186
	2. Rechtskrafterstreckung eines klagabweisenden Urteils	186
	3. Bindungswirkung stattgebender Haftungsurteile	187
B.	Schweden	188
	I. Schadensrechtliche Einwendungen	188
	II. Erlass	189
	III. Aufrechnung	189
	IV. Anerkenntnis und Vergleich	190
	V. Gerichtliches Urteil im Haftungsprozess	190
C.	Vergleich und Ergebnis	191

§ 13 Regress des Versicherers 192

A.	Deutschland	192
	I. Regresssituationen	192
	II. Regressanspruch des Versicherers	193
	III. Bindungswirkung der Regulierungsentscheidung	194
B.	Schweden	195
	I. Regresssituationen	195
	II. Regressanspruch des Versicherers	195
	1. Ausdrücklicher gesetzlicher Regressanspruch nach dem FAL	195
	2. Allgemeiner Regressanspruch aus der Natur der Sache	196
	3. Regressansprüche nach TsL und PsL	197
	III. Die Bindungswirkung der Regulierungsentscheidung	197
C.	Vergleich und Ergebnis	198
	I. Regress als logische Folge von Einwendungsausschlüssen	198
	II. Regress als Schadensersatz	198
	III. Bindungswirkung der Regulierungsentscheidung	199

§ 14 Zugriff auf den Freistellungsanspruch außerhalb des Direktanspruches 200

A.	Deutschland	201
	I. Abtretung des Freistellungsanspruches	201
	1. Zulässigkeit	201
	2. Rechtsstellung des Geschädigten	202
	II. Zwangsvollstreckung in den Freistellungsanspruch	203
	1. Zulässigkeit	203
	2. Rechtsstellung des Geschädigten	203
	III. Schutz des Freistellungsanspruches für den Geschädigten	203

B. Schweden 204
    I. Abtretung des Freistellungsanspruches 204
        1. Zulässigkeit 204
        2. Rechtsstellung des Geschädigten 205
    II. Zwangsvollstreckung in den Freistellungsanspruch 205
        1. Zulässigkeit 205
        2. Rechtsstellung des Geschädigten 206
    III. Schutz des Freistellungsanspruches 207
C. Vergleich und Ergebnis 207

Kapitel 3 – Schlussteil

§ 15 Zusammenfassung der wichtigsten Ergebnisse 211
A. Grundlagen 211
    I. Haftpflichtversicherung (§ 2) 211
    II. Direktanspruch in der Haftpflichtversicherung (§ 3) 212
    III. Völker- und unionsrechtliche Vorgaben für die Kfz-
        Pflichtversicherung (§ 4) 212
B. Direktanspruch in Deutschland und Schweden 213
    I. Geschichte des Direktanspruches (§ 5) 213
    II. Reichweite des Direktanspruches (§ 6) 213
    III. Inhalt des Direktanspruches (§ 7) 214
    IV. Verjährung des Direktanspruches (§ 8) 215
    V. Auskunftsansprüche des Geschädigten (§ 9) 215
    VI. Mitwirkungspflichten des Geschädigten gegenüber dem
        Versicherer (§ 10) 216
    VII. Einwendungen des Versicherers aus dem
        Versicherungsverhältnis (§ 11) 216
    VIII. Bindungswirkung des Haftungsverhältnisses (§ 12) 217
    IX. Regress des Versicherers (§ 13) 218
    X. Zugriff auf den Freistellungsanspruch außerhalb des
        Direktanspruches (§ 14) 219

§ 16 Sieben Thesen zum Direktanspruch 219

Literaturverzeichnis 221
Sachverzeichnis 229

Abkürzungsverzeichnis

a. A.	anderer Ansicht
a. E.	am Ende
AcP	Archiv für die civilistische Praxis
a. F.	alte Fassung
AHB	Allgemeine Versicherungsbedingungen für die Haftpflicht-versicherung
AKB	Allgemeine Bedingungen für die Kfz-Versicherung
AMG	Arzneimittelgesetz
AtG	Atomgesetz
AtomL	(Schwedisches) Atomansvarighetslag (1968:45)
AVB	Allgemeine Versicherungsbedingungen
AVB-AVG	Allgemeine Versicherungsbedingungen für die Vermögensschaden-Haftpflichtversicherung von Aufsichtsräten, Vorständen und Geschäftsführern
BEK	Bekendtgørelse (Dänemark)
BGB	Bürgerliches Gesetzbuch
BGH	Bundesgerichtshof
BJagdG	Bundesjagdgesetz
BMJ	Bundesministerium der Justiz
BRAO	Bundesrechtsanwaltsordnung
BT-Drs.	Bundestagsdrucksache
DäFAL	Dänisches „Lov om forsikringsaftaler" (1986:726)
DL-InfoV	Dienstleistungs-Informationspflichten-Verordnung
Ds.	Departementsserien (Schweden)
DStR	Das deutsche Steuerrecht (Zeitschrift)
EG	Europäische Gemeinschaft
EhfG	Entwicklungshelfer-Gesetz
EU	Europäische Union
EuGH	Europäischer Gerichtshof
EWG	Europäische Wirtschaftsgemeinschaft
EWR	Europäischer Wirtschaftsraum
FAL	(Schwedisches) Försäkringsavtalslag (2005:104)
FiFAL	Finnisches „Lag om försäkringsavtal" (1994:543)
FFFS	Finansinspektionens Författningssammling (Schweden)
GDV	Gesamtverband der Deutschen Versicherungswirtschaft e.V.

XXII *Abkürzungsverzeichnis*

GenTG	Gentechnikgesetz
GFAL	(Schwedisches) Gamla („altes") Försäkringsavtalslag (1927:77)
HD	Högsta domstolen (Schweden)
h.M.	herrschende Meinung
HmbHundeG	Hamburgisches Hundegesetz
i.E.	im Ergebnis
i.e.S.	im eigentlichen Sinne
IFG	Informationsfreiheitsgesetz
InsO	Insolvenzordnung
IPRax	Praxis des Internationalen Privat- und Verfahrensrechts
i.S.d.	im Sinne des
i.S.v.	im Sinne von
i.V.m.	in Verbindung mit
i.w.S.	im weiteren Sinne
JT	Juridisk Tidskrift (Schweden)
Kfz	Kraftfahrzeug
KfzPflVV	Kraftfahrzeug-Pflichtversicherungsverordnung
KG	Kammergericht
KH	Kraftfahrzeughaftpflicht
LuftVG	Luftverkehrsgesetz
MB	(Schwedisches) Miljöbalk (1998:808)
Muster-AHB 2012	Musterbedingungen des GDV für AHB aus dem Jahre 2012
Muster-AKB 2008	Musterbedingungen des GDV für AKB aus dem Jahre 2008
ND	Nordiske Domme i Sjøfartsanliggender
n.F.	neue Fassung
NFT	Nordisk Försäkringstidskrift
NZI	Neue Zeitschrift für das Recht der Insolvenz und Sanierung
NOU	Norges offentlige utredningar (Norwegen)
NJA	Nytt Juridiskt Arkiv (Schweden)
NJW	Neue Juristische Wochenschrift
NJW-RR	NJW-Rechtsprechungs-Report
NoFAL	Norwegisches „Forsikringsavtaleloven" (1989:69)
NVersZ	Neue Zeitschrift für Versicherung und Recht
NZA	Neue Zeitschrift für Arbeitsrecht
NZV	Neue Zeitschrift für Verkehrsrecht
OLG	Oberlandesgericht
PEICL	Principles of European Insurance Contract Law
PflVG	Pflichtversicherungsgesetz
Prop.	Proposition (Schweden)
PsL	(Schwedisches) Patientskadelag (1996:799)

RabelsZ	Rabels Zeitschrift für ausländisches und internationales Privatrecht
RG	Reichsgericht
RIW	Recht der Internationalen Wirtschaft (Zeitschrift)
r+s	Recht und Schaden (Zeitschrift)
Sc.St.L.	Scandinavian Studies in Law
SFS	Svensk författningssamling (Schweden)
SjöL	(Schwedisches) Sjölag (1994:1009)
SkL	(Schwedisches) Skadeståndslag (1972:207)
SOU	Statens offentliga utredningar (Schweden)
StBerG	Steuerberatungsgesetz
StGB	Strafgesetzbuch
StVG	Straßenverkehrsgesetz
SvJT	Svensk Juristtidning (Schweden)
TranspR	Transportrecht (Zeitschrift)
TsL	(Schwedisches) Trafikskadelag (1975:1410)
Uabs.	Unterabsatz
UB	(Schwedisches) Utsökningsbalk (1981:774)
UHG	Umwelthaftungsgesetz
VersR	Zeitschrift für Versicherungsrecht, Haftungs- und Schadensrecht
VomVO	Verfahrensordnung des Versicherungsombudsmanns
VP	Die Versicherungspraxis (Zeitschrift)
VuR	Verbraucher und Recht (Zeitschrift)
VVG	Versicherungsvertragsgesetz
VW	Versicherungswirtschaft (Zeitschrift)
WaffG	Waffengesetz
WiPrO	Wirtschaftsprüferordnung
ZfRV	Zeitschrift für Europarecht, Internationales Privatrecht und Rechtsvergleichung
ZEuP	Zeitschrift für Europäisches Privatrecht
ZGR	Zeitschrift für Gemeinschaftsprivatrecht
zit.	zitiert
ZVersWiss	Zeitschrift für die gesamte Versicherungswissenschaft

§ 1 Einleitung

Mit dem Abschluss einer Haftpflichtversicherung sichert sich der Versicherungsnehmer gegen das wirtschaftliche Risiko ab, einem Dritten gegenüber schadensersatzpflichtig zu werden. Kraft des Versicherungsvertrages hat der Versicherungsnehmer einen Anspruch darauf, dass der Versicherer nach einem (vermeintlich) eingetretenen Schadensereignis prüft, ob und inwieweit einem Dritten Schadensersatzansprüche gegen den Versicherungsnehmer zustehen. Berechtigte Ansprüche hat der Versicherer zu befriedigen; unberechtigte Ansprüche hat der Versicherer abzuwehren. Damit der Versicherer diesen Verpflichtungen nachkommen kann, erteilt ihm der Versicherungsnehmer in der Regel eine Vollmacht zur Regulierung des Versicherungsfalles. Besteht für einen Schaden eine Haftpflichtversicherung, rückt der Versicherer also bei der Schadensabwicklung in eine zentrale Rolle.

Es liegt ferner im Wesen der Haftpflichtversicherung, dass der geschädigte Dritte hierbei eine besondere Stellung einnimmt. Denn sein Schadensersatzanspruch ist Inhalt des versicherten Risikos. Es entspricht der rechtlichen Interessenlage aller Beteiligten, dass der Geschädigte im Falle berechtigter Schadensersatzansprüche durch Auszahlung der Versicherungssumme befriedigt wird. Der Geschädigte erhält eine Kompensation für seinen Schaden, der Versicherungsnehmer erfüllt seine Schadensersatzpflicht und der Versicherer kommt seiner Freistellungsverpflichtung aus dem Versicherungsvertrag nach.

Aufgrund dieser Funktionsweise einer Haftpflichtversicherung liegt es nahe, die Schadensregulierung unmittelbar zwischen dem Geschädigten und dem Versicherer – ohne den „Umweg" über den Versicherungsnehmer – vorzunehmen. Zunächst hat der Geschädigte allerdings keine unmittelbaren Ansprüche gegenüber dem Versicherer. Der Haftpflichtversicherungsvertrag ist nämlich grundsätzlich kein Vertrag zugunsten des geschädigten Dritten. Dieser kann sich nur an den Versicherungsnehmer halten, der wiederum in Rücksprache mit seinem Versicherer tritt. Eine Möglichkeit, dem Geschädigten ein unmittelbares Vorgehen gegen den Versicherer zu ermöglichen, besteht darin, ihm einen *gesetzlichen Direktanspruch* einzuräumen. Diese Durchgriffsmöglichkeit durchbricht freilich den Grundsatz der Relativität der Schuldverhältnisse und birgt daher erhebliches Konfliktpotential. Entscheidet sich der Gesetzgeber für die Gewährung eines solchen gesetzlichen Direktanspruches, ist durch dessen rechtliche Ausgestaltung zugleich sicherzustellen, dass hierdurch keine berechtigten Interessen der Beteiligten verletzt werden.

A. Gegenstand der Arbeit

Die vorliegende Arbeit untersucht zunächst, welches die prägenden und charakteristischen Merkmale und Eigenschaften einer Haftpflichtversicherung und der Rechtsfigur des gesetzlichen Direktanspruches sind. Darauf aufbauend soll herausgearbeitet werden, welche Argumente für und welche gegen eine Regulierung der Haftpflichtversicherung durch einen gesetzlichen Direktanspruch sprechen. Anschließend wird analysiert, inwieweit dem Geschädigten vom deutschen und schwedischen Gesetzgeber ein solcher Direktanspruch gegenüber dem Haftpflichtversicherer eingeräumt wird, wenn sein Schaden von einer entsprechenden Haftpflichtversicherung gedeckt ist. Darauf folgend wird beleuchtet, wie der gesetzliche Direktanspruch in diesen Fällen rechtlich ausgestaltet wird. Eine direkte Schadensabwicklung kann wie bereits angedeutet – wegen der Durchbrechung des Grundsatzes der Relativität der Schuldverhältnisse – insbesondere zu Nachteilen für den nun unmittelbar gegenüber dem Geschädigten verpflichteten Versicherer und den insoweit „übergangenen" Versicherungsnehmer führen. Durch entsprechende Regelungen ist deswegen sicherzustellen, dass ihre berechtigten Interessen nicht verletzt werden. Daher ist ein besonderes Augenmerk darauf zu legen, wie die untersuchten Rechtsordnungen mit dieser Herausforderung umgehen.

B. Anlass der Arbeit

Die Versicherungsvertragsgesetze in Deutschland (seit 1908) und Schweden (seit 1927) hatten viele Jahrzehnte im Wesentlichen unverändert Bestand und galten weithin zuletzt als – zumindest teilweise – nicht mehr zeitgemäß. Anfang des neuen Jahrtausends modernisierten daher beide Länder umfassend ihre Versicherungsvertragsgesetze. In Deutschland trat im Jahr 2008 ein neues VVG[1] und in Schweden trat im Jahr 2006 ein neues *försäkringsavtalslag* (FAL)[2] in Kraft. Im Rahmen dieser Reformen wurde jeweils auch das Recht der Haftpflichtversicherung umfassend erneuert. In beiden Ländern wurde während des Gesetzgebungsprozesses kontrovers diskutiert, inwieweit dem Geschädigten bei einer Haftpflichtversicherung ein gesetzlicher Direktanspruch eingeräumt werden sollte. In beiden Ländern wurden außerdem die Gesetzesvorschläge für die Regelung über einen gesetzlichen Direktanspruch als einer der wenigen Punkte noch während des Gesetzgebungsprozesses wesentlich geändert. Vor diesen Reformen sahen sowohl das deutsche als auch das schwedische Recht nur sehr restriktiv einen Direktanspruch für den Geschädigten vor. Beide

---
[1] Versicherungsvertragsgesetz, BGBl. I 2007, S. 2631.
[2] Försäkringsavtalslag (2005:104), SFS 2005:104.

Rechtsordnungen öffneten sich mit den jüngsten Reform für die Möglichkeit eines Direktanspruches – wenn auch in sehr unterschiedlichem Maße.

Gerade auch vor dem Hintergrund der Initiativen zur Rechtsvereinheitlichung im Rahmen eines europäisches Versicherungsvertragsrechts,[3] das auch Regelungen über die Haftpflichtversicherung enthalten wird, ist es von Interesse, zu beleuchten, welche Regelungen das deutsche und schwedische Recht in Bezug auf den Direktanspruch gefunden haben, welche Argumente im Reformprozess für und wider einen Direktanspruch ausgetauscht wurden, wie die konkrete gesetzliche Ausgestaltung des Direktanspruches aussieht und welche Alternativen zu einem gesetzlichen Direktanspruch in beiden Rechtsordnungen bestehen.

Schließlich ist die Beschäftigung mit den Regelungen anderer europäischer Rechtsordnungen auf dem Gebiete des Direktanspruches in der Haftpflichtversicherung auch von ganz praktischem Nutzen: Der EuGH hat nämlich in seinem Urteil in der Rechtssache *Jack Odenbreit* entschieden, dass die Vorschriften über die internationale Zuständigkeit in Art. 11 Abs. 2 i.V.m. Art. 9 Abs. 1 lit. b Brüssel I-VO[4] dahin auszulegen sind, dass „der Geschädigte vor dem Gericht des Ortes in einem Mitgliedstaat, an dem er seinen Wohnsitz hat, eine unmittelbare Klage gegen den Versicherer erheben kann, sofern eine solche unmittelbare Klage zulässig ist und der Versicherer im Hoheitsgebiet eines Mitgliedstaates ansässig ist".[5] Ob eine solche Direktklage gegen einen ausländischen Haftpflichtversicherer zulässig ist, ist wiederum nach der durch Art. 18 Rom II-VO[6] berufenen Rechtsordnung zu beantworten. Hiernach kann der Geschädigte seinen

---

[3] Zentral ist auf diesem Feld ist v. a. die Arbeit der Expertengruppe „Restatement of European Insurance Contract Law", die die „Principles of European Insurance Contract Law (PEICL)" ausarbeitet. Bislang ist der erste Band des PEICL im Jahre 2009 veröffentlicht worden, der Regelungen zum Allgemeinen Versicherungsvertragsrechts entwirft: *Basedow* u. a. (Hrsg.): Principles of European Insurance Contract Law (PEICL). Für besondere Versicherungsverträge wie z.B. die Haftpflichtversicherung werden Modellregelungen folgen. Ausführlich zu Arbeit und Perspektiven der Expertengruppe: <www.mpi priv.de/de/pub/forschung/privatrecht_vereinheitlichung/peicl.cfm> (Stand: 20.08.2014), zur Europäisierung des Versicherungsvertragsrechts siehe außerdem: *Basedow,* in: ZEuP 2007, 280 ff.

[4] „Verordnung des Rates über die gerichtliche Zuständigkeit und die Anerkennung und Vollstreckung von Entscheidungen in Zivil- und Handelssachen" vom 22. Dezember 2000, VO 44/2001/EG, ABl. 2000 L 12/01.

[5] EuGH, Urt. v. 13.12.2007, C-463/06 – *Jack Odenbreit* Rn. 31. Der Gerichtshof bestätigte diese Aussage in EuGH, Urt. v. 17.09.2009, C-347/08 – *Vorarlberger Gebietskasse* Rn. 30, stellte aber zugleich fest, dass dieser besondere Klägergerichtsstand nicht einem Sozialversicherungsträger als Legalzessionär der Ansprüche eines unmittelbar Geschädigtem zusteht (Rn. 40 ff.); siehe hierzu: *Lüttringhaus,* in: VersR 2010, 183 (184 ff.); *Hartenstein,* in: TranspR 2013, 20 (22 ff.); *Micha,* in: IPRax 2011, 121 (122 f.).

[6] „Verordnung über das auf außervertragliche Schuldverhältnisse anzuwendende Recht" vom 11. Juli 2007, VO 864/2007/EG, ABl. 2007 L 199/40.

Anspruch dann direkt gegen den Versicherer des Haftenden geltend machen, wenn dies nach dem auf das außervertragliche Schuldverhältnis oder nach dem auf den Versicherungsvertrag anzuwenden Recht vorgesehen ist. Bei Klagen gegen einen in einem anderen Mitgliedstaat ansässigen Haftpflichtversicherer wird sich das Recht des Geschädigten zur Direktklage mithin oft (auch) nach einer ausländischen Rechtsordnung bestimmen, so dass bereits aus diesem pragmatischen Anlass ein Blick über die deutschen Grenzen lohnt.

C. Methodik

Die Arbeit bedient sich der Methode der Rechtsvergleichung.[7] Es wird untersucht und dargestellt, wie die mit dem gesetzlichen Direktanspruch gegen den Haftpflichtversicherer verbundenen einzelnen Sachprobleme gelöst werden. Es soll also funktionelle Rechtsvergleichung betrieben werden.[8] Dafür werden das deutsche und das schwedische Recht umfassend und durchgehend untersucht und einander vergleichend gegenübergestellt. Soweit in den skandinavischen Nachbarrechtsordnungen Dänemark, Norwegen und Finnland für diese Untersuchung interessante Lösungen gefunden wurden, werden diese ebenfalls punktuell dargestellt. Dabei finden sich insbesondere in den ebenfalls bereits reformierten Versicherungsvertragsgesetzen Norwegens (1990) und Finnlands (1995) bemerkenswerte Regelungen.

Die schwedische Rechtsordnung ist als Vergleichsrechtsordnung für das Thema dieser Arbeit prädestiniert, da hier zur selben Zeit wie in Deutschland eine Reform des Versicherungsvertragsgesetzes stattfand, in Bezug auf den Direktanspruch in der Haftpflichtversicherung aber deutlich abweichende Lösungen gefunden wurden. Ferner stehen die skandinavischen Rechtsordnungen zu Recht im Rufe, weniger dogmentreu und dafür stark an den Realitäten ausgerichtet zu sein, so dass sie oft ein Vorbild mit fortschrittlichen, modernen und pragmatischen Gesetzen sind.[9] Daher sind auch Blicke in die Nachbarländer Schwedens lohnenswert, deren Versicherungsvertragsrechte sich zudem in sehr unterschiedlichen Stadien befinden.

---

[7] Zur Methode der Rechtsvergleichung: *Zweigert/Kötz*, Einführung in die Rechtsvergleichung, S. 31 ff.; *Rabel*, in: Leser (Hrsg.), Ernst Rabel Gesammelte Aufsätze, Band 3, S. 1 ff.; *Basedow*, Comparative Law and its Clients, Max Planck Private Law Research Paper No. 14/2, S. 2 ff.

[8] Speziell zur Funktionalität in der Rechtsvergleichung: *Zweigert/Kötz*, Einführung in die Rechtsvergleichung, S. 33 ff.; *Basedow*, Comparative Law and its Clients, Max Planck Private Law Research Paper No. 14/2, S. 10 f.

[9] Diese Einschätzung teilen z.B. *Zweigert/Kötz*, Einführung in die Rechtsvergleichung, S. 41, 277 f., v.a. für den Bereich des Verbraucherschutzes; sie charakterisieren zudem „Nüchternheit und Wirklichkeitsnähe" als die beiden Tugenden der skandinavischen Juristen (S. 276).

Während Dänemark noch ein „altes" VVG hat, besitzt Norwegen ein – jedenfalls in Bezug auf die Haftpflichtversicherung – recht progressives VVG und Finnland hat ein „gemäßigtes" VVG, das sich in vielerlei Hinsicht als ein Kompromiss zwischen dem norwegischen und dem schwedischen Modell ausnimmt. Der Blick auf Skandinavien verspricht also viele unterschiedliche und interessante Regelungsideen.

D. Aufbau

Das *erste Kapitel* der Arbeit ist der Grundlagenteil. In ihm werden die Fundamente dargestellt, auf denen die Regelungen zum gesetzlichen Direktanspruch aufbauen. Hierzu wird zunächst auf die Systematik und die Funktionsweise der Haftpflichtversicherung eingegangen (§ 2). Im Anschluss wird die Rechtsfigur des gesetzlichen Direktanspruches in der Haftpflichtversicherung beschrieben sowie dogmatisch eingeordnet und es werden seine Vor- und Nachteile diskutiert (§ 3). Das Grundlagenkapitel endet mit einem Überblick über die völker- und unionsrechtlichen Vorgaben für den gesetzlichen Direktanspruch in der Kfz-Pflichtversicherung (§ 4).

Im *zweiten Kapitel* werden die einzelnen, mit der Gewährung eines gesetzlichen Direktanspruches einhergehenden, Sachprobleme dargestellt und wird ihre rechtliche Behandlung untersucht. Hier wird zunächst auf die Geschichte des Direktanspruches eingegangen (§ 5). Dann werden Reichweite und Voraussetzungen (§ 6) sowie Inhalt (§ 7) und Verjährung (§ 8) des Direktanspruches beschrieben. Im Anschluss wird die Rechtsstellung des Geschädigten im Hinblick auf seine Auskunftsansprüche (§ 9) und Mitwirkungspflichten (§ 10) dargestellt. Danach werden die Maßgeblichkeit des Versicherungsverhältnisses (§ 11) und die des Haftungsverhältnisses (§ 12) für den Direktanspruch untersucht. Das zweite Kapitel schließt mit einem Vergleich der Regressmöglichkeiten des Versicherers (§ 13) und mit einem Überblick über alternative Zugriffsmöglichkeiten des Geschädigten auf den Freistellungsanspruch des Schädigers (§ 14).

Im *dritten Kapitel*, dem Schlussteil, werden zunächst die zentralen Ergebnisse der Arbeit zusammengefasst (§ 15). Daran anschließend werden sieben Thesen zum gesetzlichen Direktanspruch in der Haftpflichtversicherung formuliert (§ 16), die die Haupterkenntnisse der Arbeit in die wissenschaftliche Diskussion überführen sollen.

Kapitel 1

Grundlagen

§ 2 Haftpflichtversicherung

In diesem Abschnitt sollen zunächst der, einer Haftpflichtversicherung zugrundeliegende, Versicherungsvertrag und dessen spezifische Rahmenbedingungen dargestellt werden. Anschließend werden die verschiedenen Arten der Haftpflichtversicherung anhand ihrer jeweiliger Zwecke und Funktionsweisen erläutert und mit Beispielen untermauert. Anschließend wird auf die in der Haftpflichtversicherung zentrale Frage der Rechtsstellung des Geschädigten eingegangen.

A. Haftpflichtversicherungsvertrag

I. Rechtliche Rahmenbedingungen

1. Gesetzliche Regelungen

Die zentralen gesetzlichen Regelungen zum Versicherungsvertragsrecht sind sowohl in Deutschland als auch in Skandinavien den jeweiligen Versicherungsvertragsgesetzen zu entnehmen.[10] Diese Versicherungsvertragsgesetze enthalten allgemeine Vorschriften über die Rechte und Pflichten der Parteien des Versicherungsvertrages, über die Obliegenheiten des Versicherungsnehmers und über die Rechtsstellung von Dritten, die grundsätzlich für alle Versicherungsarten gelten. Im *deutschen* Recht ist der Haftpflichtversicherungsvertrag in einem eigenen Abschnitt im VVG geregelt. Die §§ 100–112 VVG stellen Regeln für alle Haftpflichtversicherungen auf, in den §§ 113–124 VVG finden sich spezielle Vorschriften über Pflichtversicherungen. Daneben gelten die Regelungen des allgemeinen Teils des VVG auch für die Haftpflichtversicherung, soweit diese nicht durch speziellere Normen verdrängt werden. Auch in den *skandinavischen* Ländern ist das Versicherungsvertragsrecht zentral in Versicherungsvertragsgesetzen (dort abgekürzt als „FAL" für *försäkringsvtalslag*) geregelt. Im schwedischen, norwegischen und finnischen FAL gibt es indes keinen besonderen Abschnitt mit Regelungen über die Haftpflichtversicherung.

---

[10] Zu den Unterschieden bei der Auslegung von Gesetzen in Deutschland und Schweden siehe *Lundmark/Suelmann*, in: ZfRV 2011, 173 ff.

Für diese gelten vielmehr die allgemeinen Normen über Schadensversicherungen und nur vereinzelt finden sich Sondervorschriften für Haftpflichtversicherungen. Nur im dänischen Recht erfährt die Haftpflichtversicherung eine Regelung in einem eigenen Abschnitt (§§ 91–96 DäFAL).

Vorschriften, die dem Schutze des Versicherungsnehmers bzw. eines nicht am Versicherungsvertrag beteiligten Dritten dienen, sind in der Regel halbzwingend, d.h. sie sind nicht zu deren Nachteil vertraglich abänderbar.[11] Im Übrigen gehen aber sowohl das deutsche als auch das schwedische Recht vom Grundsatz der freien Gestaltbarkeit des Versicherungsvertrages aus.

Neben den Regelungen im VVG bzw. in den jeweiligen FAL gibt es in allen Rechtsordnungen auch spezialgesetzliche Regelungen über einzelne Haftpflichtversicherungen. In der Regel handelt es sich dabei um Vorschriften über Pflichtversicherungen. Zuvörderst sind hier die Kfz-Pflichtversicherungen zu nennen. Diese ist in Deutschland im PflVG und in der Kraftfahrzeug-Pflichtversicherungsverordnung (KfzPflVV) geregelt. In Schweden ist die Kfz-Pflichtversicherung im *trafikskadelag*, in Norwegen im *bilanvarslova*, in Dänemark im *færdselslov* und der dazugehörigen *bekendtgørelse om ansvarsforsikring for motordrevne køretøjer* (Verordnung über die Kfz-Pflichtversicherung) sowie in Finnland im *trafikförsäkringslag* geregelt.

2. Allgemeine Versicherungsbedingungen

Wie im gesamten Versicherungsrecht kommt auch bei der Haftpflichtversicherung vorformulierten Vertragsbedingungen eine besondere Bedeutung zu. Diese sogenannten Allgemeinen Versicherungsbedingungen (AVB) bilden die zentrale Grundlage des Versicherungsvertrages. Sie bestimmen Inhalt und Umfang des Versicherungsschutzes, regeln Rechte und Pflichten der Vertragsparteien und statuieren die Obliegenheiten des Versicherungsnehmers. Allgemeine vorformulierte Vertragsbedingungen sind im Versicherungsrecht von herausgehobener Bedeutung, da erst durch sie das Rechtsprodukt der „Versicherung" Inhalt und Gestalt erhält.[12] Zum Schutz des Versicherungsnehmers gibt § 10 VAG im deutschen Recht einen verpflichtenden Mindestinhalt für AVB vor. Dies soll sicherstellen, dass sich der Versicherungsnehmer über seine Rechte und Pflichten aus dem Versi-

---

[11] Dies ordnen z.B. §§ 32 Satz 1, 42, 112, 114 Abs. 2 Satz 1 VVG und Kap. 1 § 6 FAL an, der sogar für die Unternehmerversicherung gilt (hierzu: *Bengtsson* S. 196 ff.). Im norwegischen Recht ist der halbzwingende Charakter in Kap. 1 § 3 Abs. 1 NoFAL normiert, wobei gemäß Abs. 2 Ausnahmen für Großunternehmen als Versicherungsnehmer bestehen.

[12] *Beckmann,* in: Bruck/Möller Einf. A Rn. 146; *Reiff,* in: MüKo-VVG AVB Rn. 3.

cherungsvertrag selbstständig informieren kann.[13] Daher werden in den AVB auch viele Vorschriften des VVG wiederholt und gefestigte Rechtsprechungsgrundsätze niederlegt.

Aufgrund ihrer weiten Verbreitung sind z.B. die im Bereich der Privathaftpflichtversicherung verwendeten „Allgemeinen Versicherungsbedingungen für die Haftpflichtversicherung" (AHB) bzw. in Schweden die „försäkringsvillkor för hemförsäkringen" in der Versicherungspraxis von besonderer Bedeutung. Im Bereich der Kfz-Pflichtversicherung werden zumeist die „Allgemeinen Bedingungen für die Kfz-Versicherung" (AKB) bzw. in Schweden die „försäkringsvillkor bilförsäkring" verwendet. In Deutschland gibt der „Gesamtverband der Deutschen Versicherungswirtschaft e.V." (GDV) sogenannte Musterbedingungen für einige Haftpflichtversicherungsprodukte heraus, die viele Versicherungsunternehmen als Vorbild für ihre eigenen AVB nutzen. Gerade bei Rechtsfragen, die nicht (abschließend) gesetzlich geregelt sind, kommt den AVB für die Beurteilung der faktischen Rechtslage eine zentrale Bedeutung zu. Auf sie wird daher auch im Rahmen dieser Arbeit immer wieder eingegangen.

Bis zur Deregulierung des Versicherungsaufsichtsrechts standen die AVB unter dem Vorbehalt der Vorabgenehmigung durch die nationale Versicherungsaufsicht. Dieses Vorabgenehmigungserfordernis wurde durch Art. 6 Abs. 3 Satz 2 der sogenannten 3. Schadensversicherungsrichtlinie[14] abgeschafft und besteht seit 1994 in Deutschland nicht mehr.[15] Auch in Schweden findet seit der Reform des *försäkringsrörelselag* (Gesetz über die Versicherungsunternehmen) im Jahr 1999 keine präventive aufsichtsrechtliche Kontrolle der Versicherungsbedingungen für die Haftpflichtversicherung mehr statt.[16] Nun unterliegen die AVB in erster Linie der von den Gerichten vorzunehmenden zivilrechtlichen AGB-Kontrolle.

3. Rechtsprechung und Schlichtungsstellen

Der Rechtsprechung der ordentlichen Gerichte fällt in *Deutschland* im Versicherungsrecht weitgehend dieselbe Rolle zu wie auch in anderen Gebieten des Privatrechts. Sie legt die Vorschriften des VVG aus und entscheidet ggf. über die Wirksamkeit einzelner Klauseln der Allgemeinen Versicherungsbedingungen. Zahlreiche obergerichtliche Urteile sind als

---

[13] *Laars*, VAG § 10 Rn. 1.
[14] Richtlinie 92/49/EWG des Rates vom 18. Juni 1992 zur Koordinierung der Rechts- und Verwaltungsvorschriften für die Direktversicherung (mit Ausnahme der Lebensversicherung) sowie zur Änderung der Richtlinien 73/239/EWG und 88/357/EWG (Dritte Richtlinie Schadenversicherung), ABl. 1992 L 228/1; hierzu: *Loacker*, in: Looschelders/Pohlmann, Vorbemerkung C Rn. 25.
[15] *Maier*, in: Stiefel/Maier, Kraftfahrtversicherung, Einleitung Rn. 2.
[16] Zur Entwicklung der Versicherungsaufsicht in Schweden: *Bengtsson* S. 35 ff.

10   *Kapitel 1 – Grundlagen*

Leitentscheidungen im Versicherungsvertragsrecht zu berücksichtigen und haben oftmals Eingang in die AVB gefunden.

In *Schweden* ergehen zum Versicherungsvertragsrecht hingegen spürbar weniger Gerichtsentscheidungen als in anderen Gebieten des Privatrechts. Der Rechtsprechung kommt daher nur punktuell Bedeutung zu. Dies liegt vor allem darin begründet, dass eine Vielzahl versicherungsrechtlicher Streitigkeiten nicht vor ordentlichen Gerichten, sondern vor außergerichtlichen Streitbeilegungsstellen (sogenannten *nämnder*) ausgetragen werden.[17] Diese Form der Konfliktlösung kann auf eine lange Tradition zurückblicken, die bereits 1916 durch die Einrichtung des *trafikförsäkringsanstalternas nämd* (Schlichtungsstelle der Kfz-Versicherer) begründet wurde.[18] Auf dem Gebiete des Versicherungsrechts steht in Schweden heute eine Vielzahl unterschiedlicher Schlichtungsstellen zur Verfügung. Ist der Versicherungsnehmer Verbraucher kann er die Streitigkeit z. B. der staatlichen „Allgemeinen Reklamationsstelle" (*allmänna reklamationsnämnden*) vorlegen. Außerdem können versicherungsrechtliche Streitigkeiten auch vor den branchenintern eingerichteten Schlichtungsstellen ausgetragen werden, die jeweils für eine Art der Haftpflichtversicherung zuständig sind, z. B. die *trafikskadenämnden, patientskadenämnden, läkemedelsskadenämnden, TFA-nämnden, ansvarsförsäkringens personskadenämnd* und *ombudskostnadsnämnden*.[19] Daneben bieten die Versicherer ihren Kunden oftmals auch unternehmensinterne Schlichtungsstellen in Form eines *kundombudsman* an.[20] Gemeinsam ist allen *nämnden*-Beschlüssen, dass diese nicht bindend für die Parteien sind.[21] Der ordentliche Rechtsweg steht weiterhin offen. Den Empfehlungen der *nämnder* kann aber in einem späteren Prozess eine gewisse Beweiswirkung zukommen.[22] In aller Regel werden die Empfehlungen von den Parteien aber befolgt. Da die Empfehlungen aber nicht veröffentlich werden, ist es mitunter schwierig, die Rechtspraxis auf diesem Gebiet festzustellen.[23]

Auch in Deutschland besteht seit 2001 für Verbraucher als Versicherungsnehmer die Möglichkeit, gegen Entscheidungen ihres Versicherers vor einer außergerichtlichen Schlichtungsstelle, dem sog. *Versicherungs-*

---

[17] Hierzu: *Bengtsson* S. 24; zu den staatlichen Streitbeilegungskommissionen in Schweden: *Westberg,* Civil and Criminal Procedure, in: Bogdan (Hrsg.), Swedish Legal System, S. 199 (205); *van der Sluijs,* Studier i Försäkringsrätt, S. 166 ff.

[18] *Van der Sluijs,* Studier i Försäkringsrätt, S. 167.

[19] Hierzu: *van der Sluijs,* Studier i Försäkringsrätt, S. 167 ff.

[20] Hierzu: *van der Sluijs,* Studier i Försäkringsrätt, S. 177 ff.

[21] *Van der Sluijs,* Studier i Försäkringsrätt, S. 171.

[22] Zu den Folgen der nämder-Empfehlungen: *van der Sluijs,* Studier i Försäkringsrätt, S. 171 ff.

[23] *Van der Sluijs,* Studier i Försäkringsrätt, S. 178.

ombudsmann, vorzugehen.[24] Entscheidet dieser zugunsten des Versicherungsnehmers, ist die Entscheidung bis zu einem Streitwert von 10.000 Euro für den Versicherer sogar *bindend*, vgl. §§ 10 Abs. 2, 11 Abs. 1 Satz 1 Verfahrensordnung des Versicherungsombudsmanns (VomVO).[25]

4. Gesetzesmaterialien

Ein Kennzeichen des skandinavischen Rechts ist, dass die Gesetzesmaterialien bei der Auslegung eines Gesetzes häufig eine zentrale Rolle einnehmen.[26] Die Gesetzesvorarbeiten sind oft sehr ausführlich dokumentiert und ähneln insoweit bereits einem Gesetzeskommentar. Ihre Autorität ist sogar höher als die eines wissenschaftlichen Werkes, da die Gesetzesvorarbeiten demokratisch legitimiert sind.[27] Sie liefern fast immer den ersten Zugriff für eine Auslegung und in aller Regel stellen sie zugleich die maßgebliche Interpretationshilfe für die Bestimmung des Inhaltes einer Norm dar. Vor Erlass von wichtigen und umfassenderen Gesetzen wird in Schweden in der Regel vom zuständigen Ministerium eine Expertenkommission (bei der Ausarbeitung des FAL das sogenannte *försäkringskommittén*) eingesetzt, die am Ende ihres Beratungsprozesses einen Bericht inklusive eines Gesetzesvorschlages und ausführlicher Erläuterungen erarbeitet (sogenannter *slutbetänkende*).[28] Dieser Bericht wird in der Regel in den *Statens offentlige utredningar* (SOU) veröffentlicht.[29] Anschließend wird den vom Gesetz betroffenen Interessengruppen Gelegenheit zur Prüfung des Vorschlages und zur Abgabe einer Stellungnahme beim zuständigen Ministerium gegeben. Unter Berücksichtigung der eingegangenen Stellungnahmen und der ggf. abgegebenen Änderungsvorschläge erarbeitet das Ministerium einen Gesetzesvorschlag mit Erläuterungen (sogenannter *proposition*).[30] Besonders wichtige Gesetze – so z.B. auch das FAL – verweist die Regierung

---

[24] Ausführlich zum Versicherungsombudsmann: *Basedow*, in: Sc.St.L. Band 50 (2007), 50 ff.; *Scherpe*, in: NVersR 2002, 97 ff.; *Basedow*, in: VersR 2008, 750 ff.

[25] Die Verfahrensordnung des Versicherungsombudsmannes kann unter <http://www.versicherungsombudsmann.de/Navigationsbaum/Verfahrensordnung.html> abgerufen werden (Stand: 20.08.2014).

[26] Zu den Gesetzesvorarbeiten und deren Rolle bei der Gesetzesauslegung in Schweden: *Vogel*, in: RabelsZ 78 (2014), 383 (385 ff.); *ders.*, in: Bogdan (Hrsg.), Swedish Legal System, S. 30 ff.; *Strömholm*, Rätt, Rättskällor och Rättstillämpning, S. 359 ff.; *Helland/Koch*, in: ZEuP 2013, 585 (602 f.); *Lundmark/Suolmann*, in: ZfRV 2011, 173 (190 f.).

[27] *Helland/Koch*, in: ZEuP 2013, 585 (603).

[28] Zum Verfahren der Gesetzgebung in Schweden und im übrigen Skandinavien: *Vogeln*, in: RabelsZ 78 (2014), 383 (391 ff.).

[29] Diese sind im Internet unter <http://www.riksdagen.se/sv/Dokument-Lagar/Utredningar/Statens-offentliga-utredningar/> abrufbar (20.08.2014).

[30] Diese sind im Internet unter <http://www.riksdagen.se/sv/Dokument-Lagar/Forslag/Propositioner-och-skrivelser/> abrufbar (20.08.2014).

bevor sie das Gesetz in das schwedische Parlament, den *riksdag,* einbringt zusätzlich an den sogenannten *lagrådet* (Gesetzgebungsrat). Dieses aus Richtern der schwedischen Obergerichte bestehende Expertengremium prüft den eingereichten Gesetzesentwurf (sogenannter *lagrådsremiss*) auf die Vereinbarkeit mit der Verfassung und der übrigen Rechtsordnung. Das Ergebnis seiner Prüfung veröffentlicht der lagrådet als sogenannte *yttrande.*

Für die Auslegung des FAL sind die Gesetzesvorarbeiten in Form der *slutbetänkande av försäkringskommittén* (SOU 1989:88) und die *proposition* 2003/04:150 von zentraler Bedeutung. Da das erneuerte FAL weite Teile des früheren *konsumentforsäkringslagen* übernommen hat, sind auch dessen Vorarbeiten, die *proposition* 1979/80:9, bei der Auslegung dieser übernommenen Normen zu berücksichtigen.[31]

Im deutschen Recht liegen als Gesetzesvorarbeiten zum reformierten VVG zunächst die Begründung des Gesetzentwurfes der Bundesregierung zum „Entwurf eines Gesetzes zur Reform des Versicherungsvertragsrechts" (im Folgenden: RegE[32]) sowie der Abschlussbericht der Kommission zur Reform des Versicherungsvertragsrechts[33] vor. Zu diesem Bericht hat außerdem der GDV eine Stellungnahme abgegeben.[34]

II. Inhalt des Versicherungsvertrages

1. Ansprüche des Versicherungsnehmers

Die Hauptleistungspflichten des Versicherers bei einer Haftpflichtversicherung sind im deutschen Recht in § 100 VVG – anders als in Schweden – gesetzlich festgeschrieben. Hiernach ist der Versicherer verpflichtet, den Versicherungsnehmer von Ansprüchen freizustellen, die von einem Dritten auf Grund der Verantwortlichkeit des Versicherungsnehmers für eine während der Versicherungszeit eintretende Tatsache geltend gemacht werden (sog. Freistellungsanspruch), und unbegründete Ansprüche abzuwehren (sog. Rechtsschutz- und Abwehranspruch).

Aufgrund des *Freistellungsanspruches* ist der Versicherer gegenüber dem Versicherungsnehmer verpflichtet, im Falle begründeter Ansprüche,

---

[31] *Bengtsson* S. 163; zur Entstehungsgeschichte des FAL und zum konsumetförsärkringslagen siehe unten S. 84 ff.

[32] RegE BT-Drs. 16/3945 S. 83.

[33] Abschlussbericht der Kommission zur Reform des Versicherungsvertragsrechts vom 19. April 2004 (im Folgenden: Abschlussbericht der Reformkommission), abzurufen unter <http://www.hzv-uhh.de/bereiche/versicherungsrecht/vvg-reform.html> (Stand: 20.08.2014).

[34] Stellungnahme des GDV zum Abschlussbericht der VVG-Kommission vom 19. April 2004 (im Folgenden: Stellungnahme des GDV), abzurufen unter: <http://www.hzv-uhh.de/bereiche/versicherungsrecht/vvg-reform.html> (Stand: 20.08.2014).

Schadensersatz an den Geschädigten zu zahlen.[35] Hat der Versicherungsnehmer den Schaden bereits selbst beglichen, wandelt sich sein ursprünglicher Freistellungsanspruch in einen Zahlungsanspruch und der Versicherungsnehmer kann statt Freistellung nun Auszahlung der Versicherungssumme an sich selbst verlangen.[36] Der Freistellungsanspruch verpflichtet den Versicherer auch, den Schaden in eigener Regie zu regulieren.[37] Im Regelfall erfolgt die Schadensabwicklung daher unabhängig von einer gesetzlichen Regelung unmittelbar zwischen Versicherer und Geschädigtem.[38]

Versicherungsnehmer und Versicherer haben aber keinen Anspruch darauf, dass sich der Geschädigte auf diese Abwicklungspraxis einlässt. Anspruchsgegner des Geschädigten ist nur der Versicherungsnehmer, gegen ihn muss er gegebenenfalls Klage erheben. Der Versicherer ist für den Haftungsanspruch grundsätzlich nicht passivlegitimiert. Dies bringt den Versicherungsnehmer in einem Haftungsprozess in eine missliche Situation, denn ohne die Zustimmung des Versicherers kann er keine Regulierungsentscheidungen treffen, ohne Gefahr zu laufen, später hierfür keine Deckung vom Versicherer zu bekommen.

Um zu beurteilen, ob der Versicherungsnehmer haftpflichtig ist, hat der Versicherer zunächst die Sach- und Rechtslage zu prüfen und zu beurteilen, inwieweit Schadensersatzansprüche begründet sind. Um dem *Rechtsschutz- und Abwehranspruch* des Versicherungsnehmers nachzukommen, muss der Versicherer zunächst überhaupt von dem Schadensereignis in Kenntnis gesetzt werden und alle relevanten Informationen erhalten. Sowohl das deutsche (§§ 30, 31, 104 Abs. 1 VVG) als auch das schwedische (Kap. 7 §§ 2, 3 FAL) Recht sehen daher Anzeige- und Auskunftspflichten vor, denen der Versicherungsnehmer unverzüglich nach einem Schadensfall nachzukommen hat.

Stellen sich die geltend gemachten Schadensersatzansprüche als (teilweise) unbegründet heraus, hat der Versicherungsnehmer einen Anspruch darauf, dass der Versicherer diese gerichtlich oder außergerichtlich abwehrt. Der Versicherer hat gemäß § 101 Abs. 1 Satz 1 VVG auch die gerichtlichen und außergerichtlichen Kosten, die durch die Abwehr der von einem Dritten geltend gemachten Ansprüche entstehen, zu tragen, soweit die Aufwendung der Kosten den Umständen nach geboten ist. Im Rahmen des zu gewährenden Rechtsschutzes hat der Versicherer auch die Verteidi-

---

[35] Zum Inhalt des Freistellungsanspruches: *Koch,* in: Bruck/Möller § 100 Rn. 83 ff.; *Wandt* Rn. 1041 ff.; *Littbarski,* in: MüKo-VVG Vor §§ 100–124 Rn. 65 ff.
[36] *Wandt* Rn. 1039; *Lücke,* in: Prölss/Martin § 100 Rn. 5 ff.
[37] *Koch,* in: Bruck/Möller § 100 Rn. 85 ff.; *Wandt* Rn. 1037 ff.; *Lücke,* in: Prölss/Martin § 100 Rn. 2.
[38] Zur Abwicklung in der Praxis: Stellungnahme des GDV (Fn. 34) S. 73.

gungsstrategie nach pflichtgemäßem Ermessen zu bestimmen und die Verteidigung zu organisieren.[39]

2. Regulierungsvollmacht des Versicherers

Um die Ansprüche des Versicherungsnehmers aus dem Haftpflichtversicherungsvertrag erfüllen zu können, benötigt der Versicherer die Befugnis, die Schadensabwicklung für diesen gegenüber dem Dritten betreiben zu können. Diese sogenannte Regulierungsvollmacht ist in einem Haftpflichtversicherungsvertrag – jedenfalls konkludent – enthalten.[40] Ohne sie könnte der Versicherer seinen Verpflichtungen nicht nachkommen. In Deutschland ist die Regulierungsvollmacht in der Regel auch ausdrücklich in den AVB vorgesehen. In den Muster-AHB 2012 ist beispielsweise in Punkt 5.2 geregelt, dass der Versicherer bevollmächtigt ist, alle ihm zur Abwicklung des Schadens oder Abwehr des Schadensersatzanspruches zweckmäßig erscheinenden Erklärungen im Namen des Versicherungsnehmers abzugeben.[41] Kommt es zu einem Rechtsstreit, ist der Versicherer hiernach auch zur Prozessführung für den Versicherungsnehmer bevollmächtigt.

3. Ansprüche des Versicherers

Der Versicherer hat bei der Haftpflichtversicherung zunächst nur *einen* Anspruch gegen den Versicherungsnehmer. Dieser ist gemäß § 1 Satz 2 VVG bzw. Kap. 5 § 1 FAL zur Zahlung der vereinbarten Versicherungsprämie verpflichtet. Kommt er dieser Pflicht nicht (rechtzeitig) nach, kann sich der Versicherer unter bestimmten Voraussetzungen durch Rücktritt oder Kündigung vom Versicherungsvertrag lösen (z.B. gemäß §§ 37 Abs. 1, 38 Abs. 3 VVG; Kap. 5 § 2, Kap. 8 § 17 FAL) und ggf. leistungsfrei gegenüber dem Versicherungsnehmer und/oder einem geschädigten Dritten werden (z.B. gemäß §§ 37 Abs. 2, 38 Abs. 2 VVG).

4. Obliegenheiten des Versicherungsnehmers

Neben der Hauptleistungspflicht zur rechtzeitigen Prämienzahlung treffen den Versicherungsnehmer eine Reihe sogenannter versicherungsrechtlicher *Obliegenheiten*. Wesen und Rechtsnatur dieser versicherungsrechtlichen Obliegenheiten werden im deutschen Recht – insbesondere in Abgrenzung

---

[39] Zu den Regulierungspflichten des Versicherers: für das deutsche Recht: *Koch,* in: Bruck/Möller § 100 Rn. 91 ff.; *Wandt* Rn. 1047; *Kummer,* in: MAH Versicherungsrecht § 12 Rn. 160 ff.; für das schwedische Recht: *Hellner* S. 397; *van der Sluijs* S. 35 f.

[40] Für das deutsche Recht: *Wandt* Rn. 1048; für das schwedische Recht: *van der Sluijs* S. 36.

[41] Zur Regulierungsvollmacht der AVB: *Kummer,* in: MAH Versicherungsrecht § 12 Rn. 160 ff.; *Armbrüster* Rn. 1653.

zu (nicht einklagbaren) Nebenpflichten – kontrovers diskutiert.[42] Nach wohl h. M. charakterisieren sich versicherungsrechtliche Obliegenheiten dadurch, dass ihre Einhaltung Voraussetzung für die Leistungspflicht des Versicherers ist (sogenannte Voraussetzungstheorie).[43] Der Versicherer hat aber keinen Anspruch darauf, dass der Versicherungsnehmer die Obliegenheiten einhält.[44] Verletzt der Versicherungsnehmer eine Obliegenheit, kann der Versicherer hieraus aber Gegenrechte herleiten. Er kann z. B. zum Rücktritt oder zur Kündigung des Versicherungsvertrages berechtigt sein, oder bei einem Versicherungsfall leistungsfrei oder jedenfalls nur zu einer gekürzten Leistung verpflichtet sein. Zum anderen charakterisieren sich versicherungsrechtliche Obliegenheiten nach wohl h. M. auch dadurch, dass ihre Verletzung – zumindest im Grundsatz – keine Schadensersatzpflichten des Versicherungsnehmers begründet.[45]

Eine vergleichbare Diskussion wird im schwedischen Recht nicht geführt. Es gibt hier bereits begrifflich keinen Sonderterminus. Die nach deutscher Dogmatik als „versicherungsrechtliche Obliegenheiten" bezeichneten Verhaltensregeln für den Versicherungsnehmer werden schlicht als *biförpliktelser* (Nebenverpflichtungen) oder *plikter* (Pflichten) bezeichnet.[46] Daher wird z. B. auch ohne weiteres davon ausgegangen, dass eine Verletzung versicherungsrechtlicher Obliegenheiten Schadensersatzansprüche des Versicherers auslösen kann.[47] In dieser Arbeit wird aus Gründen der Einheitlichkeit für versicherungsrechtliche Verhaltenspflichten durchgehend der in Deutschland übliche Begriff der „Obliegenheiten" auch für die *biförpliktelser* des schwedischen Rechts verwandt, ohne hierdurch eine Aussage über die Rechtsnatur derselben zu tätigen.

Obliegenheiten treffen den Versicherungsnehmer während der gesamten Versicherungszeit. Bereits vor Abschluss der Vertrages ist er zur Anzeige aller ihm bekannten Gefahrumstände verpflichtet (§ 19 VVG; Kap. 4 § 1, Kap. 8 § 8 FAL). Während der Vertragslaufzeit trifft den Versicherungsnehmer z. B. die Obliegenheit, keine unerlaubte Gefahrerhöhung vorzunehmen (§ 23 VVG; Kap. 4 § 3, Kap. 8 § 10 FAL). Nach Eintritt eines Versicherungsfalles hat der Versicherungsnehmer z. B. eine Anzeige- und Auskunftsobliegenheit (z. B. §§ 31, 32, 104 VVG; Kap. 7 §§ 2, 3 FAL)

---

[42] Zur umstrittenen dogmatische Einordnung der versicherungsrechtlichen Obliegenheiten siehe: *Heiss*, in: Bruck/Möller § 28 Rn. 32 ff.; *Wandt*, in: MüKo-VVG Vor § 28 Rn. 1 ff.

[43] *Heiss*, in: Bruck/Möller § 28 Rn. 33; *Wandt*, in: MüKo-VVG Vor § 28 Rn. 15.

[44] Zu den Charakteristika von Obliegenheiten: *Wandt* Rn. 541 ff.; sowie ausführlich: *Hähnchen*, Obliegenheiten und Nebenpflichten, S. 203 ff.

[45] Hierzu: *Hähnchen*, Obliegenheiten und Nebenpflichten, S. 203 ff.; *Wandt*, in: MüKo-VVG Vor § 28 Rn. 1.

[46] Zu den *biförpliktelser* im schwedischen Recht: *Hellner* S. 419 ff.

[47] Siehe hierzu z. B. unten S. 152.

sowie eine Obliegenheit, den eingetretenen Schaden möglichst gering zu halten (sogenannte Rettungsobliegenheit gemäß § 82 VVG; Kap. 4 § 7, Kap. 8 § 13 FAL). Neben diesen bereits gesetzlich vorgeschriebenen Obliegenheiten können Versicherungsnehmer und Versicherer auch weitere vertragliche Obliegenheiten vereinbaren (vgl. § 28 VVG; Kap. 4 § 6, Kap. 8 § 12 FAL).

Im Rahmen der Haftpflichtversicherung ist v. a. von Interesse, inwieweit der Versicherer Gegenrechte, die er aus Obliegenheitsverletzungen seiner Versicherungsnehmers herleitet, auch dem geschädigten Dritten entgegenhalten darf und somit ggf. auch die Befriedigung eines gesetzlichen Direktanspruches verweigern kann. Auf diese Frage wird in Kapitel 11 näher eingegangen.

B. Arten der Haftpflichtversicherung

Haftpflichtversicherungen lassen sich nach dem Zweck ihres Abschlusses in verschiedene Arten einteilen. Die Rechtsstellung eines geschädigten Dritten hängt zunächst maßgeblich davon ab, ob es sich um eine freiwillige Versicherung oder eine Pflichtversicherung handelt.[48] Im schwedischen Recht ist außerdem von Belang, ob es sich um die Haftpflichtversicherung eines Verbrauchers oder eines Unternehmers handelt.[49] Diese Versicherungsarten werden daher im Folgenden mit ihren Grundcharakteristika kurz dargestellt.

I. Freiwillige Haftpflichtversicherungen

1. Definition und Zweck

Eine freiwillige Haftpflichtversicherung ist eine Haftpflichtversicherung, die der Versicherungsnehmer abschließt, *ohne* hierzu gesetzlich verpflichtet zu sein. Vorrangiger Zweck einer freiwilligen Haftpflichtversicherung ist der *Schutz des Versicherungsnehmers* vor den Konsequenzen möglicher Schadensverursachungen.[50] Die Haftpflichtversicherung verlagert die mit der Haftung einhergehende wirtschaftliche Belastung vom Versicherungsnehmer auf den Versicherer. Eine Haftpflichtversicherung schützt aber

---

[48] Siehe hierzu unten S. 24 ff.
[49] Hierzu unten S. 22 f.
[50] BGHZ 7, 244 (245); 15, 154 (157 f.); allgemein zum Zweck der Haftpflichtversicherung: *Wandt* Rn. 1015 ff.; *Armbrüster* Rn. 1647 f.; *Littbarski*, in: Müko-VVG Vor §§ 100–124 Rn. 65; insbesondere zum Wandel der Haftpflichtversicherung: *von Bar*, in: AcP 1981, 289 ff.; zum Zweck der Haftpflichtversicherung im schwedischen Recht: *van der Sluijs* S. 27; *Rohde,* Obligationsrätten, S. 569; speziell zur freiwilligen Haftpflichtversicherung: *Carlsson* S. 674; für das norwegische Recht: *Bull* S. 542; *Lødrup*, Lærebok i Erstatningsrett, S. 84 f.

nicht nur den Versicherungsnehmer. Auch der Geschädigte profitiert davon, wenn der bei ihm verursachte Schaden von einer Haftpflichtversicherung seines Schädigers gedeckt ist, denn die Durchsetzung seiner Schadensersatzansprüche wird durch die Versicherung abgesichert.[51] Nebeneffekt der freiwilligen Haftpflichtversicherung ist damit auch der *Schutz des Geschädigten*.

Durch den von ihr vermittelten Schutz für Schädiger und Geschädigtem bekommt die Haftpflichtversicherung auch einen *sozialen Zweck*.[52] Insbesondere in Fällen existenzvernichtender Haftung sichert der Versicherer die Entschädigung des Geschädigten ab, auch wenn der Schädiger keinen Ersatz leisten kann. Dies schont die sozialen Sicherungssysteme, die ansonsten ggf. den Schädiger oder den Geschädigten „auffangen" müssten. Jeder Versicherung wohnt zudem per se ein soziales Solidaritätsmoment inne. Denn Versicherungen, auch die Haftpflichtversicherungen, basieren auf den allgemeinen Grundprinzipien der sogenannten *Versicherungstechnik*.[53] Diese beinhalten, dass ein Einzelner in der Regel nicht alle seine Risiken absichern kann. Deshalb wird durch eine Versicherung eine Risikogemeinschaft gebildet, in der eine Vielzahl von Einzelrisiken gebündelt werden. Diese Versicherungsgemeinschaft trägt dann solidarisch die Schäden des Einzelnen. Nach dem stochastischen „Gesetz der großen Zahl" funktioniert diese Risikobündelung, da je nach Wahrscheinlichkeit, sich nur ein bestimmter Teil aller möglichen Risiken realisieren wird. Die Versicherungsgesellschaft muss die Wahrscheinlichkeit des Risikoeintrittes bestimmen und ihren finanziellen Gesamtbedarf berechnen, um danach risikoäquivalente Prämien für die einzelnen Versicherungsnehmer zu ermitteln. Durch eine Haftpflichtversicherung werden daher die wirtschaftlichen Belastungen der Haftung weg vom Individuum (und ggf. hilfsweise der staatlichen Auffanggemeinschaft) hin zu einem kollektiven Sicherungssystem privater Teilnehmer verlagert.[54]

---

[51] Zum Schutz des Geschädigten in der Haftpflichtversicherung: *Wandt* Rn. 1018; *Keppel* S. 10; *Medicus/Lorenz,* Schuldrecht I, Rn. 729; für Schweden sprechen *Hellner/ Radetzki* S. 188 von einer *reflexverkan* (Reflexwirkung) der Haftpflichtversicherung; *Zackariasson* S. 223 merkt an: „objektivt sett är det dennes skade som försäkringsgivarens prestation skall ersätta" (zu Deutsch: letztlich ist es der Schaden des Dritten, den der Versicherer ersetzt), vgl. ferner. *Carlsson* S. 670.

[52] Zur „Sozialbindung der Haftpflichtversicherung": BGH NJW-RR 2001, 316; *Wandt* Rn. 2018.

[53] Zur Versicherungstechnik: *Beckmann,* in: Bruck/Möller Einf. A Rn. 226 ff.; *Wandt* Rn. 94 ff.

[54] *Wandt* Rn. 226 formuliert es so: „In Wirklichkeit ist das private Versicherungswesen in großen Bereichen ein integriertes und integrierendes privatwirtschaftliches Element in dem Großsystem staatlicher Sozialvorsorge."

2. Versicherbare Risiken

Die durch eine freiwillige Haftpflichtversicherung versicherbaren Haftpflichten können ganz unterschiedlichen Haftungsrisiken entspringen und sind so vielseitig wie das Leben selbst.[55] Es gibt keinen festen *numerus clausus* der Haftpflichtversicherungen. Vielmehr kann die Versicherungswirtschaft je nach Bedarf neue Produkte entwickeln. Zu den verbreitetsten freiwilligen Haftpflichtversicherungen zählt zunächst die sog. Privathaftpflichtversicherung, die allgemein die Haftung aufgrund „gesetzlicher Haftpflichtbestimmungen privatrechtlichen Inhalts" abdeckt.[56] Zur zusätzlichen Absicherung spezieller Risiken im privaten Bereich wird z.B. auch häufig eine Tierhalterhaftpflichtversicherung (soweit sie nicht für Hundehalter ohnehin Pflichtversicherung ist) abgeschlossen. Diese deckt vor allem die strenge Tierhalterhaftung für Luxustiere nach § 833 Satz 1 BGB ab. Ferner sind die Haus- und Grundbesitzer-, die Wassersport- und die Bauherrenhaftpflichtversicherung zu nennen, die ebenfalls gegen die jeweiligen Haftungsrisiken absichern. Weit verbreitet ist es außerdem, dass Unternehmen für ihre Aufsichtsräte, Vorstände und Geschäftsführer eine Haftpflichtversicherung abschließen, die deren Haftungsrisiken gegenüber Dritten und dem eigenen Unternehmen abdeckt (sogenannte Vermögensschaden-Haftpflichtversicherung von Aufsichtsräten, Vorständen und Geschäftsführern, abgekürzt als „D&O"[57] bezeichnet). In Schweden schließen Verbraucher üblicherweise keine separate Privathaftpflichtversicherung ab. Stattdessen wir eine sog. *hem-* bzw. *villaförsäkring* abgeschlossen, die Elemente der Schadens-, Haftpflicht- und Rechtsschutzversicherung vereint. Diese sichert in der Regel die gesetzlichen Haftungsrisiken des Versicherungsnehmers außerhalb unternehmerischer Tätigkeiten ab.[58]

II. Pflichtversicherungen

1. Definition und Zweck

Der *deutsche Gesetzgeber* hat die Pflichtversicherung in § 113 Abs. 1 VVG als „Haftpflichtversicherung, zu deren Abschluss eine Verpflichtung durch Rechtsvorschrift besteht" legaldefiniert. Der Ausdruck „Pflichtversi-

---

[55] Zu den verschiedenen Formen der Haftpflichtversicherung: *Littbarski,* in: Müko-VVG Vor §§ 100–124 Rn. 155 ff.
[56] So z.B. die Formulierung der Muster-AHB 2012 in deren Punkt 1.1.
[57] D&O = „Directors & Officers Liabilty Insurance".
[58] So z.B. die *villahemförsäkring* der lansförsäkringar in Punkt G.1. der Versicherungsbedingungen (abzurufen unter: <http://www.lansforsakringar.se/stockholm/privat/forsakring/hemforsakring/villa/> Stand: 20.08.2014) und die Versicherungsbedingungen Punkt 7.2. der *if-hemfösärking* (abzurufen unter: <http://www.if.se/web/se/sitecollection documents/private/hem/villkor_hem.pdf> Stand: 20.08.2014).

cherung" ist ungenau, da auch jenseits der Haftpflichtversicherung Pflichtversicherungen existieren, so dass der präzisere Begriff eigentlich „Pflicht-Haftpflichtversicherung" wäre. Da sich diese Arbeit aber ausschließlich mit der Haftpflichtversicherung beschäftigt und es daher nicht zu Verwechslungen mit anderen Versicherungsformen kommen kann, wird hier durchgehend der kürzere Terminus der „Pflichtversicherung" verwendet. Das schwedische Recht spricht demgegenüber präziser von einer *obligatorisk ansvarsförsäkring* (obligatorische Haftpflichtversicherung). Diese wird in Kap. 9 § 7 Abs. 1 Nr. 1 FAL legaldefiniert als eine Haftpflichtversicherung, die aufgrund Gesetzes („enligt lag") oder sonstigen Rechtsvorschriften („annan författning") verpflichtend ist. Im norwegischen Recht heißt die Pflichtversicherung *tvungen ansvarsforsikring* und ist in Kap. 7 § 7 Abs. 1 NoFAL legaldefiniert.

Vorrangiger Zweck einer Pflichtversicherung ist der *Schutz aller potentiell Geschädigten*. Sie soll zum einen sicherzustellen, dass die durch eine gefahrgeneigte Tätigkeit verursachten Schäden auch tatsächlich kompensiert werden und zum anderen, dass der Ausübende der gefährdenden Tätigkeit selbst vor existenzgefährdender Haftung geschützt wird.[59] Zwar verfügen rund 80–90 % aller privaten Haushalte in Schweden[60] und immerhin ca. 70 % aller privaten Haushalte in Deutschland[61] über eine freiwillige Privathaftpflichtversicherung, diese deckt aber nur sehr eng begrenzte Risiken des täglichen Lebens ab.[62] Um sicherzustellen, dass für bestimmte ausgewählte Risiken, denen ein spezifisches Gefahrpotential innewohnt, von jedem potentiellen Schädiger eine Haftpflichtversicherung abgeschlossen wird, die zugleich gewissen Mindestanforderungen entspricht, gibt es Pflichtversicherungen.[63]

2. Pflichtversicherungen in Deutschland und Schweden

Sowohl der deutsche als auch der schwedische Gesetzgeber bedient sich des Instrumentes der Pflichtversicherung. Die am Weitesten verbreitete Pflichtversicherung ist in beiden Rechtsordnungen die Pflicht des Kfz-Halters, die von seinem Fahrzeug ausgehenden Haftungsrisiken abzusichern. In Deutschland unterfielen im Jahr 2014 ca. 61,5 Millionen Fahr-

---

[59] Zum Zweck der Pflichtversicherung in Deutschland: *Keppel* S. 16; sowie ausführlich: *Hinteregger*, in: Jabornegg u. a. (Hrsg.), FS Reischauer, S. 507 (511 ff.); *Hedderich* S. 322 ff.; *Schwintowski*, in: VuR 2013, 52 (53 ff.); in Schweden: *Carlsson* S. 674; *van der Sluijs*, Professions Ansvarsförsäkring, S. 67; in Norwegen: *Bull* S. 542.
[60] *Roos* S. 242.
[61] *Kötz/Wagner* Rn. 34.
[62] Vgl. zum Beispiel den Umfang des Versicherungsschutzes nach den Muster-AHB-2012 in Punkten 1–3.
[63] *Hinteregger*, in: Jabornegg u. a. (Hrsg.), FS Reischauer, S. 507 (515).

zeuge und Anhänger dieser Versicherungspflicht,[64] in Schweden waren über 7,3 Millionen Fahrzeuge und Anhänger versicherungspflichtig.[65] Diese Pflichtversicherung ist nach Art. 3 RiL 2009/103/EG (Sechste KH-Richtlinie) unionsrechtlich vorgegeben und in Deutschland in § 1 PflVG sowie in Schweden in § 2 TsL umgesetzt worden.[66]

a) Deutschland

Neben der Pflichtversicherung für Kfz-Halter ordnet das deutsche Recht im internationalen Vergleich relativ häufig eine Pflicht zum Abschluss einer Haftpflichtversicherung an. Insgesamt gibt es im deutschen Recht ca. 100 Pflichtversicherungen,[67] im schwedischen Recht sind es hingegen nur ca. 12.[68] Den genauen Bestand an Pflichtversicherungen in Deutschland zu erfassen ist kein leichtes Unterfangen, da sie ganz verschiedene Lebensbereiche betreffen. Ungefähr 50 Pflichtversicherungen werden durch Bundesgesetze angeordnet,[69] die übrigen durch Landesgesetze. Selbst die Bundesregierung traut sich nicht zu, alle Pflichtversicherungen abschließend zusammenzutragen. Sie veröffentlichte aber immerhin im Jahr 2007 zwei „keinen Anspruch auf Vollständigkeit" erhebende Listen über den aktuellen Bestand an Pflichtversicherungen.[70]

Die Gesamtheit aller Pflichtversicherungen in Deutschland bildet kein abgeschlossenes System.[71] Der Gesetzgeber hat vielmehr nur bestimmte einzelne Risiken identifiziert und für diese eine Pflichtversicherung angeordnet.[72] Betrachtet man die bestehenden Pflichtversicherungen, lassen sich gleichwohl Fallgruppen ausmachen, in denen der Gesetzgeber zu diesem Instrument greift. Eine Fallgruppe bilden Risiken, für die der Verursa-

---

[64] So die Angaben des Kraftfahrtbundesamt in ihrer Jahresbilanz des Fahrzeugbestandes zum 1. Januar 2014, abrufbar unter: <http://www.kba.de/DE/Statistik/Fahrzeuge/Bestand/bestand_inhalt.html?nn=644264> (Stand: 20.08.2014).

[65] Nach den Angaben des „statistiska centralbyrån" für den Bestand im Juli 2014, abrufbar unter: <http://www.scb.se/sv_/Hitta-statistik/Statistik-efter-amne/Transporter-och-kommunikationer/Vagtrafik/Fordonsstatistik/10509/10516/> (Stand: 20.08.2014).

[66] Siehe hierzu unten S. 68 ff.

[67] *Schwartze*, in: Looschelders/Pohlmann § 113 Rn. 8.

[68] Eine Aufzählung (vermeintlich) aller schwedischen Pflichtversicherungen findet sich bei *van der Sluijs* S. 50 ff.

[69] *Hedderich* S. 323; *Brand*, in: MüKo-VVG Vor §§ 113–124 Rn. 19.

[70] BT-Drs. 16/4973 S. 13 ff. und BT-Drs. 16/5497 S. 6 ff.; eine Auflistung der wichtigsten Pflichtversicherungen findet sich z.B. auch bei *Beckmann*, in: Bruck/Möller Anh Vor §§ 113–124 Rn. 2 ff. und *Brand*, in: MüKo-VVG Vor §§ 113–124 Rn. 19 ff.

[71] Die Einschätzung von *von Bar*, in: AcP 1981, 289 (318) lautet: „ein unorganisches, zusammenhangloses Sammelsurium von Einzelvorschriften".

[72] Allgemein zu den Anwendungsfällen der Pflichtversicherung: *Hedderich* S. 101 ff., 248 ff.; *Brand*, in: MüKo-VVG Vor §§ 113–124 Rn. 17.

cher nach den Regeln einer *Gefährdungshaftung* einzustehen hat.[73] Hierunter fällt vor allem die Pflichtversicherung der Kfz-Halter (§ 7 StVG und § 1 PflVG), aber z. B. auch die des Luftfrachtführers (§ 44 und § 50 LuftVG). Eine weitere Fallgruppe beinhaltet Risiken, die besonders *wichtige Rechtsgüter* bedrohen. Hierunter fallen z. B. die Pflichtversicherung für Jäger (§ 17 Abs. 1 Nr. 4 BJagdG), Waffenbesitzer (§ 27 I WaffG) oder auch für die Betreiber kerntechnischer Anlagen (§ 13 AtG) sowie z. B. die Pflichtversicherungen nach § 36 GenTG, § 94 AMG und § 19 UmHG. Eine weitere Fallgruppe sind Risiken, die im *Massenverkehr* vorkommen.[74] Hierunter fallen auch die Berufshaftpflichtversicherungen, z. B. für Rechtsanwälte (§ 51 Abs. 1 BRAO) oder Steuerberater (§ 67 StBerG). Hinzu tritt jeweils auch die Überlegung, dass die potentiellen Schuldner vor den Folgen einer ggf. existenzbedrohenden Haftung geschützt werden sollen.[75] Fällt ein Risiko gleichzeitig unter mehrere der Fallgruppen, liegt die Anordnung einer Haftpflichtversicherung besonders nahe.[76] So liegt es z. B. bei der Pflichtversicherung des Kfz-Halters. Diese bezieht sich auf eine Gefährdungshaftung, die im Massenverkehr vorkommt, es sind wichtige Rechtsgüter bedroht und die Haftung kann den durchschnittlichen Schädiger rasch an die Grenzen seiner finanziellen Leistungsfähigkeit bringen.

b) Schweden

Auch im schwedischen Recht entstammen die Risiken, die durch eine Pflichtversicherung abzusichern sind, ganz unterschiedlichen Lebensbereichen.[77] Eine Kategorie an Pflichtversicherungen bilden Tätigkeiten, die besonders dazu geeignet sind, *erhebliche Personenschäden* („personskadeområde") hervorrufen zu können. Hierunter fallen z. B. die Pflichtversicherungen für Kfz-Halter nach § 2 *trafikskadelag* und die Pflichtversicherung für medizinisches Personal nach § 12 *patientskadelag*. In eine zweite Kategorie fallen besonders *gefahrgeneigte Tätigkeiten* („särskilda risker"). Hierzu zählen insbesondere die Pflichtversicherungen für die Betreiber von Atomkraftwerken (§ 22 atomansvarighetslag[78]), und für die Inhaber von öltransportierenden Schiffen (Kap. 10 § 12 sjölag[79]). Eine dritte Kategorie an Pflichtversicherungen soll vor allen Dingen dem *Verbraucherschutz*

---

[73] *Hedderich* S. 102, 252 ff.; *Brand*, in: MüKo-VVG Vor §§ 113–124 Rn. 4.
[74] *Hedderich* S. 102; *Brand*, in: MüKo-VVG Vor §§ 113–124 Rn. 4.
[75] *Hedderich* S. 103; *Brand*, in: MüKo-VVG Vor §§ 113–124 Rn. 4.
[76] *Brand*, in: MüKo-VVG Vor §§ 113–124 Rn. 4.
[77] Die Hauptkriterien zur Anordnung von Pflichtversicherungen im schwedischen Recht hat *van der Sluijs*, in: NFT 2008, S. 213 (214) herausgearbeitet. Ausführungen zu einzelnen Pflichtversicherungen finden sich ferner bei auch bei *van der Sluijs* 50 ff.
[78] Lag 1968:45.
[79] Lag 1994:1009.

("konsumtskyddet") dienen. Hierzu zählen die z. B. Pflichtversicherungen für Immobilienmakler (§ 6 Nr. 2 fastighetsmäklarlag[80]), Versicherungsmakler (Kap. 2 §§ 5, 6 Lag om försäkringsförmedling[81]), Pfandleiher (§ 15 pantbankslag[82]) und Buchhalter (§ 27 revisorslag[83]).[84]

Das schwedische Recht kennt insgesamt weit weniger Pflichtversicherungen als das deutsche Recht. Die Berufshaftpflichtversicherung für Rechtsanwälte ist z. B. nach schwedischem Recht keine Pflichtversicherung i. S. v. Kap. 9 § 7 Abs. 1 Nr. 1 FAL, da sie nicht direkt gesetzlich angeordnet wird.[85] Für sie besteht lediglich ein faktischer Abschlusszwang, da die Zulassung als Rechtsanwalt nur möglich ist, wenn man Mitglied im Anwaltsverein ist und die Mitgliedschaft dort setzt wiederum den Abschluss einer Pflichtversicherung voraus.[86] Im Gegensatz zu den anderen skandinavischen Ländern bestehen in Schweden z. B. auch keine Versicherungspflicht für Jäger, Hundehalter, Schießbahnbetreiber, Insolvenzverwalter, Testamentsvollstrecker, Inkassobürobetreiber, Wachleute und Heimpflegepersonal.[87] Damit kommt der Pflichtversicherung in Schweden keine so bedeutende Rolle zu wie in Deutschland oder in den anderen nordischen Ländern. Dies für die Frage des gesetzlichen Direktanspruches umso weniger, da die bedeutsamste Pflichtversicherung – die der Kfz-Halter – dogmatisch besonders konstruiert ist und eines gesetzlichen Direktanspruches im eigentlichen Sinne gar nicht bedarf.[88]

III. Verbraucher- und Unternehmerversicherung

Eine Unterscheidung, die das deutsche Recht nicht kennt, die aber für das schwedische Versicherungsvertragsrecht systemgebend ist, ist die zwischen Verbraucher- und Unternehmerversicherung. Die Haftpflichtversicherung als individuelle Schadensversicherung unterfällt dieser Differenzierung des FAL.[89] Eine Verbraucherversicherung (*konsumentförsäkring*) ist gemäß Kap. 1 § 4 FAL eine individuelle Schadensversicherung, die eine natürliche Person abschließt, ohne dass diese hauptsächlich ihrer unternehmerischen Tätigkeit zu dienen bestimmt ist. Entscheidend ist insoweit das Auftreten

---

[80] Lag 2011:666.
[81] Lag 2005:405.
[82] Lag 1995:1000.
[83] Lag 2001:883.
[84] Zu verschiedenen Berufshaftpflichtversicherungen in Schweden siehe außerdem: *van der Sluijs,* Professions Ansvarsförsäkring, S. 69 ff.
[85] *Van der Sluijs* S. 125.
[86] *Van der Sluijs* S. 125; *dies.,* in: Professions Ansvarsförsäkring, S. 67.
[87] *Van der Sluijs* S. 57 ff.; sowie *dies.,* in: NFT 2008, S. 213 (214).
[88] Zu dieser besonderen dogmatischen Konstruktion der trafikförsäkring und der patientskadeförsäkring siehe unten S. 40 ff.
[89] *Bengtsson* S. 193.

als Privatperson.[90] Eine Unternehmerversicherung (*företagsförsäkring*) wird in Kap. 1 § 4 FAL dementsprechend als eine individuelle Schadensversicherung definiert, die unternehmerischen Zwecken dient und keine Verbraucherversicherung ist. Der unternehmerische Zweck ist dabei nicht auf die Ausübung eines Gewerbes beschränkt.[91] Daher fallen z.B. auch die Berufshaftpflichtversicherungen der Freien Berufe hierunter. Für die Abgrenzung zwischen Verbraucher- und Unternehmerversicherung ist maßgeblich, welchem Zwecke die Haftpflichtversicherung *hauptsächlich* dient.[92]

Das schwedische FAL geht vom Grundmodell des Versicherungsvertrages als Verbraucherversicherung aus und regelt diesen ausführlich in den Kap. 2–7 FAL.[93] Für die Unternehmerversicherung sieht Kap. 8 FAL teilweise erheblich abweichende spezielle Regelungen vor. Die Differenzierung des reformierten FAL hat ihren Ursprung in dem im Jahre 1980 erlassenen *konsumentförsäkringslagen,* das weitgehend in das neue FAL integriert wurde.[94] Die Regelungen der Verbraucherversicherung sind dadurch gekennzeichnet, dass sie dem Versicherungsnehmer eine stärkere Rechtsstellung einräumen und überwiegend zwingende, den Versicherungsnehmer schützende, Vorschriften vorsehen.[95] Bei einer Unternehmerversicherung wird indes der Versicherungsnehmer stärker in die Pflicht genommen und der Versicherer hat umfassendere Gegenrechte bei Verstößen des Versicherungsnehmers. Außerdem besteht mehr Spielraum für die Ausgestaltung des Versicherungsvertrages. Bei einer Unternehmerversicherung befindet sich auch der geschädigte Dritte in einer schwächeren Rechtsposition gegenüber dem Versicherer als bei Verbraucherversicherung. Dies ist eine gesetzliche Wertung, die durchaus fragwürdig erscheint.

Das dänische und finnische FAL differenzieren nicht zwischen Verbraucher- und Unternehmerversicherungen. Das norwegische FAL kennt zwar keine dem schwedischen FAL vergleichbare grundsätzliche Trennung beider Versicherungsarten, es enthält aber vereinzelte Sonderregelungen für Unternehmerversicherungen. Insbesondere können diese gemäß Kap. 1 § 3 Abs. 2 NoFAL die ansonsten zwingenden Bestimmungen des Gesetzes abbedingen. Unternehmerversicherung im Sinne des NoFAL sind aber – im Gegensatz zum schwedischen FAL – nicht alle Versicherungen eines *jeden* Unternehmers, sondern nach Kap. 1 § 3 Abs. 2 NoFAL nur solcher Unternehmen, die eine bestimmte Mindestgröße oder ein bestimmtes unternehmerisches Betätigungsfeld haben.[96]

---

[90] Prop. 2003/04:150 S. 368.
[91] Prop. 2003/04:150 S. 368.
[92] Prop. 2003/04:150 S. 368; *Bengtsson* S. 193.
[93] *Bengtsson* S. 163 ff.
[94] Siehe hierzu unten S. 83 ff.
[95] Zum Unterschied zwischen konsument- und företagsförsäkring: *Bengtsson* S. 163 ff.
[96] Hierzu: *Brynildsen/Lid/Nygård* S. 32 ff.

C. Stellung des Geschädigten in der Haftpflichtversicherung

I. Ausgangslage: Kein eigenes Forderungsrecht des Geschädigten

Obwohl der geschädigte Dritte in der Haftpflichtversicherung bereits aus deren Natur heraus (das versicherte Risiko ist die Haftung ihm gegenüber) eine besondere Stellung innehat, steht ihm allein aufgrund des Haftpflichtversicherungsvertrages sowohl nach deutschem als auch nach schwedischem Recht *kein* eigenes Forderungsrecht gegenüber dem Versicherer zu.[97] Da der Geschädigte nicht Partei des Versicherungsvertrages ist, bestünde ein eigenes Recht gegenüber dem Versicherer nämlich nur, wenn der Haftpflichtversicherungsvertrag ein Vertrag zugunsten des geschädigten Dritten wäre.

Das *deutsche Recht* sieht in § 328 Abs. 1 BGB grundsätzlich die Möglichkeit eines Vertrages zugunsten Dritter vor. Geht ein solches Recht nicht ausdrücklich aus einer Vertragsbestimmung hervor, ist durch Auslegung des Vertrages zu entnehmen, ob der Dritte ein direktes Forderungsrecht erwerben soll. Hierfür sind gemäß § 328 Abs. 2 BGB die Umstände des Vertrages, insbesondere der Vertragszweck, zur Auslegung heranzuziehen. Es ist zu ermitteln, welchem Interesse der Vertrag nach dem Willen der Parteien hauptsächlich dient.[98] Anhand dieses Maßstabes ist zu beurteilen, ob die Parteien dem Dritten eine feste, eigene Rechtsposition verschaffen wollten.[99] Dies liegt insbesondere nahe, wenn der Vertrag der Versorgung oder Fürsorge des Dritten dient.[100] Aber nicht jeder Vertrag, der auch dem Interesse eines Dritten dient, soll diesem ein eigenes Forderungsrecht einräumen.[101]

Der Versicherungsnehmer schließt eine Haftpflichtversicherung hauptsächlich ab, um die wirtschaftlichen Risiken seiner etwaigen Haftung gegenüber Dritten abzusichern. Er hat gemäß § 100 VVG gegen den Versicherer einen Anspruch auf Freistellung und Rechtsschutz. Dies ist aus Sicht der Parteien auch völlig ausreichend, um den Hauptzweck des Vertrages zu erreichen. Einen eigenen Anspruch des Geschädigten braucht es aus Sicht der Parteien des Haftpflichtversicherungsvertrages nicht. Vielfach legen die Parteien vielleicht sogar Wert darauf, dass gerade kein eigener Anspruch des Geschädigten besteht, damit die Letztentscheidung über Zahlung des Schadensersatzes im Verhältnis Versicherer-Versicherungsnehmer gefällt wird. Der Schutz des Geschädigten ist aus Sicht der Parteien – auch bei einer Pflichtversicherung – nur Nebeneffekt, kein Vertragszweck. Daher ist

---

[97] Für das deutsche Recht: *Jagmann*, in: Staudinger, § 328 Rn. 227; *Gottwald*, in: MüKo-BGB § 328 Rn. 105; *Grüneberg*, in: Palandt § 328 Rn. 13; für das schwedische Recht: *Zackariasson* S. 222 f.
[98] *Jagmann*, in: Staudinger § 328 Rn. 64.
[99] *Jagmann*, in: Staudinger § 328 Rn. 55 ff.
[100] *Jagmann*, in: Staudinger § 328 Rn. 64; *Gottwald*, in: MüKo-BGB § 328 Rn. 34.
[101] *Jagmann*, in: Staudinger § 328 Rn. 66.

der Haftpflichtversicherungsvertrag nach deutscher Dogmatik kein Vertrag zugunsten des geschädigten Dritten im Sinne des § 328 Abs. 1 BGB.[102]

Auch das *schwedische Recht* erkennt einen Vertrag zugunsten Dritter (sogenannte *tredjemansavtal*) grundsätzlich an.[103] Der Haftpflichtversicherungsvertrag wird aber auch hier nicht als Vertrag zugunsten des geschädigten Dritten angesehen.[104] Zur Begründung wird angeführt, das durch eine Haftpflichtversicherung versicherte Risiko sei schließlich nicht der Schaden des Dritten, sondern die Einstandspflicht des Versicherungsnehmers.[105] Daher diene der Vertrag den Interessen des Versicherungsnehmers, nicht denen des geschädigten Dritten. Dieser profitiere nur objektiv betrachtet, nicht aber wegen einer Zweckbeimessung der vertragsschließenden Parteien. Ohne eine ausdrückliche gesetzliche Anordnung hat der Geschädigte daher auch im schwedischen Recht kein eigenes Forderungsrecht gegenüber dem Versicherer.

Weder im deutschen noch im schwedischen Recht wird der Haftpflichtversicherungsvertrag als Vertrag zugunsten des geschädigten Dritten angesehen. Ohne eine ausdrückliche vertragliche Vereinbarung im Versicherungsvertrag oder eine ausdrückliche gesetzliche Anordnung steht dem Geschädigten damit kein direktes Forderungsrecht gegenüber dem Versicherer zu. Dies entspricht auch der Rechtslage in Dänemark und Finnland.[106] Will der Geschädigte daher außerhalb eines gesetzlichen Direktanspruches gegen den Versicherer vorgehen, muss er sich den Freistellungsanspruches des Versicherungsnehmers abtreten lassen oder diesen im Wege der Zwangsvollstreckung pfänden.[107]

Einzig im norwegischen Recht gibt es Ansätze, den Haftpflichtversicherungsvertrag als Vertrag zugunsten des geschädigten Dritten anzusehen.[108] Hier hat der Gesetzgeber den Direktanspruch gegen den Haftpflichtversicherer gemäß Kap. 7 § 6 Abs. 1 Satz 1 NoFAL zum Grundsatz erhoben. Allerdings dürfte dieser Interpretation entgegenstehen, dass es sich dennoch um ein gesetzliches Recht handelt, nicht um ein dem Parteiwillen Entsprungenes.[109]

---

[102] *Jagmann*, in: Staudinger § 328 Rn. 227; *Gottwald*, in: MüKo-BGB § 328 Rn. 105.
[103] *Ramberg*, Allmän avtalsrätt S. 256.
[104] *Hellner* S. 424; *van der Sluijs* S. 63; *Zackariasson* S. 222.
[105] Zur Begründung siehe *Zackariasson* S. 222 f.
[106] *Van der Sluijs* S. 63; zum dänischen Recht: *Jønsson/Kjærgaard* S. 721 ff.; *Sørensen*, Forsikringsret, S. 425 f.
[107] Zu den alternativen Zugriffsmöglichkeiten auf den Freistellungsanspruch siehe unten S. 201 ff.
[108] *Woxholth*, Avtalerett, S. 233; *van der Sluijs* S. 63; in diese Richtung auch: ND 1982, S. 222.
[109] Zur dogmatischen Abgrenzung zwischen Vertrag zugunsten Dritter und gesetzlichem Direktanspruch siehe unten S. 36 ff.

II. Schutzmechanismen zugunsten des Geschädigten

Obwohl der Geschädigte also grundsätzlich kein eigenes Forderungsrecht gegen den Versicherer hat, ist er in Bezug auf die Vorteile, die durch eine Haftpflichtversicherung vermittelt werden, nicht völlig rechtlos gestellt. Vielmehr zeigen die im Folgenden untersuchten gesetzlichen Regelungen aller in Bezug genommener Rechtsordnungen, dass sowohl bei freiwilligen als auch bei obligatorischen Haftpflichtversicherungen entsprechend ihrem Zweck auch gesicherte Rechtspositionen für den Geschädigten vermittelt werden.

1. Freiwillige Haftpflichtversicherung

Das *deutsche Recht* stellt die Befriedigung des Geschädigten durch eine Reihe gesetzlicher Schutzmechanismen sicher.[110] Zunächst besteht hinsichtlich des Freistellungsanspruches ein relatives Verfügungsverbot. Gemäß § 108 Abs. 1 Satz 1 VVG sind Verfügungen des Versicherungsnehmers über den Freistellungsanspruch gegen den Versicherer dem Dritten gegenüber unwirksam. Des Weiteren ist nach § 108 Abs. 1 Satz 2 VVG auch die Zwangsvollstreckung durch andere Gläubiger in den Freistellungsanspruch unzulässig. Ebenso nicht zulässig ist gemäß § 108 Abs. 2 VVG eine formularmäßige Vereinbarung dahingehend, dass der Freistellungsanspruch nicht an den Geschädigten abgetreten werden darf. Soweit – wie bei Massenrisiken üblich – individualvertraglich nichts Abweichendes vereinbart wurde, kann der Versicherungsnehmer folglich seinen Freistellungsanspruch, der ihm gegen den Versicherer zusteht, frei an den Geschädigten abtreten. Durch die Abtretung wandelt sich der Freistellungsanspruch in einen Zahlungsanspruch und der Geschädigte kann Deckung unmittelbar vom Versicherer verlangen.[111] Daher kann der Versicherungsnehmer dem Geschädigten durch eine Abtretung faktisch zu einem „Direktanspruch" verhelfen.[112]

Ferner wird dem Geschädigten in § 110 VVG im Falle der Insolvenz des Versicherungsnehmers ein Recht auf abgesonderte Befriedigung aus dem Freistellungsanspruch eingeräumt. Dieses Absonderungsrecht bewirkt, dass der Freistellungsanspruch zwar in die Insolvenzmasse fällt, aber allein dem Geschädigten der vollständige Verwertungserlös bis zur Höhe seiner

---

[110] Zur Rechtsstellung des Geschädigten in der freiwilligen Haftpflichtversicherung: *Wandt* Rn. 1059 ff.; allgemein zur Rechtsstellung des Geschädigten: *Littbarski,* in: MüKo-VVG § 100 Rn. 91 ff.

[111] BGHZ 7, 244 (246); BGH NJW 1975, 1276; *Koch,* in: Bruck/Möller, § 108 Rn. 36; *Wandt,* in: MüKo-VVG § 108 Rn. 118; *Koch,* in: r+s 2009, 133 (134).

[112] Siehe hierzu unten S. 35.

Schadensersatzforderung gebührt.[113] Aufgrund des gewährten Absonderungsrechtes wird der Geschädigte in der Insolvenz des Versicherungsnehmers so behandelt, als stünde ihm ein gesetzliches Pfandrecht an dem Freistellungsanspruch zu.[114] Der Geschädigte ist daher im Falle der Insolvenz entsprechend § 1282 Abs. 1 BGB zur Einziehung der Forderung berechtigt, ohne dass eine vorherige Abtretung oder zwangsweise Pfändung notwendig wäre.[115] Durch die Insolvenz des Versicherungsnehmers wandelt sich der Freistellungsanspruch in einen Zahlungsanspruch des Geschädigten.[116] Da der Geschädigte aber auch im Falles der Insolvenz des Versicherungsnehmers keine bessere Rechtsstellung erwirbt, als sie dieser zuvor inne hatte, kann der Versicherer erst dann unmittelbar auf Zahlung in Anspruch genommen werden, wenn zuvor das Bestehen des Schadensersatzanspruches des Geschädigten im Verhältnis zum Versicherungsnehmer festgestellt wurde.[117] Voraussetzung für ein unmittelbares Vorgehen gegen den Versicherer ist daher, dass entweder der Insolvenzverwalter den Anspruch des Geschädigten zur Tabelle anerkennt (vgl. § 178 InsO) bzw. die Feststellung zur Tabelle klagweise erreicht wird (vgl. §§ 179, 180 InsO)[118] oder dass der Insolvenzverwalter bereits erfolgreich unmittelbar auf Zahlung, in der Höhe beschränkt auf die Leistung aus der Versicherungsforderung, verklagt wurde[119]. Durch das gewährte Absonderungsrecht kann der Geschädigte im Falle der Insolvenz des Versicherungsnehmers im Ergebnis bei freiwilligen Haftpflichtversicherungen auch unmittelbar gegen den Haftpflichtversicherer vorgehen. Im Unterschied zu dem bei Pflichtversicherungen im Falle der Insolvenz gewährten Direktanspruch (§ 115 Abs. 1 Satz 1 Nr. 2 VVG) ist das unmittelbare Vorgehen gegen den Versicherer indes erst möglich, wenn die Schadensersatzforderung zuvor im Verhältnis zum Versicherungsnehmer festgestellt wurde. Im Falle des Bestreitens der jeweiligen Einstandspflicht sind also bei einem Absonderungsrecht zwei Prozesse notwendig (zunächst gegen den Insolvenzverwalter und anschlie-

---

[113] Zum Absonderungsrecht in der Insolvenz: *Häsemeyer,* Insolvenzrecht, Rn. 18.01; *Bork,* Einführung in das Insolvenzrecht, Rn. 246.
[114] RGZ 93, 209 (212); BGH VersR 1954, 578 (579); OLG Nürnberg VersR 2013, 711 (712); *Koch,* in: Bruck/Möller § 110 Rn. 2.
[115] RGZ 93, 209 (212); BGH VersR 1954, 578 (579); BGH NJW-RR 2004, 829 (830); OLG Nürnberg VersR 2013, 711 (712); *Koch,* in: Bruck/Möller § 110 Rn. 8.
[116] RGZ 93, 209 (212).
[117] RGZ 93, 209 (212); BGH VersR 1954, 578 (579); BGH NJW-RR 2004, 829 (830); OLG Nürnberg VersR 2013, 711 (712); *Koch,* in: Bruck/Möller § 110 VVG Rn. 9.
[118] Zu diesen beiden Möglichkeiten eines „insolvenzrechtlichen Prüfungsverfahrens": RGZ 93, 203 (213); BGH VersR 1954, 578 (579); BGH NJW-RR 2004, 829 (830); *Koch,* in: Bruck/Möller § 115 Rn. 16.
[119] Zu dieser Möglichkeit: BGH VersR 1956, 625 (626); BGH NJW-RR 1989, 918 (919); BGH NZI 2013, 886 f.; *Koch,* in: Bruck/Möller § 110 Rn. 17.

ßend gegen den Versicherer) während bei einem Direktanspruch nur ein Direktklageprozess notwendig ist.

Auch das *schwedische Recht* sichert die Versicherungssumme für den Geschädigten auch bei freiwilligen Haftpflichtversicherungen. Es stellt zunächst sicher, dass der Geschädigte der Versicherungssumme nicht dadurch verlustig wird, dass der Versicherungsnehmer diese für sich einbehält: Dem Geschädigten wird nach Kap. 9 § 8 FAL ein Direktanspruch gegen den Versicherer für den Fall eingeräumt, dass der Versicherer die Versicherungssumme zwar an den Versicherungsnehmer auszahlt, dieser diese aber nicht oder nicht vollständig weiterreicht. Dass der Geschädigte ferner im Falle der Insolvenz des Versicherungsnehmers in jedem Fall vor anderen Gläubigern auf die Versicherungssumme zugreifen kann, garantieren alle skandinavischen Rechtsordnungen, indem sie für diese Situation einen Direktanspruch einräumen.[120] Die Absicherung des geschädigten Dritten kommt schließlich auch darin zum Ausdruck, dass der Versicherungsnehmer zunächst nur einen Freistellungs- und keinen Zahlungsanspruch hat. Dies soll sicherstellen, dass dem Dritten die Versicherungssumme auch wirklich zufließt.[121]

Auch wenn der Schutz des Geschädigten nicht (primärer) Vertragszweck einer freiwilligen Haftpflichtversicherung ist, so ist doch auch hier im Ergebnis gewünscht, dass dem geschädigten Dritten bei berechtigten Schadensersatzansprüchen die Versicherungssumme letztlich zufließt. Diese Wertung ist allen untersuchten Rechtsordnungen zu entnehmen. Sie stellen auch bei freiwilligen Haftpflichtversicherungen durch verschiedene gesetzliche Vorgaben sicher, dass die Versicherungssumme letztlich dem Geschädigten zugutekommt und sich weder der Versicherungsnehmer, noch der Versicherer, noch andere Gläubiger des Versicherungsnehmers an ihr ungerechtfertigt bereichern.

2. Pflichtversicherung

Während bei freiwilligen Haftpflichtversicherungen in erster Linie nur sichergestellt werden soll, dass sich der Versicherer, der Versicherungsnehmer oder seine Gläubiger nicht ungerechtfertigt an der Versicherungssumme bereichern, verfolgt das Gesetzesmodell der Pflichtversicherung noch eine andere Zielrichtung. Im Mittelpunkt einer Pflichtversicherung steht nämlich auch der Schutz aller potentiell *Geschädigten*.[122] Der Ge-

---

[120] Schweden: Kap. 9 § 7 Abs. 1 Nr. 2, 3 FAL; Norwegen: Kap. 7 § 8 Abs. 2 NoFAL; Dänemark: § 95 Abs. 2 DäFAL; Finnland: § 67 Abs. 1 Nr. 2 FiFAL.
[121] BGHZ 88, 228 f.; *Littbarski*, in: MüKo-VVG, Vor §§ 100–123 Rn. 67.
[122] Zur Schutzrichtung der Pflichtversicherung und zur Sonderstellung des Geschädigten: *Keppel* S. 17 ff.; *Wandt* Rn. 1073, 1078 sowie zusammenfassend: *Hedderich*

schädigte nimmt daher in der Pflichtversicherung eine Sonderstellung ein – seine Kompensation soll garantiert werden. Die Schutzrichtung verlagert sich vom Schutz des Schädigers bei einer freiwilligen Haftpflichtversicherung hin zum Schutz des Geschädigten bei einer Pflichtversicherung.

Um den Schutzzweck der Pflichtversicherung umzusetzen, gibt es für diese Art der Haftpflichtversicherung einige Vorgaben, die für freiwillige Haftpflichtversicherungen nicht gelten.[123] Zentrales Merkmal einer Pflichtversicherung ist zunächst, dass zwingende gesetzliche Mindestanforderungen an Inhalt und Umfang des Versicherungsschutzes gestellt werden. Das deutsche Recht normiert dies allgemein in § 114 Abs. 2 Satz 1 VVG, im schwedischen Recht ist dies den jeweiligen Pflichtversicherungsgesetzen in der Regel durch Auslegung zu entnehmen.[124] Ein weiteres Instrument zur Sicherstellung der Befriedigung des Geschädigten sind sogenannte Einwendungsausschlüsse.[125] Im Falle ihrer gesetzlichen Anordnung muss der Versicherer an den Geschädigten leisten, obwohl er im Innenverhältnis zum Versicherungsnehmer (zumindest teilweise) leistungsfrei ist. Alle untersuchten Rechtsordnungen sehen solche Einwendungsausschlüsse in unterschiedlicher Reichweite bei Pflichtversicherungen vor.[126]

D. Ergebnis

Die rechtlichen Rahmenbedingungen der Haftpflichtversicherung sind von einigen versicherungsrechtlichen Besonderheiten geprägt. Zwar besitzen alle untersuchten Rechtsordnungen umfassende Versicherungsvertragsgesetze, die auch weitreichende Regelungen für Haftpflichtversicherungen enthalten, den Allgemeinen Versicherungsbedingungen kommt aber dennoch eine bedeutende Rolle zu. Insbesondere bei gesetzlich nicht geregelten Problemen (z.B. Reichweite des versicherten Risikos, Bestimmung vertraglicher Obliegenheiten), sind die AVB zentral zur Ermittlung der faktischen Rechtslage. Eine weitere Besonderheit ist der hohe Grad an außergerichtlicher Streitbeilegung. Diese ist insbesondere in Schweden weit ausgebaut und mindert die Rolle der ordentlichen Gerichte.

Ferner konnte aufgezeigt werden, dass die Funktionsweise der Haftpflichtversicherung, nach der der Versicherungsnehmer gegen seinen Versicherer einen Anspruch darauf hat, dass dieser den Schaden reguliert und ihm diesbezüglich auch eine Regulierungsvollmacht erteilt, dem Versiche-

---

S. 462 f.; zum schwedischen Recht: *Bengtsson* S. 115; *van der Sluijs*, in: NFT 2008, 213 (214 f.).

[123] Zur Rechtsstellung des Geschädigten in der Pflichtversicherung: *Wandt* Rn. 1078 ff.

[124] Zu den zwingenden Vorgaben für Pflichtversicherungen siehe unten S. 108 ff. für das deutsche Recht und S. 113 ff. für das schwedische Recht.

[125] *Hedderich* S. 105 f.

[126] Siehe hierzu ausführlich unten S. 140 ff.

rer eine zentrale Rolle bei der Schadensabwicklung zuweist. Dies spricht dafür, ihn auch rechtlich gegenüber dem Geschädigten unmittelbar in die Pflicht zu nehmen.

Bei den Arten der Haftpflichtversicherung ist zunächst zwischen freiwilligen Haftpflichtversicherungen und Pflichtversicherungen zu unterscheiden. Erstere dient primär dem Schutz des Versicherungsnehmers, letztere dem Schutz des Geschädigten. Umgekehrt ist bei einer freiwilligen Haftpflichtversicherung auch der Schutz des Geschädigten eine Reflexwirkung und von einer Pflichtversicherung profitiert ebenso der Versicherungsnehmer. Im schwedischen Recht ist ferner zwischen Verbraucher- und Unternehmerversicherung zu unterscheiden. Diese Unterscheidung ist nicht auf das Verhältnis zwischen Versicherer und Versicherungsnehmer beschränkt, sondern beeinflusst auch die Rechtsstellung des geschädigten Dritten.

Ferner wurde gezeigt, dass sowohl Pflichtversicherungen als auch freiwillige Haftpflichtversicherungen Schutzvorschriften zugunsten des Versicherungsnehmers vorsehen, die sicherstellen sollen, dass dieser letztlich auch die Versicherungssumme erhält. Besonders ausgeprägt ist der Schutz des Geschädigten bei Pflichtversicherungen, was aus deren besonderen Schutzzweck heraus zu erklären ist.

§ 3 Direktanspruch in der Haftpflichtversicherung

In diesem Abschnitt soll die Rechtsfigur des Direktanspruches in der Haftpflichtversicherung näher beleuchtet werden. Hierfür wird zunächst eine Definition erstellt und eine dogmatische Einordnung vorgenommen. Anschließend werden die verschiedenen Arten des Direktanspruches vorgestellt und die Rechtsfigur des Direktanspruches wird von anderen Durchgriffsrechten des Geschädigten abgegrenzt. Abschließend sollen dann die Vor- und Nachteile dieser Methode der Schadensabwicklung zusammengetragen und diskutiert werden.

A. Grundlagen

I. Definitionen

Der Begriff „Direktanspruch" (auf Schwedisch *direktkrav* bzw. *direktkravsrätt*) soll für diese Untersuchung definiert werden als das Recht eines Gläubigers, eine ihm gegen seinen Schuldner zustehende Forderung unmittelbar gegen einen Schuldner seines Schuldners geltend machen zu können.[127] Der „Direktanspruch in der Haftpflichtversicherung" bezeichnet in

---

[127] Zum Begriff des „direktkrav" im schwedischen Recht: *Zackariasson* S. 30 ff.

dieser Untersuchung folglich das Recht eines Geschädigten, einen Schadensersatzanspruch, der ihm gegen einen haftpflichtversicherten Schädiger zusteht, unmittelbar gegenüber dem Haftpflichtversicherer seines Schädigers geltend machen zu können.[128] Ein solcher „Direktanspruch in der Haftpflichtversicherung" kann auf drei dogmatisch voneinander abzugrenzenden Wegen begründet werden. Er kann *gesetzlich* angeordnet werden, er kann durch eine Ausgestaltung des Versicherungsvertrages als *Vertrag zugunsten Dritter* begründet werden und er kann schließlich durch den *Übergang* des ursprünglichen Freistellungsanspruches auf den Geschädigten erzeugt werden. Sind alle diese drei dogmatischen Herleitungswege erfasst, wird im Folgenden von einem „Direktanspruch im weiteren Sinne (i.w.S)" gesprochen. Als „Direktanspruch im eigentlichen Sinne (i.e.S.)" bzw. „gesetzlicher Direktanspruch" wird indes nur das Durchgriffsrecht bezeichnet, welches dem Geschädigten (im Gegensatz zum Vertrag zugunsten Dritter) *kraft Gesetzes* eingeräumt wird und das (im Gegensatz zum Forderungsubergang) *ohne Überleitungsakt* besteht.

II. Dogmatische Einordnung des gesetzlichen Direktanspruches

Angesichts der Tatsache, dass der gesetzliche Direktanspruch den Grundsatz der Relativität der Schuldverhältnisse durchbricht und aufgrund seiner Stellung zwischen Haftungs- und Versicherungsverhältnis stellt sich die Frage, wie das Rechtsinstitut des gesetzlichen Direktanspruches dogmatisch eingeordnet werden kann.

Nach der Dogmatik des *deutschen* Rechts spricht zunächst viel dafür, den gesetzlichen Direktanspruch in der Haftpflichtversicherung als gesetzlich angeordneten *Schuldbeitritt* des Versicherers in den Schadensersatzanspruch des Geschädigten einzuordnen. Diese Einschätzung teilen auch der Gesetzgeber[129], die Rechtsprechung[130] und weite Teile des Schrifttums[131]. Gerade in den Anfangsjahren des Direktanspruchs wurden indes auch andere dogmatische Einordnungen vorgeschlagen. So betrachteten Einzelne den Direktanspruch gegen den Haftpflichtversicherer als pfandrechtliche Konstruktion, gingen davon aus, dass der Direktanspruch den Haftpflichtversicherungsvertrag zu einem Vertrag zugunsten Dritter mache, nahmen eine bürgschaftsähnliche Konstruktion an oder gingen davon aus, dass es

---

[128] Zur Definition des Direktanspruches. *Vogt* S. 8; *Schneider*, in: MüKO-VVG § 115 Rn. 1; *van der Sluijs* S. 65.
[129] Begründung für den Gesetzesentwurf zu § 3 Nr. 1 PflVG a.F. in BT-Drs. 4/2252 S. 15, der Vorbild für die Regelung in § 115 VVG war (BT-Drs. 16/3945 S. 88 f.); vgl. auch *Micha* S. 63.
[130] BGHZ 57, 265 (269), 69, 153 (156), 72, 151 (153).
[131] *Beckmann*, in: Bruck/Möller § 115 Rn. 8; *Schneider*, in: MüKo-VVG § 115 Rn. 1; *Schwarze*, in: Looschelders/Pohlmann § 115 Rn. 3; *Keppel* S. 41; *Micha* S. 63.

sich schlicht um einen Anspruch *sui generes* handele.[132] Für die Einordnung als gesetzlichen Schuldbeitritt des Versicherers in den Schadensersatzanspruch des Geschädigten spricht auch die Gesamtschuldneranordnung für Versicherer und Versicherungsnehmer in § 115 Abs. 1 Satz 4 VVG.[133]

Des Weiteren stellt sich für die *Qualifikation* des Direktanspruches im Internationalen Privatrecht die Frage, ob dieser eher deliktischer oder eher versicherungsvertraglicher Natur ist. Auch diese Frage war vor allem nach der Einführung des Direktanspruches in der Kfz-Pflichtversicherung durchaus umstritten.[134] Für die Qualifikation ist maßgeblich, dass ein „Direktanspruch i. e. S." *gesetzlich* angeordnet wird und nicht dem Versicherungsvertrag entspringt.[135] Der *gesetzliche* Direktanspruch des Geschädigten ist daher ein außervertragliches Recht, dass nach Art. 18 Rom-II-VO anzuknüpfen ist.[136] Hiernach kann der Geschädigte seinen Anspruch direkt gegen den Versicherer des Haftenden geltend machen, wenn dies nach dem auf das außervertragliche Schuldverhältnis *oder* nach dem auf den Versicherungsvertrag anzuwendenden Recht vorgesehen ist. Die Qualifikation nach Art. 18 Rom II-VO gilt auch unabhängig davon, ob der zugrundeliegende Schadensersatzanspruch des Geschädigten vertraglicher oder außervertraglicher Natur ist.[137] Die Einordnung des gesetzlichen Direktanspruches als „überwiegend deliktisch"[138] greift – auch in Deutschland für die Rechtslage nach der VVG-Reform – zu kurz, da nun auch nach deutschem Recht umfassend *vertragliche* Schadensersatzansprüche in den Anwendungsbereich des gesetzlichen Direktanspruches fallen.[139] Der gesetzliche Direktanspruch ist daher nicht deliktischer sondern *außervertraglicher*, nämlich gesetzlicher, Natur.[140] *Vertragliche* Direktansprüche[141]

---

[132] Zu den verschiedenen Ansätzen zur dogmatischen Einordnung des Direktanspruches: *Johannsen*, in: Bruck/Möller[8], Band VI Anm. B 6 ff.; *Keppel* S. 40 ff.; *Müller-Stüler*, Der Direktanspruch gegen den Haftpflichtversicherer, S. 55 ff.

[133] *Sieg*, Anspruch des Drittgeschädigten, S. 16 f. (noch zu § 3 PflVG); *Beckmann*, in: Bruck/Möller § 115 Rn. 8.

[134] Vgl. hierzu: *Micha* S. 61 ff.; *Johannsen*, in: Bruck/Möller[8], Band VI, Anm. B 6 ff.

[135] BGHZ 57, 265 (269 f); 79, 170 (172); BGH VersR 1982, 133; *Heidl* S. 275.

[136] *Hartenstein*, in: TranspR 2013, 20 (26); *Micha* S. 81 ff.

[137] *Hartenstein*, in: TranspR 2013, 20 (26); *Micha* S. 160 ff., a. A.: *Thorn*, in: Palandt, Art. Rom II-VO Rn. 1; *Junker*, in: MüKo-BGB, Art. 18 Rom II-VO Rn. 8 die bei vertraglichen Schadensersatzansprüchen, die im Wege eines Direktanspruches geltend gemacht werden, Art. 18 Rom II-VO nicht für anwendbar halten.

[138] So u.a. BGHZ 57, 265 (269 f); 79, 170 (172); BGH VersR 1982, 133; *Schwartze*, in: Looschelder/Pohlmann § 115 VVG Rn. 3, dies kritisierend: *Micha* S. 82.

[139] Dies z.B. bei den Berufshaftpflichtversicherungen. In den skandinavischen Rechtsordnungen ist der gesetzliche Direktanspruch ebenso nicht auf deliktische Ansprüche begrenzt. Zur Reichweite des gesetzlichen Direktanspruches siehe unten S. 89 ff.

[140] *Hartenstein*, in: TranspR 2013, 20 (26).

[141] Zum Begriff siehe unten S. 36 f.

unterfallen demgegenüber nicht Art. 18 Rom II-VO, sondern dem nach Maßgabe der Rom I-VO auf den Versicherungsvertrag anwendbarem Recht.[142] Diese Qualifikationsvorgaben gelten freilich auch für die skandinavischen EU-Mitgliedstaaten Schweden und Finnland, für die ebenfalls die Verordnungen Rom I und II gelten.

Im *schwedischen* Recht liegt der Schwerpunkt der Diskussion um die dogmatische Einordnung des gesetzlichen Direktanspruches auf der Frage, inwieweit der gesetzliche Direktanspruch ein *selbstständiges* Recht des Geschädigten darstellt oder inwieweit er akzessorisch zum Haftungs- und Versicherungsverhältnis ist.[143] Diese Frage wird insbesondere bei der Verjährung des Direktanspruches (§ 8), der Wirkung von Einwendungen des Versicherers (§ 11) und bei der Bindungswirkung des Haftungsverhältnisses (§ 12) relevant und wird in diesem Zusammenhang in dieser Arbeit wieder aufgegriffen. Der zweite Schwerpunkt liegt in Schweden auf der Abgrenzung des gesetzlichen Direktanspruches von anderen Durchgriffsrechten des Geschädigten gegen den Versicherer.[144] Für die dogmatische Einordnung eines gesetzlichen Direktanspruches (Direktanspruch im eigentlichen Sinn) wird als zentrales Charakteristikum herausgearbeitet, dass es sich um ein *automatisk direktkravsrätt* (automatischer Direktanspruch) handelt. „Automatisch" deshalb, weil kein Übergangstatbestand notwendig ist. Der Geschädigte kann ohne weiteres seinen Schadensersatzanspruch gegen den Versicherer geltend machen. Für das reformierte FAL entschied sich der schwedische Gesetzgeber – wie auch der deutsche – für ein solches *automatisk direktkravsrätt,* so dass das Recht des Geschädigten entsteht, ohne das die Forderung des Versicherungsnehmers auf diesen übergehen müsste. Diese Konstruktion wählen auch das norwegische (Kap. 7 § 6 Abs. 1 NoFAL) und finnische (§§ 67 Abs. 1, 68 Abs. 1 Satz 2 FiFAL) Recht.

III. Arten des gesetzlichen Direktanspruches

Die Rechtsfigur des gesetzlichen Direktanspruches kann nach seinem Anwendungsbereich und seinen Voraussetzungen in verschiedene Arten eingeteilt werden. Die in dieser Arbeit verwandte Systematisierung hat sich vor allem in den nordischen Rechten herausgebildet, da der Direktanspruch

---

[142] *Micha* S. 83.
[143] Vgl. hierzu HD NJA 2009, 355 (374 f.); *van der Sluijs,* Studier i försäkringsrätt, S. 106 ff. Der schwedische Gesetzgeber gibt diesbezüglich weniger dogmatische Einordnungsindizien als das deutsche Recht vor. Es gibt es z.B. keine Gesamtschuldneranordnung für Versicherer und Versicherungsnehmer.
[144] Zur dogmatischen Einordnung im schwedischen Recht: *van der Sluijs* S. 72 ff.; *Bengtsson* S. 389; *Zackariasson* S. 227 ff.; einen kurzen Überblick auf Deutsch gibt auch: *Micha* S. 58 ff.

gegen den Haftpflichtversicherer dort vielfältiger und weitreichender als im deutschen Recht eingeräumt wird.[145]

Zunächst kann der Direktanspruch nach seinem prinzipiellen Anwendungsbereich eingeordnet werden.[146] Hier kann ein Direktanspruch „generell" oder „allgemein" gewährt werden. Ein „genereller Direktanspruch" (*generell direktkravsrätt*) bedeutet, dass der Direktanspruch das Grundmodell in der gesamten Haftpflichtversicherung darstellt und nicht auf bestimmte Arten der Haftpflichtversicherung begrenzt ist.[147] Außerdem wird ein genereller Direktanspruch bedingungslos gewährt. Einen generellen Direktanspruch gegen den Haftpflichtversicherter sieht von den untersuchten Rechtsordnungen allein das norwegische Recht gemäß Kap. 7 § 6 Abs. 1 Satz 1 NoFAL vor. Von einem „allgemeinen Direktanspruch" (*allmän direktkravsrätt*) wird gesprochen, wenn der Direktanspruch das Grundmodell für nur eine abgegrenzte Art der Haftpflichtversicherung ist, in diesem Bereich auch bedingungslos gewährt wird, aber eben nicht Grundmodell für alle Haftpflichtversicherungen ist.[148] Einen solchen allgemeinen Direktanspruch sehen z.B. das schwedische (Kap. 9 § 7 Abs. 1 Nr. 1 FAL) und finnische (§ 67 Abs. 1 Nr. 1 FiFAL) Recht vor. Hiernach steht dem Geschädigten bei allen obligatorischen Haftpflichtversicherungen ohne weitere Voraussetzungen ein Direktanspruch zu.

Ferner gibt es Direktansprüche, die an *weitere Voraussetzungen* als die Art der Haftpflichtversicherung geknüpft sind und daher nur in besonderen Situationen gewährt werden.[149] Eine solche Situation ist z.B. die Insolvenz des Versicherungsnehmers. In diesen Fällen besteht nach deutschem Recht bei allen Pflichtversicherungen ein Direktanspruch (§ 115 Abs. 1 Satz 1 Nr. 2 VVG), im schwedischen (Kap. 9 § 7 Abs. 1 Nr. 2 FAL), dänischen (§ 95 Abs. 2 DäFAL) und finnischen (§ 67 Abs. 1 Nr. 2 FiFAL) Recht besteht dann auch ausnahmsweise bei freiwilligen Versicherungen ein Direktanspruch.

Schließlich gibt es noch die Kategorie des *subsidiären* Direktanspruchs. Dieser besteht nur dann, wenn der Geschädigte zunächst erfolglos versuchte, den Schadensersatz beim Schädiger einzutreiben, ohne dass dieser aber formell insolvent wäre.[150] Einen solchen subsidiären Direktanspruch gewährt z.B. das schwedische Recht nach Kap. 9 § 7 Abs. 2 FAL für Fälle des Einwendungsausschlusses und nach Kap. 9 § 8 FAL wenn der Versi-

---

[145] Die im Folgenden dargestellte Kategorisierung verwendet z.B. *van der Sluijs* S. 122 ff.
[146] Zu den Anwendungsbereichen der jeweiligen Direktansprüche siehe unten S. 89 ff.
[147] Hierzu: *van der Sluijs* S. 121.
[148] Hierzu: *van der Sluijs* S. 121.
[149] Hierzu: *van der Sluijs* S. 121.
[150] Hierzu: *van der Sluijs* S. 127 ff.

cherer die Versicherungssumme schon an den Versicherungsnehmer ausgezahlt hat, dieser diese aber nicht oder nicht vollständig an den Geschädigten weitergereicht hat.

B. Abgrenzung zu anderen Durchgriffsrechten

Ein Durchgriffsrecht des Geschädigten gegen den Versicherer kann wie bereits angedeutet neben der Möglichkeit der Gewährung eines gesetzlichen Direktanspruches auch auf zwei anderen Wegen begründet werden. Zum einen können die Parteien den Haftpflichtversicherungsvertrag als Vertrag zugunsten eines geschädigten Dritten ausgestalten. Zum anderen kann der ursprüngliche Freistellungsanspruch des Schädigers auf den Geschädigten übergehen, so dass dieser einen Zahlungsanspruch gegen den Versicherer erhält. Dies kann durch eine freiwillige Abtretung erfolgen oder durch einen gesetzlich angeordneten Forderungsübergang. Diese Konstruktionen sind voneinander abzugrenzen und die Begründung des Durchgriffsrechts hat Konsequenzen für die Rechtsstellung des Geschädigten.[151]

I. Abtretung des Freistellungsanspruches

Zunächst ist der gesetzliche Direktanspruch von einer Abtretung des Freistellungsanspruches abzugrenzen.[152] Wie bereits angedeutet, zeichnet sich der gesetzliche Direktanspruch dadurch aus, dass er dem Geschädigten *ohne* weiteren Überleitungsakt zur Verfügung steht. Anders liegt es hingegen bei einem durch eine Abtretung begründeten Direktanspruch (auf Schwedisch: *direktkravsrätt genom cession*). Hier entsteht das Durchgriffsrecht des Geschädigten erst dadurch, dass der Freistellungsanspruch übergeht und sich hierdurch in einen Zahlungsanspruch des Geschädigten wandelt.[153] Als Übergangstatbestand ist also ein Forderungsübergang notwendig.

Der Übergang kann zum einen *kraft Gesetzes* angeordnet werden. Dieser Lösung bedient sich z.B. das dänische Recht. Nach § 95 Abs. 1 DäFAL tritt der Geschädigte in den Freistellungsanspruch des Versicherungsnehmers ein, wenn dessen Haftpflicht dem Grunde nach festgestellt („erstatningspligt over for den skadelidte er fastslået") und der Höhe nach be-

---

[151] Vgl. hierzu: *van der Sluijs*, Studier i försäkringsrätt, S. 106 ff.; *Bull*, Tredjemansdekninger i forsikringsforhold, S. 73.

[152] Zum dogmatischen Unterschied zwischen gesetzlichem Direktanspruch und einer Abtretung des Freistellungsanspruches im deutsche Recht: *Dreher/Thomas*, in: ZGR 2009, 31 (41 ff.); *Thume*, in: VersR 2010, 849 (851); im schwedischen Recht: *van der Sluijs* S. 72 ff.

[153] Vgl. zur Rechtslage nach deutschem Recht: BGHZ 7, 244 (246); BGH NJW 1975, 1276; *Koch*, in: Bruck/Möller § 108 Rn. 36 ff.; *Wandt*, in: MüKo-VVG § 108 Rn. 118; für das schwedische Recht: *van der Sluijs* S. 74; zur Abtretung des Freistellungsanspruches siehe auch ausführlich unten S. 152 ff.

stimmt ist („erstatningens størrelse bestemt"). Nach der Rechtslage in Schweden vor der FAL-Reform hatte der Geschädigte nach § 95 Abs. 3 GFAL einen Anspruch gegen den Schädiger, dass dieser im Falle seiner Insolvenz den Freistellungsanspruch an ihn abtreten muss. Zum anderen kann der Versicherungsnehmer seinen Freistellungsanspruch im deutschen wie im schwedischen Recht auch freiwillig an den Geschädigten *abtreten*.[154] Im deutschen Recht verbietet § 108 Abs. 2 VVG sogar formularmäßige Abtretungsverbote. Teilweise wird daher bereits von einem „faktischen Direktanspruch" gesprochen.[155]

Nach einem gesetzlichen Übergang oder einer Abtretung ist der Versicherungsnehmer nicht länger Gläubiger seines Freistellungsanspruches gegen den Versicherer. Bei einem gesetzlichen Direktanspruch bleibt der Versicherungsnehmer hingegen Gläubiger seines Freistellungsanspruches. Der Geschädigte wird hier nämlich nicht neuer Gläubiger dieses Freistellungsanspruches, sondern tritt *neben* den Versicherungsnehmer als zweiter Gläubiger des Versicherers. Auch im Falle einer Abtretung des Freistellungsanspruches erwirbt der Geschädigte aber grundsätzlich kein besseres Recht, als der Versicherungsnehmer ursprünglich inne hatte (vgl. § 404 BGB).[156]

II. Haftpflichtversicherungsvertrag als Vertrag zugunsten Dritter

1. Grundlagen

Wie bereits erläutert, ist ein Haftpflichtversicherungsvertrag grundsätzlich kein Vertrag zugunsten eines geschädigten Dritten (auf Schwedisch: *tredjemansavtal*), da dies in der Regel nicht dem mutmaßlichen Parteiwillen entspricht.[157] Den Parteien steht es freilich offen, im Haftpflichtversicherungsvertrag ein direktes Forderungsrecht des Geschädigten zu begründen. Dann steht dem Geschädigten ein „vertraglicher Direktanspruch" gegen den Versicherer zu. Dies ist z.B. in Konstellationen interessant, in denen das Verhältnis zwischen Geschädigtem und Versicherungsnehmer nicht durch Rechtsstreitigkeiten belastet werden soll.[158] Beispiele für einen vertraglich begründeten „Direktanspruch" sind die schwedischen Versicherungen der *trygghetsförsäkring vid arbetsskada*[159] (Sicherheitsversicherung bei Arbeitsschäden) und der *läkemedelförsärkring* (Arzneimittelversicherung) sowie schließlich die Ausgestaltung einiger D&O-Versicherungsverträge.

---

[154] Siehe hierzu unten S. 152 ff.
[155] *Ihlas*, in: MüKo-VVG (Band 2) D&O Rn. 270.
[156] Zur Abtretung im schwedischen Recht: *Rodhe*, Obligationsrätt, S. 134 ff.
[157] Siehe hierzu ausführlich oben S. 24 ff.; zur Abgrenzung zwischen *tredjemansavtal* und *direktkrav: van der Sluijs* S. 68 f.
[158] Siehe hierzu unten S. 47.
[159] Hierzu näher: *Carlsson* S. 670 ff.

2. Beispiele eines vertraglichen Direktanspruches

Die Hersteller und Importeure von Arzneimitteln (*läkemedel*) haben sich in Schweden – auf Anregung der Politik hin[160] – zusammengeschlossen und auf freiwilliger Basis eine sogenannte *läkemedelsförsäkring* (Arzneimittelversicherung) eingeführt.[161] Die Versicherung wird von der sogenannten *läkemedelsförsäkringsförening* (LFF) unterhalten. Durch Arzneimittel Geschädigte haben einen Anspruch auf Schadensersatz im Rahmen dieser Versicherung falls der Hersteller oder Importeur des schädigenden Arzneimittels Mitglied in der LFF ist. Hiervon sind ca. 99 % aller in Schweden verkauften Arzneimittel erfasst.[162] Nach § 11 Abs. 1 Satz 2 der Versicherungsbedingungen steht dem Geschädigten ein Direktanspruch gegen die LFF zu.[163] Die *läkemedelsförsäkring* ist damit ein Vertrag zugunsten des geschädigten Dritten.[164] Dieser vertragliche Direktanspruch beruht nach § 1 der Versicherungsbedingungen auf einer Gefährdungshaftung des Arzneimittelherstellers.[165] Voraussetzung ist gemäß § 3 allerdings, dass der Schaden mit *övervägende sannolikhet* (überwiegender Wahrscheinlichkeit) durch das Arzneimittel hervorgerufen wurde.[166] Beweisprobleme diesbezüglich führen dazu, dass die meisten Begehren nicht erfolgreich sind.[167] Unabhängig von diesem Direktanspruch hat der Geschädigte auch einen Schadensersatzanspruch gegen den Arzneimittelhersteller bzw. Importeur im Rahmen der allgemeinen zivilrechtlichen Haftungsregeln.[168]

Bei der Haftung des Arbeitgebers für Arbeitsschäden seines Arbeitnehmers besteht in Schweden eine tarifvertragliche Vereinbarung, wonach Arbeitgeber hierfür eine Haftpflichtversicherung, die sog. *trygghetsförsäkring vid arbetsskade* (TFA), abzuschließen haben.[169] Diese Versicherung

---

[160] Zum Hintergrund der läkemdelsförsäkring: *Hellner/Radetzki* S. 326; *Nilsson,* in: Hellner (u. a.), Festskrift till Ulf K. Nordenson, S. 335 (336 f.).

[161] Zum Inhalt der Versicherung: *Nilsson,* in: Hellner (u. a.), Festskrift till Ulf K. Nordenson, S. 335 ff.; *Hellner/Radetzki* S. 326 ff.

[162] So die Aussage auf der Internetseite der LFF unter <http://lff.se/om-lakemedels forsakringen/> (Stand: 20.08.2014).

[163] Die Versicherungsbedingungen können unter <http://lff.se/om-lakemedelsfors akringen/atagande-att-utge-ersattning-for-lakemedelsskada/> abgerufen werden (Stand: 20.08.2014).

[164] *Nilsson,* in: Hellner (u. a.), Festskrift till Ulf K. Nordenson, S. 335 (337).

[165] *Hellner/Radetzki* S. 326; *Nilsson,* in: Hellner (u. a.), Festskrift till Ulf K. Nordenson, S. 335 (336 f.).

[166] Hierzu: *Hellner/Radetzki* S. 327; *Nilsson,* in: Hellner (u. a.), Festskrift till Ulf K. Nordenson, S. 335 (341 ff.).

[167] *Hellner/Radetzki* S. 327.

[168] *Hellner/Radetzki* S. 327.

[169] Zum arbetsskadersättning nach der TFA: *Carlsson* S. 670 ff.; *Hellner/Radetzki* S. 293 ff.

sichert nach §§ 6 ff. TFA[170] die Schäden des Arbeitnehmers ab, die nicht von der gesetzlichen Unfallversicherung gedeckt sind. Dem Arbeitnehmer steht für diese Fälle ein Direktanspruch gegen die Versicherung zu. Besonderheit dieser Versicherungslösung ist, dass gemäß § 35 Abs. 1 TFA der Arbeitnehmer, soweit ein Direktanspruch gegen den Versicherer besteht, keine Klage gegen seinen Arbeitnehmer erheben *darf*. Bereits der Abschluss dieser Haftpflichtversicherung hat für den Arbeitgeber insoweit also eine haftungsbefreiende Wirkung (*ansvarsbefriande verkan*) und nimmt dem Arbeitnehmer sogar sein Klagerecht.

Eine Haftpflichtversicherung, bei der im Versicherungsvertrag gelegentlich sogar individualvertraglich ein Direktanspruch des Geschädigten vereinbart wird, ist die „Vermögensschaden-Haftpflichtversicherung von Aufsichtsräten, Vorständen und Geschäftsführern", die sog. *D&O-Versicherung.*[171] Durch sie sichern Unternehmen die Haftpflicht ihrer Organmitglieder und oftmals auch ihrer leitenden Angestellten ab.[172] Das, die D&O-Versicherung abschließende, Unternehmen ist dabei Versicherungsnehmer und die Organmitglieder bzw. die leitenden Angestellten des Unternehmens sind die versicherten Personen des Versicherungsvertrages. Nach Ziff. 1.1 AVB-AVG[173] ist Gegenstand der D&O-Versicherung der Versicherungsschutz für den Fall, dass ein gegenwärtiges oder ehemaliges Mitglied des Aufsichtsrates, des Vorstandes oder der Geschäftsführung der Versicherungsnehmerin oder einer Tochtergesellschaft (versicherte Personen) wegen einer bei Ausübung dieser Tätigkeit begangenen Pflichtverletzung aufgrund gesetzlicher Haftpflichtbestimmungen für einen Vermögensschaden auf Schadensersatz in Anspruch genommen wird. Hier kann – und wird wohl auch gelegentlich – im Rahmen des Versicherungsvertrages vereinbart, dass bei Schadensfällen, die die Innenhaftung betreffen (also Schadensersatzansprüche des Unternehmens, das Versicherungsnehmer ist, gegen seine Organmitglieder bzw. leitenden Angestellten, also die versi-

---

[170] Die Versicherungsbedingungen der TFA können unter <http://www.afaforsakring.se/Global/Alla%20Forsakringsvillkor/Arbetsskadeforsakring/F7139_TFA%20F%C3%B6rs%C3%A4kringsvillkor.pdf> (Stand: 20.08.2014) abgerufen werden.

[171] Zum vertraglichen Direktanspruch bei der D&O-Versicherung: *Ihlas*, in: MüKo-VVG (Band 2) D&O Rn. 270 ff.; *Dreher/Thomas*, in: ZGR 2009, 31 (40 f.); *Säcker*, in: VersR 2005, 10 (11).

[172] Zur Funktionsweise der D&O-Versicherung: *Baumann*, in: Bruck/Möller AVB-AVG 2011/2013 Einf Rn. 11 ff.; *Ihlas*, in: MüKo-VVG (Band 2) D&O-Versicherung Rn. 14; *Koch*, in: ZVersWiss (101) 2012, 151 (154 f.).

[173] Allgemeine Versicherungsbedingungen für die Vermögensschaden-Haftpflichtversicherung von Aufsichtsräten, Vorständen und Geschäftsführern (AVB-AVG), Musterbedingungen des GDV (Stand: Mai 2013), abzurufen unter: <http://www.gdv.de/downloads/versicherungsbedingungen/allgemeine-versicherungsbedingungen-fur-die-vermogensschaden-haftpflichtversicherung-von-aufsichtsraten-vorstanden-und-geschaftsfuhrern-avb-avg/> (Stand: 20.08.2014).

cherten Personen), ein Direktanspruch des geschädigten Unternehmens gegen den Versicherer besteht.[174]

Darüber hinaus verpflichtet das deutsche Recht gemäß § 6 Abs. 1 Entwicklungshelfergesetz (EhfG) die Träger eines Entwicklungsdienstes für ihre Entwicklungshelfer eine Haftpflichtversicherung abzuschließen. Der Versicherungsvertrag muss nach § 6 Abs. 3 EhfG dem Geschädigten einen unmittelbarer Anspruch gegen den Versicherer einräumen. Dies ist also ein Fall, in dem gesetzlich vorgeschrieben ist, dass ein vertraglicher Direktanspruch zu begründen ist.[175]

3. *Einschätzung*

Alternativen zur Einführung von Pflichtversicherungen sind freiwillige Abschlüsse von Haftpflichtversicherungen, die dem geschädigten Dritten einen vertraglichen Direktanspruch einräumen. Diesen Weg beschreiten die schwedische *läkemedelförsäkring* und die tarifvertraglichen Regelungen über die *trygghetsförsäkring*. Beide liefern Beispiele für die vertragliche Begründung eines Direktanspruches, der zudem über die persönliche Haftung des Schädigers nach allgemeinem Haftungsrecht hinausgeht. Bei der trygghetsförsäkring wird dabei nicht nur ein Direktanspruch des Arbeitnehmers begründet, sondern ihm zugleich auch eine *Pflicht* zur Anwendung desselben auferlegt und ihm verboten gegen den Arbeitgeber persönlich vorzugehen. Die Auferlegung dieser Pflicht ist möglich, da auch der der Arbeitnehmer tarifvertraglich an die Abrede gebunden ist. Der Arbeitgeber wird damit umfassend vor jeder persönlichen Haftung bei Arbeitsunfällen geschützt. Während die beiden schwedischen Versicherungen eher Beispiele für eine Eigeninitiative der Wirtschaft zur Vermeidung der Einführung einer Pflichtversicherung sind,[176] zeigen Beispiele aus der D&O-Versicherung, dass mitunter auch aus dem freien Willen der Beteiligten[177] heraus ein Bedarf nach einem Direktanspruch besteht.

III. Haftpflichtversicherer als alleiniger Verpflichteter

1. Grundlagen

Eine dogmatische Sonderstellung nehmen zudem die Regelungen der im schwedischen Recht bestehenden Pflichtversicherungen für Kfz-Halter (*trafikskadeförsäkring*) und für medizinisches Personal (*patientskadeförs-*

---

[174] *Baumann*, in: Bruck/Möller (Band 4) AVB-AVG 2011/2013 Ziff. 10 Rn. 15; *Ihlas*, in: MüKo-VVG (Band 2) D&O-Versicherung Rn. 14; *Säcker*, in: VersR 2005, 10 (11).
[175] Zu dieser Regelung: *Huber*, in: Schwintowski/Brömmelmeyer § 115 Rn. 9; *Keppel* S. 3 Fn. 14.
[176] Vgl. hierzu: *Carlsson* S. 670 ff.
[177] Vgl. hierzu: *Ihlas*, in: MüKo-VVG (Band 2) D&O Rn. 270 ff.

äkring) ein. Sie gewähren dem Geschädigten nämlich kraft Gesetzes Rechte allein gegenüber dem Haftpflichtversicherer, ohne eine vergleichbare Haftung des Versicherungsnehmers als Schädiger vorzuschreiben. Die Haftung des Versicherers gegenüber dem Geschädigten besteht also gänzlich losgelöst von der Schadensersatzhaftung des Versicherungsnehmers. Dies ist ebenfalls eine von einem gesetzlichen Direktanspruch i.e.S. abzugrenzende Konstellation.

2. Regelungsinhalt der trafik- und patientförsäkring

Halter eines Kfz sind nach § 2 trafikskadelag (TsL) verpflichtet, für ihr Kraftfahrzeug eine sogenannte *trafikförsäkring* abzuschließen. Diese Versicherung sichert die Haftung des Halters für Schäden, die sein Fahrzeug im Straßenverkehr verursacht, ab. Nach dem TsL besteht ein spezielles Haftungssystem für Schäden, die Folgen eines Unfalles im Straßenverkehr sind. Der Geschädigte hat zunächst einen Anspruch auf sogenannten *trafikskadeersättning*, also auf Ersatz von „Straßenverkehrsschaden".[178] Dieser trafikskadeersättning beinhaltet zuvörderst, dass Fahrer und Mitfahrer eines Kfz unabhängig von einem Verschulden des Fahrers oder des Unfallgegners einen Anspruch auf Ersatz ihres Personenschadens gegen den Haftpflichtversicherer ihres *eigenen* Kraftfahrzeuges haben (§ 10 Abs. 1 TsL).[179] Für Personenschäden anderer Unfallopfer (z.B. Fußgänger, Fahrradfahrer) und für Sachschäden, die nicht am eigenen Fahrzeug entstanden sind, haftet der Haftpflichtversicherer des Unfallverursachers aus einer Gefährdungshaftung (*objektivt ansvar* bzw. *strikt ansvar*) nach § 11 Abs. 1 TsL. Für Sachschäden am eigenen Fahrzeug haftet der Versicherer des Gegners nur, soweit ein Verschulden (*culpaansvaret*) des Unfallgegners nachzuweisen ist (§ 10 Abs. 2 TsL).

Besonderheit dieser Regelungen ist, dass die Gefährdungshaftung nur den Haftpflichtversicherer trifft. Dem Anspruch gegen den Versicherer liegt kein vergleichbarer Anspruch gegen den Schädiger zugrunde. Der Schädiger muss nämlich gemäß § 18 Abs. 1 TsL persönlich nur nach den allgemeinen Regeln über den Schadensersatz (*skadestånd*) haften, die wiederum stets ein Verschulden voraussetzen.[180] Die Ansprüche auf trafikskadeersättning werden im schwedischen Recht daher auch nicht als

---

[178] Zu Inhalt und Umfang des trafikskadeerstattning: *Hellner/Radetzki* S. 280 ff; *Strömbäck/Olsson/Sjögren,* Trafikskadelagen, S. 47 ff.; *Roos* S. 82 ff.; einen Überblick über die Haftung nach dem TsL auf Deutsch geben *Lemor,* in: Kraftfahrtversicherung, S. 1143 ff. sowie *Witte,* in: von Bar (Hrsg.), Deliktsrecht in Europa, Landesberichte Schweden, Schweiz, S. 44 ff.

[179] *Nordenson* S. 134 f.

[180] *Nordenson* S. 250 ff.

Schadensersatzansprüche „im eigentlichen Sinne" angesehen.[181] Denn sie verpflichten zum einen nur den Haftpflichtversicherer – bei Personenschäden des Fahrers und anderer Insassen sogar nur den eigenen – und sie setzen zum anderen keine Schadensersatzpflicht des Versicherungsnehmers voraus. Durch die besonderen Regeln über den trafikskadeersättning soll sichergestellt werden, dass eine Versicherung für die Schäden aufkommt und dass auch der Fahrer des unfallverursachenden Fahrzeuges seine Personenschäden ersetzt bekommt.[182] Hat der Geschädigte den Versicherungsnehmer (ausnahmsweise) doch nach den allgemeinen Schadensersatzregeln in Anspruch genommen, steht dem Versicherungsnehmer insoweit gemäß § 19 Abs. 1 TsL ein Ausgleichsanspruch gegen seinen Haftpflichtversicherer zu. Hat der Haftpflichtversicherer demgegenüber *trafikskadeersättning* an den Geschädigten geleistet, ist ein Regress gegen den Versicherungsnehmer gemäß § 20 Abs. 1 TsL nur in den Fällen von Vorsatz und grober Fahrlässigkeit bezüglich der Schadensherbeiführung zugelassen.[183]

Auch das *patientskadelag* (Patientenschadensgesetz, kurz: PsL) bedient sich einer mit dem TsL vergleichbaren Konstruktion. Es ordnet für medizinisches Personal (*vårdgivere*) eine Pflichtversicherung an. Diese müssen gemäß § 12 Satz 1 PsL eine Versicherung abschließen, die ihre Haftung für Personenschäden durch eine medizinische Behandlung nach dem PsL abdeckt. Erleidet ein Patient nach einer medizinischen Behandlung einen Personenschaden, kann er nach Maßgabe der erleichterten Haftungsregelung § 6 PsL Schadensersatz vom Haftpflichtversicherer des Behandelnden verlangen (§ 13 Satz 1 PsL).[184] Auch dieser Ersatz wird nicht als Schadensersatz im eigentlichen Sinne, sondern als *patientskadesersättning* bezeichnet. Auch er ist allein vom Haftpflichtversicherer zu leisten. Dem Versicherer steht ein Regress gegen den Versicherungsnehmer nur in den Fällen einer vorsätzlichen oder grob fahrlässigen Schadensherbeiführung offen (§ 20 Abs. 1 PsL).[185] Gegen das medizinische Personal persönlich kann daneben nur Schadensersatz nach den allgemeinen Regeln verlangt

---

[181] So die Einschätzung von *Hellner/Radetzki* S. 279: „Ersättning ur trafikförsäkring räknas inte som skadestånd i teknist mening." (Der Ersatz aus der Kfz-Pflichtversicherung ist kein Schadensersatz im technischen Sinne) und *Strömbäck/Olsson/Sjögren*, Trafikskadelagen, S. 47 ff.; „formellt sett inte skådestånd" (formell gesehen kein Schadensersatz) sowie von *Witte* in: von Bar (Hrsg.), Deliktsrecht in Europa, Landesberichte Schweden, Schweiz, S. 44 ff.

[182] *Hellner/Radetzki* S. 279; *Roos* S. 83.

[183] Zu den Regressmöglichkeiten nach dem TsL: *Hellner/Radetzki* S. 285 f.; *Hellner*, Haftungsersetzung durch Versicherungsschutz in Schweden, in: Fleming/Hellner/von Hippel: Haftungsersetzung durch Versicherungsschutz, S. 24 (34).

[184] Zur Haftung nach dem patientskadelag: *Hellner/Radetzki* S. 304 ff.; *Roos* S. 90 ff.; *Willow*, Patientskadelagen, S. 100 f.

[185] Vgl. hierzu: *Hellner/Radetzki* S. 306.

werden, also insbesondere nur wenn schuldhaftes Handeln nachgewiesen werden kann (§ 18 PsL). In diesen Fällen steht dem Versicherungsnehmer nach § 19 Satz 1 PsL ein Ausgleichsanspruch gegen den Versicherer zu.
Durch die Möglichkeit des patientskadesersättning sollte die Rechtsstellung der Patienten gestärkt werden.[186] Aus Sicht des schwedischen Gesetzgebers bestand vor Erlass des PsL im Jahr 1996 das Problem, dass die überwiegende Anzahl geschädigter Patienten keinen Schadensersatz erlangen konnten, da entweder der konkrete Verantwortliche und/oder dessen fahrlässiges Verhalten nicht nachzuweisen war. Dem sollte durch die Einführung einer reinen Gefährdungshaftung, die nur den Haftpflichtversicherer trifft, Abhilfe geschaffen werden.

3. Einschätzung

Da bei den Pflichtversicherungen für trafikskadeersättning und patientskadeersättning der Haftpflichtversicherer der alleinige Verpflichtete (*ansvarssubjekt*) der Gefährdungshaftung ist, bedarf es keiner Haftungsüberleitung vom Schädiger zum Haftpflichtversicherer.[187] Die Haftung nach dem TsL und dem PsL entspricht damit nicht der Situation eines Direktanspruches im eigentlichen Sinne.[188] TsL und PsL gehen vielmehr einen Schritt weiter als andere Gesetze über Pflichtversicherungen. Sie entlassen den Schädiger vollends aus der persönlichen Gefährdungshaftung und übertragen die Schadensregulierung allein den Haftpflichtversicherern. Diese können, nachdem sie Schadensersatz geleistet haben, untereinander gemäß §§ 22 ff. TsL bzw. §§ 20 ff. PsL Regress nehmen.[189] Der Schädiger muss persönlich nur nach den allgemeinen verschuldensabhängigen Schadensersatzregeln haften. Die trafikförsäkring und die patientförsäkring entfernen sich damit bereits erheblich von der Idee einer Haftpflichtversicherung und bekommen eher den Charakter einer „Garantieversicherung"[190]. Das Modell des trafiksladelag gleicht einer „Verkehrsunfallversicherung"[191] und bekommt so auch einen ausgeprägten „sozialversicherungsrechtlichen Charakter"[192].

---

[186] Zum Zweck des Gesetzes: *Hellner/Radetzki* S. 303 f.; *Roos* S. 90.
[187] *Zackariasson* S. 234, insbesondere Fn. 164.
[188] Zur dogmatischen Einordnung eines Anspruches gegen den Versicherer im Zusammenhang mit haftungsersetzenden Versicherungssystemen im Rahmen des Internationalen Privatrechts: *Sieghörtner* S. 122 ff.
[189] Zu den Regressmöglichkeiten zwischen den einzelnen Haftpflichtversicherern: *Hellner/Radetzki* S. 285.
[190] So die Einschätzung von *Nordenson* S. 234: „karakter av garantiförsäkring".
[191] *Von Hippel,* in: Fleming/Hellner/von Hippel, Haftungsersetzung durch Versicherungsschutz, S. 40 (48); *ders.,* Schadensaugleich bei Verkehrsunfällen, S. 44 ff.
[192] So die Einschätzung für die trafikförsäkring von *Hellner/Radetzki* S. 277: „socialförsäkringsrättslig karaktär".

Diese – dem deutschen Recht auf diesen Gebieten fremde[193] – Regelungstechnik stellt gleichsam eine „vierte Stufe" im Umgang mit Risiken des Massenverkehrs dar: Die erste Regulierungsstufe ist die Anordnung einer Gefährdungshaftung anstelle der allgemein geltenden Verschuldenshaftung. Die zweite Stufe ist die Einführung einer Pflichtversicherung, um die Haftungsfolgen einer gesetzlichen Gefährdungshaftung abzusichern.[194] Die dritte Stufe ist die gesetzliche Verpflichtung des Versicherers, direkt an den Geschädigten Schadensersatz zu leisten. Die vierte Stufe ist nun die von TsL und PsL vorgesehene Entlassung des Schädigers aus der Gefährdungshaftung gegenüber dem Geschädigten. Ein Regress des Versicherers ist hier zudem nur bei Vorsatz und grober Fahrlässigkeit zugelassen. Zwar haftet der Schädiger daneben stets auch noch persönlich nach den allgemeinen Haftungsregeln, ihm steht dann aber gemäß § 19 TsL und § 19 PsL insoweit ein gleichwertiger Ausgleichsanspruch gegen den Versicherer zu. Das versicherte Risiko ist hierdurch nicht mehr die Haftpflicht des Schädigers, sondern vielmehr der Schaden des Geschädigten.[195] Durch diese Regelungstechnik der „Haftungsersetzung durch Versicherung" werden im Ergebnis die Gefahren des Massenverkehrs der privaten Individualhaftung entzogen und umfassend in ein System privaten Kollektivausgleiches überführt.[196]

IV. Ergebnis

Eine nähere Untersuchung der Rechtslage in den einzelnen Ländern zeigt, dass verschiedene Möglichkeiten bestehen, dem Geschädigten ein Durchgriffsrecht gegenüber dem Geschädigten zu gewähren. Eine besteht darin, ihm einen gesetzlichen Direktanspruch einzuräumen. Aber auch der Übergang des Freistellungsanspruches und die vertragliche Vereinbarung eines Direktanspruches ermöglichen es dem Geschädigten, unmittelbar gegen

---

[193] Das deutsche Recht kennt eine Haftungsersetzung durch Versicherung aber z.B. im Rahmen der gesetzlichen Unfallversicherung, die den Arbeitgeber gemäß § 104 Abs. 1 SGB VII von der Haftung gegenüber seinem Arbeitnehmer befreit, soweit nicht Vorsatz oder ein sog. Wegeunfall vorliegt (vgl. *Rolfs*, in: Erfurter Kommentar zum Arbeitsrecht § 104 SGB VII Rn. 1; *Ricke*, Kasseler Kommentar zum Sozialversicherungsrecht, § 104 SGB VII Rn. 2). Hierbei handelt es sich aber nicht um eine privatrechtliche Pflichtversicherung i.S.d. § 113 Abs. 1 VVG, sondern um eine öffentlich-rechtlich organisierte Sozialversicherung (vgl. hierzu: *Ricke*, Kasseler Kommentar zum Sozialversicherungsrecht, Vorbemerkungen zum SGB VII Rn. 3).
[194] Für die Ausweitung dieses Modells: *Schwintowski,* in: VuR 2013, 52 ff.
[195] Vgl. hierzu: *Basedow,* Der Transportvertrag, S. 478; *von Hippel,* in: Fleming/Hellner/von Hippel, Haftungsersetzung durch Versicherungsschutz, S. 40 (48).
[196] Vgl. zu diesem Modell: *von Hippel,* Schadensausgleich bei Verkehrsunfällen, S. 42 ff.; *Basedow,* Der Transportvertrag, S. 478 ff.; *Hellner,* in: Fleming/Hellner/von Hippel: Haftungsersetzung durch Versicherungsschutz, S. 24 ff. sowie *von Hippel,* in: Fleming/Hellner/von Hippel: Haftungsersetzung durch Versicherungsschutz, S. 40 (42 ff.).

den Versicherer vorzugehen. Dass der gesetzliche Direktanspruch auch ein Instrument ist, das zur Haftungslenkung eingesetzt werden kann, zeigen die schwedischen Regelungen der trafik- und patientförsäkring.

C. Rechtspolitische Diskussion um den gesetzlichen Direktanspruch

Ob und wenn ja in welchen Fällen dem Geschädigten bei einer Haftpflichtversicherung ein gesetzlicher Direktanspruch eingeräumt werden soll, wurde sowohl im deutschen als auch im schwedischen Gesetzgebungsverfahren zur Reform des Versicherungsvertragsrechts kontrovers diskutiert.[197] Im Rahmen der Neugestaltung der Regelungen über die Haftpflichtversicherung war dies eine der zentralen Streitfragen. Im Folgenden sollen die wesentlichen Argumente, die für und gegen einen gesetzlichen Direktanspruch in der Haftpflichtversicherung ins Feld geführt werden, dargestellt und analysiert werden.

I. Pro

1. Stärkung der Rechtsstellung des Geschädigten

Das wohl am häufigsten vorgetragene Argument für einen Direktanspruch ist, dass dieser die Rechtsstellung des Geschädigten verbessert.[198] Ein gesetzlicher Direktanspruch sichert die Realisierung seiner Schadensersatzansprüche ab. Durch den Direktanspruch erhält der Geschädigte schließlich einen zusätzlichen Schuldner für seinen Ersatzanspruch. Dieser ist in Form eines Versicherungsunternehmens in der Regel verhandlungs- und zahlungsfähig sowie weitgehend insolvenzsicher.[199] Insoweit kommt der Haftpflichtversicherung die Wirkung einer „Garantie" für den Schadensersatzanspruch zu.[200] Der Rechtsgewinn für den Geschädigten wird auch dadurch besonders deutlich, dass der Direktanspruch nur eine weitere *Option* für ihn ist.[201] Der Geschädigte muss ihn nicht nutzen, sondern kann auch weiterhin allein gegen den Schädiger vorgehen.

2. Zweck und Wirkung der Haftpflichtversicherung

Ein weiteres Argument für einen Direktanspruch kann aus der Natur und der Wirkungsweise der Haftpflichtversicherung hergeleitet werden. Denn es ist eine „Reflexwirkung" der Haftpflichtversicherung, dass diese die

---

[197] Zur Gesetzgebungsgeschichte siehe unten S. 77 ff.
[198] RegE BT-Drs. 16/3945 S. 88; Abschlussbericht der Reformkommission (Fn. 33) S. 83; *Schneider,* in: MüKo-VVG § 115 Rn. 3.
[199] RegE BT-Drs. 16/3945 S. 88; *Keppel* S. 39.
[200] *Hellner* S. 390; *von Bar,* in: AcP 181 (1981), 289 (306 ff.).
[201] *Bull,* in: Iversen u.a. (Hrsg.), Hyldeskrift til Jørgen Nørgaard, S. 637 (640).

Befriedigung des Geschädigten absichert.[202] Bei Pflichtversicherungen ist dies sogar eine beabsichtigte Folge.[203] Aber auch bei freiwilligen Haftpflichtversicherungen soll letztlich sichergestellt werden, dass die Versicherungssumme dem Geschädigten auch wirklich zugutekommt.[204] Versicherer und Versicherungsnehmer sollen nicht durch eine mangelnde Realisierung von Ersatzansprüchen ungerechtfertigt bereichert werden.[205] Daher lässt sich argumentieren, dass diese Reflexwirkung dann auch gleich konsequent umgesetzt werden kann. Die Gewährung eines Direktanspruches gibt dem Geschädigten letztlich nur einen Anspruch auf das, was ihm nach den Wertungen des Gesetzgebers und der Natur der Haftpflichtversicherung sowieso gebührt.

3. Erleichterte Schadensabwicklung

Für den Direktanspruch spricht außerdem, dass er die praktische Schadensabwicklung erleichtert.[206] Bei einem Schaden, der von einer Haftpflichtversicherung ohne Direktanspruch gedeckt ist, fallen die wirtschaftliche Letztbelastung bezüglich der Haftung (die beim Versicherer liegt) und die alleinige Passivlegitimation der Haftung (die beim Versicherungsnehmer liegt) auseinander. Dies führt bei der Abwicklung eines Schadens zu einer Reihe von Problemen: Der Versicherungsnehmer ist alleinige Prozesspartei und einziger formeller Ansprechpartner des Geschädigten, soweit es um Haftungsfragen geht. Der Versicherungsnehmer wiederum muss stets Rücksprache mit seinem Versicherer halten, um sich dessen späterer Deckung sicher zu sein. Dies erschwert einvernehmliche Lösungen auf Haftungsebene (z.B. Anerkenntnis, Vergleich), da der Versicherungsnehmer das Risiko trägt, dass der Versicherer die getroffene Entscheidung nicht akzeptiert.[207] Ferner trägt der Versicherungsnehmer das Risiko, dass das Haftpflichturteil den Versicherer nicht oder jedenfalls nicht vollständig bindet.[208]

Diese Probleme werden mit dem Direktanspruch abgemildert. Durch ihn fließen Letztverantwortlichkeit und Passivlegitimation beim Versicherer zusammen. Der gesetzliche Direktanspruch ist damit die sachnähere Lösung für die Abwicklung eines Schadensfalles bei bestehender Haftpflicht-

---

[202] *Hellner* S. 390; SOU 1989:88 S. 216.
[203] Siehe hierzu oben S. 18.
[204] Siehe hierzu oben S. 16.
[205] Zur den gesetzlichen Wertungen der freiwilligen Haftpflichtversicherung siehe oben S. 26 f.
[206] *Schwartze,* in: Looschelders/Pohlmann § 115 Rn. 2; *Huber,* in: Schwintowski/Brömmelmeyer § 115 Rn. 5.
[207] Hierzu ausführlich unten S. 152.
[208] Daher spricht § 106 VVG bewusst offen davon, dass der Anspruch „mit bindender Wirkung für den Versicherer […] festgestellt worden ist" ohne festzulegen, wann dies der Fall ist. Zur Bindungswirkung des Haftpflichturteils siehe unten S. 152 ff.

versicherung als die alternative Abwicklung über das Dreieck Geschädigter-Versicherungsnehmer-Versicherer.

Ferner gibt der Direktanspruch der in der Praxis überwiegend ohnehin schon vorherrschenden Direktregulierung einen festen Rechtsrahmen. Sowohl in der deutschen als auch in der schwedischen Regulierungspraxis führt nämlich der Versicherer in den allermeisten Haftungsfällen auch ohne einen Direktanspruch die Verhandlung direkt mit dem Geschädigten.[209] Auch die Versicherungssumme wird in der Regel direkt an den Geschädigten ausgezahlt. Die Einführung eines gesetzlichen Direktanspruches passt daher in weiten Teilen schlicht die Rechtslage an die Realität an.

4. Effizienz und Beschleunigung des Verfahrens

Des Weiteren fördert der Direktanspruch eine schnelle und professionelle Schadensabwicklung. Der Versicherer ist erfahren und kann die Schadenssituation in der Regel fachmännischer, besser und schneller bewerten als der Versicherungsnehmer. Daher ist es von Vorteil, wenn der Versicherer von vornherein und unmittelbar in die Schadensabwicklung einbezogen wird.[210] Dies haben vor allem die Erfahrungen aus der Kfz-Pflichtversicherung gezeigt.[211] Außerdem entemotionalisiert die direkte Abwicklung mit dem Versicherer die Schadensabwicklung, da der Schadensverursacher persönlich aus dem Verfahren herausgehalten wird. Dies fördert eine rasche Erledigung.

Der Direktanspruch ist schließlich auch die effizientere Schadensabwicklungsmodalität.[212] Statt zweier Abwicklungsverhältnisse gibt es nur das Direktverhältnis zwischen Geschädigtem und Versicherer; der „Umweg" über den Versicherungsnehmer wird eingespart. Hat der Geschädigte keinen Direktanspruch und zeigt sich der Schädiger auch nicht kooperativ, muss der Geschädigte zunächst einen Haftungsprozess gegen den Schädiger anstrengen. Erlangt er hier einen Titel, kann er den Freistellungsanspruch des Schädigers gegen den Versicherer pfänden und in einem folgenden Einziehungsprozess gegen den Versicherer klagen.[213] Bei einem Direktanspruch ist indes nur ein Prozess notwendig, in dem Haftung und Versicherungs-

---

[209] Zur Abwicklungspraxis in Deutschland: Abschlussbericht der Reformkommission (Fn. 33) S. 78 sowie Stellungnahme des GDV (Fn. 34) S. 73; zur Abwicklungspraxis in Schweden: prop. 2003/04:150 S. 226.

[210] *Hinteregger,* in: Jabornegg u. a. (Hrsg.), FS Reischauer, S. 507 (513).

[211] RegE BT-Drs. 16/3945 S. 88.

[212] So auch die Argumentation in den schwedischen Gesetzesvorarbeiten in: SOU 1989:88 S. 217; dazu auch *van der Sluijs,* in: NFT 2006, 76 (81). Nach Erwägungsgrund Nr. 30 ist die Effizienz der Schadensregulierung auch ein Motiv für den Direktanspruch nach der Sechsten KH-Richtlinie (2009/103/EG). Zu den Nachteilen der Dreiecksabwicklung: *Müller-Stüler,* Der Direktanspruch gegen den Haftpflichtversicherer, S. 49.

[213] Hierzu unten S. 152 ff.

schutz gemeinsam geklärt werden. Dies spart Zeit und Geld. Trotz verbreiteter Warnungen der Versicherungswirtschaft, durch einen Direktanspruch seien Prämienerhöhungen zu erwarten, dürften nach einer volkswirtschaftlichen Gesamtrechnung die Kosten der Schadensabwicklung durch Einführung eines Direktanspruches eher sinken.[214]

5. Entlastung des Versicherungsnehmers

Ein weiteres Argument für den Direktanspruch ist, dass auch der Versicherungsnehmer durch seine Gewährung entlastet wird. Tritt ein Geschädigter an den Versicherungsnehmer mit einer Schadensersatzforderung heran, kann dieser nämlich den Geschädigten ohne Weiteres an den Versicherer verweisen. Der Versicherer kann kraft des Direktanspruches selbständig über die Regulierung der geltend gemachten Ansprüche entscheiden und bekommt eine eigene Rechtsposition eingeräumt. Lässt sich der Geschädigte auf diese Abwicklungsweise ein, wird der Versicherungsnehmer umfassend von den Kosten und Mühen der Schadensabwicklung entlastet.[215]

6. Vertrauensverhältnis zwischen Schädiger und Geschädigtem

Des Weiteren spricht für die Einführung eines gesetzlichen Direktanspruches, dass dieser das Vertrauensverhältnis, welches in vielen Fällen zwischen Geschädigtem und Versicherungsnehmer besteht, schont. Durch einen Direktanspruch des Geschädigten kann die Haftungsfrage aus diesem Verhältnis herausgehalten werden. Insbesondere in Fällen, in denen der Geschädigte und der Versicherungsnehmer auch nach dem Schadensfall weiter zusammen leben (v.a. im familiären und freundschaftlichen Bereich) oder arbeiten (z.B. bei geschäftlichen Streitigkeiten im Rahmen von Berufshaftpflicht- oder D&O-Versicherungen) wollen, ist es von Vorteil, wenn ihr Verhältnis nicht durch Haftungsfragen belastet wird.[216] Dies war in Schweden auch das Hauptmotiv für die Einführung des bereits erwähnten tarifvertraglichen Direktanspruches des Arbeitnehmers. Dieser kann sich bei Arbeitsunfällen im Rahmen der sog. *trygghetsförsäkring vid arbetsskade* (Versicherung für Arbeitsschäden) direkt an eine Haftpflichtversicherung wenden und muss nicht gegen seinen Arbeitgeber vorgehen.[217]

---

[214] So die Prognose von *Johansson/van der Sluijs,* in: SvJT 2006, 72 (77); und allgemein bezüglich Pflichtversicherungen: *Schwintowski,* in: VuR 2013, 52 (54 ff.).

[215] Dies war auch ein Motiv für den Direktanspruch, das in den Vorarbeiten zum schwedischen FAL zur Sprache kam, siehe hierzu: SOU 1989:88 S. 217, 220 und prop. 2003/04:150 S. 227.

[216] RegE Bt.-Drs. 16/3945 S. 89; *van der Sluijs,* in: NFT 2007, 76 (81).

[217] Hierzu: *Carlsson* S. 670 f. sowie oben S. 37.

7. Stärkung der Rechtsstellung des Versicherers

Aber auch aus der Sicht des Versicherers sprechen durchaus einige Erwägungen für einen Direktanspruch des Geschädigten. Steht dem Dritten nämlich ein Direktanspruch zu, kann der Versicherer seiner im Haftpflichtversicherungsvertrag übernommenen Abwehr- und Befriedigungsverpflichtung besser gerecht werden. Er rückt in eine formelle Rechtsposition gegenüber dem Geschädigten und ist nicht mehr nur Stellvertreter des Versicherungsnehmers bei der Schadensabwicklung. Insbesondere kann der Versicherer Partei eines möglichen Gerichtsprozesses über die Haftungsfrage sein und eigene Prozesshandlungen vornehmen.

Ferner erlangt der Versicherer mit dem Direktanspruch auch direkte Auskunfts- und Informationsansprüche gegen den Geschädigten.[218] Er ist damit nicht mehr nur noch auf die (ggf. geschönten) Angaben seines Versicherungsnehmers zur Beurteilung des Versicherungsfalles angewiesen. Damit leistet der Direktanspruch auch einen Beitrag zur Abmilderung des Informationsdefizits des Versicherers.[219] Ohne einen Direktanspruch hat der Geschädigte schließlich auch keine Pflichten gegenüber dem Versicherer sondern nur gegenüber dem Versicherungsnehmer.

8. Entschärfung der Interessenkonflikte des Versicherers

Ein weiteres Argument, dass sich für die Gewährung eines Direktanspruches anführen lässt, ist, dass dieser einen Interessenkonflikt des Versicherers entschärft. Dieser tritt auf, wenn eine grob fahrlässige oder vorsätzliche Verursachung des Schadensfalles durch den Versicherungsnehmer im Raume steht.[220] Der Interessenkonflikt erwächst daraus, dass der Versicherer zum einen Treuhänder und Verpflichteter seines Versicherungsnehmers ist und dessen Haftung nach Möglichkeit abzuwehren hat. Aus dieser Position heraus muss der Versicherer gegen grobe Fahrlässigkeit oder Vorsatz seines Versicherungsnehmers plädieren. Zum anderen profitiert der Versicherer aber davon, wenn seinem Versicherungsnehmer grobe Fahrlässigkeit oder Vorsatz nachgewiesen werden kann, da er dann leistungsfrei (§ 103 VVG; Kap. 4 § 5 Abs. 1 FAL) oder zumindest u.U. nur zur gekürzten Leistung verpflichtet ist (z.B. nach § 38 VVG oder

---

[218] Solche Ansprüche sieht das deutsche Recht nach §§ 119, 120 VVG und das schwedische Recht nach Kap. 7 §§ 2, 3 FAL vor; siehe hierzu ausführlich unten S. 133 ff.

[219] *Van der Sluijs,* in: NFT 2007, 76 (81); siehe hierzu auch unten S. 133 ff.

[220] So z.B. die Fallgestaltungen in BGH NJW 2011, 377 ff. mit Anm. *Kreierhoff* und BGH NJW-RR 2012, 233; zu diesem Interessenkonflikt des Versicherers: *Harsdorf-Gebhardt,* in: r+s 2012, 261 (267 f.).; sowie *Bengtsson* S. 287 der anmerkt: „Man får hoppas att situationen inte alltför ofta uppkommer" (zu Deutsch: Man muss hoffen, dass diese Situation nicht so häufig vorkommt).

Kap. 4 § 5 Abs. 2 FAL). Aus dieser Position heraus muss der Versicherer möglichst für grobe Fahrlässigkeit oder Vorsatz plädieren.

Außerhalb des Direktanspruches tritt der Versicherer als Vertreter des Schädigers auf und vereinigt damit in einer Person gegensätzliche Interessen. Dies ist eine typische Interessenkollision, die bei Vertretern – wie § 181 BGB zeigt – grundsätzlich verhindert werden soll. Zwar besteht dieser Konflikt grundsätzlich auch bei einem Direktanspruch. Hier ist aber der Versicherer nicht Vertreter, sondern selbst Partei. Er kann daher unabhängiger agieren und deutlich machen, dass er auch seine eigenen Interessen wahrnimmt. Der Direktanspruch löst die aufgezeigte Interessenkollision damit zwar nicht vollständig auf, er entzerrt sie aber zumindest durch eine klare Verteilung der Prozessrollen und macht die dahinterstehenden Interessen transparenter.

9. *Berücksichtigung einer Haftpflichtversicherung für die Haftung*

Des Weiteren wird es durch einen Direktanspruch des Versicherers leichter, die Tatsache, dass und inwieweit für einen Schaden eine Haftpflichtversicherung besteht, bei der Haftungsfrage zu berücksichtigen. Streitigkeiten über den Versicherungsschutz können im Wege der Direktklage im Haftungsprozess mit geklärt werden und der hier ermittelte Versicherungsschutz kann bei der Frage der Haftung unmittelbar berücksichtigt werden.[221] Obwohl sowohl das deutsche als auch das schwedische Recht Haftung und Versicherung grundsätzlich trennen, hat das Bestehen einer Haftpflichtversicherung und teilweise bereits die schlichte Versicherbarkeit eines Schadens nämlich durchaus Einfluss auf die Frage der Haftung.

Im *deutschen* Recht wird die Verbindung von Fragen der Haftung und der Versicherung tendenziell eher skeptisch beurteilt. Nach dem sogenannten Trennungsprinzip wird eine Haftpflichtversicherung grundsätzlich nicht bei der Beurteilung der Haftungsfrage berücksichtigt.[222] Anerkannt ist aber, dass eine Haftpflichtversicherung etwa bei gesetzlich angeordneten Billigkeitserwägungen Berücksichtigung findet.[223] Auch bei der Bestimmung der Höhe des Ersatzes immateriellen Schadens nach § 253 Abs. 2 BGB, der eine „billige Entschädigung in Geld" zuspricht, wird eine Haftpflichtversicherung des Schädigers berücksichtigt.[224] Ebenso bestimmt sich auch im Rahmen der Schadensersatzhaftung nach § 829 BGB, der dem Schädiger eine Ersatzpflicht auferlegt, soweit dies „die Billigkeit nach den Umstän-

---

[221] SOU 1989:88 S. 219; prop. 2003/04:150 S. 227.
[222] Zum Trennungsprinzip: *Littbarski*, in: MüKo-VVG Vor §§ 100–124 Rn. 101 ff.; *Seybold/Wendt*, in: VersR 2009, 455 ff.; sowie ausführlich unten S. 53 ff.
[223] *Armbrüster*, in: NJW 2009, 187 f.; *Lorenz*, in: VersR 1980, 697.
[224] Grundlegend noch zu § 847 BGB: BGH NJW 1955, 1675 (1677); *Oetker*, in: MüKo-BGB § 253 Rn. 51

den, insbesondere nach den Verhältnissen der Beteiligten, eine Schadloshaltung erfordert") – weil praktisch ohnehin nicht zu trennen – sowohl das „ob" als auch die Höhe der Haftung u. a. danach, ob der Schädiger für den Schaden haftpflichtversichert ist.[225] Ein Versicherungsschutz des Schädigers wird nach der Rechtsprechung auch relevant, wenn es um die Ablehnung eines konkludent vereinbarten Haftungsausschlusses geht.[226] Ferner kann die Haftungsprivilegierung nach § 277 BGB unberücksichtigt bleiben, wenn davon nur der Haftpflichtversicherer profitieren würde.[227]

Sowohl die Frage des „ob" der Haftung (Herabsetzung des Sorgfaltsmaßstabes) als auch die Höhe der Haftung werden mithin von einer Haftpflichtversicherung des Schädigers in manchen Fällen beeinflusst. Je umfassender die Schädiger versichert ist – und damit den Schaden auf den Versicherer abwälzen kann – so eher und so höher haftet er, wenn es zur Anwendung von Billigkeitserwägungen kommt.

Im *schwedischen* Recht wird das Zusammenspiel von Haftung und Versicherung insgesamt weniger kritisch gesehen als im deutschen Recht.[228] Das schwedische Haftungsrecht richtet sich mehr an der Realität aus, dass viele Schädiger eine Haftpflichtversicherung haben oder diese zumindest haben könnten. Aber auch das schwedische Recht lehnt es – wie das deutsche Recht auch – grundsätzlich ab, eine ursprünglich nicht vorhandene Haftung erst mit einer Haftpflichtversicherung des Schädigers zu begründen.[229] Die Haftpflichtversicherung soll nur bei der Höhe des Schadensersatzes berücksichtigt werden.

Diese Differenzierung ist theoretisch akzeptiert, ihre praktische Umsetzung ist aber – wie bei § 829 BGB im deutschen Recht – schwierig. In einzelnen Entscheidungen argumentiert der *Högsta domstolen* (Oberster Schwedischer Gerichtshof) *ausdrücklich* mit der Haftpflichtversicherung des Schädigers auch zur Haftungsbegründung. So verwandte er die Möglichkeit des Abschlusses einer Haftpflichtversicherung für das realisierte Risiko als Argument zur Begründung einer Schadensersatzpflicht des Schädigers.[230] Als die Frage aufkam, wer von mehreren in Betracht kom-

---

[225] BGH NJW 1957, 674; 1980, 1623 (1624 f.); 1995, 452 (453 f.); zur Berücksichtigung einer Versicherung bei § 829 BGB: *Wagner,* in: MüKo-BGB § 829 Rn. 18 ff.

[226] BGH NJW 2003, 2018; 2008, 1591 (1592) mit krit. Anm. von *Seybold/Wendt,* in: VersR 2009, 455.

[227] BGH NJW 1970, 1271 (1272); *Grundmann,* in: MüKo-BGB § 277 Rn. 2.

[228] Grundlegend zur Rolle der Haftpflichtversicherung: für das schwedische Haftungsrecht: *Bengtsson,* in: SvJT 1961, 627 ff.; *Carlsson* S. 86 ff.; für das dänische und norwegische Haftungsrecht: *Poulsen,* Haftung, Haftungsherabsetzung und Versicherung unter dem dänischen Schadensersatzgesetz, S. 140 und 146.

[229] Zur Wirkung der Haftpflichtversicherung auf das Schadensersatzrecht: *Hellner/Radetzki* S. 187 f.; *van der Sluijs,* Studier i försäkringsrätt, S. 229 ff.

[230] HD NJA 1959, 280; 1966, 70.

menden Unternehmern als haftpflichtiger Arbeitgeber eines Schädigers anzusehen ist, argumentierte der Gerichtshof mit der Inhaberschaft einer Haftpflichtversicherung.[231] Außerdem nahm der Gerichtshof eine Gefährdungshaftung (*strikt ansvar*) u.a. deshalb an, weil der Schädiger die Möglichkeit des Abschlusses einer Haftpflichtversicherung gehabt habe.[232] Des Weiteren hat der *Högsta domtolen* den Begriff des Sachschadens (*sakskade*) gelegentlich dann besonders weit ausgelegt, wenn dieser, nicht aber ein reiner Vermögensschaden (*ren förmögenhetsskada*), von einer Haftpflichtversicherung gedeckt war.[233] Teilweise wird eine Haftpflichtversicherung auch bei der Bestimmung des Haftungsmaßstabes des Schädigers berücksichtigt.[234] Neben diesen Fällen der ausdrücklichen Argumentation, dürfte die Frage der Haftpflichtversicherung oder zumindest der Versicherbarkeit des Schadens auch eine *stillschweigende* Wirkung auf die Entscheidung des jeweiligen Rechts haben, ohne dass dies in den Entscheidungsgründen nachzulesen wäre.[235]

Für die Höhe des Schadensersatzes wird die Haftpflichtversicherung nach schwedischem Recht aber selbstverständlicher berücksichtigt als im deutschen Recht. Eine Ursache hierfür liegt darin, dass hier Schadensersatz recht weitreichend durch Billigkeitserwägungen modifiziert wird (sogenannte *jämkningsregler*). Einige Vorschriften verpflichten den Richter sogar ausdrücklich, eine bestehende Haftpflichtversicherung oder Versicherbarkeit zu berücksichtigen. Die Höhe der Schadensersatzpflicht Minderjähriger (Kap. 2 § 4 SkL) und psychisch Gestörter (Kap. 2 § 5 SkL) ist ausdrücklich unter Berücksichtigung einer *föreliggande ansvarsförsäkring* (vorliegenden Haftpflichtversicherung) zu bestimmen. Die Bestimmung des Schadensersatzes eines Arbeitgebers erfolgt nach Kap. 3 § 6 SkL unter Berücksichtigung einer vorliegenden Versicherung oder der Versicherungsmöglichkeit. Die Berücksichtigung einer Haftpflichtversicherung bei diesen auf Billigkeit beruhenden Korrekturen führt dazu, dass sich eine Versicherung als Anspruchsgegner nie auf eine Herabsetzung des Schadensersatzes nach den *jämkningsregler* berufen kann.[236]

---

[231] HD NJA 1979, 773 (785 f.).
[232] HD NJA 1991, 720.
[233] So z.B. in HD NJA 1990, 80 (83); 1996, 68 (71 ff.), 2004, 566, hierzu: *van der Sluijs,* Studier i försäkringsrätt, S. 229 f.
[234] So z.B. HD NJA 1982, 421 (866 f.): vorhandene Pflichtversicherung als Indiz für strengere Haftung des Schädigers; HD NJA 1992, 782 (866 f.): keine Pflichtversicherung als Indiz für eine mildere Haftung des Schädigers; hierzu: *van der Sluijs,* Studier i försäkringsrätt, S. 230 f.
[235] *Hellner/Radetzki* S. 187; *van der Sluijs,* Studier i försäkringsrätt, S. 229.
[236] *Hellner/Radetzki* S. 188.

In all diesen Fällen, in denen die Haftpflichtversicherung die Haftung beeinflusst, ermöglicht ein Direktanspruch des Geschädigten eine einheitliche und gemeinsame Klärung der Fragen um Haftung und Versicherung.

10. Direktanspruch als Verbraucherschutz?

Teilweise wird als Argument für einen gesetzlichen Direktanspruch auch vorgebracht, dieser diene dem Verbraucherschutz.[237] Diese Ansicht ist allerdings wenig überzeugend. Verbraucherschutz ist primär ein Mechanismus zur Herstellung von Vertragsparität.[238] Der Direktanspruch indes ist eine effiziente und interessengerechte Modalität zur Abwicklung eines Schadens, der von einer Haftpflichtversicherung gedeckt ist. Und die Erwägungen, die für einen Direktanspruch sprechen, greifen unabhängig davon, ob der Geschädigte als Verbraucher oder Unternehmen handelte. Dies gilt umso mehr, als eine Vielzahl der Haftungsfälle außervertragliche Haftung betrifft. Der Begriff des „Verbraucherschutzes" ist im Zusammenhang mit dem Direktanspruch äußerst unscharf wohl eher ein Sammelbecken für Argumente des Geschädigtenschutzes.[239]

Wenn die Kategorie des Verbrauchers eingeführt werden soll, dann nicht beim Geschädigten, sondern beim Versicherungsnehmer. Man kann andenken, danach zu differenzieren, ob die Haftpflichtversicherung von einem Verbraucher oder einem Unternehmer abgeschlossen wurde. Für Verbraucherhaftpflichtversicherungen könnte dann ein umfassenderer und zwingender Direktanspruch vorgegeben sein, während bei einer Unternehmerhaftpflicht verstärkt dispositive Regeln verwandt werden könnten.[240] Dann hätte ein Unternehmen als Versicherungsnehmer es stärker in der Hand selbst entscheiden zu können, wie es eine Regulierung seiner Schadensfälle vornehmen möchte. Diesen Ansatz der Differenzierung zwischen Verbraucher- und Unternehmerversicherung verfolgen das schwedische und mit Abstrichen auch das norwegische Recht.[241] Die genannte Differenzierung verschiebt die Schutzrichtung des Direktanspruches wieder ein wenig

---

[237] So die BT-Drs. 16/5862 zur Rückführung des § 115 VVG n.F. auf „die unter Verbraucherschutzgesichtspunkten wesentlichen Problembereiche", also von einem allgemeinen Direktanspruch für alle Pflichtversicherungen auf die nun geltende Fassung; dies aufnehmend: *Knappmann*, in: Prölls/Martin § 115 Rn. 1.

[238] Vgl. zum Grundanliegen des Verbraucherschutzes: *Rösler*, in: Handwörterbuch des Europäischen Privatrechts, Band 2, S. 1599 ff.; *ders.*, Europäisches Konsumentenvertragsrecht, S. 101 ff.; *Micklitz*, in: MüKo-BGB § 13 Rn. 3 ff.

[239] Kritisch zur Verwendung des Verbraucherbegriffes in diesem Zusammenhang auch: *Keppel* S. 53; *Huber*, in: Schwintowski/Brömmelmeyer § 115 Rn. 9.

[240] Das schwedische Recht unterscheidet beispielsweise zwischen einer Verbraucherhaftpflicht (*konsumentförsäkring*) und einer Unternehmerhaftpflichtversicherung (*företagsförsäkring*), siehe hierzu oben S. 22 ff.

[241] Zur Verbraucherversicherung siehe oben S. 22 f.

weg vom Schutz des Geschädigten und hin zum Schutz des Schädigers. Sie geht nämlich davon aus, dass ein Unternehmer eher mit der persönlichen Schadensabwicklung betraut werden kann als ein Verbraucher und daher weniger schutzwürdig ist. Außerdem ist dieser Differenzierung die Wertung zu entnehmen, dass auch der Geschädigte bei einer Schädigung durch einen Unternehmer weniger schutzwürdig ist, als bei einer Schädigung durch einen Verbraucher. Diese pauschale Wertung ist indes im Ergebnis äußerst fraglich, da auch ein Unternehmer als Schädiger noch keine Garantie für eine effektive und durch finanzielle Absicherung des Geschädigten gekennzeichnete Schadensabwicklung ist. Diese Erkenntnis nimmt z.B. das norwegische Recht auf, indem es den ansonsten zwingenden Direktanspruch nur für Großunternehmen für abdingbar erklärt (Kap. 1 § 3 Abs. 2 NoFAL) und im Falle der Insolvenz desselben einen ggf. abbedungenen Direktanspruch zwingend wieder aufleben lässt (Kap. 7 § 8 Abs. 2 NoFAL).[242] Auch das deutsche Recht lässt es nicht zu, dass im Rahmen der Vertragsfreiheit der Versicherung von Großrisiken – die ansonsten nämlich gemäß § 210 VVG in großem Masse von zwingenden VVG-Regelungen befreit werden – die Vorschriften über Pflichtversicherungen (und damit des Direktanspruches nach § 115 VVG) umgangen werden.[243] Im Ergebnis ist eine Differenzierung zwischen Verbraucher- und Unternehmerversicherung zwar im Versicherungsverhältnis durchaus angemessen, auf die Rechtsstellung eines geschädigten Dritten sollte diese Differenzierung aber keine Bedeutung erlangen.[244]

II. Contra

1. Trennung von Haftung und Versicherung

Im Folgenden soll zunächst untersucht werden, inwieweit ein gesetzlicher Direktanspruch eine unzulässige Vermischung von Fragen der Haftung und Fragen der Versicherung darstellt und daher möglicherweise ein Verstoß gegen das sog. Trennungsprinzip in der Haftpflichtversicherung vorliegt.

a) Aussage des Trennungsprinzips

Sowohl das deutsche als auch das schwedische Recht gehen wie bereits erwähnt von dem Grundsatz aus, dass Haftungs- und Versicherungsverhältnis zu trennen sind.[245] Dieses Trennungsprinzip hat zwei Ausprägungen: das materielle und das prozessuale Trennungsprinzip.[246]

---

[242] Zum Direktanspruch in Norwegen siehe unten S. 102 ff.
[243] RegE BT-Drs. 16/3945 S. 115; *Looschelders*, in: MüKo-VVG § 210 Rn. 8.
[244] Siehe hierzu für die Frage der Einwendungsausschlüsse unten S. 152 f.
[245] Für das deutsche Recht: *Littbarski*, in: MüKo-VVG Vor § 100 Rn. 102; *Wandt* Rn. 1059 ff.; *Ecke*, Trennungsprinzip und Bindungswirkung, S. 55 f.; *Kötz/Wagner* Rn. 93

Das *materielle Trennungsprinzip* besagt, dass die Rechtsbeziehung des Versicherungsnehmers zu seinem Versicherer (sogenanntes Deckungs- oder Versicherungsverhältnis) unabhängig von der Rechtsbeziehung des Versicherungsnehmers zum Geschädigten (sogenanntes Haftpflichtverhältnis) ist. Das Trennungsprinzip ist damit eine Ausprägung des allgemeinen Prinzips der Relativität der Schuldverhältnisse. Die Versicherung folgt der Haftung. Zuvor ist aber die Frage der Haftung unabhängig von einer etwaigen Haftpflichtversicherung zu beantworten. Durch die Berücksichtigung einer Haftpflichtversicherung sollen nicht die umfassenden und ausdifferenzierten gesetzlichen Wertungen des Haftungsrechts unterlaufen werden.[247] Ein Direktanspruch des Geschädigten könnte dieses Prinzip aufweichen, weil dann die Haftungsfrage in Bezug auf den Versicherer behandelt, geklärt und entschieden wird.

Das *prozessuale Trennungsprinzip* ist die Konsequenz des materiellen Trennungsprinzips in seiner prozessualen Durchsetzung.[248] Mangels einer materiellen Berechtigung kann der Geschädigte grundsätzlich auch keine Direktklage gegen den Versicherer erheben. Es gilt die Abwicklung über das Dreieck: Der Geschädigte muss zunächst die Haftung des Versicherungsnehmers in einem Haftungsprozess rechtskräftig feststellen lassen. Daraufhin kann der Schädiger an seinen Haftpflichtversicherer herantreten und Befriedigung des Geschädigten verlangen. Diesem Leitbild folgt auch § 106 Satz 1 VVG, der die Versicherungsleistung erst fällig stellt, nachdem die Haftung des Versicherungsnehmers mit bindender Wirkung für den Versicherer festgestellt wurde. Eine Direktklage des Versicherers durchbricht hingegen das prozessuale Trennungsprinzip, da Haftung und Versicherung in einem Prozess geklärt werden.

b) Anerkannte Wechselwirkungen zwischen Haftung und Versicherung

Trotz des Trennungsprinzips kommt es aber auch ohne einen Direktanspruch schon zu Wechselwirkungen zwischen beiden Rechtsbeziehungen. Offensichtlich beeinflusst das Haftpflichtverhältnis das Deckungsverhältnis. Dies ist dem Charakter der Haftpflichtversicherung geschuldet. Der Anspruch des Versicherungsnehmers gegen seinen Versicherer richtet sich

---

und 354 ff.; für das schwedische Recht: *van der Sluijs,* in: NFT 2006, 76 (77 f.); *Hellner/ Radetzki* S. 185 ff.

[246] Zur Aufteilung in materielles und prozessuales Trennungsprinzip: *Wandt* Rn. 1060; zur Trennung der beiden Anspruchsverhältnisse („två olika anspråksforhållanden") Haftung und Versicherung im schwedischen Recht: *Zackariasson* S. 223.

[247] Hierzu: *Armbrüster,* in: NJW 2009, 187 (192 f.*); von Bar,* in: AcP 181 (1981), 290 (294 ff.).

[248] Zum prozessualen Trennungsprinzip: *Koch,* in: Bruck/Möller Vor §§ 100–112 Rn. 93; *Wandt* Rn. 1060.

nach dem Anspruch des Geschädigten. Deswegen gilt der Grundsatz: „Die Versicherung folgt der Haftung." Es besteht aber auch eine weitere Wechselwirkung: Die Haftpflichtversicherung beeinflusst nämlich wie bereits angesprochen durchaus die Haftung.[249] Kritisch wird dieses Phänomen als *Überlagerung* des Haftungsrechts durch das Versicherungsrecht[250] oder (soweit die Beeinflussung zu Unrecht oder jedenfalls ohne Offenlegung erfolgt) als *jurisprudential hazard* der Haftpflichtversicherung[251] bezeichnet. In der Rechtspraxis finden sich – wie oben dargestellt – sowohl im deutschen, als auch im schwedischen Recht zahlreiche Fälle, in denen bei der Beurteilung der Haftungsfrage auf die Versicherung des Schädigers abgestellt wird.[252] Im schwedischen Recht ist die Berücksichtigung einer Haftpflichtversicherung teilweise sogar gesetzlich vorgeschrieben. Die Vermischung von Haftung und Versicherung wird beim Direktanspruch verstärkt. Teilweise wird gar davon gesprochen, dass durch den Direktanspruch das Trennungsprinzip „bewusst ausgehebelt" wird.[253]

Auch das prozessuale Trennungsprinzip wird jedoch auch ohne die Gewähr eines Direktanspruches anerkanntermaßen gelockert, da die Entscheidung des Haftungsverhältnisses (Urteil, Vergleich, Anerkenntnis) in zahlreichen Konstellationen auch den Versicherer auch im späteren Deckungsprozess bindet.[254] Ferner hat der Versicherungsnehmer die Möglichkeit, seinen Freistellungsanspruch an den Schädiger abzutreten. Dann kann der Versicherer direkt verklagt werden und die Fragen der Haftung und Versicherung müssen ebenso in einem Prozess behandelt werden. Von einer streng getrennten prozessualen Behandlung beider Fragen kann also auch ohne dass ein Direktanspruch bestünde nicht gesprochen werden.

c) *Einschätzung*

Wird dem Geschädigten in der Haftpflichtversicherung ein Direktanspruch eingeräumt, stellt dies keinen unzulässigen „Verstoß" gegen das „Trennungsprinzip" dar. Das Verhältnis von Haftung und Versicherung wird nicht in unzulässiger Weise durcheinander gebracht. Zunächst ist festzuhalten, dass das Verhältnis von Haftung und Versicherung bereits gar nicht

---

[249] Hierzu: *Wagner*, in: MüKo-BGB Vorb § 823 Rn. 33; *Armbrüster*, in: NJW 2009, 187 ff. sowie oben S. 49 f.
[250] *Sieg*, in: VersR 1980, 1085 spricht von einer „Überlagerung der bürgerlich rechtlichen Haftung durch kollektive Ausgleichssysteme".
[251] Vgl. *van der Sluijs*, Studier i Försäkringsrätt, S. 229.
[252] *Wandt* Rn. 1059 ff.; 1129 ff.; *Sieg*, in: VersR 1980, 1085 (1089 f.); sowie oben S. 49 ff.
[253] *Seybold/Wendt*, in: VersR 2009, 455 (463).
[254] Siehe hierzu *Ecke*, Trennungsprinzip und Bindungswirkung, S. 111 ff.; sowie ausführlich unten S. 152 ff.

durch ein „Trennungsprinzip" zu charakterisieren ist. Die Trennung von Haftung und Versicherung ist nämlich gar kein *Prinzip* im Sinne eines Rechtsprinzips, aus dem ein Optimierungsgebot folgen würde.[255] Es handelt sich vielmehr um eine bloße Schadensabwicklungsmodalität. Das sogenannte Trennungsprinzip hat keine eigene materiell-rechtliche Aussage.[256] Es bekräftigt lediglich den Grundsatz der Relativität der Schuldverhältnisse. Das sogenannte prozessuale Trennungsprinzip ist wegen der freien Abtretbarkeit des Freistellungsanspruches an den Geschädigten (vgl. § 108 Abs. 2 VVG) nach neuer deutscher Rechtslage ohnehin hinfällig. Ferner kann allein aus der Tatsache, dass ein Direktanspruch eingeräumt wird, noch keine normative Aussage darüber getroffen werden, wie die Haftpflichtversicherung auf die Haftung wirkt. Auch im Falle eines Direktanspruches gilt weiterhin der Grundsatz, dass das Bestehen einer Haftpflichtversicherung bei der Frage der Haftung außer Betracht zu bleiben hat. Die Gewährung eines Direktanspruches verschärft nicht die zugrundeliegende Haftung. Es muss den involvierten Rechtsanwendern, insbesondere den Richtern, zugemutet werden, dass diese die Frage der Haftung eines vermeintlichen Schädigers in einem Direktklageprozess genauso behandeln wie in einem Haftungsprozess gegen den Versicherungsnehmer.

In einigen Haftungsfällen ist es – wie gezeigt wurde – ferner durchaus geboten, die Tatsache zu berücksichtigen, dass der Schädiger haftpflichtversichert ist. Wenn Richter dies in ihrer Entscheidung über die Haftung eines Beklagten berücksichtigen, ist dies letztlich nur Ausdruck der Erkenntnis, dass es eine Aufgabe des Haftungsrechts ist, jemanden zu identifizieren, der den Schaden trägt.[257] Das kann in einigen Fällen aus guten Gründen der Haftpflichtversicherer sein. Die Verteilung der Haftung kann nicht in allen Fällen allein nach dogmatischen Gesichtspunkten erfolgen. Die wirtschaftliche Belastung mit Schäden ist letztlich ein gesellschaftliches und volkswirtschaftliches Gesamtproblem, das unter Berücksichtigung aller Beteiligten zu lösen ist. Die Versicherer verteidigen „ihr" Trennungsprinzip[258], weil es sie vor direkter Inanspruchnahme schützt und wegen der Unannehmlichkeiten der Abwicklung mit dem Geschädigten dazu führt, dass im Ergebnis nicht alle berechtigten Haftungsforderungen

---

[255] Als Rechtsprinzip wird hier der von Robert Alexy entwickelte Prinzipienbegriff verstanden. Hierzu: *Alexy,* Theorie der Grundrechte, S. 71 ff.
[256] *Wagner,* in: MüKo-BGB § 829 Rn. 21; *Säcker,* in: VersR 2005, 10 (11) bezeichnet das Trennungsprinzip gar als „Nachwirkung versicherungsdogmatischer Begriffsjurisprudenz".
[257] Hierzu für das deutsche Recht: *Kötz/Wagner* Rn. 90 ff.; zum System des Haftungsrechts im schwedischen Recht: *Carlsson* S. 84 ff.; *Hellner/Radetzki* S. 39 ff.
[258] So z. B. *Seyboldt/Wendt,* in: VersR 2009, 455 ff.

geltend gemacht werden. Sonst müssten die Versicherer nicht vor Prämienerhöhungen durch die Einführung eines Direktanspruches warnen.[259]

2. Kontrollverlust des Versicherungsnehmers

Wird dem Geschädigten ein Direktanspruch eingeräumt, droht dem Versicherungsnehmer, dass dieser bei der Regulierung des Versicherungsfalles übergangen wird.[260] Er verliert seine zentrale Stellung, da er nicht mehr als Einziger für die Schadensabwicklung passivlegitimiert ist. Dadurch entsteht die Gefahr, dass der Versicherer über den Kopf des Versicherungsnehmers hinweg den Schaden gegen dessen Willen reguliert. Der Versicherungsnehmer kann aber viele legitime Gründe haben, warum er den Schaden nicht ersetzen oder jedenfalls selbst regulieren möchte[261]: Er kann den Regress des Versicherers genauso fürchten wie Prämienerhöhungen oder den Verlust seines Schadensfreiheitsrabattes, insbesondere bei Bagatellschäden. Ferner kann er mit einem Selbstbehalt belastet sein oder gar die Kündigung seines Versicherungsvertrages fürchten. Möglicherweise möchte der Versicherungsnehmer auch seine Gegenrechte gegen den Geschädigten erhalten wissen. Der Versicherungsnehmer hat daher ein legitimes Interesse daran, dass der Versicherer den Schaden nur in Abstimmung mit ihm reguliert.[262]

Diesem Interesse des Versicherungsnehmers kann Geltung verliehen werden, indem ihm im Innenverhältnis zum Versicherer Mitwirkungs-, Kontroll- und Interventionsrechte eingeräumt werden, deren Verletzung ggf. auch Schadensersatzpflichten des Versicherers zur Folge haben.[263] Des Weiteren verbietet es der Direktanspruch nicht, dass der Versicherungsnehmer den Schaden trotzdem selbst reguliert. Begleicht der Geschädigte die Forderungen, wird der Direktanspruch schließlich unbegründet. Zudem wird der Versicherungsnehmer dadurch geschützt, dass die fehlerhafte Regulierungsentscheidung des Versicherers für ihn u.U. nicht bindend ist und er sich gegen eine fehlerhafte Regulierung zur Wehr setzen kann.[264]

3. Informationsdefizit des geschädigten Dritten

Ferner lässt sich die Frage aufwerfen, ob ein gesetzlicher Direktanspruch überhaupt praktikabel ist. Die Gewährung eines Direktanspruches nützt dem Geschädigten schließlich wenig, wenn dieser nicht weiß, ob und wo

---

[259] So aber die Stellungnahme des GDV (Fn. 34) S. 71.
[260] SOU 1989:88 S. 218; *van der Sluijs*, in: NFT 2006, 76 (80).
[261] Vgl. hierzu die Stellungnahme des GDV (Fn. 34) S. 74 sowie SOU 1989:88 S. 218.
[262] SOU 1989:88 S. 25.
[263] So auch der Vorschlag von *Johansson/van der Sluijs*, in: SvJT 2006, 72 (76).
[264] Zur Bindungswirkung der Regulierungsentscheidung zulasten des Versicherungsnehmers siehe unten S. 152 (deutsches Recht) und S. 152 (schwedisches Recht).

sein Schädiger haftpflichtversichert ist. Gerade bei unkooperativen Schädigern kann es schwierig sein, zu ermitteln, ob eine Haftpflichtversicherung für das realisierte Risiko besteht und wenn ja, wer der Versicherer ist.[265] Deshalb müssen dem Geschädigten gleichzeitig auch effektive Möglichkeiten in die Hand gegeben werden, um sich diese Informationen zu beschaffen.

Dieses Problem kann gelöst werden, indem z. B. eine Behörde oder eine andere zentrale Stelle Daten über abgeschlossene Haftpflichtversicherungen erhebt und auf Nachfrage des Geschädigten entsprechende Informationen herausgibt.[266] Dies scheint insbesondere bei Pflichtversicherungen eine praktikable Lösung zu sein, da diese sowieso behördlich überwacht werden. Ferner besteht die Möglichkeit, dem Geschädigten zusätzlich privatrechtliche Auskunftsansprüche gegen den Schädiger und potentielle Versicherer einzuräumen. Das Informationsdefizit des Geschädigten kann also durch effektive Auskunftsansprüche weitgehend ausgeglichen werden.[267]

4. Schwächung der Präventivfunktion des Haftungsrechts

Besteht für ein Haftungsrisiko eine Haftpflichtversicherung, schwächt dies grundsätzlich – unabhängig vom Bestehen eines Direktanspruches – die Präventivfunktion des Haftungsrechts.[268] Das Problem wird unter dem Stichwort des *moralischen Risikos* der Haftpflichtversicherung diskutiert. Unter „moralischem Risiko" (auf Englisch *moral hazard,* auf Schwedisch *moralisk risk*) versteht man im Rahmen des Versicherungsrechts das Phänomen, dass wegen des Umlagesystems einer Versicherung der Anreiz des Einzelnen, durch sorgfältiges Verhalten Schäden möglichst zu vermeiden bzw. entstandene Schäden möglichst gering zu halten, sinkt, da die Schadensfolgen den Einzelnen nicht unmittelbar treffen, sondern auf die Gemeinschaft der Versicherten umgelegt werden.[269] Wird im Rahmen einer Haftpflichtversicherung dem Geschädigten zudem ein Direktanspruch eingeräumt, könnte dies das moralische Risiko des Versicherungsnehmers wei-

---

[265] So auch die Einschätzung des GDV in seiner Stellungnahme (Fn. 34) S. 72.

[266] Derart funktioniert die Informationsgewinnung z. B. bei der Kfz-Pflichtversicherung durch den „Zentralruf der Autoversicherer" gem. § 8a Abs. 1 PflVG oder bei der Berufshaftpflicht der Rechtsanwälte, bei der gem. § 51 Abs. 6 Satz 2 BRAO die zuständige Rechtsanwaltskammer Auskünfte über die Pflichtversicherung erteilt.

[267] Zur Frage, wie das deutsche und schwedische Recht das Informationsdefizit zu beheben versuchen, siehe unten S. 123 ff.

[268] *Kötz/Wagner* Rn. 82 ff.; *Hedderich* S. 262 ff.; *Hinteregger,* in: Jabornegg u. a. (Hrsg.), FS Reischauer, S. 507 (514); zum Einfluss der Haftpflichtversicherung auf die Zwecke des Haftungsrechts: *von Bar,* in: AcP 181 (1981), 289 (311 ff.).

[269] Zum moralischen Risiko bei einer Haftpflichtversicherung: *Kötz/Wagner* Rn. 83; *Adams,* Ökonomische Analyse der Gefährdungs- und Verschuldenshaftung, S. 226; *van der Sluijs,* Studier i försäkringsrätt, S. 204 f.; *Carlsson* S. 110 f.

ter erhöhen und die präventive Funktion der Haftung damit zusätzlich schwächen. Dies könnte zunächst der Fall sein, da der Schädiger dann nicht mehr nur von der endgültigen wirtschaftlichen Belastung der Haftung, sondern auch von den mit der Schadensabwicklung einhergehenden Kosten und Mühen umfassend befreit wird.[270] Der Versicherungsnehmer „entfernt" sich damit noch weiter von dem durch ihn hervorgerufenen Schaden. Dadurch könnte zudem auch sein Anreiz gemindert sein, an der Aufklärung des Versicherungsfalles beizutragen und vor allem an der Abwehr unberechtigter Ansprüche mitzuwirken.[271]

Diese negativen Anreize können zwar nicht vollständig ausgeschlossen, durch Gegenmaßnahmen aber zumindest abgeschwächt werden. Insbesondere können die „klassischen" Instrumente des Versicherungsrechts zur Erhaltung der Präventivanreize des Haftungsrechts genutzt werden.[272] Zu denken ist also z. B. an die Vereinbarung eines Selbstbehalts für den Schädiger oder an ein System von Schadensfreiheitsrabatten und Prämienanreizen, wie es z. B. bereits aus der Kfz-Pflichtversicherung bekannt ist. Weitere Mechanismen sind, dass der Versicherer bei einer vorsätzlichen Herbeiführung des Versicherungsfalles sowohl gegenüber dem Versicherungsnehmer als auch gegenüber dem Dritten leistungsfrei wird.[273] Des Weiteren steht dem Versicherer bei einer Obliegenheitsverletzung des Versicherungsnehmers u. U. ein Leistungskürzungs- oder Verweigerungsrecht zu.[274] Dies wirkt entweder auch gegenüber dem Dritten, oder dem Versicherer steht jedenfalls ein Regressrecht gegen seinen Versicherungsnehmer zu. Schließlich sind ungerechtfertigte Anerkenntnisse und Vergleiche des Versicherungsnehmers nicht bindend für den Versicherer.[275] Um zu vermeiden, dass sich der Versicherungsnehmer bei einem Direktanspruch nicht mehr um die Schadensaufklärung bzw. -abwehr kümmert, sieht z. B. das norwegische Recht vor, dass der Versicherer bei einer Direktklage des Geschädigten von diesem verlangen kann, dass dieser zugleich die Klage auch gegen den Versicherungsnehmer richtet (Kap. 7 § 6 Abs. 3 NoFAL).[276] Die Präventivfunktion des Haftungsrechts kann insgesamt also trotz eines Direkt-

---

[270] Dies ist auf der anderen Seite auch ein Vorteil des Direktanspruches, siehe oben S. 47.
[271] Hierzu: *van der Sluijs*, Studier i försäkringsrätt, S. 218 ff.; *Bull* S. 556 f.
[272] Zu den Instrumentarien des Versicherungsrechts: *Kötz/Wagner* Rn. 84 f.; *Adams*, Ökonomische Analyse der Gefährdungs- und Verschuldenshaftung S. 227 f.; *Hellner/Radetzki* S. 193.
[273] Siehe hierzu ausführlich unten S. 158 ff.
[274] Zu den Einwendungen des Versicherers und ihrer Wirkung gegenüber dem Geschädigten siehe ausführlich unten S. 147 ff.
[275] Siehe hierzu unten S. 182 ff.
[276] Hierzu: *Brynildsen/Lid/Nygård* S. 240 f.; *Bull* S. 556 f.; NOU 1987:24 S. 149 und 159.

anspruches mit den Mechanismen des Versicherungsrechts durchaus aufrechterhalten werden. Zu berücksichtigen ist auch, dass die durch einen Direktanspruch erleichterte Geltendmachung und abgesicherte Realisierung eines Schadensersatzanspruches auch eine abschreckende präventive Wirkung auf den Versicherungsnehmer entfalten kann, da möglicherweise Schadensersatzansprüche vermehrt geltend gemacht werden.

5. *Prämienerhöhungen*

Hieran anknüpfend wendet die Versicherungswirtschaft gegen den Direktanspruch teilweise ein, er führe zu einer erhöhten Inanspruchnahme der Versicherer und damit zu Prämienerhöhungen.[277] Dies ist aus mehreren Gründen kein überzeugendes Argument gegen die Gewährung eines Direktanspruches. Selbst wenn die Einführung eines (umfassenden) Direktanspruches zu Kostensteigerungen führen würde, wäre dies für die Versicherungskonzerne nur problematisch, wenn sie diese nicht in Form von erhöhten Versicherungsprämien an ihre Versicherungsnehmer weitergeben könnten. Hierfür bestehen aber keine Anzeichen.

Ferner würden Kostensteigerungen auch nur anzeigen, dass ohne die Gewährung eines Direktanspruches Schäden trotz bestehen einer entsprechenden Haftpflichtversicherung bisher nicht ersetzt wurden, etwa weil die Durchsetzung der Ansprüche für den Geschädigten zu kompliziert oder zu teuer war. Dies wäre mithin ein Beweis der Vorteilhaftigkeit des Direktanspruches. Eine erhöhte Befriedigungsquote ist im Sinne der Internalisierung von Haftungsrisiken im Rahmen einer gesamtwirtschaftlichen Lastenverteilung schließlich durchaus wünschenswert.[278] Nimmt man die Wertungen des Haftungsrechtes ernst, ist eine erhöhte Befriedigungsquote etwas positives, da es den zugrundeliegenden Gerechtigkeitsvorstellungen zur Realisierung verhilft und kein unerwünschter Kostenfaktor ist. Außerdem ist zu berücksichtigen, dass selbst im Falle etwaiger Kosten- und damit verbundener Prämienerhöhungen diese wohl derart moderat ausfielen, dass die gesamtwirtschaftlichen Wohlfahrtsgewinne, die durch die effizientere Schadensabwicklung zu erzielen sind, überwögen.[279]

6. *Missbrauchsgefahr*

Gegen eine direkte Inanspruchnahme des Versicherers wird außerdem teilweise eingewandt, diese Vorgehensweise erhöhe die Gefahr, dass eine

---

[277] Stellungnahme des GDV (Fn. 34) S. 73; hierzu auch: *von Rintelen,* in; r+s 2010, 133.
[278] Zur Internalisierung von Haftungsrisiken durch Pflichtversicherungen: *Schwintowski,* in: VuR 2013, 52 (53).
[279] So auch die Prognose von *Johansson/van der Sluijs,* in: SvJT 2006, 72 (77).

Haftpflichtversicherung missbraucht wird.[280] Versicherungsnehmer und Dritter könnten zulasten des Versicherers *kollusiv zusammenwirken* und Versicherungsfälle fingieren oder jedenfalls aufbauschen. Dies ist allerdings kein originäres Problem des Direktanspruches, denn auch – oder sogar weit überwiegend – außerhalb seines Anwendungsbereiches finden Versicherungsbetrügereien in der Haftpflichtversicherung statt.[281] Wohl einem jeden sind Beispiele bekannt, in denen Schadensfälle so „zurechtgebogen" wurden, dass die Privathaftpflichtversicherung eines Bekannten einspringt, ohne dass hier ein Direktanspruch bestünde. Es ist nicht zu erwarten, dass dieses Verhalten durch einen Direktanspruch zusätzlich angestachelt wird.

Gegenteilig könnte man sogar davon ausgehen, dass der Versicherer erdachte Schadensforderungen durch einen Direktanspruch besser abwehren kann, da er dann selbst Partei ist und eigene prozessuale Möglichkeiten zur Aufdeckung der Kollusion hat. Bei einem Direktanspruch können Versicherungsnehmer und Geschädigter sich nicht selbst einen Schadensersatzanspruch „schaffen" und diesen dann nur noch auf den Versicherer abwälzen. Vielmehr ist die Schadensersatzpflicht des Versicherungsnehmers im Verfahren gegen den Versicherer selbstständig inzident zu prüfen. Die verbleibenden Missbrauchspotentiale sind nicht weitreichender als die allgemeine Gefahr, Opfer krimineller Handlungen zu werden, die jede unternehmerische Tätigkeit mit sich bringt. Hier besteht bereits hinreichender Schutz durch das Strafrecht (z.B. §§ 263, 265 StGB). Außerdem ist der Versicherer durch seine Leistungskürzungs- bzw. Verweigerungsrechte bei unrichtigen Angaben durch den Versicherungsnehmer oder geschädigten Dritten geschützt (vgl. §§ 30, 31 VVG; Kap. 7 § 3 FAL).[282]

III. Ergebnis

Eine Gegenüberstellung der Argumente, die für und wider die Gewährung eines gesetzlichen Direktanspruches streiten, zeigt, dass dieser eine Vielzahl von Vorteilen gegenüber der herkömmlichen Schadensabwicklung „über das Dreieck" mit sich bringt. Die zentralen Vorteile liegen in der Stärkung der Rechtsstellung des Geschädigten und in einer erleichterten Schadensabwicklung, die letztlich allen Beteiligten zugutekommt. Aber auch die Zwecke und Wertungen der Haftpflichtversicherung legen einen Direktanspruch nahe. Dies gilt zunächst insbesondere für Pflichtversiche-

---

[280] Siehe hierzu: *Langheid,* in: VersR 2009, 1043 und *von Rintelen,* in: r+s 2010, 133, die v.a. auf die D&O-Versicherung verweisen, bei der das Unternehmen bei Innenhaftungsansprüchen Versicherungsnehmer und geschädigter „Dritter" ist.
[281] Zum Missbrauch einer Haftpflichtversicherung und entsprechenden Gegenmaßnahmen: *van der Sluijs,* Studier i försäkringsrätt, S. 220 ff.
[282] Siehe hierzu unten S. 150 ff.

rungen, die zentral auch dem Schutz des Versicherungsnehmers dienen. Aber auch freiwillige Haftpflichtversicherungen kommen letztlich dem Geschädigten zugute. Da der Versicherungsnehmer seinen Freistellungsanspruch ohnehin frei an den Geschädigten abtreten kann und der Geschädigte im Falle der Insolvenz des Versicherungsnehmers ein Absonderungsrecht hat, würde die Gewährung eines generellen Direktanspruches kaum zusätzliche Belastungen für den Versicherer mit sich bringen. Die mit einem Direktanspruch verbundenen Nachteile, die vor allem aus der Durchbrechung des Prinzips der Relativität der Schuldverhältnisse herrühren, können durch entsprechende Gegenmaßnahmen des Gesetzgebers auf ein erträgliches Maß abgemildert werden. Bei der rechtspolitischen Bewertung des Direktanspruches ist auch zu berücksichtigen, dass in der Haftpflichtversicherung einige Interessenkonflikte angelegt sind, die unabhängig von der Gewährung eines Direktanspruches bestehen. Aus ihnen lassen sich keine Argumente gegen den Direktanspruch herleiten. Hierzu zählen z.B. das Informationsdefizit des Versicherers, die Gefahr der Übergehung des Versicherungsnehmers bei der Schadensregulierung und die Missbrauchsgefahr. Der Direktanspruch führt ferner wegen des ohnehin bestehenden Absonderungsrechts des Versicherungsnehmers (§ 110 VVG) auch nicht zu einer Verlagerung des Insolvenzrisikos.

Vor allem die Argumente aus der Diskussion um die Gewährung eines Direktanspruches in Schweden machen deutlich, dass dieser außerdem nicht nur ein Instrument ist, das bei Pflichtversicherungen sinnvoll ist. Denn seine Vorteile liegen nicht allein im Schutze des Geschädigten. Vielmehr erlaubt ein Direktanspruch allgemein eine effizientere und leichtere Schadensabwicklung und ist daher grundsätzlich auch bei freiwilligen Haftpflichtversicherungen wünschenswert.[283]

§ 4 Völker- und unionsrechtliche Vorgaben für die Kfz-Pflichtversicherung

Der nationale Gesetzgeber kann nur innerhalb des ihm vom Völker- und Unionsrecht belassenen Spielraums regulierend tätig werden. In diesem Abschnitt sollen daher die inter- und supranationalen Vorgaben, die für die Gewährung eines gesetzlichen Direktanspruches im Bereich der Haftpflichtversicherung bestehen, dargestellt werden. Diese Vorgaben sind bisher auf den Bereich der Kfz-Pflichtversicherung begrenzt. Es überrascht nicht, dass die internationalen Initiativen in Europa auf diesem Felde begannen. Die in den Nachkriegsjahren geschaffene Freizügigkeit und rasch

---

[283] So auch die Einschätzung von *Bull,* in: Iversen u.a. (Hrsg.), Hyldeskrift til Jørgen Nørgaard, S. 637 (651) und *van der Sluijs,* in: NFT 2007, 76 (83 f.).

wachsende Mobilität wurde zuvörderst mit dem PKW realisiert. Viele Deutsche machten sich im Sommer mit ihrem Familienwagen auf den Weg an die italienischen Badestrände, während zahlreiche Niederländer Richtung Frankreich aufbrachen und die Skandinavier vom hohen Norden quer durch den Kontinent ans Mittelmeer reisten. Das Aufeinanderprallen der verschiedenen Fahrstile, und mit ihnen der verschiedenen Haftungs- und Versicherungsregime, ließ schnell deutlich werden, dass ein Bedürfnis nach einem grenzüberschreitenden Mindestschutz für Opfer von Verkehrsunfällen im Ausland bestand.

A. Das Straßburger Übereinkommen von 1959

I. Hintergrund

Bereits kurz nach seiner Gründung im Jahre unternahm der Europarat erste Bemühungen um einen grenzüberschreitenden Schutz der Geschädigten von Unfällen mit Kfz im Straßenverkehr. Auch wenn sich letztlich bei weitem nicht alle Mitgliedstaaten verständigen konnten, mündeten die Verhandlungen doch in dem am 20. April 1959 geschlossenen „Europäischen Übereinkommen über die obligatorische Haftpflichtversicherung" (sogenanntes *Straßburg-Übereinkommen*).[284] Zunächst unterzeichneten es neun Mitgliedstaaten des Europarates, später stießen noch die Türkei und Polen dazu. Ratifiziert und in Kraft getreten ist es bis jetzt allerdings nur in sieben Staaten: Dänemark, Deutschland, Griechenland, Norwegen, Österreich, Schweden und der Türkei. Für Deutschland, Schweden, Dänemark und Norwegen wurde das Abkommen im Jahre 1969 verbindlich. Finnland hat das Abkommen nicht ratifiziert. Durch spätere umfangreiche Gesetzgebungsaktivitäten der EG und später der EU auf dem Gebiet der Kfz-Haftpflichtversicherung hat das Abkommen zwischen den fünf EU-Mitgliedern Dänemark, Deutschland, Griechenland, Österreich und Schweden faktisch keine Bedeutung mehr. Dasselbe gilt gegenüber Norwegen, das über den EWR auf diesem Gebiet ebenfalls an das Europäische Versicherungsrecht gebunden ist. Damit kommt dem Abkommen nur noch gegenüber der Türkei eine praktische Bedeutung zu.[285] Wichtig war das Abkommen v.a. als Grundlage der späteren Gesetzgebungsinitiativen von EWG, EG und EU. Nach seinem zweiten Erwägungsgrunde soll das Ab-

---

[284] Das Abkommen kann unter <www.conventions.coe.int/treaty/ger/Treaties/Html/029.htm> abgerufen werden (Stand: 20.08.2014) und ist mit Unterzeichnungsprotokoll abgedruckt in: BGBl. II 1965, S. 281–296.
[285] Zur praktischen Bedeutung des Abkommens: *Lemor,* in: Feyock/Jacobsen/Lemor, Kraftfahrtversicherung, Rn. 9; *Loacker,* in: Looschelders/Pohlmann, Einführung in das Europäische Versicherungsrecht, Vorbemerkung C Rn. 52.

kommen „die Rechte der Opfer von Kraftfahrzeugunfällen in ihren Hoheitsgebieten wahren".[286]

II. Inhaltliche Vorgaben

1. Pflichtversicherung

Gemäß Art. 1 Abs. 1 verpflichtet das Abkommen die Vertragsstaaten, eine Pflichtversicherung zur Deckung von Schäden einzuführen, die durch ein Kraftfahrzeug verursachten wurden.[287] Der Anwendungsbereich des Abkommens ist damit eng begrenzt. Es verpflichtet allein zur Einführung einer Pflichtversicherung für durch Kraftfahrzeuge verursachte Schäden. Die Ausgestaltung der Pflichtversicherung muss den in Anhang I formulierten Mindestanforderungen genügen. Den Vertragsstaaten steht es aber frei, geschädigten Personen einen über die Anforderungen hinausgehenden Schutz zu gewähren (Art. 1 Abs. 2).

Die Pflichtversicherung muss gemäß Art. 3 Abs. 2 Anhang I den im Inland verursachten Personen- und Sachschaden mit Ausnahme der Schäden, die dem versicherten Fahrzeug und den mit diesem beförderten Sachen zugefügt worden sind, abdecken. Nach Art. 2 Nr. 3 können die Vertragsstaaten Mindestbeträge festsetzen, die von der Versicherung gedeckt sein müssen. Nach Art. 3 Abs. 1 können die Vertragsstaaten eine Regelung treffen, nach der der Versicherer nicht haften muss, wenn das Fahrzeug gestohlen oder mit Gewalt erlangt wurde oder jedenfalls ohne Genehmigung des Eigentümers oder Halters genutzt wurde, ohne dass den Fahrzeugeigentümer oder -halter diesbezüglich ein Verschulden trifft.

2. Direktanspruch

Für die angeordnete Pflichtversicherung schreibt Art. 6 Abs. 1 Anhang I vor, dass die geschädigte Person einen *eigenen Anspruch gegen den Versicherer* haben muss – also einen gesetzlichen Direktanspruch im Sinne dieser Untersuchung.[288] Nach Art. 6 Abs. 2 Satz 1 Anhang 1 reduziert sich im Falle mehrerer Geschädigter der Anspruch des Einzelnen anteilsmäßig auf die Höhe der Versicherungssumme, falls ansonsten die Höchstsumme überschritten wäre. Nach Art. 6 Abs. 1 Anhang I steht der Direktanspruch jeder *geschädigten Person* zu. Dies ist nach Art. 1 jede Person, die Anspruch auf Ersatz eines durch ein Kraftfahrzeug verursachten Schadens

---

[286] Weiterführend zu den Anliegen des Abkommens: *Lemor*, in: Feyock/Jacobsen/Lemor, Kraftfahrtversicherung, Europa Rn. 9.

[287] Zu den Vorgaben des Abkommens: *Lemor*, in: Feyock/Jacobsen/Lemor, Kraftfahrtversicherung, Europa Rn. 9 ff.

[288] Zu dem Erfordernis des Direktanspruches: *Lemor*, in: Feyock/Jacobsen/Lemor, Kraftfahrtversicherung, Europa Rn. 14.

hat. Die Unterzeichnerstaaten können aber nach Art. 4 Abs. 1 Anhang I bestimmte Personen aus dem Kreis der Berechtigten vom Genuss der Versicherungsleistung ausschließen. Möglich ist dies für den Führer des schadensverursachenden Fahrzeuges, den Versicherungsnehmer und alle diejenigen, deren zivilrechtliche Haftpflicht durch die Versicherung gedeckt ist (lit. a), deren Ehegatten (lit. b) sowie deren Familienangehörige, wenn sie bei diesen wohnen oder ihren Unterhalt aus deren Mitteln bestreiten oder wenn sie in dem Fahrzeug, das den Schaden verursacht hat, befördert worden sind.

Der Direktanspruch des Geschädigten verjährt gemäß Art. 8 Abs. 1 Anhang I zwei Jahre nach dem schädigenden Ereignis. Nach dem in Art. 9 Abs. 1 Anhang I vorgesehenen Einwendungsausschluss darf der Versicherer dem Geschädigten weder ein Recht zur Verweigerung noch zur Herabsetzung seiner Leistung entgegenhalten, das ihm gegenüber dem Versicherungsnehmer zusteht.[289] Ferner ordnet Art. 9 Abs. 2 Satz 1 Anhang I eine Nachhaftung des Versicherers an. Dieser darf sich auf die Nichtigkeit, Beendigung oder das Ruhen des Versicherungsverhältnisses gegenüber dem Geschädigten erst 16 Tage nachdem er dies bekannt gegeben hat, berufen.

Die Einwendungsausschlüsse nach Art. 9 Anhang I sind allerdings in Bezug auf Deutschland weitestgehend nicht verbindlich, da die Bundesrepublik zahlreiche zulässige Vorbehalte erklärt hat.[290] Das deutsche Recht darf daher gemäß dem Straßburger-Übereinkommen auch weiterhin die Haftung des Versicherers gegenüber dem Dritten ausschließen, wenn beispielsweise der Schaden vom Versicherungsnehmer vorsätzlich herbeigeführt wurde (Art. 3 Anhang II) oder der Geschädigte das Fahrzeug bestieg, obwohl er wusste oder wissen musste, dass das Fahrzeug dem rechtmäßigen Besitzer mit unerlaubten Mitteln oder zur Begehung eines Verbrechens entzogen wurde (Art. 8 Anhang II).[291] Dänemark und Norwegen haben hingegen diesbezüglich keine Vorbehalte erklärt, Schweden nur einen Vorbehalt nach Art. 8 Anhang II, nicht aber bezüglich der vorsätzlichen Herbeiführung des Versicherungsfalles.

---

[289] *Lemor*, in: Feyock/Jacobsen/Lemor, Kraftfahrtversicherung, Europa Rn. 21.
[290] Die gemäß Anhang II erklärten Vorbehalte aller Vertragsstaaten können unter <http://www.conventions.coe.int/Treaty/Commun/ListeDeclarations.asp?NT=029&CM=8&DF=30/08/2013&CL=GER&VL=1> abgerufen werden (Stand: 20.08.2014).
[291] Zu den von Deutschland erklärten Vorbehalten: *Lemor,* in: Feyock/Jacobsen/Lemor, Kraftfahrtversicherung, Europa Rn. 27; *Looschelder,* in: VersR 2008, 1 (3); *Heitmann,* in: VersR 1997, 941 (942).

B. Unionsrechtliche Vorgaben

I. Erste bis Dritte Kraftfahrzeughaftpflicht-Richtlinien

Unionsrechtliche Vorgaben bezüglich eines Direktanspruches finden sich derzeit ebenfalls allein für den Bereich der Kfz-Pflichtversicherung. Die Gesetzgebungsaktivitäten der Union bzw. damals der Europäischen Wirtschaftsgemeinschaft (EWG) bezüglich der Pflichtversicherung für Kfz gehen auf das Jahr 1972 zurück. Durch den Erlass der Richtlinie 72/166/EWG[292], der sogenannten *Ersten KH-Richtlinie,* sollten zuvörderst die Grenzkontrollen bezüglich des Versicherungsnachweises für Kfz beim innergemeinschaftlichen Grenzverkehr aufgehoben werden.[293] Im Jahre 1983 wurde die Richtlinie 84/5/EWG[294] (sogenannte *Zweite KH-Richtlinie*) erlassen, die v. a. zwingende Vorgaben für den Mindestumfang des Versicherungsschutzes machte. Mit der Richtlinie 90/232/EWG[295] (sogenannte *Dritte KH-Richtlinie*) wurde der Mindestversicherungsschutz weiter ausgebaut und der Zugang Geschädigter zu einem Garantiefonds erleichtert.

Bemühungen, im Rahmen der Pflichtversicherung auch einen Direktanspruch unionsrechtlich verbindlich vorzugeben, setzten erst später ein, folgten dann aber in rascher Abfolge.

II. Vierte Kraftfahrzeughaftpflicht-Richtlinie

Die EG nahm sich des Direktanspruches erstmals im Jahr 2000 in der Richtlinie 2000/26/EG[296] (sogenannte *Vierte KH-Richtlinie*) an. Die Richtlinie sah in Art. 3 erstmalig einen verpflichtenden Direktanspruch des Ge-

---

[292] „Richtlinie 72/166/EWG des Rates vom 24. April 1972 betreffend die Angleichung der Rechtsvorschriften der Mitgliedstaaten bezüglich der Kraftfahrzeug-Haftpflichtversicherung und der Kontrolle der entsprechenden Versicherungspflicht", ABl. 1972 L 103/1; hierzu: *Lemor,* in: Feyock/Jacobsen/Lemor, Kraftfahrtversicherung, Europa Rn. 28 ff.

[293] *Lemor,* in: Feyock/Jacobsen/Lemor, Kraftfahrtversicherung, Europa Rn. 21.

[294] „Zweite Richtlinie 84/5/EWG des Rates vom 30. Dezember 1983 betreffend die Angleichung der Rechtsvorschriften der Mitgliedstaaten bezüglich der Kraftfahrzeug-Haftpflichtversicherung", ABl. L 8 vom 11.1.1984, S. 17–20; hierzu: *Lemor,* in: Feyock/Jacobsen/Lemor, Kraftfahrtversicherung, Europa Rn. 37 ff.

[295] „Dritte Richtlinie 90/232/EWG des Rates vom 14. Mai 1990 zur Angleichung der Rechtsvorschriften der Mitgliedstaaten über die Kraftfahrzeug-Haftpflichtversicherung", ABl. 1990 L 129/33; hierzu: *Lemor,* in: Feyock/Jacobsen/Lemor, Kraftfahrtversicherung, Europa Rn. 54 ff.

[296] „Richtlinie 2000/26/EG des Europäischen Parlaments und des Rates vom 16. Mai 2000 zur Angleichung der Rechtsvorschriften der Mitgliedstaaten über die Kraftfahrzeug-Haftpflichtversicherung, und zur Änderung der Richtlinien 73/239/EWG und 88/357/EWG des Rates", ABl. 2000 L 181/65; hierzu: *Lemor,* in: Feyock/Jacobsen/Lemor, Kraftfahrtversicherung, Europa Rn. 65 ff.

schädigten gegen den Haftpflichtversicherer seines Schädigers vor.[297] Der Direktanspruch galt aber gemäß Art. 1 Abs. 1 nur für sogenannte *Reisefälle*.[298] Er war auf Konstellationen begrenzt, in denen sich der Geschädigte aus seinem Wohnsitzmitgliedstaat in einen anderen Mitgliedstaat begeben hat und dort Opfer eines Unfalles mit einem KFZ wurde. Zur Problematik, inwieweit der Versicherer vertragliche oder gesetzliche Gegenrechte aus dem Verhältnis zum Versicherungsnehmer dem Geschädigten entgegenhalten darf, schwieg die Richtlinie.[299] Die Richtlinie war nach Art. 10 Abs. 1 bis zum 20. Januar 2003 umzusetzen.

III. Fünfte Kraftfahrzeughaftpflicht-Richtlinie

Mit der Richtlinie 2005/14/EG[300] (sogenannte *Fünfte KH-Richtlinie*) aus dem Jahre 2005 wurde die Begrenzung des Direktanspruches auf Reisefälle aufgehoben. Nach Art. 4 d mussten die Mitgliedstaaten nunmehr sicherstellen, dass *jeder* Geschädigte einen Direktanspruch gegen den Haftpflichtversicherer des Unfallverursachers hat – unabhängig davon, ob er im In- oder Ausland geschädigt wurde. Damit wurde ein allgemeiner Direktanspruch für den Bereich der Kfz-Pflichtversicherung unionsrechtlich zwingend vorgegeben.[301] Im Erwägungsgrund Nr. 21 wird die Ausweitung damit begründet, dass der Direktanspruch für den Schutz des Opfers von großer Bedeutung sei und eine „effiziente und rasche Regulierung von Schadensfällen" erleichtere sowie weitest möglich kostenaufwändige Rechtsverfahren vermeide.

Erstmalig greift die Fünfte KH-Richtlinie die Problematik der Drittwirkung der Gegenrechte des Versicherers auf. In Art. 4 c wird festgelegt, dass dieser sich gegenüber dem Geschädigten nicht auf eine Selbstbeteiligung des Versicherungsnehmers berufen darf.[302] Nach Art. 4 Nr. 1 darf dem Geschädigten, der als Fahrzeuginsasse Unfallopfer eines unter Alkohol oder anderen Rauschmitteln stehenden Fahrers wurde, auch nicht entgegengehalten werden, er hätte die Berauschtheit des Fahrers gekannt oder gekannt haben müssen.[303]

---

[297] Näher hierzu: *Fuchs,* in: IPRax 2001, 425 (426); *Lemor,* in: VW 2001, 28 (29).
[298] Kritisch zu dieser Einschränkung: *Looschelders,* in: NZV 1999, 57 (59).
[299] Hierzu: *Lenzing,* in: Basedow/Fock, Europäisches Versicherungsvertragsrecht, Band 1, S. 205.
[300] „Richtlinie 2005/14/EG des Europäischen Parlaments und des Rates vom 11. Mai 2005 zur Änderung der Richtlinien 72/166/EWG, 84/5/EWG, 88/357/EWG und 90/232/EWG des Rates sowie der Richtlinie 2000/26/EG des Europäischen Parlaments und des Rates über die Kraftfahrzeug-Haftpflichtversicherung", ABl. 2005 L 149/14.
[301] Hierzu: *Lemor/Becker,* in: VW 2006, 18 (23); *Micha* S. 69.
[302] Hierzu: *Lemor/Becker,* in: VW 2006, 18 (23).
[303] Hierzu: *Lemor/Becker,* in: VW 2006, 18 (23); *Micha* S. 71.

IV. Sechste Kraftfahrzeughaftpflicht-Richtlinie

1. Hintergrund

Durch die bis dato ergangenen zahlreichen Richtlinien wurde die Rechtslage bezüglich der Pflichtversicherung für Kraftfahrzeuge recht unübersichtlich. „Aus Gründen der Klarheit und der Übersichtlichkeit" wie gleich der 1. Erwägungsgrund angibt, erließ die Union daher am 16. September 2009 die Richtlinie 2009/103/EG,[304] die sogenannte *Sechste KH-Richtlinie.* Sie soll eine einheitliche Kodifizierung des *acquis communautaire,* der für die Kfz-Pflichtversicherung besteht, sicherstellen.[305] Mit Erlass der neuen Richtlinie wurden gemäß Art. 29 die fünf Vorgängerrichtlinien (Erste bis Fünfte KH-Richtlinie) aufgehoben. Die Sechste KH-Richtlinie brachte auch einige inhaltliche Neuerungen.

2. Umfang des Direktanspruches

Wie bereits die Fünfte KH-Richtlinie sieht auch die Sechste KH-Richtlinie nach Art. 18 einen allgemeinen Direktanspruch des Geschädigten gegen den Haftpflichtversicherer des Unfallverursachers vor. *Geschädigter* i.S.d. Richtlinie ist nach Art. 1 Nr. 2 jede Person, die ein Recht auf Ersatz eines von einem Fahrzeug verursachten Schadens hat. Art. 12 stellt klar, welche „spezifischen Kategorien" von Unfallopfern zu den Berechtigten des Pflichtversicherungsschutzes – und damit auch zu den Inhabern des Direktanspruches nach Art. 18 – zählen. Gemäß Art. 12 Abs. 1 gehören hierzu alle Fahrzeuginsassen mit Ausnahme des Fahrers. Art. 12 Abs. 2 gibt vor, dass familiäre Beziehungen zum Versicherungsnehmer, zum Fahrer oder zu einem sonstigen Haftpflichtigen einen Anspruch auf Ersatz von Personenschaden im Rahmen der Pflichtversicherung nicht ausschließen. Art. 12 Abs. 3 wiederum stellt klar, dass auch Fußgänger, Radfahrer und andere nicht motorisierte Verkehrsteilnehmer zu den Begünstigten des Versicherungsschutzes gehören. Art. 9 Abs. 1 legt ferner Mindestversicherungssummen fest, die nach einem in Art. 9 Abs. 2 geregelten Verfahren alle fünf Jahre angepasst werden.

3. Drittwirkung der Einwendungen des Versicherers

a) Ausdrückliche Einwendungsausschlüsse

Nach Art. 13 Abs. 1 Uabs. 1 darf der Versicherer dem Geschädigten nicht entgegen halten, dass der Fahrzeugführer (a) nicht ausdrücklich oder still-

---

[304] „Richtlinie 2009/103/EG des Europäischen Parlaments und des Rates vom 16. September 2009 über die Kraftfahrzeug-Haftpflichtversicherung und die Kontrolle der entsprechenden Versicherungspflicht", ABl. 2009 L 263/11.
[305] Vgl. Erwägungsgrund Nr. 1 der Richtlinie.

schweigend zur Nutzung des Fahrzeuges ermächtigt war, (b) keinen Führerschein hatte oder dass dieser (c) seinen gesetzlichen Verpflichtungen in Bezug auf Zustand und Sicherheit des betreffenden Fahrzeuges nicht nachgekommen ist.[306] Nach Art. 13 Abs. 1 Uabs. 2 kann jedoch die Haftpflicht nach Abs. 1 lit. a für Fälle ausgeschlossen werden, in denen der Geschädigte das Fahrzeug freiwillig bestiegen hat und wusste, dass das Fahrzeug gestohlen war, was der Versicherer nachzuweisen hat. Die Mitgliedstaaten können außerdem die in Abs. 1 Uabs. 1 vorgesehenen Ausschlüsse gemäß Art. 13 Abs. 1 Uabs. 3 dennoch zulassen, wenn die Geschädigten stattdessen Schadensersatz von einem Sozialversicherungsträger verlangen können.

Für Fälle gestohlener oder unter Anwendung von Gewalt erlangter Fahrzeuge können die Mitgliedstaaten nach Art. 13 Abs. 2 des Weiteren anordnen, dass statt des Versicherers eine nach Art. 10 zuständige Stelle Anspruchsverpflichtete ist. Ferner darf dem Geschädigten, der Fahrzeuginsasse war, nach Art. 13 Abs. 3 nicht entgegengehalten werden, er habe gewusst oder wissen können, dass der Fahrzeugführer unter Einfluss von Alkohol oder anderen Rauschmitteln stand.

Gemäß Art. 17 darf sich der Versicherer ferner gegenüber Unfallgeschädigten auch nicht auf den Einwand der Selbstbeteiligung des Versicherungsnehmers berufen.

b) Allgemeiner Einwendungsausschluss

Es stellt sich die Frage, ob der Richtlinie über die relativ eng gefassten ausdrücklich normierten Einwendungsausschlüsse hinaus auch der Grundsatz zu entnehmen ist, dass Einwendungen des Versicherers, die ihm gegenüber dem Versicherungsnehmer zustehen, *grundsätzlich* nicht dem Geschädigten entgegengehalten werden dürfen. Eine ausdrückliche Regelung, die – etwa wie Art. 9 Abs. 1 Anhang I des Straßburger Abkommens – grundsätzlich vertragliche oder gesetzliche Gegenrechte ausschließt, sieht die Richtlinie nicht vor.

Der EuGH hat in den Entscheidungen *Bernáldez*[307], *Candolin*[308], *Farrel*[309] und *Churchill*[310] aus den bestehenden Richtlinien zur KFZ-Pflichtversicherung gleichwohl den allgemeinen Grundsatz hergeleitet, dass Einwendungen des Versicherers gegen seinen Versicherungsnehmer nur gegenüber diesem wirken und nicht gegenüber dem Geschädigten geltend

---

[306] Zu den in der Richtlinie verankerten Einwendungsausschlüssen: *Micha* S. 71 f.
[307] EuGH, Urt. v. 28.03.1996, C-129/94 Rn. 18 ff.
[308] EuGH, Urt. v. 30.06.2005, C-537/03 Rn. 18.
[309] EuGH, Urt. v. 19.04.2007, C-356/05 Rn. 22 ff.
[310] EuGH, Urt. v. 1.12.2011, C-442/10 Rn. 33, 38.

gemacht werden können.[311] Drittwirkung haben Einwendungen des Versicherers damit nur dann, wenn dies *ausdrücklich* in der KH-Richtlinie vorgesehen ist.[312] Zur Begründung führt der Gerichtshof aus, Sinn und Zweck der in den Richtlinien vorgeschriebenen Kfz-Pflichtversicherung sei zuvörderst der Schutz des Geschädigten.[313] Er solle in jedem Fall seine Personen- und Sachschäden ersetzt bekommen. Dieser Schutzzweck würde unterlaufen, wenn die Mitgliedstaaten die Haftpflicht des Versicherers auf dem Wege der Drittwirkung von Einwendungen begrenzen dürften.[314] Die Mitgliedstaaten können aber dem Versicherer die Möglichkeit einräumen, Regress beim Versicherungsnehmer zu nehmen.[315]

Auch wenn die Entscheidungen sich nur auf die Rechtslage vor Erlass der Vierten KH-Richtlinie beziehen, mit der erst ein Direktanspruch europarechtlich verbindlich wurde, sind ihre Wertungen erst recht auf die aktuelle Rechtslage übertragbar. Der Gedanke des Opferschutzes ist schließlich immer noch ausschlaggebend und wurde durch die Einführung eines Direktanspruches sogar noch ausgebaut. Zentral lässt sich dies Art. 3 der Sechsten KH-Richtlinie entnehmen, der eine Pflichtversicherung für Kraftfahrzeuge vorschreibt und die – wie auch dem 2. Erwägungsgrund zu entnehmen ist – denselben Schutzzweck hat wie die Pflichtversicherungen nach den früheren KH-Richtlinien. Außerdem sagt auch der 15. Erwägungsgrund der Sechsten KH-Richtlinie ausdrücklich, dass es im Interesse der Unfallopfer liegt, dass die Wirkungen bestimmter Ausschlussklauseln auf die Beziehungen zwischen dem Versicherer und dem für den Unfall Verantwortlichen beschränkt bleiben.

Damit gilt auf dem Gebiet der Kfz-Pflichtversicherung ein unionsrechtlich vorgegebenes grundsätzliches Verbot der Drittwirkung der Einwendungen des Versicherers, soweit nicht ausdrücklich in den Rechtsakten der EU etwas anderes geregelt ist.

V. Verhältnis zum „Grüne-Karte-System"

1. Hintergrund und Zweck des „Grüne-Karte-Systems"

Die erheblichen Unterschiede des auf Verkehrsunfälle anwendbaren Haftungs- und (Pflicht-)Versicherungsrechts der einzelnen Länder bringen

---

[311] Hierzu auch: *Franck,* in: VersR 2014, 13 (15 f.); *Lenzing,* in: Basedow/Fock, Europäisches Versicherungsvertragsrecht, Band 1, S. 205 f.; *Micha* S. 72 f.; *Looschelders,* in: VersR 2008, 1 (3); siehe hierzu auch ausführlich unten S. 152 ff.
[312] EuGH, Urt. v. 19.04.2007, C-356/05 – *Farell* Rn. 29.
[313] EuGH, Urt. v. 28.03.1996, C-129/94 – *Bernáldez* Rn. 18.
[314] EuGH, Urt. v. 28.03.1996, C-129/94 – *Bernáldez* Rn. 19; EuGH, Urt. v. 19.04.2007, C-356/05 – *Farell* Rn. 29.
[315] EuGH, Urt. v. 28.03.1996, C-129/94 – *Bernáldez* Rn. 22; hierzu: *Looschelders,* in: VersR 2008, 1 (3).

schwerwiegende Nachteile für den internationalen Kraftverkehr mit sich. Dies wurde bereits lange vor den Bemühungen um die Einführung einer Pflichtversicherung und eines Direktanspruches im Rahmen des Straßburger Übereinkommens und der späteren Gesetzgebung von EWG, EG und EU konstatiert, und eine Lösung dieses Problems angegangen. Das heutige internationale „Grüne-Karte-System" geht nämlich bereits auf eine Empfehlung der Europäischen Wirtschaftskommission im Rahmen der UNO aus dem Jahre 1949 zurück, die inzwischen mehrmals überarbeitet wurde und deren aktuelle Fassung eine Empfehlung aus dem Jahre 2000 darstellt.[316] Vorbild hierfür war ein seit 1938 in Skandinavien praktiziertes Modell.[317] Zweck des 1953 in Kraft getretenen „Grüne-Karte-Systems" ist es zum einen, Opfer von Verkehrsunfällen mit *ausländischen* Kfz vor einer Schlechterstellung gegenüber Verkehrsunfällen mit inländischen Kfz durch einen möglicherweise geringeren (oder fehlenden) Versicherungsschutz auf Seiten des ausländischen Schädigers und die erschwerte Schadensabwicklung mit Auslandsbezug zu schützen.[318] Dies sollte sichergestellt werden, indem den Geschädigten eines Verkehrsunfalls mit einem ausländischen Kfz im Unfallland dieselben Rechte eingeräumt werden, wie bei einem Unfall mit einem inländischen Kfz. Zum anderen sollte die internationale Mobilität mit Kfz erleichtert werden, indem der Inhaber einer internationalen Versicherungsbescheinigung (der sog. Grünen Karte) ohne zusätzlichen Versicherungsschutz in andere Teilnehmerländer *einreisen* kann, weil er als hierfür ausreichend versichert angesehen wird (vgl. Punkt 4 der UNO-Empfehlung). Dies hat Deutschland in §§ 1 Abs. 1, 2 Abs. 1 lit. b AuslPflVG und Schweden in § 12 Abs. 1 *trafikförsäkringsförordning*[319] umgesetzt. Zur Durchführung des „Grüne-Karte-Systems" haben sich die jeweiligen nationalen Haftpflichtversicherer der Teilnehmerländer zusammengeschlossen und jeweils nationale „Grüne-Karte-Büros" gegründet. In Deutschland nimmt diese Aufgabe das „Deutsche Büro Grüne Karte e. V." in Berlin war, in Schweden die „Trafikförsäkringsföreningen" in Stockholm, in Finnland die „Trafikförsäkringscentralen" in Helsinki, in Norwegen die „Trafikkforsikringsforeningen" in Oslo und in Dänemark die „Dansk Forening for International Motorkøretøjsforsikring" in Hellerup bei Kopenhagen. Insge-

---

[316] Die UNO-Empfehlung „The International Motor Insurance Card system – (the ‚Green Card System')" aus dem Jahr 2000 kann abgerufen werden unter: <http://www.gruene-karte.de/das_gk_system.html> (Stand: 20.08.2014); zum Hintergrund des Grüne Karte-Systems siehe: *Schmitt*, in: VersR 1968, 111 ff.; *Sieghörtner* S. 88 ff.; *Lemor*, in: Feyock/Jacobsen/Lemor, Kraftfahrtversicherung, AuslUnf Rn. 10 ff.
[317] *Schmitt*, in: VersR 1968, 111 (112), *Lemor*, in: Feyock/Jacobsen/Lemor, Kraftfahrtversicherung, AuslUnf Rn. 10.
[318] Zu den Zwecken des „Grüne-Karte-Systems": *Sieghörtner* S. 87 f.; *Schmitt*, in: VersR 1968, 111 (113 ff.).
[319] SFS 1976:359.

samt sind inzwischen 46 Länder Europas und des außereuropäischen Mittelmeerraumes im Grüne-Karte-System organisiert.[320] Aufgabe dieser Büros ist es zum einen, die Grünen Karten an ihre Mitgliedsunternehmen auszugeben (vgl. Punkt 3 UNO-Empfehlung) und zum anderen, Unfälle im jeweiligen Land mit ausländischen Kfz nach dem Recht des Unfallstaates, inklusive der Anwendung seiner international-privatrechtlichen Vorschriften, zu regulieren (vgl. Punkt 6 UNO-Empfehlung).[321]

2. *Rechte des Geschädigten*

Die Durchführung des Grüne-Karte-Systems ist in bilateralen Abkommen zwischen den nationalen Grüne-Karte-Büros geregelt, die sich wiederum an einem Modellabkommen, den sog. Internal Regulations,[322] orientieren.[323] Das Grüne-Karte-System basiert damit auf *privatrechtlichen* Absprachen zwischen den Grüne-Karte-Büros der einzelnen Länder; die Staaten tragen aber z.B. durch die Anerkennung der Grünen Karte für die Einreise des Kfz zur Realisierung des Systems bei.[324] Herzstück des Grüne-Karte-Systems ist, dass sich ein Geschädigter, der im Inland durch ein ausländisches Kfz, dessen Herkunftsland auch am Grüne-Karte-System teilnimmt, für die Schadensabwicklung an das Grüne-Karte-Büro im Inland (sog. behandelndes Bureau) halten kann (vgl. Art. 3 Abs. 1 Internal Regulations). Das inländische Grüne-Karte-Büro wickelt den Schadensfall dann mit dem Geschädigten wie ein inländischer Haftpflichtversicherer nach dem Recht des Unfalllandes ab (vgl. Art. 3 Abs. 4 Internal Regulations). Reguliert das inländische Grüne-Karte-Büro den Unfall, kann es insoweit Rückgriff für seine Aufwendungen beim Grüne-Karte-Büro des ausländischen Schädigers nehmen (sog. zahlendes Bureau, vgl. Art. 10 Internal Regulations). Maßgeblich für die Abwicklung des Verkehrsunfalles über das Grüne-Karte-Büro ist das auf das Schadensereignis anwendbare Recht (vgl. Art. 3 Abs. 4 Internal Regulations).[325]

---

[320] Eine Liste der teilnehmenden Länder kann unter <http://www.gruene-karte.de/dasgk-system.html> (Stand: 20.08.2014) abgerufen werden.

[321] *Lemor,* in: Feyock/Jacobsen/Lemor, Kraftfahrtversicherung, AuslUnf Rn. 28 ff.; *Sieghörtner* S. 91 ff.

[322] „Internal Regulations adopted by the General Assembly in Crete on 30 May 2002 and revised in Lisbon on 29 May 2008 and in Istanbul on 23 May 2013", abzurufen unter: <http://www.gruene-karte.de/abkommen.html> (Stand: 20.08.2014).

[323] Zu den Rechten des Geschädigten nach dem Grüne-Karte-System: *Lemor,* in: Feyock/Jacobsen/Lemor, Kraftfahrtversicherung, AuslUnf Rn. 27 ff.; *Sieghörtner* S. 91 ff.; *Kuhnert,* in: NJW 2011, 3347 (3348 f.).

[324] *Sieghörter* S. 89; *Schmitt,* in: VersR 1968, 111 (114).

[325] *Sieghörtner* S. 97 ff.; *Lemor,* in: Feyock/Jacobsen/Lemor, Kraftfahrtversicherung, AuslUnf Rn. 29.

Das Grüne-Karte-System selbst *begründet* aber keinen eigenen Direktanspruch des Geschädigten. Dieser kann sich vielmehr nur dann unmittelbar an das Grüne-Karte-Büro wenden und dieses ggf. auch direkt verklagen, wenn ihm das anwendbare Recht insoweit einen Direktanspruch gegen den Haftpflichtversicherer des ausländischen Kfz einräumt.[326] Für alle Mitgliedstaaten der EU und des EWR, sowie für die Vertragsstaaten des Straßburger-Abkommens, ist dieser verpflichtend vorgegeben, so dass in den meisten Fällen ein direktes Vorgehen gegen das jeweilige Grüne-Karte-Büro möglich ist. Im deutschen Recht ergibt sich der Direktanspruch gegen den Haftpflichtversicherer eines ausländischen Kfz, das in Deutschland einen Schaden verursacht hat, aus § 6 Abs. 1 AusPflVG i. V. m. § 115 Abs. 1 Satz 1 Nr. 1 VVG, im schwedischen Recht aus § 8 Abs. 1 *trafikförsärkingslag*.[327]

Die Möglichkeit, sich mit Schadensersatzansprüchen an das jeweilige Grüne-Karte-Büro zu wenden, besteht *neben* einem Direktanspruch gegen den Haftpflichtversicherer des ausländischen Schädigers.[328] Da die Schadensabwicklung nach dem Grüne-Karte-System insoweit auf rein privatrechtlichen Absprachen fußt, ist es per se nicht möglich, dass diese die insoweit gesetzlich zwingenden Vorgaben bezüglich eines Direktanspruches gegen den Haftpflichtversicherer[329] abbedingen. Dem Geschädigten stehen also beide Regulierungsvarianten zur Verfügung; er kann wählen, wie er vorgehen möchte. Wird z.B. in Deutschland ein Deutscher (oder auch ein Ausländer aus einem anderen Grüne-Karte-Land) von einem schwedischen Kfz geschädigt, kann sich der Geschädigte sowohl an das deutsche Grüne-Karte-Büro, als auch an den Haftpflichtversicherer des schwedischen Kfz (und freilich zusätzlich an den Schädiger persönlich) halten. Sollte der Schaden unter das Grüne-Karte-System fallen, wird in der Regel empfohlen, diese Abwicklungsvariante zu nutzen, weil sie erfahrungsgemäß zügiger und unkomplizierter abläuft, als die über den ausländischen Haftpflichtversicherer.[330] Wird indes in Schweden ein Deutscher von einem schwedischen Kfz geschädigt, stehen weder das schwedische noch das deutsche Grüne-Karte-Büro zur Verfügung, da kein Unfall mit einem *ausländischen* Kfz vorliegt. In diesem Fall ist allein ein Vorgehen gegen den Haftpflichtversicherer (und gegen den Schädiger persönlich) möglich.

---

[326] OLG München VersR 1973, 217 (218); *Sieghörtner* S. 99 f.; *Schmitt*, in: VersR 1972, 1040 (1441).

[327] Zur Einführung des Direktanspruches für ausländische Kraftfahrzeuge in Deutschland: *Schmitt*, in: VersR 1966, 1115 ff.

[328] BGH NJW 1972, 387 (390); KG NJW-RR 1995, 1116 (1117); *Sieghörtner* S. 92 f.; *Kuhnert*, in: NJW 2011, 3347 (3348 f.); *Schmitt*, in: VersR 1972, 1040 (1441).

[329] Zum zwingenden Charakter dieser gesetzlichen Vorgaben in Deutschland: RegE BT-Drs. S. 87 sowie in Schweden: Kap. 1 § 6 FAL.

[330] *Hering*, Der Verkehrsunfall in Europa, S. 16; *Schmitt*, in: VersR 1972, 1040 (1441).

C. Ergebnis

Dem Geschädigten ist im Bereich der Kfz-Pflichtversicherung ein Direktanspruch einzuräumen. Dies ist für Deutschland und Schweden sowohl völker- (seit 1965) als auch unionsrechtlich (seit 2000 für Reisefälle und seit 2005 allgemein) zwingend vorgegeben. Weiterhin besteht ein unionsrechtlicher Grundsatz, dass Einwendungen des Versicherers im Rahmen der Kfz-Pflichtversicherung grundsätzlich keine Drittwirkung zulasten des Geschädigten zukommt.

Die Verpflichtung zur Einführung eines Direktanspruches nach Art. 6 Abs. 1 Anhang I des Straßburg-Übereinkommens hatte gerade für Deutschland eine große Bedeutung. Denn im deutschen Recht war das Institut des Direktanspruches im Rahmen der Haftpflichtversicherung bis dato gänzlich unbekannt. Seine Einführung war für das deutsche Haftungs- und Versicherungsrecht ein Meilenstein, da damit der Anfang zur Verwendung dieses Rechtsinstituts gemacht wurde. Auf lange Zeit blieb die Kfz-Pflichtversicherung aber auch das einzige Einsatzfeld des Direktanspruches, was teilweise zu der Überzeugung führte, dass dieser für andere Arten der Haftpflichtversicherung nicht sinnvoll sei.[331] Diese Bedenken mögen dazu beigetragen haben, dass der deutsche Gesetzgeber mit der VVG-Reform den Direktanspruch nur sehr zaghaft ausweitete.

Für das schwedische Recht waren die internationalen Anstöße weniger bedeutsam. Hier bestand der Direktanspruch in der Kfz-Pflichtversicherung bereits seit deren Einführung im Jahre 1929.[332] Das Straßburger Übereinkommen und die Richtlinien der Union bekräftigten insoweit nur die nationale Rechtslage.

Die dem Straßburger Übereinkommen nachfolgenden Richtlinien brachten aber gerade für Mitgliedstaaten, die vorher keinen Direktanspruch kannten, eine begrüßenswerte Ausweitung dieses Rechtsinstituts. Insbesondere die Schaffung einer zentralen Auskunftsstelle nach Art. 18 der Sechsten KH-Richtlinie ist ein wichtiges Instrument für die Informationsbeschaffung des Geschädigten. Sie hat eine Vorbildfunktion auch für andere Arten der Haftpflichtversicherung verdient, da sie ein effektives Mittel ist, um das Informationsdefizit des Geschädigten zu mindern.[333]

Ferner liefern die Erwägungsgründe und die Auslegung der KH-Richtlinien durch den EuGH wichtige Erkenntnisse im Hinblick auf die Schutzrichtung einer Pflichtversicherung und die damit verbundenen Implikationen für eine Regulierung von Pflichtversicherungen.

---

[331] So die Einschätzung des GDV in seiner Stellungnahme zum Kommissionsentwurf (Fn. 34) S. 72.
[332] Zur Geschichte des Direktanspruches in Schweden siehe unten S. 83 ff.
[333] Siehe hierzu unten S. 123 ff.

Zusätzlicher Schutz besteht für den Geschädigten, wenn er Opfer eines Verkehrsunfalles mit einem ausländischen Kfz wurde. In diesen Fällen kann der Geschädigte nach Maßgabe des – insoweit privatrechtlich organisierten – Grüne-Karte-Systems seinen Schadensersatz auch beim jeweiligen nationalen Grüne-Karte-Büro geltend machen. Diese Möglichkeit tritt neben das gesetzliche Recht des Geschädigten, im Wege eines gesetzlichen Direktanspruches, unmittelbar gegen den Haftpflichtversicherer des Schädigers vorzugehen.

Kapitel 2

Direktanspruch in Deutschland und Schweden

In diesem Kapitel werden die Regelungen zum Direktanspruch in der Haftpflichtversicherung im deutschen und schwedischen Recht untersucht. Zu Beginn wird die historische Entwicklung des Rechtsinstituts des gesetzlichen Direktanspruches in der Haftpflichtversicherung dargestellt (§ 5). Anschließend wird zunächst untersucht, inwieweit die Rechtsordnungen dem Geschädigten einen Direktanspruch einräumen (§ 6) und wie sie diesen rechtlich näher ausgestalten (§§ 7, 8). In diesem Zusammenhang wird anschließend auf die Auskunftsansprüche des Geschädigten (§ 9) und dessen Mitwirkungspflichten (§ 10) eingegangen. Insbesondere wird auch dargestellt, inwieweit das Versicherungs- (§ 11) und das Haftungsverhältnis (§ 12) für Ausgestaltung und Bestand des Direktanspruches maßgeblich sind. Daran anschließend werden die Regressmöglichkeiten des Versicherers erörtert (§ 13). Schließlich wird untersucht, welche alternativen Möglichkeiten dem Geschädigten eingeräumt werden, um auf den Freistellungsanspruch des Versicherungsnehmers zuzugreifen (§ 14). Soweit in den skandinavischen Nachbarrechtsordnungen Norwegen, Finnland und Dänemark für die Untersuchung interessante und relevante Regelungen bestehen, wird auch auf diese eingegangen.

§ 5 Geschichte des Direktanspruches

In diesem Abschnitt werden die historischen Entwicklungsstufen des gesetzlichen Direktanspruches in der Haftpflichtversicherung kurz dargestellt. Hierbei wird insbesondere auf die jüngsten Reformen des Versicherungsvertragsrechts eingegangen, die in beiden Ländern auch die Regelungen zur Haftpflichtversicherung und damit einhergehend auch die Regelungen über einen gesetzlichen Direktanspruch des Geschädigten umfassend erneuerten.

A. Deutschland

Die Geschichte des gesetzlichen Direktanspruches in der Haftpflichtversicherung kann in Deutschland in drei Entwicklungsstufen eingeteilt werden: Ursprünglich gab es keinen Direktanspruch, dann wurde er in der Kfz-

Pflichtversicherung eingeführt und später unter engen Voraussetzungen für alle Pflichtversicherungen geöffnet.

I. Rechtslage vor der VVG-Reform

Zunächst kannte das deutsche Versicherungsvertragsrecht keinen gesetzlichen Direktanspruch des Geschädigten gegen den Haftpflichtversicherer. Im ersten VVG von 1908 war ein solcher nicht vorgesehen. Vielmehr war das deutsche Versicherungsvertragsrecht im Bereich der Haftpflichtversicherung von einer durchaus recht strengen Trennung von Haftungs- und Versicherungsverhältnis geprägt.[334] Insbesondere gab es auch noch kein gesetzliches Verbot, formularmäßig die Abtretung des Freistellungsanspruches an den Geschädigten auszuschließen, wie dies heute in § 108 Abs. 2 VVG statuiert wird. Es war daher bis zur VVG-Reform gängige Praxis der Versicherer, in den AHB die Abtretbarkeit des Freistellungsanspruches auszuschließen.[335]

Eine Versicherungspflicht für Kfz-Halter wurde zwar im Jahre 1940 durch das „Gesetz über die Einführung der Pflichtversicherung für Kfz-Halter"[336] eingeführt, dem Geschädigten wurde hierin jedoch noch kein Direktanspruch eingeräumt.

Erst durch einen internationalen Anstoß fand der Direktanspruch seinen Weg in das deutsche Recht der Haftpflichtversicherung. In Umsetzung des Straßburger Übereinkommens von 1959[337] führte der Gesetzgeber ab 1. Oktober 1965 den damaligen § 3 Nr. 1 PflVG ein.[338] Hiernach konnte der Geschädigte eines Verkehrsunfalls seinen Schadensersatzanspruch direkt gegen den Haftpflichtversicherer des gegnerischen Kfz-Halters geltend machen. Der Anwendungsbereich beschränkte sich auf Haftpflichtversicherungen nach § 1 PflVG. Der Direktanspruch galt also nur im Bereich der Kfz-Pflichtversicherung.[339] Durch die später auf diesem Gebiet erlassenen EU-Richtlinien[340] ergab sich zwar bezüglich der grundsätzlichen *Einräumung* eines Direktanspruches insoweit kein Änderungsbedarf, da der hierin vorgeschriebene Anwendungsbereich nicht über den bereits nach deutschem Recht gewährten Umfang hinausging. Wohl aber ergeben

---

[334] Zum „Trennungsprinzip" in der Haftpflichtversicherung: *Koch*, in: Bruck/Möller Vor §§ 100–112 Rn. 92 ff.; *Wandt* Rn. 1059 ff. sowie oben S. 53 ff.
[335] RegE BT-Drs. 16/3945 S. 86 f.; *Koch*, in: Bruck/Möller § 108 Rn. 3.
[336] Gesetz vom 7. November 1939, RGBl. I S. 2223.
[337] Siehe hierzu oben S. 63 ff.
[338] *Schneider*, in: MüKo-VVG § 115 Rn. 4; *Lemor*, in: Feyock/Jacobsen/Lemor, Kraftfahrtversicherung, Europa Rn. 24.
[339] *Schneider*, in: MüKo-VVG § 115 Rn. 4; *Lemor*, in: Feyock/Jacobsen/Lemor, Kraftfahrtversicherung, Europa Rn. 24.
[340] Siehe hierzu oben S. 66 ff.

sich aus den inzwischen durch den EuGH konkretisierten unionsrechtlichen zwingenden Vorgaben bezüglich der näheren *Ausgestaltung* des Direktanspruches durchaus Notwendigkeiten zur Anpassung des geltenden deutschen Rechts.[341]

II. VVG-Reform von 2008

Im Jahr 2000 nahm sich das Bundesministerium der Justiz (BMJ) des bis dahin nahezu 100 Jahre unverändert kodifizierten Versicherungsvertragsrechtes im VVG an. Es setze die „Kommission zur Reform des Versicherungsvertragsrechts" ein. Ihr Auftrag bestand darin, ohne inhaltliche Vorgaben seitens des Ministeriums, Vorschläge für ein zeitgemäßes und übersichtliches Versicherungsvertragsrecht zu erarbeiten.[342] Der Kommission gehörten Wissenschaftler, Rechtsanwälte, Richter, Vertreter der Versicherungswirtschaft, Ministerialbeamte und (ehemalige) Politiker an.[343] Im Hinblick auf eine möglicherweise in Zukunft anstehende europäische Vereinheitlichung des Versicherungsvertragsrechts sollten vornehmlich Lösungen gefunden werden, die auch europaweit Bestand haben können.[344] Aus diesem Grund wurden auch umfangreiche rechtsvergleichende Untersuchungen angestellt und bei der Entscheidungsfindung berücksichtigt.[345]

1. Vorschlag der Reformkommission

Im April 2004 legte die Kommission ihren Abschlussbericht vor. Sie schlug vor, die Möglichkeiten eines Direktanspruches für den Geschädigten auszuweiten. Der Entwurf sah in § 116 VVG einen allgemeinen Direktanspruch für alle Pflichtversicherungen vor. Bei freiwilligen Haftpflichtversicherungen sollte hingegen kein Direktanspruch gewährt werden.[346]

Die Kommission begründete die Ausweitung des Direktanspruches in erster Linie mit dem besonderen Zweck der Pflichtversicherung. Eine solche werde vom Gesetzgeber zumindest immer auch im Interesse des Geschädigten angeordnet, um diesem einen verhandlungs- und zahlungsberei-

---

[341] Dies im Falle der vorsätzlichen Herbeiführung des Versicherungsfalles, siehe hierzu: *Franck,* in: VersR 2014, 13 ff., sowie unten 3. 152 ff.
[342] Abschlussbericht der Reformkommission (Fn. 33) S. 1.
[343] Eine Liste der Kommissionsmitglieder findet sich am Ende des Abschlussberichtes der Reformkommission (Fn. 33) auf S. 427 ff.
[344] Abschlussbericht der Reformkommission (Fn. 33) S. 3.
[345] Die Untersuchungen mündeten in dem Werk *Basedow/Fock,* Europäisches Versicherungsvertragsrecht, Band I–III.
[346] Abschlussbericht der Reformkommission (Fn. 33) S. 240.

ten sowie weitgehend insolvenzsicheren Schuldner zu sichern.[347] Außerdem habe sich der Direktanspruch bei der Kfz-Pflichtversicherung bewährt. Eine Ausdehnung des Direktanspruches auf alle Pflichtversicherungen sei sachdienlich, weil der Geschädigte seine Ansprüche besser realisieren könne und insbesondere dann, wenn der Schädiger unbekannten Aufenthaltes sei, könne er sich jedenfalls noch an dessen Versicherer wenden. Ferner bedeute die Ausweitung einen vorweggenommenen Beitrag zur Rechtsharmonisierung innerhalb der EU, da viele andere Mitgliedstaaten bereits einen umfassenderen Direktanspruch eingeführt hätten. Schließlich seien die mit einem Direktanspruch einhergehenden zusätzlichen Belastungen für den Haftpflichtversicherer begrenzt. Dieser könne schon bisher nicht gegenüber dem Geschädigten einwenden, er sei gegenüber dem Schädiger leistungsfrei. Allein die Einwendung des Selbstbehaltes falle nach dem Kommissionsvorschlag weg, insofern liege nun das Insolvenzrisiko bezüglich des Schädigers beim Versicherer statt beim Geschädigten.

2. Ablehnung des Kommissionsentwurfes durch den GDV

Im Juni 2004 nahm der „Gesamtverband der Deutschen Versicherungswirtschaft" (GDV) zu dem Reformvorschlag der Kommission Stellung. Der GDV ist der Dachverband der privaten Versicherer in Deutschland mit insgesamt 464 Mitgliedsunternehmen. Er äußerte sich kritisch zum vorgeschlagenen § 116 VVG.[348]

Die Ausweitung des Direktanspruches über den Bereich der Kfz-Pflichtversicherung hinaus lehnte er ab. Der ausgeweitete Direktanspruch schaffe erhebliche praktische Probleme für den Geschädigten, da dieser den Versicherer des Geschädigten oft nur schwer ermitteln könne. Anders als bei der Kfz-Pflichtversicherung gäbe es auch keine zentrale Stelle, die Informationen über den Haftpflichtversicherer herausgeben könnte. Schließlich drohe auch eine Rechtszersplitterung, da die Zahl der in den einzelnen Bundesländern vorgeschriebenen Pflichtversicherungen divergiere. Des Weiteren werde die Schadensregulierung verzögert, da zunächst noch die Stellungnahme des Versicherungsnehmers abzuwarten sei. Gegebenenfalls müsse gar zunächst eine Auskunftsklage gegen den Schädiger über die Identität seines Haftpflichtversicherers angestrebt werden.

Ohnehin bestehe kein praktischer Bedarf für einen ausgeweiteten Direktanspruch. In der Praxis erfolge die Regulierung zumeist auch ohne einen gesetzlichen Direktanspruch direkt zwischen Versicherer und Geschädigtem. Der Geschädigte sei durch die Möglichkeit der Pfändung und Über-

---

[347] Die nachfolgend dargestellte Begründung für den Vorschlag für einen Direktanspruch bei allen Pflichtversicherungen findet sich im Abschlussbericht der Reformkommission (Fn. 33) auf S. 82 f.
[348] Zum Folgenden siehe: Stellungnahme des GDV (Fn. 34) S. 71 ff.

weisung sowie durch das relative Veräußerungsverbot bezüglich des Freistellungsanspruches und durch sein Absonderungsrecht in der Insolvenz des Versicherungsnehmers bereits ausreichend geschützt. Ferner würde der Direktanspruch wegen des Mehraufwandes für die Versicherer zu einer Verteuerung der Versicherungsprämien führen. Im Übrigen sei es oftmals sinnvoll, dass der Versicherungsnehmer als Partei an einem Versicherungsprozess mitwirke. Anders ließen sich die teilweise komplexen Sachverhalte kaum aufklären und das Interesse der Anspruchsminderung werde reduziert, da es z.B. in der Privathaftpflichtversicherung keine Schadensfreiheitsrabatte gebe. Schließlich kritisierte der GDV, dass das Insolvenzrisiko bezüglich des Selbstbehaltes auf den Versicherer verlagert wird.

3. Referentenentwurf und Regierungsentwurf

Im März 2006 veröffentlichte das BMJ einen Referentenentwurf für ein neues VVG. Dieser übernahm als § 116 Abs. 1 VVG den insoweit gleichlautenden Vorschlag der Reformkommission und sah einen allgemeinen Direktanspruch für alle Pflichtversicherungen vor.[349]

Im Dezember 2006 brachte die Bundesregierung einen Gesetzentwurf für ein neues VVG in den Bundestag ein. Der darin enthaltene § 115 Abs. 1 entsprach § 116 Abs. 1 des Referentenentwurfes wortgleich – sah also weiterhin einen allgemeinen Direktanspruch für alle Pflichtversicherungen vor.[350] Der Bundesrat billigte in seiner vorherigen Stellungnahme die Einführung des erweiterten Direktanspruches.[351]

Der Regierungsentwurf begründet die Ausweitung des Direktanspruches zunächst damit, dass dieser sich in der Kfz-Pflichtversicherung bewährt habe.[352] Der erweiterte Direktanspruch führe zu einer Verbesserung der Rechtsstellung des Geschädigten, da dieser einen zusätzlichen solventen Schuldner erhalte. Ferner erleichtere er die Realisierung von Ersatzansprüchen für den Geschädigten. Insbesondere bei einer Berufshaftpflichtversicherung, wie sie z.B. für zahlreiche Freie Berufe besteht, würde außerdem das Vertrauensverhältnis zwischen Versicherungsnehmer und Geschädigtem durch einen Direktanspruch geschützt.

---

[349] Referentenentwurf des BMJ vom 13. März 2006, abzurufen unter: <www.hzv-uhh.de/bereiche/versicherungsrecht/vvg-reform.html> (Stand: 20.08.2014), S. 62.
[350] Gesetzentwurf der Bundesregierung, BT-Drs. 16/3945, abzurufen unter: <http://www.hzv-uhh.de/bereiche/versicherungsrecht/vvg-reform.html> (Stand: 20.08.2014), S. 25.
[351] BT-Drs. 16/3945 S. 125 ff.
[352] Die nachfolgend dargestellte Begründung ist in BT-Drs. 16/3945 S. 88 f. abgedruckt.

4. Verfahren im Bundestag

Im Februar 2007 erfolgte die erste Lesung im Bundestag und der Gesetzentwurf wurde in den Rechtsausschuss verwiesen. Am 28. Juni 2007 erfolgten dann die Beschlussempfehlung und der Bericht des Rechtsausschusses.[353] Eine zentrale Änderung, die dem Gesetzentwurf im Rechtsausschuss widerfuhr, war die „Rückführung" des Direktanspruches.[354] § 115 Abs. 1 VVG wurde geändert. Der neue Vorschlag sah einen Direktanspruch nur noch für die Kfz-Pflichtversicherung vor, sowie bei Insolvenz oder unbekannten Aufenthalts des Versicherungsnehmers. Ein allgemeiner Direktanspruch für alle Pflichtversicherungen sollte nun nicht mehr gewährt werden. Der Regelungsvorschlag übernahm damit den bis dahin geltenden Direktanspruch nach § 3 Nr. 1 PflVG, der europarechtlich ohnehin verpflichtend vorgegeben ist. Die weiteren Möglichkeiten des Direktanspruches wurden nach der Begründung des Rechtsausschusses auf die „unter Verbraucherschutzgesichtspunkten wesentlichen Problembereiche" zurückgeführt.[355]

Wie der Bericht über die Beratungen im Rechtsausschuss erkennen lässt, war die Reichweite des Direktanspruches einer der wenigen wirklich strittigen Fragen. Die SPD-Fraktion hätte wohl gern den ausgeweiteten Direktanspruch des Regierungsentwurfes beibehalten. Sie ließ unter anderem davon ab, um den befürchteten Anstieg der Versicherungsprämien zu vermeiden.[356] Die Fraktion Bündnis 90/Die Grünen bezeichnete die „von den Fraktionen der Regierungskoalition der CDU/CSU und SPD vorgeschlagene Beschneidung des Direktanspruches" im Rechtsausschuss als „unverständlich".[357] Die FDP-Fraktion hingegen lehnte jede Ausweitung des Direktanspruches ab und wollte diesen nur im herkömmlichen Rahmen der Kfz-Pflichtversicherung ins VVG überführen.[358]

Das VVG-Reformgesetz wurde schließlich mit den Stimmen der Fraktionen von CDU/CSU, SPD und Bündnis 90/Die Grünen verabschiedet. Die FDP stimmte dagegen, die Fraktion Die Linke enthielt sich. Das Gesetz wurde am 23.11.2007 ausgefertigt und trat zum 01.01.2008 in Kraft. Damit wurde der Direktanspruch in der Fassung des Vorschlages des Rechtsausschusses als § 115 Abs. 1 VVG geltendes Recht.

---

[353] BT-Drs. 16/5862, abzurufen unter: <http://www.hzv-uhh.de/bereiche/versicherungsrecht/vvg-reform.html> (Stand: 20.08.2014).
[354] BT-Drs. 16/5862 S. 1.
[355] BT-Drs. 16/5862 S. 99.
[356] BT-Drs. 16/5862 S. 95.
[357] BT-Drs. 16/5862 S. 96.
[358] BT-Drs. 16/5862 S. 96.

B. Schweden

I. Rechtslage vor der FAL-Reform

Anders als in Deutschland entschied sich der schwedische Gesetzgeber bereits mit Erlass des ersten Versicherungsvertragsgesetzes (GFAL) im Jahr 1927 für die Aufnahme eines begrenzten Direktanspruchs gegen den Haftpflichtversicherer. Das GFAL war Ergebnis internordischer Zusammenarbeit, auf deren Grundlage Schweden, Norwegen, Finnland und Dänemark in weiten Teilen einheitliche Versicherungsvertragsgesetze erließen. Unterschiede bestanden allerdings in der Ausformung der Rechte des Geschädigten.[359]

Das schwedische GFAL von 1927 ging im Bereich der Haftpflichtversicherung – wie das deutsche VVG auch – vom Trennungsprinzip aus. Im Bereich der Haftpflichtversicherung bestand daher grundsätzlich kein Direktanspruch.[360] Ausnahmsweise war ein Direktanspruch des Geschädigten nur im Fall des § 95 Abs. 2 GFAL vorgesehen. Zahlte der Versicherer die Versicherungssumme zwar an seinen Versicherungsnehmer aus, reichte dieser aber das Geld nicht an den Geschädigten weiter, konnte der Geschädigte den fehlenden Betrag direkt vom Versicherer einfordern.[361] Fiel der Schädiger in Konkurs, gab das GFAL dem Geschädigten – anders als das norwegische Recht[362] – hingegen keinen Direktanspruch gegen den Versicherer. Nach § 95 Abs. 3 GFAL hatte der Geschädigte dann nur einen Anspruch auf Abtretung des Freistellungsanspruches des Schädigers, der diesem gegen seinen Haftpflichtversicherer zusteht. Dieser Anspruch war vor dem Zugriff der anderen Schuldner des Schädigers in der Insolvenz geschützt.[363]

Bereits im Jahr 1916 führte der schwedische Gesetzgeber ein seinerzeit äußerst modernes *bilansvarighetslag* (Kfz-Haftungsgesetz) ein, welches eine Haftung für vermutetes Verschulden (*presumtionsansvar*) des Kfz-Halters einführte, aber noch keine Versicherungspflicht vorsah.[364] Diese folgte durch das 1929 erlassene *trafikförsäkringslag*[365]. Hierin wurden gemäß § 1 erstmalig alle Kfz-Halter zum Abschluss einer Haftpflichtversicherung für ihr Kfz verpflichtet. Das Gesetz räumte dem Geschädigten eines Verkehrsunfalles ferner bereits nach § 3 einen allgemeinen Direktanspruch gegen den Haftpflichtversicherer des Unfallgegners ein und sah zugleich einen grundsätzlichen Einwendungsausschluss zu Gunsten des

---

[359] *Van der Sluijs* S. 88.
[360] *Hellner* S. 424; *Bengtsson* S. 115.
[361] *Hellner* S. 425 f.; *Eklund/Hemberg,* Lag om försäkringsavtal, S. 175.
[362] *Van der Sluijs* S. 88.
[363] *Hellner* S. 426; *Eklund/Hemberg,* Lag om försäkringsavtal, S. 175.
[364] Zum bilansvarighetslag siehe *Nordenson* S. 16 ff.
[365] Lag (Gesetz) vom 10. Mai 1929, zu dessen Inhalt: *Nordenson* S. 22 ff.; *Hellner* S. 371 ff.

Geschädigten vor. Das *bilansvarighetslag* und das *trafikförsäkringslag* wurden 1975 durch ein neues *trafikskadelag* abgelöst. Dieses führte ein komplett erneuertes Haftungssystem ein.[366]

In der Folgezeit wurden weitere Gesetze erlassen, die Pflichtversicherungen anordneten und die einen allgemeinen Direktanspruch des Geschädigten vorsahen.[367] Einige beruhen auf internationalen Konventionen, wie das *atomansvarighetslag* (Atomhaftpflichtgesetz) von 1968 oder das *sjölag* (Seegesetz) von 1994. Andere wurden zum Zwecke des *konsumentenskydd* (Verbraucherschutz) erlassen. Zu nennen sind hier die Gesetze über *värdepappersbolag* (Wertpapierhändler), *investeringsfonder* (Investmentfonds), *försäkringsförmedlare* (Versicherungsvermittler) und *fastighetsförmedlare* (Immobilienmakler).

II. FAL-Reform von 2005

Die Idee einer umfassenden Reform des Versicherungsvertragsrechts kam in Schweden bereits Anfang der 1970er Jahre auf.[368] 1974 wurden die Vorarbeiten für eine Überarbeitung des GFAL aufgenommen. Sie waren von dem damals aufkommenden Gedanken getragen, den Verbraucherschutz auch auf das Versicherungsvertragsrecht auszudehnen. Auch diese Modernisierung sollte im Wege der internordischen Zusammenarbeit erfolgen. In Schweden wurde dafür das sogenannte *försäkringsrättskommittén* (Versicherungskomitee) gegründet. Dies war ein Expertengremium, das einen Vorschlag für ein modernisiertes Versicherungsvertragsrecht ausarbeiten sollte.

1. Verbraucherversicherungsgesetz

Als Ergebnis seiner Arbeiten veröffentlichte das *försäkringsrättskommittén* 1977 den Entwurf eines *konsumentförsäkringslagen* (Verbraucherversicherungsgesetz).[369] Auf seiner Grundlage wurde in Schweden im Jahre 1980 das weltweit erste Verbraucherversicherungsgesetz, das *konsumentförsäkringslagen*[370] (KFL) erlassen. Das KFL enthielt Regelungen über Versicherungen, die von Verbrauchern abgeschlossen wurden. Geregelt waren u. a. auch verschiedene Arten der Schadensversicherung. Die Haftpflichtversicherung selbst war aber nicht Gegenstand des Gesetzes.[371] Für den Direktanspruch in der Haftpflichtversicherung brachte das KFL daher keine Neu-

---

[366] Zur besonderen Konstruktion der Haftung nach dem TsL siehe oben S. 40 ff.
[367] Hierzu: *van der Sluijs* S. 143 ff.
[368] Zur Gesetzgebungsgeschichte des FAL siehe: *Dufwa,* in: NFT 2006, 174 (175 f.); *Bengtsson* S. 152 ff.
[369] Konsumetförsäkringslag. Delbetänkande av försäkringskommittén, SOU 1977:84, dazu: *Dufwa,* in: NFT 2006, 174 (176).
[370] Lag 1980:38.
[371] *Dufwa,* in: NFT 2006, 174 (175).

erungen. Mit Erlass des KFL wurde aber die für das schwedische Recht bis heute prägende unterschiedliche Behandlung von Verbraucher- und Unternehmerversicherungen eingeführt. Außerdem war das KFL insgesamt ein sehr fortschrittliches und äußerst modernes Gesetz, welches umfassende Regelungen zum Schutz des Versicherungsnehmers vorsah und damit auch der immensen sozialen Bedeutung privater Versicherungen erstmals weitreichend Rechnung trug.[372]

In der Folgezeit sollte das Versicherungskomitee nun auch Vorschläge für ein jeweils separates Schadens- und Personenversicherungsgesetz erarbeiten. Diese beiden Gesetze sollten dann das GFAL und das KFL ablösen.[373]

2. Vorschlag für ein Schadensversicherungsgesetz

Im Jahre 1983 begann das Versicherungskomitee, an einem Entwurf für ein neu zu schaffendes *skadeförsäkringslag* (Schadensversicherungsgesetz) zu arbeiten, das auch Regelungen über die Haftpflichtversicherung enthalten sollte. 1989 wurde der Entwurf schließlich veröffentlicht.[374] Hierin war nach Kap. 7 § 7 ein genereller Direktanspruch für alle Arten der Haftpflichtversicherung vorgesehen. Der Direktanspruch sollte für alle Verbraucherversicherungen zwingend sein. Nur bei Haftpflichtversicherungen eines Unternehmers sollten die Parteien des Versicherungsvertrages im Rahmen des Kap. 7 § 8 über den Direktanspruch des Geschädigten disponieren können. Hier sollte der Direktanspruch nur zwingend sein, wenn eine Pflichtversicherung vorlag, der Versicherungsnehmer insolvent war oder Versicherungsnehmer eine später aufgelöste juristische Person war.

Der Gesetzesvorschlag ging davon aus, dass für die Haftpflichtversicherung der Direktanspruch des Geschädigten die prinzipiell richtige Lösung sei, unabhängig davon, ob es sich um eine freiwillige Versicherung oder eine Pflichtversicherung handele.[375] Lediglich bei Haftpflichtversicherungen eines Unternehmers sollte in besonderen Situationen kein Direktanspruch verpflichtend vorgegeben werden. Diese Herangehensweise lässt einen Sinneswandel erkennen. Der Direktanspruch wurde nicht länger nur als Instrument des Geschädigtenschutzes wahrgenommen, sondern als der grundsätzlich überlegene Mechanismus der Schadensabwicklung bei einer bestehenden Haftpflichtversicherung.

Der Entwurf fand aber seinerzeit keine politische Mehrheit. Die Modernisierung des schwedischen Versicherungsvertragsrechts kam in Schweden daher nicht recht voran. Die skandinavischen Nachbarländer Norwegen

---

[372] Zu den Grundanliegen des KFL: *Nilsson/Strömbäck,* Konsumentförsärkingslagen, S. 16 ff.
[373] *Dufwa,* in: NFT 2006, 174 (176).
[374] SOU 1989:88 hierzu: *van der Sluijs* S. 113 f.
[375] SOU 1989:88 S. 219 f.

(1989) und Finnland (1994) erließen daher zwischenzeitlich eigenständig reformierte Versicherungsvertragsgesetze, ohne eine nordische Rechtsvereinheitlichung abzuwarten.

3. Arbeiten an einem neuen FAL

Der Gesetzesvorschlag für das Schadensversicherungsgesetz wurde in den Folgejahren zur Diskussion, Beratung und Stellungnahme in verschiedene Gremien gegeben. 1993 veröffentlichte das Justizministerium einen überarbeiteten Vorschlag (sogenanntes *departementspromemoria*) für ein neues *försäkringsavtalslag*, das Schadens- und Personenversicherung gemeinsam in einem Gesetz regeln sollte.[376] Der Entwurf übernahm für die Schadensversicherung weitgehend die Vorschläge, die für das *skadeförsäkringslag* von 1989 gemacht wurden. Für die Haftpflichtversicherung sollte daher nach Kap. 7 § 7 Abs. 1 Satz 1 des Entwurfes immer noch ein genereller Direktanspruch gelten, der bei Haftpflichtversicherungen eines Verbrauchers zudem zwingend sein sollte. Nur bei Haftpflichtversicherungen eines Unternehmers sollte der Direktanspruch gemäß Kap. 7 § 7 Abs. 2 Satz 2 außerhalb einiger zwingender Anwendungsfälle (insbesondere bei Pflichtversicherungen und Insolvenz des Versicherungsnehmers) wiederum teilweise disponibel sein. Auch dieser Vorschlag fand seinen Weg in den *riksdag* aber nicht. Vor allem die Versicherungswirtschaft widersetze sich den Reformbemühungen. Sie mahnte, die vorgeschlagenen Neuregelungen hemmten die Produktentwicklung und führten zu höheren Versicherungsprämien.[377]

Erst in den Jahren 2002 und 2003 wurden die Arbeiten für eine Reform des FAL wieder aufgenommen. Das Justizministerium erstellte einen aktualisierten Gesetzesentwurf, den sie dem sogenannten *lagrådet* in Form eines *lagrådsremiss* vorlegte.[378] Der *lagrådet* ist ein vornehmlich aus Richtern schwedischer Obergerichte bestehendes Expertengremium, das bei besonders wichtigen Gesetzgebungsverfahren zur Abgabe einer Stellungnahme (den sogenannten *yttranden*) herangezogen wird.[379] Der *lagrådet* unterstützte die im neuen Entwurf für die Haftpflichtversicherung vorgesehenen Regelungen einschließlich der nunmehr begrenzten Möglichkeiten eines Direktanspruches für den Geschädigten ausdrücklich.[380] Im Jahre 2004 brachte die schwedische Regierung den Gesetzesvorschlag schließ-

---

[376] Ds 1993: 39.
[377] *Bengtsson* S. 157.
[378] Prop. 2003/04:150.
[379] Hierzu: *Bengtsson* S. 158; zur Arbeit des „lagrådet" im Allgemeinen: *Vogel,* in: Bogdan (Hrsg.), Swedish Legal System, S. 31.
[380] *Yttrande* des *lagrådet* vom 18.12.2003 S. 2003, abzurufen unter: <http://www.lagradet.se/yttranden2003.htm> (Stand: 20.08.2014).

lich in den *riksdag* ein.[381] Dieser Vorschlag veränderte die Entwürfe von 1989 und 1993 hinsichtlich des Direktanspruches in der Haftpflichtversicherung in zwei zentralen Punkten: Es sollte nun doch keinen generellen Direktanspruch mehr geben, sondern dieser sollte außerhalb von Pflichtversicherungen nur in Ausnahmefällen gewährt werden. Zum anderen sollte bezüglich des Direktanspruches nicht zwischen Haftpflichtversicherungen eines Verbrauchers und Unternehmers unterschieden werden.

Während der öffentlichen Diskussionsphase war die Frage des Direktanspruches äußerst umstritten.[382] Der Verband der Versicherer lehnte einen Direktanspruch rundum ab. Die Organisationen der Versicherungsnehmer und Verbraucher hingegen forderte einen generellen Direktanspruch in der Haftpflichtversicherung. Andere Interessengruppen setzten sich für verschiedene Kompromisse ein, z.B. dass der Direktanspruch nur für Verbraucherversicherungen zwingend sein sollte oder nur in besonderen Fällen wie bei Pflichtversicherungen und bei Insolvenz des Schädigers gewährt werden sollte.

Die Regierung entschied sich schließlich für einen Kompromiss. Der Direktanspruch sollte zwingend sein bei Pflichtversicherungen, im Falle der Insolvenz des Versicherungsnehmers, falls der Schädiger eine juristische Person ist, die später aufgelöst wurde und für den Fall der subsidiären Haftung des Versicherers. Ob der Versicherungsnehmer Verbraucher oder Unternehmer ist, sollte keine Rolle spielen. Die Regierung begründete ihren Vorschlag damit, dass man grundsätzlich am Trennungsprinzip festhalten wolle.[383] Der Versicherungsnehmer schließe eine Haftpflichtversicherung primär ab, um *sich* zu schützen. Zwar habe auch der Geschädigte ein Interesse an einer Haftpflichtversicherung des Schädigers; er müsse sich aber dennoch grundsätzlich an seinen Schädiger halten. An diesem Prinzip sollte auch im neuen FAL festgehalten werden.[384] Zu berücksichtigen sei aber, dass auch der Versicherungsnehmer durchaus ein Interesse an einem Direktanspruch für den Schädiger haben kann, da es ihm Kosten und Mühen erspart, wenn sich der Schädiger direkt an den Versicherer wenden kann.[385] Die Regierung sehe daher einen Kompromiss als angemessen an, indem ein Direktanspruch nur in bestimmten Fällen gewährt wird. In der Praxis finde die Regulierung ehedem zumeist ohnehin direkt zwischen der Versicherung und dem Geschädigten statt. Und nur falls die außergerichtliche Regulierung des Schadens scheitert, erhebe die Geschädigte Klage

---

[381] Prop. 2003/04:150.
[382] Zu den im Folgenden wiedergegebenen eingegangenen Stellungnahmen siehe: prop. 2003/04:150 S. 225 f.
[383] Die im Folgenden dargestellte Regierungsbegründung findet sich in prop. 2003/04:150 S. 226 ff.
[384] Prop. 2003/04:150 S. 226.
[385] Prop. 2003/04:150 S. 227.

gegen den Versicherungsnehmer.[386] Schließlich sei es auch nicht sinnvoll, für die Frage eines Direktanspruches des Geschädigten zwischen Haftpflichtversicherungen eines Verbrauchers und eines Unternehmers zu differenzieren, da die Schutzbedürftigkeit des Geschädigten nicht von dieser Eigenschaft des Schädigers abhänge.

Der Regierungsentwurf von 2004 fand im *riksdag* eine Mehrheit, wurde am 10.03.2005 ausgefertigt und trat zum 01.01.2006 als neues *försäkringsavtalslag* (FAL) in Kraft.

C. Vergleich und Ergebnis

Der gesetzliche Direktanspruch in der Haftpflichtversicherung war von Beginn an Bestandteil des schwedischen Versicherungsvertragsrechts. Auch wenn er anfangs nur sehr eingeschränkt gewährt wurde, ist er doch historisch kein Fremdkörper, sondern ein gewachsenes Rechtsinstitut. Bereits die erste Pflichtversicherung für Kfz wurde 1929 im schwedischen Recht mit einem allgemeinen Direktanspruch ausgestaltet und im GFAL war der Direktanspruch als Instrument des allgemeinen Versicherungsvertragsrechts zumindest als Ausnahmefall bekannt. Gegenteilig stellt sich die Situation in Deutschland dar. Obwohl auch hier bereits seit 1939 eine Versicherungspflicht für Kfz bestand, in der man einen gesetzlichen Direktanspruch hätte anordnen können,[387] wurde dieser erst im Jahre 1965 in Umsetzung des Straßburger Übereinkommens eingeführt.

Im schwedischen Recht wurde der Direktanspruch im Laufe der Jahre kontinuierlich ausgeweitet und in mehreren neu geschaffenen Pflichtversicherungsgesetzen verwandt. Der Direktanspruch hat damit im schwedischen Recht eine deutlich längere Tradition als im deutschen Recht. Hier ist der Direktanspruch in erster Linie immer noch sehr eng mit der Kfz-Pflichtversicherung verknüpft. Ein Direktanspruch für freiwillige Haftpflichtversicherungen wurde im Gesetzgebungsverfahren der VVG-Reform, jedenfalls im Rahmen der veröffentlichten schriftlichen Vorarbeiten, nicht einmal angedacht. Die deutsche Reformdiskussion war sehr auf die Sichtweise konzentriert, dass der Direktanspruch ausschließlich dem Geschädigtenschutz diene und daher (nur) bei Pflichtversicherungen sinnvoll seiDie Reformbemühungen in Deutschland und Schweden teilen aber auch ein gemeinsames Schicksal. Die Reichweite des Direktanspruches wurde im Laufe des Gesetzgebungsverfahrens in beiden Ländern stark eingeschränkt. Die schwedische Entwurf aus den Jahren 1989 und 1993 sahen noch einen generellen Direktanspruch – also einen für alle Arten der Haft-

---

[386] Prop. 2003/04:150 S. 228.
[387] Zur Geschichte der Kfz-Pflichtversicherung in Deutschland: *Feyock,* in: Feyock/Jacobsen/Lemor, Kraftfahrtversicherung, Vor § 1 PflVG Rn. 1.

pflichtversicherung – vor und wurde auf die Fassung des FAL 2005 zusammengestrichen. Nicht besser erging es dem Regierungsentwurf in Deutschland, der zumindest einen allgemeinen Direktanspruch für alle Pflichtversicherungen vorsah. Auch er wurde in letzter Minute auf die nun geltende Regelung des VVG 2008 minimiert.

§ 6 Reichweite des Direktanspruches

Im folgenden Abschnitt wird dargestellt, inwieweit die jeweiligen Rechtsordnungen dem Geschädigten in der Haftpflichtversicherung einen gesetzlichen Direktanspruch einräumen. Ausgangspunkt sowohl des deutschen als auch des schwedischen Rechts ist, dass dem Geschädigte allein kraft des Haftpflichtversicherungsvertrages – sollte nicht ein anderes ausdrücklich vereinbart worden sein – kein Direktanspruch zusteht. Denn der Haftpflichtversicherungsvertrag ist in beiden Rechtsordnungen grundsätzlich *kein* Vertrag zugunsten des geschädigten Dritten.[388] Daher besteht nur in den vom Gesetz ausdrücklich vorgegebenen Ausnahmefällen ein Direktanspruch des Geschädigten. Diese Konstellationen werden nachfolgend für Deutschland und Schweden eingehend untersucht. Anschließend wird auch kurz auf die Rechtslage in den übrigen skandinavischen Ländern eingegangen.

A. Deutschland

Der Direktanspruch gegen den Haftpflichtversicherer ist in § 115 VVG geregelt. Das ist die einzige Norm im deutschen Recht, nach der dem Geschädigten ein Direktanspruch gegen den Haftpflichtversicherer eingeräumt wird.[389] Nach dem Willen des Gesetzgebers regelt die Norm die Möglichkeiten eines Direktanspruches abschließend.[390] Aufgrund ihrer systematischen Stellung im VVG – im 2. Kapitel des 2. Teils (Haftpflichtversicherung) und hier im 2. Abschnitt (Pflichtversicherung) – kommt der gesetzliche Direktanspruch allein im Bereich der Pflicht-Haftpflichtversicherungen zur Anwendung.[391]

---

[388] Siehe hierzu oben S. 24 ff.
[389] *Vogt* S. 25; *Micha* S. 62. Zu nennen ist der Vollständigkeit halber noch § 6 Abs. 1 AuslPflVG, der auf § 115 VVG verweist und daher auch einen gesetzlichen Direktanspruch einräumt.
[390] Beschlussempfehlung und Bericht des Rechtsausschusses, BT-Drs. 16/5862, S. 99.
[391] OLG Bremen VersR 2012, 171 f.; *Schneider*, in: MüKo-VVG § 115 Rn. 7; *Schwartze*, in: Looschelders/Pohlmann § 115 Rn. 1; *Keppel* S. 50 dies verkennend *Kummer*, in: MAH Versicherungsrecht § 12 Rn. 295.

I. Direktanspruch bei der Kfz-Pflichtversicherung

Gemäß § 115 Abs. 1 Satz 1 Nr. 1 VVG hat der Geschädigte einen Direktanspruch, „wenn es sich um eine Haftpflichtversicherung zur Erfüllung einer nach dem Pflichtversicherungsgesetz bestehenden Versicherungspflicht handelt".

Diese Versicherungspflichten sind in § 1 PflVG geregelt und treffen den Halter eines Kraftfahrzeuges mit regelmäßigem Standort im *Inland.* § 115 Abs. 1 Satz 1 Nr. 1 VVG übernimmt damit unverändert die Rechtslage, die vor der VVG-Reform bestand, als dieser Direktanspruch in § 3 Nr. 1 PflVG vorgesehen war.[392] Der Direktanspruch für die Kfz-Pflichtversicherung ist völker- und unionsrechtlich zwingend vorgegeben.[393] Für den Bereich der Pflichtversicherung nach § 1 PflVG kann von einem *allgemeinen* Direktanspruch gesprochen werden, da dieser an keine weiteren Voraussetzungen geknüpft ist, als an die Art der Haftpflichtversicherung.[394] Bei Kraftfahrzeugen *ohne* regelmäßigen Standort im Inland besteht aufgrund der Verweisung in § 6 Abs. 1 AuslPflVG ebenfalls ein Direktanspruch gegen deren Haftpflichtversicherer nach § 115 Abs. 1 Satz 1 Nr. 1 VVG.[395]

II. Direktanspruch bei anderen Pflichtversicherungen

Neben dem Direktanspruch nach Nr. 1 sieht das deutsche Recht noch in zwei weiteren Fällen einen Direktanspruch vor, soweit es sich bei der den Schadensfall abdeckenden Haftpflichtversicherung um eine Pflichtversicherung handelt.

1. Insolvenz des Versicherungsnehmers (§ 115 Abs. 1 Satz 1 Nr. 2 VVG)

Nach § 115 Abs. 1 Satz 1 Nr. 2 VVG wird dem Dritten ein Direktanspruch gegen den Versicherer eingeräumt,

„wenn über das Vermögen des Versicherungsnehmers das Insolvenzverfahren eröffnet oder der Eröffnungsantrag mangels Masse abgewiesen worden ist oder ein vorläufiger Insolvenzverwalter bestellt worden ist".

Obwohl das Gesetz nur von der Insolvenz des *Versicherungsnehmers* spricht, greift die Regelung auch ein, wenn bei einer Haftpflichtversicherung, die für fremde Rechnung im Sinne des § 43 VVG abgeschlossen

---

[392] *Jacobsen,* in: Feyock/Jacobsen/Lemor, Kraftfahrtversicherung, § 115 VVG Rn. 1; *Schneider,* in: MüKo-VVG § 115 Rn. 15.

[393] Siehe hierzu oben S. 62 ff.

[394] *Jacobsen,* in: Feyock/Jacobsen/Lemor, Kraftfahrtversicherung, § 115 VVG Rn. 4; zu den Arten des Direktanspruches siehe oben S. 33 ff.

[395] Zur Einführung des Direktanspruches gegen den Haftpflichtversicherer eines ausländischen Kfz: *Schmitt,* in: VersR 1966, 1115 ff.

wurde, die *mitversicherte Person* einen der genannten Tatbestände erfüllt.[396] Mithin kann z. B. ein Geschädigter im Rahmen der nach § 51 Abs. 1 BRAO vorgeschriebenen Berufshaftpflichtversicherung für Rechtsanwälte auch dann mittels eines Direktanspruches unmittelbar gegen den Berufshaftpflichtversicherer vorgehen, wenn zwar nicht der Rechtsanwalt, der die Berufshaftpflichtversicherung als Versicherungsnehmer abgeschlossen hat, insolvent ist, wohl aber der bei diesem angestellte Rechtsanwalt, der konkret haftpflichtig ist und in der Berufshaftpflichtversicherung als mitversicherte Person benannt ist, insolvent ist. Dass § 115 Abs. 1 VVG stets nur vom Versicherungsnehmer spricht, obwohl auch die bei einer Haftpflichtversicherung mitversicherten Personen erfasst sind, ist eine terminologische Ungenauigkeit, die die gesamte Norm durchzieht (auch bei Nr. 3 ist die mitversicherte Person erfasst). Die „Behebung" der Ungenauigkeit durch Auslegung ist aber unbestritten.[397]

Zunächst greift der Direktanspruch nach § 115 Abs. 1 Satz 1 Nr. 2 VVG ein, wenn das Insolvenzverfahren bereits eröffnet worden ist. Dies erfolgt gemäß § 27 InsO durch einen Eröffnungsbeschluss des Insolvenzgerichtes. Das Insolvenzgericht wird nur auf Antrag tätig (§ 13 Abs. 1 Satz 1 InsO), den sowohl Versicherungsnehmer und mitversicherte Person als Schuldner, als auch ein Gläubiger desselben stellen kann (§ 13 Abs. 1 Satz 2 InsO). Wird ein Eröffnungsantrag gestellt, prüft das Insolvenzgericht im Rahmen des sogenannten Eröffnungsverfahrens, ob die weiteren Voraussetzungen einer Insolvenzeröffnung vorliegen.[398] Nach § 16 InsO ist ein Insolvenzgrund erforderlich (§ 17 InsO Zahlungsunfähigkeit, § 18 InsO drohende Zahlungsunfähigkeit oder § 19 InsO Überschuldung) und es muss voraussichtlich eine ausreichende Insolvenzmasse vorhanden sein, um die Verfahrenskosten zu decken (§ 26 InsO). Diese Anforderungen gelten auch für Verbraucherinsolvenzen und sonstige Kleinverfahren nach § 304 Abs. 1 Satz 1 InsO.

Gemäß § 30 Abs. 1 Satz 1 InsO ist der Beschluss, das Insolvenzverfahren zu eröffnen, öffentlich bekannt zu machen. Dies geschieht nach § 9 Abs. 1 Satz 1 1. HS InsO u. a. im Internet.[399] Der Geschädigte kann sich also im Internet darüber informieren, ob über das Vermögen seines Schä-

---

[396] *Beckmann,* in: Bruck/Möller § 115 Rn. 28; *Schneider,* in: MüKo-VVG § 115 Rn. 16; *Knappmann,* in: Prölss/Martin § 115 Rn. 8.

[397] Statt vieler: *Beckmann,* in: Bruck/Möller § 115 Rn. 28; *Schneider,* in: MüKo-VVG § 115 Rn. 16; *Knappmann,* in: Prölss/Martin § 115 Rn. 8; *Schwartze,* in: Looschelders/Pohlmann § 115 Rn. 6.

[398] Zu den Voraussetzungen der Insolvenzeröffnung: *Schmahl/Busch,* in: MüKo-InsO § 29 Rn. 7 ff.; zum Eröffnungsverfahren: *Stürner,* in: MüKo-InsO Einl. Rn. 7 ff.

[399] Unter www.insolvenzbekanntmachungen.de; zur öffentlichen Bekanntmachung des Eröffnungsbeschlusses: *Ganter,* in: MüKo-InsO § 9 Rn. 10 f.

digers das Insolvenzverfahren eröffnet wurde und ob ihm damit ein Direktanspruch gegen den Versicherer zusteht.

Der Direktanspruch besteht ferner, wenn die Prüfung im Eröffnungsverfahren ergab, dass voraussichtlich nicht ausreichend Masse zur Deckung der Verfahrenskosten vorhanden ist und das Gericht daher die Eröffnung des Insolvenzverfahrens ablehnte (§ 26 InsO). Auch dieser Nicht-Eröffnungsbeschluss ist öffentlich bekannt zu machen (§ 26 Abs. 1 Satz 3 InsO).

Schließlich wird dem Geschädigten auch dann ein Direktanspruch gewährt, wenn das Insolvenzgericht einen vorläufigen Insolvenzverwalter bestellt. Dies ist eine Maßnahme zur Sicherung des Schuldnervermögens nach § 21 Abs. 2 Satz 1 InsO.[400] Auch sie ist nach § 23 Abs. 1 Satz 1 InsO öffentlich bekannt zu machen.

2. Analoge Anwendung von § 115 Abs. 1 Satz 1 Nr. 2 VVG?

Das deutsche Schrifttum möchte sich nicht einhellig mit der engen Fassung von § 115 Abs. 1 Satz 1 Nr. 2 VVG abfinden und schlägt vor, die Norm analog auf Fälle anzuwenden, in denen der geschädigte Dritte ähnlich schutzwürdig ist, wie bei einer förmlich festgestellten Insolvenz des Versicherungsnehmers.

Es wird angedacht, Nr. 2 analog auf Fälle anzuwenden, in denen das Insolvenzgericht zwar keinen vorläufigen Insolvenzverwalter, wohl aber zur Massefeststellung einen Gutachter oder eine andere vergleichbare Person bestellt, um über die Insolvenzeröffnung entscheiden zu können.[401] Ebenso wird vorgeschlagen, einen Direktanspruch in analoger Anwendung zu gewähren, wenn der Versicherungsnehmer „nur" Zahlungsschwierigkeiten hat oder faktisch Zahlungsunfähigkeit ist, die förmlichen Voraussetzungen nach Nr. 2 aber (noch) nicht erfüllt sind (sogenannte Grauzonenfälle) oder eben wenn der Schädiger schlicht nicht zahlt.[402]

Diesen Analogiebemühungen ist zuzugeben, dass sie einem der Hauptzwecke des Direktanspruches – die Stellung des Geschädigten zu stärken – entsprechen. Für den Geschädigten ist es gleichermaßen misslich, wenn er den Schadensersatz vom Schädiger nicht erhält, ob dieser förmlich insolvent, faktisch zahlungsunfähig oder nur schlicht nicht zahlungswillig ist, spielt aus Sicht des Geschädigten zunächst keine Rolle.

Voraussetzung einer Analogie ist im deutschen Recht aber eine *planwidrige* Regelungslücke. Der Regelungsplan des Gesetzes ist wiederum

---

[400] Hierzu: *Haarmeyer,* in: MüKo-InsO § 21 Rn. 46 ff.
[401] *Heidl* S. 290 f.
[402] Zu den Analogieüberlegungen: *Beckmann,* in: Bruck/Möller § 115 Rn. 30; *Schneider,* in: MüKo-VVG § 115 Rn. 16.

durch historisch-teleologische Auslegung zu ermitteln.[403] Der Regelungsplan von § 115 Abs. 1 Satz 1 VVG ist, dem Geschädigten in ausgewählten Ausnahmesituationen, in denen er besonders schutzwürdig erscheint, einen Direktanspruch einzuräumen.[404] Die Frage ist nun, ob der Gesetzgeber den Direktanspruch bei Zahlungsschwierigkeiten des Schädigers bewusst auf die in § 115 Abs. 1 Satz 1 Nr. 2 VVG ausdrücklich genannten Fälle beschränkt hat. Hierfür ist zu untersuchen, ob sich ein sachlicher Grund finden lässt, warum die in § 115 Abs. 1 Satz 1 Nr. 2 VVG genannten Fälle zu einem Direktanspruch führen, andere Konstellationen von Zahlungsschwierigkeiten seitens des Schädigers aber nicht.[405] Es spricht hier doch viel dafür, dass der Gesetzgeber den Direktanspruch durchaus bewusst auf die *förmlich festgestellten* Fälle der Insolvenz beschränkt hat und bloße Zahlungsunfähig- oder -unwilligkeit nicht genügen lässt. Den drei Varianten von § 115 Abs. 1 Satz 1 Nr. 2 VVG ist schließlich gemein, dass sie förmliche Beschlüsse des Insolvenzgerichtes voraussetzen, die unter anderem im Internet öffentlich bekannt gemacht werden. Die Ernennung eines Gutachters zur Massefeststellung wird als bloße Vorbereitungsmaßnahme im Eröffnungsverfahren diesen Anforderungen ebenso wenig gerecht wie eine bloße faktische Zahlungsunfähigkeit des Schuldners. Man muss daher davon ausgehen, dass der Gesetzgeber die Beschränkungen der Nr. 2 bewusst wählte, auch weil Ausdehnungen darüber hinaus für den geschädigten Dritten schwierig bis faktisch gar nicht zu ermitteln sind und daher große Rechtsunsicherheit entstünde, die insoweit den sachlichen Differenzierungsgrund ausmacht. Außerdem hat sich der Gesetzgeber letztlich auch bewusst gegen die Einräumung eines allgemeinen Direktanspruches bei Pflichtversicherungen entschieden und wollte diesen nur in besonderen Ausnahmefällen zulassen.[406] Die besseren Argumente sprechen daher dafür, die Regelung des § 115 Abs. 1 Satz 1 Nrn. 1–3 VVG als bewusst abschließend anzusehen, so dass die Voraussetzungen einer Analogie nicht vorliegen.[407] Es zeigt sich die Abgrenzung zwischen einer wirklichen Gesetzeslücke im engeren Sinne und einem (vermeintlichen) rechtspolitischen Fehler, bei dem man akzeptieren muss, wenn es das Gesetz eben genau so vorsieht. Im Ergebnis sind die Analogievorschläge daher abzulehnen.

---

[403] *Larenz,* Methodenlehre der Rechtswissenschaft, S. 373 ff.; *Wank,* Die Auslegung von Gesetzen, S. 82 ff.
[404] Vgl. hierzu Beschluss und Empfehlung des Rechtsausschusses, BT-Drs. 16/5862 S. 99.
[405] Zum sachlichen Differenzierungsgrund als Indiz für eine abschließende Regelung: *Wank,* Die Auslegung von Gesetzen, S. 83.
[406] Beschluss und Empfehlung des Rechtsausschusses, BT-Drs. 16/5862 S. 1, 99.
[407] So auch *Armbrüster,* in: r+s 2010, 441 (453) und *Wandt* Rn. 1087 (Fn. 127), i.E. auch *Beckmann,* in: Bruck/Möller § 115 Rn. 30.

In Fällen der Zahlungsunfähigkeit seines Schädigers kann sich der Geschädigte als Gläubiger nach § 14 Abs. 1 Satz 1 InsO einen Direktanspruch im Übrigen aber dadurch selbst erschaffen, dass er einen Insolvenzantrag stellt.[408] Problematisch könnte hier allein sein, ob der Geschädigte ein hinreichendes „rechtliches Interesse" an der Eröffnung des Insolvenzverfahrens im Sinne des § 14 InsO hat, da die Schaffung eines Direktanspruches ein verfahrensfremder Zweck ist. Solche Zwecke werden nicht anerkannt, wenn sie rechtsmissbräuchlich sind.[409] Die Schaffung eines Direktanspruches gegen den Versicherer ist aber ein durch § 115 Abs. 1 Satz 1 Nr. 2 VVG gesetzlich legitimierter Zweck, der gerade den geschädigten Dritten schützen soll. Mithin ist im Sinne einer einheitlichen Rechtsordnung von einem hinreichenden rechtlichen Interesse an der Antragstellung auch dann auszugehen, wenn diese „nur" der Schaffung eines Direktanspruches dient und ein Zugriff auf das Schuldnervermögen gar nicht beabsichtigt wird.

3. Unbekannter Aufenthalt des Versicherungsnehmers (§ 115 Abs. 1 Satz 1 Nr. 3 VVG)

Schließlich wird dem Geschädigten gemäß § 115 Abs. 1 Satz 1 Nr. 3 VVG ein Direktanspruch gegen den Haftpflichtversicherer eingeräumt, wenn „der Aufenthalt des Versicherungsnehmers unbekannt ist".

Dieser Direktanspruch greift wiederum auch dann, wenn der Aufenthalt einer im Haftpflichtversicherungsvertrag mitversicherten Person, die nicht Versicherungsnehmer ist, unbekannt ist.[410]

Die Gesetzesbegründung schweigt zur Frage, wann von einem unbekannten Aufenthalt auszugehen ist. Im Schrifttum wird unter Verweis auf den Grundsatz der Einheit der Rechtsordnung einhellig vorgeschlagen, auf die zu § 185 Nr. 1 ZPO erarbeiteten Anforderungen an eine öffentlichen Zustellung zurückzugreifen.[411] „Unbekannt" ist der Aufenthalt demnach dann, wenn er nicht nur dem geschädigten Dritten, sondern auch allgemein unbekannt ist, was in der Regel durch eine erfolglose Nachfrage beim Einwohnermeldeamt des zuletzt bekannten Wohnsitzes nachzuweisen ist.[412] Bei § 185 ZPO werden zusätzlich zumeist noch weitergehende Nachforschungen verlangt, da für den unbekannt Verzogenen durch die Zustel-

---

[408] Hierzu: *Beckmann*, in: Bruck/Möller § 115 Rn. 30.
[409] *Schmahl*, in: MüKo-InsO § 14 Rn. 29 ff.
[410] *Schneider*, in: MüKo-VVG § 115 Rn. 14.
[411] *Keppel* S. 54; *Beckmann*, in: Bruck/Möller § 115 Rn. 31; *Schneider*, in: MüKo-VVG § 115 Rn. 17; *Knappmann*, in: Prölss/Martin § 115 Rn. 9; *Schwartze*, in: Looschelders/Pohlmann § 115 Rn. 11.
[412] BGH NJW 2003, 1530 f.; *Schneider*, in: MüKo-VVG § 115 Rn. 17; *Hüßtege*, in: Thomas/Putzo § 185 Rn. 7; *Stöber*, in: Zöller § 185 Rn. 2.

lungsfiktion erhebliche Nachteile drohen. So liegt es indes bei § 115 VVG nicht, so dass hier niedrigere Anforderungen zu stellen sind und weitergehende Nachforschungspflichten des Dritten nicht zu fordern sind.[413]

Die praktische Bedeutung der Fallgruppe nach Nr. 3 dürfte aber eher gering sein. Sie hilft dem Geschädigten nur in Konstellationen weiter, in denen er den Schädiger mit Namen kennt und ihm auch dessen Haftpflichtversicherer bekannt ist oder zumindest beides für ihn ermittelbar ist.[414] Die Praktikabilität der Regelung muss aufgrund des Informationsdefizits des Geschädigten daher bezweifelt werden.[415]

4. Nachträglicher Wegfall der Voraussetzungen eines Direktanspruches

Die Regelungen des VVG treffen keine Aussage darüber, was mit einem Direktanspruch passiert, der ursprünglich nach § 115 Abs. 1 Satz 1 Nrn. 2, 3 VVG gegeben war, dessen Voraussetzungen später aber wegfallen. Dies wird relevant, wenn das Insolvenzverfahren gegen den Versicherungsnehmer abgeschlossen wurde oder wenn der Aufenthalt des Schädigers zwischenzeitlich bekannt wird, bevor rechtskräftig über den Direktanspruch entschieden wurde. Die Frage ist dementsprechend auch umstritten. Teilweise wird vertreten, dass mit Wegfall der Voraussetzung auch der Direktanspruch des Geschädigten wieder entfällt und eine etwaige Direktklage damit unbegründet wird.[416] Gegenteilig wird vertreten, dass trotz des späteren Wegfalls der Voraussetzung nach § 115 Abs. 1 Satz 1 Nrn. 2, 3 VVG – jedenfalls ab dem Zeitpunkt der Klageerhebung – der Direktanspruch und damit auch die Passivlegitimation des Versicherers erhalten bleibt.[417] Diese Ansicht ist vor dem Hintergrund des Zweckes des Direktanspruches auch die überzeugendere.[418] Hauptanliegen des gesetzlichen Direktanspruches ist der Schutz des Geschädigten und eine effizientere und erleichterte Abwicklung des Schadensfalles. Dies spricht dafür, dass zumindest *nach* Klageerhebung in einem Direktklageprozess die Aktivlegitimation des Geschädigten für eine solche Direktklage erhalten bleibt, obwohl die Voraussetzungen von § 115 Abs. 1 Satz Nr. 1 oder 2 VVG nicht mehr vorliegen. Nur so kann verhindert werden, dass die Direktklage unbegründet wird und dass dadurch doch wieder (zunächst) ein neuer Prozess gegen den

---

[413] So auch *Schneider,* in: MüKo-VVG § 115 Rn. 17.
[414] Zu den Auskunftsansprüchen des Geschädigten siehe unten S. 123 ff.
[415] *Vogt* S. 18 f.; kritisch z.B. auch *Abram,* in: VersR 2008, 77 (78); vgl. auch die Diskussion während der Beratung des Direktanspruches im Bundestag zu diesem Punkt: Plenarprotokoll des Bundestages 16/108 S. 11170.
[416] So *Thume,* in: VersR 2010, 849 (855).
[417] So *Schneider,* in: MüKo-VVG § 115 Rn. 18 und *Armbrüster,* in: r+s 2010, 441 (454).
[418] Ebenso: *Schneider,* in: MüKo-VVG § 115 Rn. 18 und *Armbrüster,* in: r+s 2010, 441 (454).

Versicherungsnehmer und erst dann ggf. ein weiterer Einziehungsprozess gegen den Versicherer angestrengt werden muss. Bei nachträglichem Wegfall der Voraussetzungen *vor* Klageerhebung gelten diese Einwände hingegen nicht, so dass insoweit auch der Direktanspruch wieder entfällt.

B. Schweden

Eine allgemeine Regelung zum Direktanspruch des Geschädigten findet sich in Schweden in Kap. 9 § 7 Abs. 1, 2 und § 8 FAL. Die Regelungen gelten aufgrund ihrer systematischen Stellung im 9. Kapitel des FAL grundsätzlich für Haftpflichtversicherungen eines Verbrauchers genauso wie für die eines Unternehmers. Nur in einem Fall knüpft das schwedische Recht den Direktanspruch an die Verbrauchereigenschaft des Versicherungsnehmers. Das schwedische FAL sieht einen Direktanspruch des Geschädigten insgesamt für fünf Konstellationen vor. Daneben gewähren auch noch einige Spezialgesetze, die Pflichtversicherungen anordnen, einen Direktanspruch für den Geschädigten.

I. Direktanspruch bei Pflichtversicherungen

Nach Kap. 9 § 7 Abs. 1 Nr. 1 FAL hat der Geschädigte zunächst immer dann einen Direktanspruch, wenn sein Schaden von einer Pflichtversicherung des Schädigers gedeckt ist. Damit gilt für alle Pflichtversicherungen ein allgemeiner Direktanspruch, der an keine weiteren Voraussetzungen geknüpft ist.[419]

II. Direktanspruch bei freiwilligen Haftpflichtversicherungen

Daneben gewährt das schwedische Recht dem Geschädigten außerdem in vier weiteren Konstellationen auch bei freiwilligen Haftpflichtversicherungen einen Direktanspruch gegen den Haftpflichtversicherer.

1. Insolvenz des Schädigers

Nach Kap. 9 § 7 Abs. 1 Nr. 2 FAL hat der Geschädigte einen Direktanspruch, wenn über das Vermögen des Schädigers das Insolvenzverfahren eröffnet (*konkurs har besluts*) oder der sogenannte öffentliche Akkord festgestellt wurde (*offentligt ackord har fastställts*).

Die Eröffnung eines Insolvenzverfahrens richtet sich im schwedischen Recht nach dem *konkurslag*[420] (KL).[421] Dieses gilt sowohl für die Insol-

---

[419] Zu den existierenden Pflichtversicherungen in Schweden siehe oben S. 21 f.; zu den Arten des gesetzlichen Direktanspruches siehe oben S. 34.
[420] Lag 1987:672.

venz natürlicher Personen als auch für Unternehmensinsolvenzen. Zuständig für das Insolvenzverfahren ist das *tingsrätt* (ordentliches Gericht erster Instanz) am Sitz des Schuldners (Kap. 2 § 1 KL). Das Insolvenzverfahren wird, wie im deutschen Recht auch, nur auf Antrag eingeleitet (Kap. 2 § 1 KL), den sowohl der Schuldner (Kap. 2 § 3 KL) als auch die Gläubiger (Kap. 2 § 4 KL) stellen können. Alleiniger Eröffnungsgrund ist nach schwedischem Recht die Insolvenz des Schuldners (Kap. 1 § 2 Abs. 1 KL), die nach Kap. 1 § 2 Abs. 2 KL legaldefiniert wird als eine Situation, in der der Schuldner seine Schulden nicht mehr bedienen kann und dieser Zustand nicht nur vorübergehend ist.

Das Gericht prüft im Eröffnungsverfahren, ob der Schuldner insolvent ist (Kap. 2 §§ 7 ff. KL), wobei dies in verschiedenen Situationen vermutet wird, etwa bei einem Eigenantrag des Schuldners (Kap. 2 § 7 KL) oder bei buchführungspflichtigen Unternehmen, die trotz Mahnung eine Forderung nicht begleichen (Kap. 2 § 9 Nr. 1 KL). Der für den Direktanspruch maßgebliche Insolvenzbeschluss (Kap. 2 § 24 KL) eröffnet das Insolvenzverfahren. Der Beschluss ist sofort bekanntzumachen (Kap. 2 § 24 Abs. 2). Die Bekanntmachung richtet sich nach der *konkursförordning*[422]. Diese schreibt unter anderem die Bekanntmachung in der *Post-och Inrikes Tidningar* vor, die auch im Internet abrufbar ist.[423]

Die Feststellung des öffentlichen Akkords (*offentligt ackord*) ist im *Lag om företagsrekonstruktion*[424] geregelt. Das Verfahren können nur Unternehmen durchlaufen (Kap. 1 § 1). Hierbei handelt es sich um ein besonderes Insolvenzverfahren, dass auf den Erhalt des Unternehmens gerichtet ist, während das Regelinsolvenzverfahren nach dem konkurslag zwingend zur Liquidierung eines Unternehmens führt.[425] Der öffentliche Akkord ist ein Vergleichsverfahren, in dem die Gläubiger auf Anteile an ihren Forderungen verzichten. Der öffentliche Akkord gilt für alle Gläubiger, auch wenn sie nicht an den Verhandlungen teilgenommen haben oder dagegen gestimmt haben, soweit nur die erforderliche Mehrheit erreicht wird (Kap. 3 § 8).[426] Nach Kap. 3 § 23 wird der öffentliche Akkord durch Gerichtsbeschluss festgestellt. Auch dieser Beschluss ist nach § 19 Abs. 1 Satz 2 *Förordning om företagsrekonstruktion*[427] u.a. in der im Internet abrufbaren *Post-och Inrikes Tidningar* zu veröffentlichen.

---

[421] Eine Übersicht zum schwedischen Insolvenzrecht auf Deutsch geben: *Hallberg/Jungmann*, in: RIW 2001, 337 ff.
[422] Förordning 1987:916.
[423] Abrufbar unter: <https://poit.bolagsverket.se/poit/PublikPoitIn.do> (Stand: 20.08.2014).
[424] Lag 1996:764.
[425] *Hallberg/Jungmann*, in: RIW 2001, 337 (338, 342).
[426] *Hellners/Mellqvist,* Lag om Företagsrekonstruktion, S. 191.
[427] Förordning 1996:783.

Neben dem Insolvenzverfahren nach dem konkurslag und dem öffentlichen Akkord kennt das schwedische Recht noch zwei weitere Möglichkeiten, eine Insolvenz abzuwickeln: den Beschluss einer *företagsrekonstruktion* nach Kap. 2 § 6 *Lag om företagsrekonstruktion* sowie den Beschluss einer *skuldsanering* (Schuldsanierung) für natürliche Personen nach dem *skuldsaneringslag*.[428] Diese beiden Verfahren sind aber nicht in den Regelungen zum Direktanspruch erwähnt. Da aber auch bei diesen beiden Insolvenzverfahren klar ist, dass der Schädiger zahlungsunfähig ist und daher von diesem Schadensersatz nicht erlangt werden kann, besteht insofern ein vergleichbarer Bedarf eines Direktanspruches. Daher schlägt *van der Sluijs* eine analoge Anwendung der Vorschrift für diese Fälle der Insolvenzabwicklung vor.[429]

2. Schädiger ist eine inzwischen aufgelöste juristische Person

Ferner besteht gem. Kap. § 7 Abs. 1 Nr. 3 FAL ein Direktanspruch, wenn der Schädiger eine juristische Person ist, die inzwischen aufgelöst wurde. Im Zeitpunkt des schädigenden Ereignisses muss die juristische Person noch bestanden haben und sie muss im Zeitpunkt der Geltendmachung des Direktanspruches endgültig aufgelöst worden sein.[430] Es reicht nicht aus, dass sich die Gesellschaft nur in Liquidation befindet.[431]

Juristische Person des schwedischen Rechts sind u.a. nach Kap. 1 § 11 aktiebolagslag die verbreitete *aktiebolag,* die es in den Unterformen der *privat aktiebolg* (entspricht der deutschen GmbH) und der *publikt aktiebolag* (entspricht der deutschen AG) gibt. Da nach schwedischem Recht am Ende des Insolvenzverfahrens nach dem konkurslag die automatische Auflösung der Gesellschaft steht, ist der Direktanspruch nach Nr. 3 insoweit die logische Fortführung des Direktanspruches nach Nr. 2. Weitere Auflösungsmöglichkeiten sind nach Kap. 25 aktiebolagslag die freiwillige Liquidation und die Zwangsliquidation einer *aktiebolag.*

Das schwedische Recht hat damit die Frage, welche Auswirkungen der spätere Wegfall der Voraussetzung des Direktanspruches hat – anders als das deutsche Recht – für die Beendigung des Insolvenzverfahrens bei juristischen Personen nach dem konkurslag eindeutig im FAL beantwortet. Der Direktanspruch bleibt dem Geschädigten erhalten.

---

[428] Lag 2006:548.
[429] *Van der Sluijs* S. 131.
[430] Prop. 2003/04:150 S. 480.
[431] *Bengtsson* S. 391.

3. Subsidiäre Haftung des Versicherers bei Einwendungsausschlüssen

Außerdem sieht das schwedische Recht nach Kap. 9 § 7 Abs. 2 FAL einen Direktanspruch für Fälle vor, in denen der Versicherer nach Kap. 4 § 9 Abs. 2 Satz 2 FAL subsidiär haften muss. Hintergrund der Vorschrift ist Folgendes: Grundsätzlich darf der Versicherer die Versicherungssumme kürzen, wenn der Versicherungsnehmer den Versicherungsfall entweder grob fahrlässig (*grov vårdslös*) verursacht hat (Kap. 4 § 5 Abs. 2 FAL), gegen eine gesetzliche oder vertragliche Sicherheitsvorschrift (*säkerhetsföreskrift*) verstoßen hat (Kap. 4 § 6 FAL) oder seine Rettungsobliegenheit (*räddningsplikt*) verletzt hat (Kap. 4 § 7 FAL). Bei der Haftpflichtversicherung eines Verbrauchers greifen diese Kürzungsrechte hingegen gemäß Kap. 4 § 9 Abs. 2 Satz 1 FAL nicht mit Wirkung gegenüber dem geschädigten Dritten. Ihm kann der Versicherer die genannten Einwendungen daher nicht entgegenhalten. Für freiwillige Haftpflichtversicherungen ordnet Kap. 4 § 9 Abs. 2 Satz 2 FAL aber an, dass der Versicherer in diesen Fällen des Einwendungsausschlusses nur subsidiär haften muss, nämlich soweit für den Geschädigten Schadensersatz vom Schädiger nicht zu erlangen ist. An den Nachweis, dass Schadensersatz vom Schädiger nicht zu erlangen ist, sind dabei nicht zu hohe Anforderungen zu stellen. Ausreichend soll z.B. ein gescheiterter Vollstreckungsversuch beim Schädiger sein.[432] Kap. 9 § 7 Abs. 2 FAL gibt dem Geschädigten in diesen Fällen das Recht, im Wege eines Direktanspruches unmittelbar gegen den Versicherer vorzugehen.

Da der in Kap. 4 § 9 Abs. 2 Satz 1 FAL angeordnete Einwendungsausschluss nur für Verbraucherversicherungen gilt, greift auch nur für diese der hier angeordnete Direktanspruch.[433] Nach der Legaldefinition in Kap. 1 § 4 FAL sind Verbraucherversicherungen solche, die ein Versicherungsnehmer hauptsächlich zu einem privaten und nicht unternehmerischen Zweck abschließt.[434]

Die Regelung dieses Direktanspruches ist recht kompliziert und insgesamt verunglückt:[435] Es kommt zu einer ungünstigen Vermischung von Fragen der Drittwirkung versicherungsrechtlicher Einwendungen und der Einräumung eines Direktanspruches für den Geschädigten. Es wäre besser gewesen, die beiden Sachfragen getrennt zu regeln, denn zwischen ihnen besteht kein sinnvoller Zusammenhang. Durch die Einräumung des in Kap. 9 § 7 Abs. 2 FAL vorgesehenen Direktanspruches steht der Geschädigte bei einer Verbraucherversicherung, die keine Pflichtversicherung ist, auf einmal besser, wenn die Haftung des Versicherers im Innenverhältnis

---

[432] Prop. 2003/04:150 S. 425, *Bengtsson* S. 391; *van der Sluijs* S. 136.
[433] *Van der Sluijs* S. 137; *Bengtsson* S. 391.
[434] Zur Verbraucherversicherung im schwedischen Recht siehe ferner oben S. 22 f.
[435] Kritik an der Regelung üben auch *Bengtsson* S. 391 und *van der Sluijs* S. 136 f.

beschränkt ist, als wenn dieser im Innenverhältnis unbeschränkt haftet. Denn bei einer Haftungsbeschränkung im Innenverhältnis besteht dann ein Direktanspruch, bei einer unbeschränkten Haftung im Innenverhältnis allerdings nicht. Dass dem Geschädigten durch eine Haftungsbeschränkung im Versicherungsverhältnis keine Nachteile entstehen sollen (und daher ein Einwendungsausschluss angeordnet wird), lässt sich in ausgewählten Situationen gut begründen. Es ist indes wenig plausibel, dass ihm dadurch sogar Vorteile entstehen (weil er auf einmal einen Direktanspruch hat, der ihm ansonsten bei freiwilligen Haftpflichtversicherungen nicht zusteht). Die Regelung wirkt daher überkompensativ.

Begrüßenswert ist jedoch der Ansatz dieser Regelung, bei freiwilligen Haftpflichtversicherungen einen Direktanspruch auch dann zu gewähren, wenn der Schädiger zwar nicht förmlich insolvent, aber *rein faktisch* zahlungsunfähig ist. Denn für das Bestehen des Direktanspruches ist es nach Kap. 9 § 7 Abs. 2 i.V.m. Kap. 4 § 9 Abs. 2 Satz 2 FAL ausreichend, dass der Schadensersatz beim Schädiger nicht zu erlangen ist, was u.a. durch einen gescheiterten Vollstreckungsversuch nachgewiesen werden kann.[436]

4. Versicherungsnehmer behält die Versicherungssumme

Schließlich gewährt das schwedische Recht dem Geschädigten auch einen Direktanspruch nach Kap. 9 § 8 FAL.[437] Hat der Versicherer die Versicherungssumme zwar an seinen Versicherungsnehmer ausgezahlt, hat dieser das Geld aber nicht oder jedenfalls nicht vollständig an den Geschädigten weitergereicht, steht dem Geschädigten ein Direktanspruch in Höhe des fehlenden Betrages gegen den Haftpflichtversicherer zu. Dieser muss die Versicherungssumme dann erneut – und diesmal direkt an den Geschädigten – auszahlen.

Die Regelung entspricht dem einzigen Direktanspruch, den es schon im früheren GFAL nach § 95 Abs. 2 GFAL gab. Die Norm legt damit zugleich fest, dass der Versicherer durch die Zahlung an den Versicherungsnehmer nicht mit Erfüllungswirkung gegenüber dem Geschädigten leistet. Der Versicherer soll vielmehr sicherstellen, dass der Geschädigte die Versicherungssumme auch wirklich erhält. Insbesondere bei unzuverlässigen Versicherungsnehmern und solchen mit finanziellen Problemen, soll für den Versicherer ein Anreiz gesetzt werden, die Versicherungssumme direkt an den Geschädigten auszuzahlen.[438] Es stellt sich in diesem Zusammenhang wieder die Frage, welche Bemühungen vom Geschädigten zu erwarten sind, die Versicherungssumme zunächst vom Schädiger zu erlangen, bevor

---

[436] Prop. 2003/04:150 S. 425; *Bengtsson* S. 391; *van der Sluijs* S. 136.
[437] Hierzu: *Bengtsson* S. 393.
[438] *Bengtsson* S. 393.

er einen Direktanspruch geltend machen kann. Auch hier wird vorgeschlagen, wie beim Direktanspruch nach Kap. 4 § 9 Abs. 2 Satz 2 FAL, einen erfolglosen Vollstreckungsversuch gegen den Schädiger zu fordern.[439]

III. Direktansprüche in Spezialgesetzen

Neben diesen allgemeinen Regelungen zum Direktanspruch im reformierten FAL, gibt es eine Reihe von Spezialregelungen in älteren Gesetzen, die Pflichtversicherungen anordnen und zugleich dem Geschädigten einen Direktanspruch gegen den Haftpflichtversicherer einräumen.[440] Ein allgemeiner Direktanspruch steht dem Geschädigten z.B. nach § 24 atomansvarslagen, Kap. 10 § 14 sjölagen, §§ 8, 10 trafikskadelagen, §§ 6, 13 patientskadelagen, Kap. 4 § 1 försäkringsförmedlingslagen, § 20 Abs. 2 Nr. 2 fastighetsmäklerförordning sowie nach den Rechtsverordnungen des Finanzministeriums (*finansinspektionens författningssammling*) über Wertpapierhändler (*värdepappersbolag;* § 18)[441] und Investmentfonds (*investeringsfonder;* Kap. 10 § 5)[442] zu.

Aufgrund des inzwischen nach Kap. 9 § 7 Abs. 1 Nr. 1 FAL vorgesehenen allgemeinen Direktanspruches für alle obligatorischen Haftpflichtversicherungen sind ältere spezielle Anordnungen diesbezüglich obsolet geworden. Es kann nun sogar zu Konflikten kommen, wenn ältere Spezialgesetze vom FAL abweichende Regelungen treffen und etwa den Direktanspruch an weitere Bedingungen knüpfen, die nach dem FAL bei Pflichtversicherungen nicht vorgesehen sind. Das schwedische Umweltgesetz von 1998 (*miljöbalken*) sah beispielsweise in Kap. 33 § 1 Abs. 2 eine Versicherungspflicht für Unternehmen vor, die umweltgefährdende Tätigkeiten ausüben (sog. *miljöskadeförsäkring*).[443] Es gewährte in Kap. 33 Abs. 2 Nr. 1 aber nur einen subsidiären Direktanspruch, wenn Schadensersatz auf anderem Wege nicht zu erlangen war. Diese – dem Erfordernis eines allgemeinen Direktanspruches widersprechende – Regelung wurde im Jahre 2009 aufgehoben.[444] Umweltgefährdende Unternehmen müssen sich nun nicht mehr gegen Umweltschäden versichern und es besteht auch kein Direktanspruch nach dem *miljöbalken* mehr. Die Aufhebung der Pflichtversicherung wurde damit begründet, dass die *miljöskadeförsäking* kaum in Anspruch genommen wurde, aber für die abschlusspflichtigen Unterneh-

---

[439] So zur Vorgängerregelung: *Zackariasson* S. 337.
[440] Zu den spezialgesetzlichen Direktansprüchen: *van der Sluijs* S. 143 ff.
[441] FFFS 2002:6.
[442] FFFS 2004:2.
[443] Zu Deutsch „Umweltschadensversicherung". Zu dieser bis 2009 bestehenden Pflichtversicherung siehe: *Hellner/Radetzki* S. 351 f.; *van der Sluijs* S. 48 ff.
[444] Lag 2009:1210.

men erhebliche Versicherungskosten verursachte.[445] Die Entschädigungsmöglichkeiten bei Umweltschäden haben sich insoweit für die Geschädigten also verschlechtert. Allerdings bestand offensichtlich auch kaum Bedarf für die Inanspruchnahme dieser Pflichtversicherung.

C. Übriges Skandinavien

I. Norwegen

Das norwegische Recht räumt dem Geschädigten nach Kap. 7 § 6 Abs. 1 NoFAL einen Direktanspruch bei *allen* Haftpflichtversicherungen ein.[446] Es besteht damit ein genereller Direktanspruch, der bedingungslos sowohl für freiwillige als auch für obligatorische (Kap. 7 § 7 Abs. 1 NoFAL) Haftpflichtversicherungen gilt. Gemäß Kap. 1 § 3 Abs. 2 NoFAL können nur Großunternehmen i.S.d. Kap. 1 § 3 NoFAL als Versicherungsnehmer einen Direktanspruch im Versicherungsvertrag ausschließen.[447] Fällt das schädigende Unternehmen später jedoch in Insolvenz, lebt auch ein zuvor im Versicherungsvertrag abbedungener Direktanspruch des Geschädigten zwingend wieder auf (Kap. 7 § 8 Abs. 2 NoFAL).

Um die norwegischen Versicherungsunternehmen durch diesen umfassenden Direktanspruch nicht über Gebühr zu belasten, schreibt Kap. 7 § 6 Abs. 5 NoFAL vor, dass eine hierauf gestützte Direktklage nur vor *norwegischen Gerichten* zulässig ist („Søksmål mot selskapet etter denne paragraf må anlegges i Norge"), soweit dem nicht völkerrechtliche Verpflichtungen Norwegens entgegenstehen.[448] Hierdurch soll verhindert werden, dass norwegische Versicherer Direktklagen in Staaten ausgesetzt werden, die unbekannte und ggf. strengere Haftungsregime (v.a. USA) haben.[449] Gegenüber den Mitgliedstaaten des EWR (und daher u.a. gegenüber allen EU-Mitgliedstaaten) findet die Regelung wegen des Lugano-Übereinkommens (LugÜ)[450] aber keine Anwendung.[451] Denn gemäß Art. 11 Abs. 2 i.V.m. Art. 9 Abs. 1

---

[445] Bis zum Jahre 2006 wurde durch die *miljöförsäkring* lediglich in drei Fällen eine Entschädigung gewährt, die Entschädigungssumme betrug insgesamt nur 363.000 Schwedische Kronen (entspricht ca. 45.000 Euro), siehe prop. 2008/09:217 S. 10. Die Versicherungsprämien beliefen sich indes jährlich auf insgesamt zwischen 10–20 Mio. Schwedische Kronen (ca. 1,2–2,5 Mio. Euro), siehe prop. 2008/09:217 S. 11.

[446] Zum Direktanspruch in Norwegen: *Brynildsen/Lid/Nygård* S. 238 ff.; *Bull* S. 546 ff.; *ders.*, in: Iversen u.a. (Hrsg.), Hyldeskrift til Jørgen Nørgaard, S. 637 (640 ff.); *Vogt* S. 65 ff.

[447] Zur Abdingbarkeit des Direktanspruches im norwegischen Recht: *Brynildsen/Lid/Nygård* S. 246 ff.

[448] Hierzu ausführlich: *Brynildsen/Lid/Nygård* S. 243 f.; *Bull* S. 557.

[449] *Bull*, in: Iversen u.a. (Hrsg.), Hyldeskrift til Jørgen Nørgaard, S. 637 (643).

[450] „Übereinkommen über die gerichtliche Zuständigkeit und die Vollstreckung gerichtlicher Entscheidungen in Zivil- und Handelssachen" vom 30.10.2007.

[451] *Bull*, in: Iversen u.a. (Hrsg.), Hyldeskrift til Jørgen Nørgaard, S. 637 (643).

lit. b LugÜ kann der Geschädigte am Gerichtsstand seines Wohnsitzes eine Direktklage gegen einen Haftpflichtversicherer erheben, welcher seinen Sitz im Hoheitsgebiet eines anderen Vertragsstaates hat, sofern eine solche unmittelbare Klage zulässig ist.[452] Die vom EuGH in den Rechtssachen *Jack Odenbreit*[453] und *Vorarlberger Gebietskasse*[454] aufgestellten Grundsätze zum Gerichtstand des Geschädigten bei Direktklagen nach Art. 11 Abs. 2 i. V. m. Art. 9 Abs. 1 lit. b EuGVO sind nämlich auch für die gleichlautenden Vorschriften des LugÜ insoweit maßgeblich.[455]

II. Dänemark

Das dänische Recht räumt dem Geschädigten keinen Direktanspruch im eigentlichen Sinne, sondern nur ein *direktkravsrätt genom cession* (Direktanspruch durch Zession) ein.[456] Nach § 95 Abs. 1 DäFAL tritt der Geschädigte in den Freistellungsanspruch des Versicherungsnehmers ein, wenn dessen Haftung nach Grund und Höhe festgestellt wurde.[457] Voraussetzung des Überganges ist, dass dieser Feststellung gegenüber dem Versicherungs*nehmer* bindende Wirkung zukommt.[458] Diese Bindungswirkung kann z. B. durch ein gerichtliches Haftungsurteil, einen Schiedsspruch oder auch ein außergerichtliches Anerkenntnis des Versicherungsnehmers erzeugt werden.[459] Der Versicherer wird dadurch allerdings nicht automatisch mitgebunden, es wird lediglich ein Recht des Geschädigten zur direkten Geltendmachung gegenüber dem Haftpflichtversicherer erzeugt. In einem ggf. nachfolgenden Direktklageprozess ist die Schadensersatzpflicht des Versiche-

---

[452] BGH NZV 2013, 177 ff. Rn. 8, 23 mit Anmerkung *Nugel; Staudinger,* in: Rauscher (Hrsg.), Europäisches Zivilprozess- und Kollisionsrecht; Art. 11 Brüssel I-VO Rn. 6 f. Nach Art. 1 Abs. 1 Protokoll Nr. 2 zum LugÜ ist bei der Auslegung des LugÜ den Grundsätzen der maßgeblichen Entscheidungen des EuGH gebührend Rechnung zu tragen; vgl. zur Rolle der EuGH-Rechtsprechung zur Brüssel I-VO für die Auslegung des LugÜ: *Staudinger,* in: Rauscher (Hrsg.), Europäisches Zivilprozess- und Kollisionsrecht, Einl LugÜbk 2007 Rn. 30; *Pålsson,* Bryssel I-Förordningen jämte Bryssel- och Luganokonventionerna, S. 45 ff. Nach *Skoghøy,* in: Lov og rett 2012, 193 wird die Klausel im genannten Protokoll in Norwegen sogar derart interpretiert, dass die EuGH-Entscheidungen faktisch auch für die Auslegung des LugÜ verbindlich sind.
[453] EuGH, Urt. v. 13.12.2007, C-463/06 – *Jack Odenbreit* Rn. 26 ff.
[454] EuGH, Urt. v. 17.09.2009, C-347/08 – *Vorarlberger Gebietskasse* Rn. 30.
[455] BGH NZV 2013, 177 ff. Rn. 8, 23; *Staudinger,* in: Rauscher (Hrsg.), Europäisches Zivilprozess- und Kollisionsrecht, Art. 11 Brüssel I-VO Rn. 6 f.
[456] Zum dogmatischen Unterschied zwischen dem *direktkravsrätt genom cession* und dem *automatisk direktkravsrätt* siehe oben S. 31 f.
[457] Zum Direktanspruch in Dänemark: *Sørensen,* Forsikrinsaftaleloven, S. 249 ff.; *Jønsson/Kjærgaard* S. 721 ff.
[458] *Jønsson/Kjærgaard* S. 722 f.
[459] *Jønsson/Kjærgaard* S. 723; *Goldschmidt,* in: NFT 1998, 345 (357).

rungsnehmers grundsätzlich erneut selbstständig zu beurteilen.[460] Des Weiteren tritt der Geschädigte nach § 95 Abs. 2 DäFAL auch dann in den Freistellungsanspruch des Versicherungsnehmers ein, wenn dieser insolvent ist.

Da das dänische Recht keinen allgemeinen Direktanspruch bei Pflichtversicherungen vorsieht, kommt insoweit spezialgesetzlichen Direktansprüchen eine bedeutende Rolle zu. Einige dänische Pflichtversicherungsgesetze sehen nämlich einen Direktanspruch im eigentlichen Sinne, also ein „automatisches" Durchgriffsrecht des Geschädigten, vor.[461] Der wichtigste Direktanspruch ist der im Rahmen der Kfz-Pflichtversicherung, der gemäß § 108 Abs. 1 *færdselsloven*[462] (Kfz-Gesetz) besteht. Weitere Direktansprüche bestehen z.B. nach § 8 Abs. 2 Satz 2 *hundeloven*[463] (Hundegesetz), § 200 Abs. 1 Satz 1 *søloven*[464] (Seegesetz) und § 20 *lov om klage- og erstatningsadgang inden for sundhetsvæsent*[465] (Gesetz über Klage- und Schadensersatzmöglichkeiten im Gesundheitswesen) i.V.m. § 4 Abs. 2 *bekendtgørelse om forsikringspligtens gennomførelse*[466] (Verordnung zur Durchführung der Pflichtversicherung).

III. Finnland

Das finnische Recht räumt dem Geschädigten zunächst gemäß § 67 Abs. 1 Nr. 1 FinFAL einen Direktanspruch bei allen Pflichtversicherungen ein.[467] Bei freiwilligen Haftpflichtversicherungen besteht ein Direktanspruch nach § 67 Abs. 1 FinFAL nur, wenn der Versicherungsnehmer insolvent oder aus anderen Gründen zahlungsunfähig (*annars inslovent*) ist (Nr. 2) oder seine Haftpflichtversicherung im Rahmen seiner wirtschaftlichen Betätigung bekannt gemacht hat (Nr. 3).

Gemäß § 68 Abs. 1 FinFAL hat der Versicherer dem Geschädigten bei jeder Art der Haftpflichtversicherung eine Mitteilung darüber zu senden, ob und inwieweit er den Schaden regulieren wird (sogenannter *ersättningsbeslut*). Nach Zugang dieser Mitteilung über die Regulierungsentscheidung steht dem Geschädigten nach § 68 Satz 2 FinFAL bei allen Haftpflichtversicherungen ein direktes Klagerecht (*rätt att väcka talan*) gegen den Versicherer zu, mit dem er seinen Schadensersatzanspruch di-

---

[460] *Van der Sluijs* S. 140.
[461] Zu den spezialgesetzlichen Direktansprüchen im dänischen Recht: *van der Sluijs* S. 143 ff.; *Goldschmidt*, in: NFT 1998, 345 (357).
[462] LBK nr 1055 af 09/11/2012.
[463] LBK nr 254 af 08/03/2013.
[464] LBK nr 856 af 01/07/2010.
[465] LBK nr 1113 af 07/11/2011.
[466] BEK nr 1054 af 28/08/2013.
[467] Zum Direktanspruch in Finnland: *van der Sluijs* S. 124 ff.

rekt geltend machen kann.[468] Damit hat sich das finnische Recht für den Fall einer Regulierungsentscheidung des Versicherers für einen generellen Direktanspruch des Geschädigten entschieden. Der finnische Gesetzgeber wollte aber nicht die Lösung des norwegischen Rechts übernehmen und dem Geschädigten von Anfang an einen generellen Direktanspruch einräumen, weil man diese Lösung wegen der Informationsprobleme des Geschädigten bezüglich einer Haftpflichtversicherung seines Schädigers als unpraktikabel erachtete.[469] Nach einer Regulierungsentscheidung des Versicherers bestünden diese Informationsprobleme auf Seiten des Geschädigten nicht mehr, da jedenfalls die Identität des Haftpflichtversicherers und dessen Regulierungseinschätzung feststeht, so dass insoweit ein genereller Direktanspruch als sinnvoll erachtet wurde.

D. Vergleich und Ergebnis

Die Gegenüberstellung der verschiedenen Regelungen offenbart zunächst, dass innerhalb der fünf untersuchten Rechtsordnungen zwei fundamental unterschiedliche gesetzliche Leitbilder für den Direktanspruch in der Haftpflichtversicherung bestehen. Auf der einen Seite gehen das norwegische – und mit Abstrichen auch das finnische – Recht davon aus, dass die direkte Schadensabwicklung zwischen Geschädigtem und Versicherer die *prinzipiell* vorzugswürdige Lösung für alle Arten der Haftpflichtversicherung ist.[470] Folgerichtig wird dem Geschädigten hier auch ein *genereller* Direktanspruch bei allen Haftpflichtversicherungen eingeräumt. Das finnische Recht lehnte einen von Anfang an bestehenden generellen Direktanspruch zwar als nicht praktikabel ab, es eröffnet dem Geschädigten einen solchen generellen Direktanspruch aber, nachdem er durch die Regulierungsentscheidung des Versicherers alle zu einer direkten Schadensabwicklung notwendigen Informationen erhalten hat. Die anderen untersuchten Rechtsordnungen Deutschlands, Schwedens und Dänemarks betrachten den Direktanspruch hingegen zuvörderst als ein Instrument zum *Schutz des Geschädigten.* Sie gewähren einen Direktanspruch daher nur in *Ausnahmefällen,* in denen sie den Geschädigten als besonders schützenswert erachten.

Innerhalb der einzelnen Rechtsordnungen bestehen hierbei durchaus erhebliche Unterschiede, wann ein Direktanspruch für notwendig erachtet wird. Bei *allen* Pflichtversicherungen räumen das schwedische und das finnische Recht einen allgemeinen Direktanspruch ein. Das deutsche Recht

---

[468] Zu diesem Direktanspruch: *van der Sluijs* S. 142 f.
[469] Regerierungsproposition 114/1993 Punkt 2.11., abrufbar unter: <http://217.71.145.20/TRIPviewer/show.asp?tunniste=RP+114/1993+MOTIVERING+I/III&base=errp&palvelin=www.eduskunta.fi&f=WP&kieli=ru> (Stand: 20.08.2014); siehe zur Gesetzbegründung außerdem: *van der Sluijs* S. 143.
[470] Zu den Motiven des Gesetzgebers in Norwegen: NOU 1987:24 S. 147 f.

gewährt diesen indes ohne weitere Voraussetzungen nur bei der *Kfz*-Pflichtversicherung. Die Gewährung eines Direktanspruches bei Pflichtversicherungen ist vor allem auf die hier vorliegende Sonderstellung des Geschädigten zurückzuführen.

Diese Sonderstellung nimmt er bei freiwilligen Haftpflichtversicherungen nicht ein. Das deutsche Recht verweigert dem Geschädigten daher hier auch jeden Direktanspruch. Die anderen untersuchten Rechtsordnungen gewähren ihn auch bei *freiwilligen* Haftpflichtversicherungen in Situationen, in denen der insoweit Geschädigte besonders schützenswert erscheint. Das schwedische, finnische und dänische Recht zählen hierzu gemeinsam die Insolvenz des Schädigers. Hier ist die Realisierung des Ersatzanspruches nämlich in besonderem Maße gefährdet. Nach deutschem Recht besteht hier nur ein Absonderungsrecht des Geschädigten (§ 110 VVG).

Ein weiterer Ansatz ist, dass der Direktanspruch bei Verbraucherversicherungen großzügiger gewährt wird als bei Unternehmerversicherungen. So verfahren das schwedische und – mit Abstrichen – auch das norwegische Recht. Hierhinter steht die gesetzliche Wertung, dass der Geschädigte bei Schädigungen durch einen Unternehmer weniger schützenswert ist, als bei Schädigungen durch einen Verbraucher. Bei Schädigungen durch einen Unternehmer könne schließlich davon ausgegangen werden, dass ein finanziell leistungsfähiger Schuldner zur Verfügung steht und die Realisierung der Ersatzansprüche daher gesichert ist.[471] Ob dieser Annahme derart generell gefolgt werden kann, ist sehr zweifelhaft. Skeptisch zeigt sich diesbezüglich auch das norwegische Recht. Es lässt die Abdingbarkeit des Direktanspruches nur bei Großunternehmen zu und räumt bei Insolvenz des Unternehmens auch für diese einen zwingenden Direktanspruch ein.

Aufgrund der bereits beschriebenen vielfältigen Vorteile eines Direktanspruches ist es Grundannahme dieser Untersuchung, dass der Direktanspruch in der Haftpflichtversicherung die prinzipiell richtige Lösung für alle Arten der Haftpflichtversicherung ist.[472] Aus dieser Sicht verdient die Lösung des norwegischen Rechts eindeutig den Vorzug. Aber auch wenn der gesetzliche Direktanspruch nur oder jedenfalls weit überwiegend als Instrument des Geschädigtenschutzes betrachtet wird, ist die Lösung des deutschen Rechts nicht zufriedenstellend. Es gibt dem Direktanspruch von allen untersuchten Rechtsordnungen am wenigsten Raum und hinterlässt so einige Schutzlücken. Aufgrund des besonderen Schutzzweckes der Pflichtversicherung und der dem Geschädigten hierin zugewiesenen privilegierten Sonderstellung (vgl. § 117 Abs. 1, 2 VVG) sollte wenigstens bei *allen Pflichtversicherungen* ein gesetzlicher Direktanspruch bedingungslos gewährt werden. Teilt man auch nicht die Ansicht, dass bei Haftpflichtversi-

---

[471] NOU 1987:24 S. 162 sowie hierzu *Vogt* S. 72.
[472] Zu den Vor- und Nachteilen des Direktanspruches siehe oben S. 44 ff.

cherungen ein genereller Direktanspruch einzuräumen ist, so sollte doch zusätzlich zu allen Pflichtversicherungen auch bei *freiwilligen* Haftpflichtversicherungen jedenfalls dann ein Direktanspruch gewährt werden, wenn der Schädiger *insolvent* ist. Dies ist bereits im Hinblick auf das ohnehin im deutschen Recht bestehende Absonderungsrecht bezüglich des Freistellungsanspruches nach § 110 VVG geboten. Der Schritt hin zu einem Direktanspruch wäre im deutschen Recht insoweit ein leichter gewesen. Dann wäre ein angemessener Kompromiss zwischen generellem Direktanspruch und strikter Dreiecksabwicklung gefunden, ähnlich der aktuellen Rechtslage in Schweden und Finnland. Die VVG-Reform in Deutschland war vor diesem Hintergrund auf dem Gebiet des gesetzlichen Direktanspruches in der Haftpflichtversicherung daher im Ergebnis kein großer Wurf und hat diesbezüglich kaum substanzielle Änderungen gebracht.[473]

§ 7 Inhalt des Direktanspruches

Ein gesetzlicher Direktanspruch gibt dem Geschädigten sowohl in Deutschland als auch in Schweden das Recht, Schadensersatzansprüche, die diesem aus einem versicherten Schadensereignis gegen den Schädiger zustehen, unmittelbar gegenüber dem Haftpflichtversicherer des Schädigers geltend zu machen.[474] In diesem Abschnitt soll untersucht werden, welchen Inhalt dieser gesetzliche Direktanspruch hat. Zunächst ist zu klären, welche der Ansprüche, die dem Geschädigten gegen den Versicherungsnehmer aus einem Schadensereignis zustehen, dieser kraft eines gesetzlichen Direktanspruches gegenüber dem Versicherer geltend machen kann. Hier ist insbesondere von Interesse, inwieweit der Versicherungsvertrag Grenze des gesetzlichen Direktanspruches ist und inwieweit die Vertragsparteien hierin auch Regelungen über die Reichweite des Direktanspruch des Geschädigten treffen können. Ferner wird darauf eingegangen, inwiefern der Inhalt des – dem Direktanspruch zugrundeliegenden – Schadensersatzanspruches des Geschädigten gegen den Versicherungsnehmer modifiziert wird, wenn ihn der Geschädigte direkt gegenüber dem Versicherer geltend macht.

---

[473] Kritisch zur verhaltenen Öffnung des deutschen Rechts für einen gesetzlichen Direktanspruch auch: *Abram,* in: VP 2008, 77 (78 f.).
[474] Für das deutsche Recht: *Schneider,* in: MüKo-VVG § 115 Rn. 12; *Schwartze,* in: Looschelders/Pohlmann § 115 Rn. 2 f.; für das schwedische Recht: *Bengtsson* S. 389; *van der Sluijs* S. 77 ff.

A. Deutschland

I. Vom Direktanspruch erfasste Ansprüche

Gemäß § 115 Abs. 1 Satz 1 VVG kann der Dritte im Falle eines gesetzlichen Direktanspruches *seinen Anspruch auf Schadensersatz* auch gegenüber dem Versicherer geltend machen. Maßgeblich dafür, welche Ansprüche des Geschädigten überhaupt für einen Direktanspruch in Betracht kommen, ist damit zunächst das Haftungsverhältnis und der hierin begründete Schadensersatzanspruch.[475] Der Geschädigte erwirbt durch einen Direktanspruch kein besseres Recht gegenüber dem Versicherer als ihm gegenüber dem schädigenden Versicherungsnehmer zusteht. Wohl aber kann der Direktanspruch hinter dem ursprünglichen Schadensersatzanspruch zurückbleiben. Der Haftpflichtversicherer muss nämlich nicht alle Schadensersatzansprüche des Geschädigten bedienen. Die Leistungspflicht des Versicherers besteht vielmehr nach § 115 Abs. 1 Satz 2 VVG auch bei einem gesetzlichen Direktanspruch des Geschädigten nur soweit, wie dies im Versicherungsvertrag von den Parteien vereinbart wurde. Grundsätzlich sind also nur die Schadensersatzansprüche des Geschädigten vom Direktanspruch erfasst, deren Haftungsübernahme der Versicherer im Versicherungsvertrag zusagte.[476] Die Reichweite des gesetzlichen Direktanspruches können die Parteien des Versicherungsvertrages daher grundsätzlich durch privatautonome Gestaltung des versicherten Risikos selbst bestimmen (§ 114 Abs. 2 Satz 1 VVG).

Vereinbaren die Parteien einen über die gesetzlichen Anforderungen *hinausgehenden* Versicherungsschutz profitiert hiervon der Geschädigte. Die zusätzliche Deckung kommt ihm zugute und erweitert den Kreis der Ansprüche, die dieser direkt gegenüber dem Versicherer geltend machen kann (§ 113 III VVG). Vereinbaren die Parteien hingegen, dass bestimmte Risiken nicht dem Versicherungsschutz unterfallen sollen (sogenannte *Risikoausschlüsse*)[477], können die hiervon erfassten Ansprüche vom Geschädigten nicht direkt gegen den Versicherer geltend gemacht werden. Vereinbaren die Parteien des Versicherungsvertrages z.B., dass bei einem Schadensereignis nur gesetzliche Haftungsansprüche versichert sind, wie dies z.B. bei der Kfz-Haftpflichtversicherung üblich ist,[478] kann ein Geschädigter auch nur diese Ansprüche gegen den Versicherer geltend machen. Für vertragliche Ansprüche muss er sich dann an den Schädiger halten.

---

[475] Zur Maßgeblichkeit des Schadensersatzanspruches für den Direktanspruch: *Schneider*, in: MüKo-VVG § 115 Rn. 21; *Heidl* S. 288 f.; *Keppel* S. 51 f.
[476] BGH NJW-RR 2006, 1462 (1463); NJW 1990, 257 (258) jeweils noch zu § 3 Nr. 1 PflVG a.F.; *Schneider*, in: MüKo-VVG § 115 Rn. 22; *Knappmann*, in: Prölss/Martin § 115 Rn. 11.
[477] *Keppel* S. 21; *Brand*, in: MüKo-VVG § 114 Rn. 12.
[478] Dies ist z.B. nach Punkt 1.1.1. Muster-AKB 2008 vorgesehen.

Bei *Pflichtversicherungen* – und nur für diese kommt nach deutschem Recht überhaupt ein Direktanspruch in Betracht – bestimmt die Generalklausel des § 114 Abs. 2 Satz 1 VVG die Grenzen der privatautonomen Gestaltungsmacht der Parteien des Versicherungsvertrages. Hiernach muss der Versicherungsvertrag bei einer Pflichtversicherung die ausdrücklich gesetzlich vorgeschriebenen Mindeststandards abdecken und der Vertrag darf allgemein durch den Inhalt und Umfang der Versicherung „die Erreichung des jeweiligen Zweckes der Pflichtversicherung" nicht gefährden.[479]

Vereinbaren die Parteien des Versicherungsvertrages, dass ein Schadensersatzanspruch nicht vom Versicherungsvertrag gedeckt sein soll, ist zu prüfen, ob dieser Risikoausschluss mit diesen Anforderungen vereinbar ist. Ob der Zweck einer Pflichtversicherung unterlaufen wird, bestimmt sich durch eine umfassende Abwägung der Interessen des Geschädigten, des Versicherungsnehmers, der im Haftpflichtversicherungsvertrag mitversicherten Personen und des Versicherers.[480]

Neben dieser Generalklausel geben viele Gesetze, die Pflichtversicherungen anordnen, auch ausdrücklich Mindestanforderungen an den Versicherungsschutz vor. Die Kfz-Pflichtversicherung muss z.B. gemäß § 4 Abs. 1 Satz 1 PflVG den Anforderungen der Kraftfahrzeug-Pflichtversicherungsverordnung (KfzPflVV) genügen. Nach § 2 Abs. 1 KfzPflVV muss die Versicherung alle Ansprüche aus *gesetzlichen* Haftpflichtbestimmungen privatrechtlichen Inhalts abdecken. Hierunter fallen vor allem Ansprüche aus unerlaubter Handlung nach §§ 823 ff. BGB und Ansprüche nach §§ 7 ff. StVG.[481] *Vertragliche* Ansprüche, die über den Umfang der gesetzlichen Haftpflicht hinausgehen, können die Parteien des Haftpflichtversicherungsvertrages folglich ausschließen und so auch dem gesetzlichen Direktanspruch entziehen. Nicht gedeckt sind daher vertragliche Abreden des Versicherungsnehmers, in denen er gegenüber (potentiell) Geschädigten über die gesetzlichen Haftungsbestimmungen hinausgehende Verpflichtungen übernimmt, indem er z.B. Schadenspauschalierungen, geringere Voraussetzungen an den Schadensnachweis oder auch abweichende Beweislastverteilung vereinbart.[482] Ein solcher Ausschluss befindet sich in der Regel auch in den AKB.[483] Im Einzelfall kann die Abgrenzung zwischen gesetzlichen und vertraglichen Ansprüchen freilich schwierig sein.[484]

---

[479] Hierzu: *Dallwig*, in: ZVersWiss 2009, 17 (56 ff.).
[480] *Brand*, in: MüKo-VVG § 114 Rn. 14; *Keppel* S. 22.
[481] *Maier*, in: Stiefel/Maier, AKB 2008 A.1.1 Rn. 4.
[482] *Knappmann*, in: Prölss/Martin AKB 2008 A.1.5 Rn. 19; *Maier*, in: Steifel/Maier, AKB 2008, A.1.5 Rn. 57.
[483] So z.B. in Punkt A.1.5.8 Muster-AKB 2008.
[484] So z.B. bei der Frage, ob Ansprüche auf Schadensersatz neben der Leistung wegen Vertragsverletzung, etwa nach § 280 Abs. 1 BGB, unter § 2 Abs. 1 KfzPflVV fallen.

Hieran anschließend stellt sich die Frage, welche Rechtsfolge ein Verstoß gegen § 114 Abs. 2 Satz 1 VVG mit sich bringt. Was geschieht, wenn der Versicherungsvertrag hinter den gesetzlichen Anforderungen der Pflichtversicherung zurückbleibt, beantwortet die Norm nämlich nicht. Rechtstechnisch müssen dabei zwei Vertragsgestaltungen unterschieden werden: Werden bestimmte Ansprüche positiv ausgeschlossen (sogenannte *Ausschlussklauseln*), oder sind gesetzlich vorgegebene Ansprüche im Versicherungsvertrag schlicht nicht erwähnt?

Im Falle einer *vertraglichen Ausschlussklausel* in einem Pflichtversicherungsvertrag ist diese auf ihre Wirksamkeit hin zu überprüfen. Zunächst ist daran zu denken, dass vertragliche Ausschlussklauseln, die gegen die Vorgaben von § 114 Abs. 2 Satz 1 VVG und/oder die entsprechenden Mindestdeckungsvorschriften für Pflichtversicherungen verstoßen, wegen Verstoßes gegen ein gesetzliches Verbot gemäß § 134 BGB nichtig sind. Voraussetzung hierfür ist allerdings, dass § 114 Abs. 2 Satz 1 VVG und andere Mindestdeckungsvorschriften in Pflichtversicherungsgesetzen als *Verbotsgesetze* i.S.d. § 134 BGB anzusehen sind. Nicht jedes Gesetz, das zwingende Vorgaben macht, ist indes zugleich auch ein Verbotsgesetz. Ob ein Gesetz ein Verbotsgesetz i.S.d. § 134 BGB ist, ist vielmehr erst durch Auslegung der jeweiligen Norm zu ermitteln. Indizien für ein Verbotsgesetz sind der Wortlaut der Norm und ihr zwingender Charakter.[485] Entscheidend ist letztlich aber eine Auslegung im Einzelfall, die sich vor allem am Sinn und Zweck der Anordnung zu orientieren hat.[486] Der Wortlaut von § 114 Abs. 1 Satz 1 VVG („die Mindestversicherungssumme *beträgt* [...]") und anderer Pflichtversicherungsgesetze, z.B. § 2 KfzPflVV („Die Versicherung *hat* [...] *zu umfassen*), § 51 Abs. 2 BRAO („Der Versicherungsvertrag *hat* Versicherungsschutz für [...] *zu gewähren*) oder § 12 Abs. 1 Satz 2 HmbHundeG („Die Haftpflichtversicherung *muss mindestens* [...] *umfassen*"),[487] spricht eher dafür, dass der Gesetzgeber abweichende Vereinbarungen nicht dulden wollte und folglich Verbotsgesetze vorliegen. Die Mindestvorgaben für Pflichtversicherungen sind auch nicht abdingbar,[488] so dass auch dieses Indiz für die Annahme von Verbotsgesetzen spricht. Sinn und Zweck einer Pflichtversicherung – und damit einhergehend auch der in ihr vorgeschriebenen zwingenden Mindestvorgaben – ist zum einen der Schutz des Geschädigten, dessen Befriedigung sichergestellt

---

Dies wird überwiegend bejaht: BGH VersR 1980, 177; BGHZ 26, 365 (368 f.) noch zu § 1542 RVO; *Maier,* in: Steifel/Maier, AKB 2008, A.1.1 Rn. 4.

[485] *Armbrüster,* in: MüKo-BGB § 134 Rn. 43 ff.; *Wolf/Neuner,* Allgemeiner Teil des Bürgerlichen Rechts, § 44 Rn. 7 f.

[486] *Armbrüster,* in: MüKo-BGB § 134 Rn. 49; *Sack/Seibl,* in: Staudinger § 134 Rn. 30 f.

[487] Alle Hervorhebungen durch den Verfasser.

[488] RegE BT-Drs. 16/3945 S. 87; *Beckmann,* in: Bruck/Möller, Vor §§ 113–124 VVG Rn. 41.

werden soll. Zum anderen ist aber auch der Schutz des Versicherungsnehmers vor übermäßiger, ihn überfordernder, persönlicher Haftung beabsichtigt. Um diesen Anliegen gerecht zu werden, ist es notwendig, sicherzustellen, dass Pflichtversicherungsverträge die gesetzlichen Mindestanforderungen auch wirklich erfüllen, da ansonsten die Befriedigung des Geschädigten trotz bestehender Versicherung gefährdet wäre und die Haftung des Versicherungsnehmers bzw. der mitversicherten Personen damit nicht mehr abgesichert wäre. Daher sind die zwingenden gesetzlichen Vorgaben bei Pflichtversicherungen so zu interpretieren, dass gegen sie verstoßende Ausschlussklauseln auch keine Wirksamkeit entfalten sollen. § 114 Abs. 2 Satz 1 VVG und die entsprechenden Mindestdeckungsvorschriften sind daher als Verbotsgesetze i.S.d. § 134 BGB anzusehen.[489] Mithin sind vertragliche Ausschlussklauseln, die gegen § 114 Abs. 2 Satz 1 VVG oder spezialgesetzliche Mindestdeckungsvorschriften bei Pflichtversicherungen verstoßen, nach § 134 BGB nichtig.

Sind hingegen gesetzlich zwingend abzusichernde Ansprüche im Versicherungsvertrag schlicht *nicht erwähnt,* ist durch ergänzende Vertragsauslegung des Versicherungsvertrages der gesetzlich zwingend vorgeschriebene Mindestinhalt sicherzustellen.[490]

II. Inhalt und Umfang des Direktanspruches

Durch den Direktanspruch kann der Versicherungsnehmer seinen Schadensersatzanspruch grundsätzlich mit demselben Inhalt, wie er gegen den Schädiger besteht, auch gegen den Versicherer geltend machen (§ 115 Abs. 1 Satz 1 VVG „*seinen*" Anspruch"). Insbesondere kann der Geschädigte auch Ersatz immateriellen Schadens gemäß § 253 BGB direkt vom Versicherer verlangen.[491] In diesem Zusammenhang ist es interessant, zu be-

---

[489] Zustimmend: *Beckmann,* in: Bruck/Möller § 114 Rn. 31; weitgehend wird auch vertreten, die zwingenden Mindestvorgaben seien zwar keine Verbotsgesetze i.S.d. § 134 BGB (vgl. z.B. *Armbrüster/Dallwig,* in: VersR 2009, 150 f.; *Brand,* in: MüKo-VVG § 114 Rn. 19; *Feyock,* in: Feyock/Jacobsen/Lemor, Kraftfahrtversicherung § 114 Rn. 2), gegen sie verstoßende Ausschlussklausel seien aber dennoch – insbesondere nach § 307 BGB – unwirksam (so z.B. *Armbrüster/Dallwig,* in: VersR 2009, 150 (151 ff.); *Brand,* in: MüKo-VVG § 114 Rn. 20 f.; *Feyock,* in: Feyock/Jacobsen/Lemor, Kraftfahrtversicherung § 114 Rn. 2; *Knappmann,* in: Prölss/Martin § 114 Rn. 2). *Beckmann,* in: § 114 Rn. 31 denkt auch an, § 114 Abs. 2 Satz 1 VVG aufgrund seine Zweckes selbst die Rechtsfolge zu entnehmen, dass entgegenstehende Vereinbarungen unwirksam sind (so auch *Keppel* S. 171 ff.). Insoweit ist es aber wohl dogmatisch stringenter, die Norm gleich auch als Verbotsgesetz i.S.d. § 134 BGB einzuordnen, wenn man ihr denn richtigerweise schon einen Nichtigkeitsbefehl entnimmt.

[490] *Brand,* in: MüKo-VVG § 114 Rn. 23; *Armbrüster/Dallwig,* in: VersR 2009, 150 (153).

[491] *Vogt* S. 35 ff.

obachten, ob mit einem Direktanspruch befasste Gerichte dazu neigen, bei einer Direktklage gegen den Versicherer die „billige Entschädigung" im Sinne des § 253 Abs. 2 BGB tendenziell höher zu bemessen als bei Prozessen gegen den Versicherungsnehmer. Ist der Anspruchsgegner statt einer durchschnittlichen natürlichen Person eine große, anonyme und finanzstarke Versicherungsgesellschaft, könnte dies vielleicht hierzu verleiten.[492]

Der Direktanspruch unterliegt aber einer Einschränkung. Gemäß § 115 Abs. 1 Satz 3 VVG ist der Versicherer per se nur zur Leistung von Schadensersatz *in Geld* verpflichtet. Entgegen § 249 Abs. 1 BGB kann gegenüber dem Versicherer also Naturalrestitution in Form der Wiederherstellung des ursprünglichen Zustandes durch den Versicherer nicht verlangt werden.[493] Jedoch gilt § 249 Abs. 2 BGB, so dass der zur Wiederherstellung erforderliche Geldbetrag verlangt werden kann.[494]

Die Höhe des Direktanspruches entspricht grundsätzlich der Höhe des Anspruches gegen den Schädiger. Die vereinbarte Versicherungssumme bildet hierbei allerdings die Höchstgrenze (§ 113 III VVG). Der Versicherungsvertrag muss aber die gesetzlich vorgeschriebene Mindestversicherungssumme abdecken. Diese beträgt bei Pflichtversicherungen gemäß § 114 Abs. 1 VVG allgemein 250.000 Euro je Versicherungsfall. Sie kann durch spezialgesetzliche Regelungen für einzelne Pflichtversicherungen geändert werden. Bei der Kfz-Pflichtversicherung beträgt die Mindestversicherungssumme z.B. nach § 4 Abs. 2 PflVG in Verbindung mit der dazugehörigen Anlage 7,5 Millionen Euro für Personenschäden und eine Million Euro für Sachschäden. Bleibt der Versicherungsvertrag hierhinter zurück, haftet der Versicherer dennoch bis zur gesetzlich vorgeschriebenen Mindestversicherungssumme.[495]

B. Schweden

I. Vom Direktanspruch erfasste Ansprüche

Auch im schwedischen Recht kann der Geschädigte, wenn ihm ein gesetzlicher Direktanspruch zusteht, gemäß Kap. 9 § 7 Abs. 1 FAL grundsätzlich alle Schadensersatzansprüche aus einem Schadensereignis, die ihm gegenüber dem Geschädigten zustehen, auch unmittelbar gegenüber dem Versi-

---

[492] Diese Frage ist wiederum strikt von der Frage zu trennen, inwieweit eine Haftpflichtversicherung z.B. bei der Bemessung der Höhe eines Schmerzensgeldes berücksichtigt werden darf; siehe hierzu oben S. 49 ff.

[493] BGH NJW 1983, 2694 (2695); *Schneider,* in: MüKo-VVG § 115 Rn. 19.

[494] BGH NJW 1983, 2694 (2695); OLG Hamburg NZV 2008, 555 (557) mit Anm. *Huber; Grüneberg,* in: Palandt § 249 Rn. 10; *Schneider,* in: MüKo-VVG § 115 Rn. 19; *Knappmann,* in: Prölss/Martin § 115 Rn. 19.

[495] Zu den Rechtsfolgen eines Verstoßes gegen gesetzliche Mindestvorgaben siehe oben S. 108 ff.

cherer geltend machen (*får den skadelidande rikta krav direkt mot försäkringsbolaget*). Mithin ist auch im schwedischen Recht zunächst das Haftungsverhältnis für den Umfang des Direktanspruches maßgeblich.[496] Ebenso wie im deutschen Recht begrenzt aber auch hier grundsätzlich das Versicherungsverhältnis den Direktanspruch. Nach Kap. 9 § 7 Abs. 1 FAL kann der Geschädigte kraft des gesetzlichen Direktanspruches nur *ersättning enligt försäkringsavtalet* (Schadensersatz nach Maßgabe des Versicherungsvertrages) verlangen. Auch im schwedischen Recht sind also nur die Schadensersatzansprüche vom Direktanspruch erfasst, die vom Haftpflichtversicherungsvertrag als versichertes Risiko abgedeckt sind. Die Parteien des Versicherungsvertrages können daher grundsätzlich auch im schwedischen Recht durch den Versicherungsvertrag den Umfang des Direktanspruches für den Geschädigten regeln. Sie können grundsätzlich auch vereinbaren, dass Ansprüche zwar von der Haftpflichtversicherung, nicht aber vom Direktanspruch erfasst sind.

Allerdings sind der Privatautonomie auch im schwedischen Recht bezüglich der Ausgestaltung des gesetzlichen Direktanspruches Grenzen gesetzt. Dies gilt zunächst für *Pflichtversicherungen.* Zwar fehlt eine dem § 114 Abs. 2 Satz 1 VVG entsprechende Generalklausel im FAL, jedoch geben die einzelnen schwedischen Pflichtversicherungsgesetze zahlreiche zwingende Mindestanforderungen vor, die v.a. Inhalt und Umfang der vorgeschriebenen Versicherung regeln. Zu nennen sind hier z.B. § 8 TsL, § 6 PsL und § 22 Abs. 1 AtomL. Anders als im deutschen Recht (das hier keinen gesetzlichen Direktanspruch vorsieht), stellt sich im schwedischen Recht die Frage, inwieweit der Direktanspruch bei *freiwilligen Haftpflichtversicherungen* auf bestimmte Ansprüche beschränkt werden kann. Grundsätzlich können freiwillige Haftpflichtversicherungen von den Parteien frei ausgestaltet werden. Insbesondere können sie das versicherte Risiko frei vereinbaren.

Es gibt aber auch für freiwillige Haftpflichtversicherungen eine Reihe von gesetzlich zwingenden Regelungen im Versicherungsvertragsrecht. Allgemein bestimmt zunächst Kap. 1 § 6 FAL, dass Versicherungsverträge nicht zum Nachteil des Versicherungsnehmers oder sonstiger aus dem Versicherungsvertrag Begünstigter von den gesetzlichen Bestimmungen des FAL abweichen dürfen, soweit dies nicht ausdrücklich gesetzlich zugelassen ist. Soweit das FAL also zwingende Mindestanforderungen stellt, können die Parteien keinen geringeren Versicherungsschutz vereinbaren. Nahezu durchgehend zwingend sind die Vorgaben des FAL für *Verbraucherversicherungen.*[497] Bei Unternehmerversicherungen sind vertragliche Abwei-

---

[496] Zur Maßgeblichkeit des ursprünglichen Schadensersatzanspruches auch für den Direktanspruch: *Bengtsson* S. 389 f.; *van der Sluijs* S. 77 ff.; *Hellner* S. 394 ff.
[497] *Bengtsson* S. 197.

chungen von den gesetzlichen Vorschriften indes häufig zulässig, z.B. gemäß Kap. 8 § 11 Abs. 3 (Herbeiführung des Versicherungsfalles) und § 20 Abs. 2 FAL (Verjährung der Ansprüche aus dem Versicherungsvertrag).

Deckt ein Versicherungsvertrag mehr Ansprüche ab als gesetzlich erfordert, profitiert hiervon auch im schwedischen Recht der Geschädigte, da auch sein Direktanspruch entsprechend erweitert wird. Umgekehrt sind Vertragsbestimmungen, die gegen gesetzliche Mindestbestimmungen verstoßen, unwirksam, und an deren Stelle tritt die zwingend vorgegebene gesetzliche Regelung.[498]

II. Inhalt und Umfang des Direktanspruches

Auch im schwedischen Recht folgt der Direktanspruch in Inhalt und Umfang grundsätzlich dem zugrundeliegenden Schadensersatzanspruch des Versicherungsnehmers.[499] Auch Ansprüche auf Zahlung von Schmerzensgeld nach Kap. 5 § 1 Abs. 1 Nr. 3 SkL (*ersättning för sveda och värk*) können als Direktanspruch geltend gemacht werden.[500] Eine dem § 115 Abs. 1 Satz 3 VVG vergleichbare Regelung bedarf es im schwedischen Recht nicht. Denn das schwedische Schadensersatzrecht gewährt dem Geschädigten keine Naturalrestitution, sondern per se nur Schadensersatz in Geld (für Personenschäden nach Kap. 5 §§ 1 ff. SkL, für Sachschäden nach Kap. 5 § 7 SkL).[501] Die im Versicherungsvertrag vereinbarte Höchstversicherungssumme begrenzt auch den Direktanspruch des Geschädigten. Unter der gesetzlichen Mindestversicherungssumme darf die vereinbarte Versicherungssumme freilich nicht liegen, ansonsten gilt diese als vereinbart.[502]

C. Vergleich und Ergebnis

In beiden Rechtsordnungen gilt bezüglich des gesetzlichen Direktanspruches, dass der Geschädigte zunächst grundsätzlich alle Schadensersatzforderungen, die ihm gegen den schädigenden Versicherungsnehmer zustehen, auch unmittelbar gegenüber dem Versicherer geltend machen kann. Der Geschädigte erhält aber auch kein besseres Recht gegen den Versicherer als dem Versicherungsnehmer ursprünglich im Versicherungsverhältnis zustand. Für die Reichweite des Direktanspruches gilt nämlich wiederum der Grundsatz, dass der Versicherungsvertrag die Grenze desselben bildet. Grundsätzlich steht es den Parteien im deutschen wie im schwedischen Recht frei, im Versicherungsvertrag zu regeln, welche Schadensersatzan-

---

[498] *Bengtsson* S. 196.
[499] *Bengtsson* S. 389 f.
[500] Hierzu: *Bengtsson/Strömbäck,* Skadeståndslagen, S. 190 ff.
[501] *Hellner/Radetzki* S. 39 ff.; *Roos* S. 33 ff.
[502] Hierzu: *Bengtsson* S. 196.

sprüche der Geschädigte im Wege des Direktanspruches gegenüber dem Versicherer geltend machen darf, und für welche er sich ausschließlich an den Versicherungsnehmer wenden kann. Beide Rechtsordnungen stellen aber wiederum im Bereich der Pflichtversicherungen weitreichende gesetzliche Mindestanforderungen darüber auf, welche Haftungsrisiken und welche daraus resultierenden Schadensersatzansprüche bis zu welcher Schadenshöhe vom Versicherungsschutz zwingend erfasst sein müssen. Diese Mindestvorgaben schränken gleichsam die Einschränkungsmöglichkeiten des Versicherungsvertrages – auch in Bezug auf den Direktanspruch – ein. Diese zwingenden Vorgaben liegen im Wesen der Pflichtversicherung begründet, die nur so ihren Schutzzweck sicherstellen kann.[503] Bei freiwilligen Haftpflichtversicherungen ist der Umfang des gesetzlichen Direktanspruches nach schwedischem Recht hingegen frei verhandelbar, soweit die Parteien nur die zwingenden Regelungen des allgemeinen Versicherungsvertragsrechts, die v.a. für Verbraucherversicherungen bestehen, beachten. Da im deutschen Recht ein gesetzlicher Direktanspruch überhaupt nur bei Pflichtversicherungen in Betracht kommt, besteht für diesen insgesamt auch weit weniger privatautonomer Gestaltungsspielraum als im schwedischen Recht. Besteht Versicherungsschutz über das gesetzliche Mindestmaß hinaus, profitiert hiervon in beiden Rechtsordnungen der Geschädigte. Sein Direktanspruch erweitert sich entsprechend, soweit nichts Gegenteiliges im Versicherungsvertrag vereinbart wurde.

In beiden Rechtsordnungen ist der Direktanspruch ferner nur auf Schadensersatz in Geld gerichtet. Im deutschen Recht bedarf es hierfür einer Sondervorschrift, da hier der gesetzliche Regelfall die tatsächliche Wiederherstellung durch den Schädiger ist. Das deutsche Recht tut gut daran, dies für den Direktanspruch zu ändern. Zum einen ist in der Praxis längst auch in Deutschland die Geldleistung der Regelfall[504], zum anderen passt die Idee der tatsächlichen Wiederherstellung des ursprünglichen Zustandes durch den Schädiger persönlich im Falle eines Direktanspruches, der sich gegen eine Versicherungsgesellschaft richtet, nicht.

Darüber hinaus gibt es aber keine Einschränkungen, inwieweit gegen den Schädiger begründete Schadensersatzansprüche auch gegenüber dem Versicherer geltend gemacht werden können. Beide Rechtsordnungen ermöglichen es insbesondere auch, Schmerzensgeldansprüche im Wege des Direktanspruches geltend zu machen. Hieran könnte man wegen der dann möglicherweise nicht mehr funktionierenden Genugtuungsfunktion des Schmerzensgeldes zweifeln. Richtigerweise ist aber Schmerzensgeld ebenso vom Direktanspruch erfasst wie der Ersatz materieller Schäden. Zum

---

[503] Zu Sinn und Zweck der Pflichtversicherung und deren Einsatz im deutschen und schwedischen Recht siehe oben S. 18 ff.
[504] *Oetker*, in: MüKo-BGB § 249 Rn. 320.

einen entspricht dies der Rechtsnatur des Direktanspruches, der lediglich einen weiteren Schuldner für einen ohnehin schon bestehenden Schadensersatzanspruch gibt. Zum anderen wird in der Regel trotz eines Direktanspruches auch der Schädiger von den wirtschaftlichen Folgen des Schadens persönlich getroffen, nämlich immer dann, wenn der Versicherer durch Regress, etwaige Prämienerhöhungen oder gar eine Kündigung des Versicherungsvertrages reagiert.

§ 8 Verjährung des Direktanspruches

Im folgenden Abschnitt wird untersucht, wann das Recht des Geschädigten, seinen Schadensersatzanspruch auch direkt gegenüber dem Versicherer geltend zu machen, verjährt. Hier ist von besonderem Interesse, ob die Rechtsordnungen die Verjährung des gesetzlichen Direktanspruches an die Verjährung des zugrundeliegenden Schadensersatzanspruches oder an die Verjährung des Freistellungsanspruches aus dem Versicherungsvertrag anknüpfen oder inwieweit der Direktanspruch als ein selbstständiges Recht des Geschädigten ausgestaltet ist, dessen Verjährung (zumindest teilweise) unabhängig vom Haftungs- oder Versicherungsverhältnis ist. Dies könnte insbesondere dadurch realisiert werden, dass die Verjährung erst beginnt, wenn der Geschädigte Kenntnis der Umstände hat, die für ihn einen Direktanspruch begründen.

A. Deutschland

Nach der Dogmatik des deutschen Rechts kann der gesetzliche Direktanspruch nicht im engeren Sinne „verjähren". Denn der Verjährung unterliegen gemäß § 194 Abs. 1 BGB nur *Ansprüche*. Der Direktanspruch ist aber kein eigener Anspruch, sondern ein gesetzlich angeordneter Schuldbeitritt.[505] Er gibt dem Geschädigten das *Recht,* einen bereits bestehenden Anspruch auch gegenüber dem Versicherer geltend zu machen. Dem deutschen Gesetzgeber bleibt daher dogmatisch nur, entweder eine selbstständige Frist zu setzen, innerhalb derer das Recht vom Geschädigten auszuüben ist, oder die „Verjährung" des Direktanspruches an die Verjährung des Schadensersatzanspruches oder des Freistellungsanspruches zu koppeln.

Der deutsche Gesetzgeber entschied sich gemäß § 115 Abs. 2 Satz 1 VVG dafür, dass der Direktanspruch der gleichen Verjährung unterliegt wie der zugrundeliegende Schadensersatzanspruch gegen den ersatzpflichtigen Versicherungsnehmer. Die regelmäßige Verjährungsfrist, die für den Direktanspruch gilt, beträgt daher gemäß § 195 BGB drei Jahre. Diese

---

[505] Zur dogmatischen Einordnung des gesetzlichen Direktanspruches siehe oben S. 31.

Frist gilt sowohl für vertragliche als auch für deliktische Ansprüche.[506] Die Regelverjährung von drei Jahren gilt nach § 14 StVG auch für Ansprüche des Geschädigten nach dem StVG.

Die Verjährung *beginnt* gemäß § 115 Abs. 2 Satz 2 1. HS VVG mit dem Zeitpunkt, zu dem die Verjährung des Schadensersatzanspruches gegen den ersatzpflichtigen Versicherungsnehmer beginnt. In der Regel ist dies gemäß § 199 Abs. 1 BGB der Schluss des Jahres, in dem der Anspruch entstanden ist und der Geschädigte von den den Anspruch begründenden Umständen und der Person des Schuldners Kenntnis erlangt hat oder ohne grobe Fahrlässigkeit erlangt haben müsste. Entscheidend ist die Kenntnis um den Schadensersatzanspruch; auf die Kenntnis, dass auch ein Direktanspruch besteht, kommt es *nicht* an.[507] Die Höchstverjährungsfrist beträgt nach § 115 Abs. 2 Satz 2 2. HS VVG unabhängig von der Kenntnis des Geschädigten zehn Jahre ab Eintritt des Schadens. Da der Schadensersatzanspruch aber – z.B. wenn er gemäß § 199 Abs. 2 BGB auf der Verletzung des Lebens, des Körpers, der Gesundheit oder der Freiheit beruht – auch erst nach 30 Jahren verjähren kann, sind Fälle denkbar, in denen der gesetzliche Direktanspruch bereits verjährt ist, der zugrundeliegende Schadensersatzanspruch aber noch nicht. Der Geschädigte kann dann aber immer noch über alternative Zugriffwege auf den Freistellungsanspruch zugreifen, der dem Versicherungsnehmer gegen den Versicherer zusteht, indem er sich diesen vom Versicherungsnehmer abtreten lässt oder diesen pfändet.[508] Erfährt beispielsweise das Opfer einer Körperverletzung, die ihren Grund in einer Beißattacke eines Hundes hat, dessen Halter seinen Wohnsitz in der Freien und Hansestadt Hamburg hat, erst 15 Jahre nach dem Schadensfall von der Identität des Hundehalters (und beruhte seine bisherige Unkenntnis nicht auf grober Fahrlässigkeit, vgl. § 199 Abs. 1 BGB), ist dieser Schadensersatzanspruch nach § 199 Abs. 2 BGB noch nicht verjährt. Ist der schädigende Hundehalter nun insolvent oder unbekannten Aufenthaltes, steht dem Geschädigten – da die Hundehaftpflichtversicherung für Hundehalter mit Wohnsitz in Hamburg gemäß § 12 Abs. 1 HmbHundeG[509] eine Pflichtversicherung ist – grundsätzlich nach § 115 Abs. 1 Satz 1 Nrn. 2, 3 VVG ein Direktanspruch gegen den Haftpflichtversicherer des Hundehalters zu. Dieser ist aber gemäß § 115 Abs. 2 Satz 1 2. HS VVG wegen der absoluten Verjährungsfrist von zehn Jahren nach Eintritt des Schadens bereits verjährt. Ein unmittelbares Vorgehen gegen den Versicherer ist für den Geschädigten daher nur noch im Wege

---

[506] *Grothe*, in: MüKo-BGB § 195 Rn. 2; *Ellenberger*, in: Palandt § 195 Rn. 2.
[507] *Beckmann*, in: Bruck/Möller § 115 Rn. 55; *Schneider*, in: MüKo-VVG § 115 Rn. 28.
[508] *Schneider*, in: MüKo-VVG § 115 Rn. 29; *Knappmann*, in: Prölss/Martin, § 115 Rn. 30.
[509] „Hamburgisches Gesetz über das Halten und Führen von Hunden" vom 26. Januar 2006, HmbGVBl. 2006, S. 37.

der Abtretung des Freistellungsanspruches oder – nach Erwirkung eines vollstreckbaren Titels – im Wege der Pfändung desselben möglich.[510] Geht der Geschädigte dann auf dieser Grundlage gegen den Versicherer vor, kann dieser im Übrigen gemäß § 117 Abs. 1 VVG auch nicht die Entschädigung mit dem Argument verweigern, dass der Freistellungsanspruch bereits verjährt ist oder, dass der Hundehalter als Versicherungsnehmer den Schaden nicht rechtzeitig angezeigt hat.[511]

Nach § 115 Abs. 2 Satz 4 VVG wirken Hemmung, Ablaufhemmung und Neubeginn der Verjährung des Schadensersatzanspruches auf den Direktanspruch und umgekehrt. Der Direktanspruch hat in § 115 Abs. 2 Satz 3 VVG einen eigenen Hemmungstatbestand. Hiernach ist die Verjährung des Direktanspruches gehemmt, nachdem der Geschädigte seinen Schadensersatzanspruch beim Versicherer angemeldet hat, bis dieser in Textform nach § 126b BGB über die Regulierung des Versicherungsfalles entschieden hat. Diese verjährungshemmende Anmeldung des Versicherungsfalles durch den Dritten kann formlos erfolgen. Es genügt die Angabe des Schadensereignisses und ein Überblick über die zu erwartenden Ansprüche.[512] Aus Beweisgründen ist eine nachweisbare Schadensanmeldung aber dennoch zweckmäßig. Wie sich aus § 115 Abs. 2 Satz 4 VVG ergibt, sind daneben auch die allgemeinen Tatbestände des BGB für Hemmung, Ablaufhemmung und Neubeginn der Verjährung auf den Direktanspruch anwendbar.[513]

B. Schweden

Die Verjährung des gesetzlichen Direktanspruches hat im schwedischen FAL – anders als im deutschen VVG – keine eigenständige Regelung erfahren. Hier bestimmt lediglich Kap. 7 § 4 Satz 1 FAL für die *konsumtförsäkring* allgemein, dass die Verjährungsfrist für Ansprüche, die wegen Auszahlung der Versicherungssumme gegen den Versicherer erhoben werden, drei Jahre beträgt. Unter diese Ansprüche fällt auch der Direktanspruch des Geschädigten.[514] Die Frist beginnt zu dem Zeitpunkt, in dem derjenige, der einen Anspruch gegen den Versicherer geltend machen möchte, Kenntnis von der Möglichkeit erlangt, einen Anspruch gegen den Versicherer geltend machen zu können (*Den som vill göra anspråk på försäkringserstättning [...] efter att ha fått kännedom om att anspråket kunde*

---

[510] Zum Zugriff auf den Freistellungsanspruch im Wege der Abtretung oder Pfändung siehe ausführlich unten S. 152 ff.
[511] Zur Wirkung versicherungsrechtlicher Einwendungen gegenüber dem Geschädigten siehe ausführlich unten S. 140 ff.
[512] *Schneider,* in: MüKo-VVG § 115 Rn. 30; *Knappmann,* in: Prölss/Martin, § 115 Rn. 32.
[513] *Schneider,* in: MüKo-VVG § 115 Rn. 32.
[514] *Bengtsson* S. 328; *van der Sluijs* S. 210 f.

göres gällende). Sieht man den Direktanspruch des Geschädigten als ein insoweit selbstständiges Recht an, müsste für den Beginn der Verjährung bei einem Direktanspruch gegen den Haftpflichtversicherer daher auf die *Kenntnis des Geschädigten* und nicht auf die (in der Regel frühere) Kenntnis des Versicherungsnehmers abgestellt werden. Da es aber keine ausdrückliche Regelung für den Verjährungsbeginn beim Direktanspruch gibt, ist die Rechtslage diesbezüglich letztlich unklar.[515] Der Geschädigte muss dabei nicht nur Kenntnis vom zugrundeliegenden Schadensersatzanspruch gegen den Versicherungsnehmer, sondern auch von der Tatsache, dass ihm ein Direktanspruch zusteht, erlangt haben.[516] Gemäß Kap. 7 § 4 Satz 1 2. HS FAL beträgt die absolute Verjährungsfrist für die Geltendmachung von Ansprüchen gegen den Versicherer zehn Jahre ab dem Zeitpunkt, indem der Anspruch das erste Mal hätte geltend gemacht werden können. Die Verjährung ist gemäß Kap. 7 § 4 Satz 3 FAL bis sechs Monate nach der Regulierungsentscheidung des Versicherers gehemmt, wenn der Schaden innerhalb der Verjahrungsfrist bei der Versicherung geltend gemacht wurde. Die Verjährungsregelungen von Kap. 7 § 4 gelten gemäß Kap. 8 § 20 Abs. 1 Satz 1 FAL grundsätzlich auch für die *företagsförsäkring*. Hier besteht aber nach Kap. 8 § 20 Abs. 1 Satz 2 FAL die Möglichkeit, im Versicherungsvertrag schriftlich eine kürzere Verjährungsfrist für Ansprüche des Versicherungsnehmers (*den försäkrade*) zu vereinbaren, die nach Satz 3 jedoch mindestens sechs Monate betragen muss.[517] Außerdem können die Parteien des Versicherungsvertrages dadurch nicht die dreijährige Verjährungsfrist des Direktanspruches zulasten des Geschädigten verkürzen.[518]

Einige Spezialgesetze, die Pflichtversicherungen anordnen, beinhalten Sonderregelungen bezüglich der Verjährung des Direktanspruches. Nach Kap. 19 § 1 Abs. 9 SjöL muss der dort gewährte Direktanspruch innerhalb von drei Jahren nach Eintritt des Schadens geltend gemacht werden. Gemäß § 21 Abs. 1 AtomL beträgt die Verjährung des dort gewährten Direktanspruches ebenfalls drei Jahre. Sie beginnt aber erst, wenn der Geschädigte sowohl vom Schaden als auch vom Direktanspruch Kenntnis oder grob fahrlässige Unkenntnis hatte. Für die Ansprüche auf *trafikskadesättning*

---

[515] Für einen selbstständigen Beginn plädieren *Bengtsson* S. 327; *van der Sluijs* S. 211, 218; *dies.*, Studier i försäkringsrätt, S. 110; die Frage ist aber noch nicht höchstrichterlich entschieden und daher nicht abschließend geklärt, hierzu *van der Sluijs* S. 209 ff., *dies.*, Studier i försäkringsrätt, S. 108 ff. *Bengtsson* S. 328 spricht sich allerdings auch dafür aus, dass der Geschädigte bei einem Direktanspruch an die Verjährungsfrist des Versicherungsnehmers gebunden ist.

[516] *Van der Sluijs* S. 216; *Dufwa*, in: SvJT 2001, 441 (443 ff.) für die inhaltsgleichen Regelungen § 31 TsL und § 23 PsL; siehe auch: prop. 2003/04:150 S. 199 f.

[517] Hierzu: *Bengtsson* S. 377.

[518] *Bengtsson* S. 377 f.; Ds 2011:10 S. 43, mit dem jeweiligen Hinweis, dass die Rechtslage diesbezüglich nicht ganz klar ist.

und *patientskadesersättning* sehen § 31 TsL bzw. § 23 PsL eine dem FAL vergleichbare Regelung vor. Hiernach beträgt die Verjährungsfrist ebenfalls jeweils drei Jahre. Sie beginnt mit Kenntnis des Geschädigten von seinem Direktanspruch, also erst wenn er Kenntnis davon hat, dass ein Schaden entstanden ist und dass eine den Schaden abdeckende Versicherung existiert.[519]

Im Dezember 2013 beschloss der *riksdag* eine zum 1. Januar 2015 in Kraft tretende umfassende Änderung der Verjährungsregelungen des FAL[520], des TsL[521] und des PsL[522]. Die bisherigen Verjährungsregelungen wurden vom Gesetzgeber als unbefriedigend eingeschätzt. Insbesondere wurde es als nachteilig angesehen, dass der Verjährungsbeginn auf subjektive Umstände (Kenntnis des Anspruchsinhabers) abstellt, was oftmals zu erheblicher Rechtsunsicherheit bei allen Beteiligten geführt habe.[523] Außerdem sei die dreijährige Frist auch insgesamt zu kurz bemessen.[524] Die Neuregelung sieht vor, dass nach Kap. 7 § 4 Abs. 1 Satz 1 FAL bei einer *konsumentförsäkring* Ansprüche auf Auszahlung der Versicherungssumme (also auch Direktansprüche eines Geschädigten)[525] erst *zehn Jahre nach Eintritt des Versicherungsfalles* verjähren. Wurde der Anspruch gegenüber dem Versicherer innerhalb dieser zehn Jahre geltend gemacht, verjährt der Anspruch gemäß Kap. 7 § 4 Abs. 2 FAL ferner frühestens sechs Monate nach der Geltendmachung beim Versicherer. Durch die Verlängerung der Frist von drei auf zehn Jahre soll zum einen die Rechtsstellung von Geschädigten gestärkt werden, zum anderen soll auch ein Beitrag zur der Harmonisierung der versicherungsrechtlichen Verjährungsfristen mit den allgemeinen Verjährungsfristen des schwedischen Rechts[526] und mit den Regelungen der PEICL geleistet werden.[527] Die Anknüpfung des Verjährungsbeginns an objektive Umstände (Eintritt des Versicherungsfalles) soll zudem die Rechtssicherheit erhöhen.[528] Auch die Verjährungsfristen nach § 31 TsL und § 23 PsL werden gleichlaufend zu Kap. 7 § 4 FAL geändert. Bei einer *företagsförsäkring* gelten auch nach 2015 gemäß Kap. 8 § 20

---

[519] HD NJA 2000, 285; 2001, 93; *Strömbäck/Olsson/Sjögren* S. 109 f.; *Dufwa*, in: SvJT 2001, 441 (443 ff.).
[520] Lag om ändring i försäkringsavtalslagen (2005:104); SFS 2013:1092.
[521] Lag om ändring i trafikskadelagen (1975:1410); SFS 2013:1089.
[522] Lag om ändring i patientskadelagen (1996:799); SFS 2013:1091.
[523] Prop. 2012/13:168 S. 20.
[524] Prop. 2012/13:168 S. 1.
[525] So ausdrücklich die Gesetzesbegründung: prop. 2012/13:168 S. 59.
[526] Diese beträgt gemäß § 2 Abs. 1 *preskriptionslag* (1981:130) grundsätzlich zehn Jahre.
[527] Zu den Motiven der Gesetzesänderung: Ds 2011:10 S. 70 ff. und prop. 2012/13:168 S. 20 f.
[528] Prop. 2012/13 S. 1, 20 f.

Abs. 1 FAL weiterhin die Verjährungsregelungen nach Kap. 7 § 4 FAL. Allerdings ist es hier gemäß Kap. 8 § 20 Abs. 2 FAL auch weiterhin möglich, für Ansprüche des Versicherungsnehmers kürzere Verjährungsfristen zu vereinbaren (Satz 1), die aber ein Jahr nicht unterschreiten dürfen (Satz 2). Es wird nun aber in Kap. 8 § 20 Abs. 4 FAL ausdrücklich angeordnet, dass die Parteien hierdurch nicht die Verjährung eines Direktanspruches, der im Rahmen einer *Pflichtversicherung* nach Kap. 9 § 7 Abs. 1 Nr. 1 FAL besteht, verkürzen können. Im Umkehrschluss hierzu kann also nach Inkrafttreten der Gesetzesänderung bei *freiwilligen Haftpflichtversicherungen* im Rahmen des Kap. 8 § 20 Abs. 1 FAL bei einer *företagsförsäkring* die Verjährung des Direktanspruch zulasten des Geschädigten verkürzt werden.

C. Vergleich und Ergebnis

In beiden Rechtsordnungen beträgt die regelmäßige Verjährungsfrist des Direktanspruches zurzeit grundsätzlich drei Jahre. Dieses gemeinsame Ergebnis wird aber über unterschiedliche dogmatische Wege erreicht. Das deutsche Recht unterwirft den Direktanspruch den Verjährungsregeln des zugrundliegenden Schadensersatzanspruches gegen den Versicherungsnehmer. Diesen Weg beschreitet auch das norwegische Recht gemäß Kap. 8 § 6 NoFAL. Nach schwedischem Recht verjährt der Direktanspruch hingegen nach den Regelungen über Ansprüche aus dem Versicherungsvertrag. Diese gegenteilige dogmatische Anknüpfung spiegelt den Charakter des Direktanspruches wider, der sowohl vom Haftungs- als auch vom Versicherungsverhältnis geprägt wird. Die vom schwedischen Gesetzgeber beschlossene Verlängerung der Verjährungsregelung von drei auf zehn Jahre bedeutet eine erhebliche Besserstellung des Geschädigten. Vor dem Hintergrund, dass auch Art. 7:102 Abs. 1 Satz 2 PEICL von einer zehnjährigen Regelverjährung ausgeht, ist durchaus fraglich, ob die deutsche Dreijahresfrist angesichts der oftmals bestehenden erheblichen Unsicherheiten nach einem Versicherungsfall (noch) angemessen ist. Die mit zehn Jahren indes sehr langen Fristen des FAL und der PEICL müssen sich dafür der Frage stellen, ob hier ausreichend berücksichtigt wurde, dass die (gerichtliche) Aufklärung lang zurückliegender Schadensfälle oftmals erhebliche Probleme bereitet. Möglicherweise wäre eine Frist, die zwischen drei und zehn Jahren liegt (z.B. fünf Jahre) insgesamt am überzeugendsten.

Die Regelungsansätze bezüglich des Verjährungsbeginns sind ebenfalls unterschiedlich. Während nach deutschem Recht die Verjährung des Direktanspruches bereits mit der Verjährung des zugrundeliegenden Schadensersatzanspruches beginnt, ist nach schwedischem Recht zusätzlich noch die Kenntnis des Geschädigten um die einen Direktanspruch begründenden Tatsachen erforderlich. Hier ist die schwedische Regelung überzeugender. Für den Verjährungsbeginn ist es insoweit interessengerecht, nicht nur auf die Kenntnis des Schadensfalles, sondern auch auf die Kenntnis der einen Direktanspruch ermöglichenden Umstände abzustellen. Diese liegen schließlich nicht immer auf der Hand, z.B. bei einem unbekannten Aufenthalt des Versicherungsnehmers, bei dessen Insolvenz oder bei Fragen bezüglich des Bestehens und Umfanges einer Haftpflichtversicherung. Hier muss der Geschädigte ggf. zunächst noch aufwendig und zeitintensiv Ermittlungen anstellen, um zu prüfen, ob die Voraussetzungen eines Direktanspruches vorliegen. Es ist unbillig, dass in dieser Zeit – wie im deutschen Recht – die Verjährung seines Direktanspruches bereits läuft. Daher ist auch zu akzeptieren, dass die schwedische Lösung dazu führen kann, dass u.U. noch ein Direktanspruch gegen den Versicherer besteht, obwohl der Schadensersatzanspruch gegen den Schädiger bereits verjährt ist. Dies ist insoweit durchaus angemessen, denn möglicherweise würde der Geschädigte gegen den Versicherer einen Anspruch geltend machen, für den er sich beim Versicherungsnehmer keinen Ersatz verspricht.

Die in Schweden beschlossene Gesetzesänderung rückt zwar vom Grundsatz, dass die Verjährung des Direktanspruches erst mit Kenntnis des Geschädigten beginnt, wieder ab und führt eine objektiv anknüpfende Verjährungsregelung ein. Diese „rustikale" Lösung ist angesichts der großzügigen Bemessung der Frist von zehn Jahren aber insgesamt aus Sicht des Geschädigten mehr als ausgleichend.

In beiden Rechtsordnungen wird die Verjährung durch die Anmeldung des Direktanspruches durch den Geschädigten beim Versicherer gehemmt, solange dieser über die Regulierung des Schadensfalles entscheidet. Das schwedische Recht ist hier großzügiger als das deutsche, da es die Verjährung sogar erst sechs Monate nach der Regulierungsentscheidung eintreten lässt. Das deutsche Recht sieht eine solche Nachfrist hingegen nicht vor. Dieser Hemmungstatbestand deckt auch einen Widerspruch des deutschen Rechts auf. Der Geschädigte kann zwar nach § 115 Abs. 1 Satz 3 VVG die Verjährung selbst hemmen, der Beginn der Verjährung des Direktanspruches ist aber unabhängig von seiner Kenntnis, § 115 Abs. 1 Satz 2 VVG.[529]

Abzugrenzen von der Frage der Verjährung des Direktanspruches ist zum einen die Frage, inwieweit der Versicherer auch gegenüber dem Geschädigten die Befriedigung des Direktanspruches verweigern darf, wenn der *Freistellungsanspruch* des Versicherungsnehmers bereits verjährt ist. Dies ist ein Problem der Drittwirkung der Einwendungen des Versicherers und wird

---

[529] Im schwedischen Recht wird die Möglichkeit des Geschädigten, die Verjährung selbst zu hemmen, als Argument dafür verwandt, dass daher auch *seine* Kenntnis für den Verjährungsbeginn des Direktanspruches maßgeblich sein muss, vgl. HD NJA 2009, 355 (377 f.); *van der Sluijs,* Studier i försäkringsrätt, S. 110.

im § 11 gesondert behandelt.[530] Zum anderen ist die Frage der Verjährung des Direktanspruches abzugrenzen von der Frage, ob sich der Versicherer gegenüber dem geschädigten Dritten auf die Verjährung des zugrundeliegenden *Schadensersatzspruches* berufen darf. Dies ist eine Frage der Maßgeblichkeit des Haftungsverhältnisses, die unter § 12 behandelt wird.[531]

§ 9 Auskunftsansprüche des Geschädigten

Nach einem Schadensfall muss sich der Geschädigte verschiedene Informationen beschaffen, um vollumfänglich einschätzen zu können, welche Rechte ihm zustehen. In Bezug auf einen gesetzlichen Direktanspruch muss er zunächst in Erfahrung bringen, ob das Schadensereignis überhaupt von einer Haftpflichtversicherung des Schädigers erfasst ist. Falls dem so ist, muss der Geschädigte als nächstes klären, ob ihm auch ein Direktanspruch gegen den Versicherer zusteht. Um dies einschätzen zu können, muss er – je nach anwendbarer Rechtsordnung – z. B. klären, ob es sich um eine Pflichtversicherung handelt, ob der Schädiger insolvent ist oder ob eine andere Fallgruppe vorliegt, die den Anwendungsbereich eines Direktanspruches eröffnet. Kommt der Geschädigte zu dem Ergebnis, dass ihm grundsätzlich ein Direktanspruch zusteht, gilt es schließlich noch herauszufinden, bei welchem Versicherer der Schädiger haftpflichtversichert ist und welche Versicherungsbedingungen für den Versicherungsvertrag gelten. Nähere Informationen über den Versicherungsvertrag sind für den Geschädigten insbesondere wichtig, um prüfen zu können, inwieweit der Versicherer auch im Außenverhältnis gegenüber dem Geschädigten die Versicherungssumme ggf. wegen einer etwaigen Haftungsbeschränkung wirksam mindern kann.[532] Erst wenn der Geschädigte Antwort auf all diese Fragen hat, kann er seine Rechte wirklich umfassend einschätzen. Ohne ausreichende Informationen funktioniert der Mechanismus eines gesetzlichen Direktanspruches nicht, und dieser würde letztlich leerlaufen.[533]

Potentielle Informationsquellen des Geschädigten sind zunächst die beiden anderen Akteure des „Abwicklungsdreiecks", also der Schädiger und dessen Versicherer. Zusätzlich kommen aber auch noch außenstehende Informationsquellen in Betracht, etwa Aufsichtsbehörden oder privatrechtlich organisierte Einrichtungen, die zentral relevante Informationen über den Schädiger und dessen Haftpflichtversicherung erfassen.

---

[530] Siehe hierzu für das deutsche Recht S. 167; für das schwedische Recht S. 168.
[531] Siehe hierzu für das deutsche Recht S. 182; für das schwedische Recht S. 189.
[532] *Van der Sluijs* S. 250; *Bengtsson* S. 393.
[533] Siehe hierzu oben S. 57.

Im folgenden Abschnitt wird untersucht, welche Auskunftsansprüche dem Geschädigten nach deutschem und schwedischem Recht gegen potentielle Informationsinhaber eingeräumt werden.

A. Deutschland

I. Private Auskunftsstellen

Nach Art. 23 der Sechsten KH-Richtlinie[534] müssen die Mitgliedstaaten im Rahmen der Kfz-Pflichtversicherung eine sogenannte *Auskunftsstelle* (auf Schwedisch *informationscentrum*) schaffen oder eine bereits bestehende Einrichtung anerkennen, die alle zur Geltendmachung von Schadensersatzansprüchen des Geschädigten notwendigen Informationen bereithält. Der Geschädigte hat gegen diese Stelle gemäß Art. 23 Abs. 3, 4 der Richtlinie einen Anspruch darauf, dass ihm gegen Mitteilung des Kfz-Kennzeichens seines Schädigers Auskunft über das diesen versichernde Versicherungsunternehmen, die Nummer der Versicherungspolice sowie die Identität des Halters und des Eigentümers des schädigenden Fahrzeuges erteilt wird. In Deutschland wurde Art. 23 durch die Schaffung des *Zentralrufes der Autoversicherer* umgesetzt.[535] Dieser Zentralruf ist eine privatrechtlich organisierte Gemeinschaftsorganisation der deutschen Autoversicherer und des Gesamtverbandes der Deutschen Versicherungswirtschaft (GDV). Nach § 8a Abs. 1 PflVG hat der Geschädigte einen gesetzlichen Auskunftsanspruch gegen diese Stelle. Dieser umfasst u. a. Auskunft über Namen und Anschrift des Versicherers (Nr. 1), Nummer der Versicherungspolice (Nr. 2) und Name und Anschrift des eingetragenen Fahrzeughalters (Nr. 4).

Dieser Zentralruf der Autoversicherer ist aber die einzige zentrale Auskunftsstelle für Haftpflichtversicherungen in Deutschland. Über den Bereich der Kfz-Pflichtversicherung hinaus besteht keine vergleichbare Einrichtung.

II. Behörden

1. Aufsichtsbehörden

Potentielle Informationsquellen auch für andere Pflichtversicherungen als die Kfz-Pflichtversicherung sind staatliche Aufsichtsbehörden, die die Einhaltung einer Versicherungspflicht verwaltungsrechtlich gesetzlich zu überprüfen haben. Diese Behörden könnten bei Angabe des Namens des Schädigers in der Regel jedenfalls den Versicherer benennen, bei dem der Schädiger pflichtversichert ist. Als zur Informationserteilung geeignete

---

[534] Zur Sechsten KH-Richtlinie siehe ferner oben S. 68 ff.
[535] Hierzu: *Lemor,* in: Feyock/Jacobsen/Lemor, Kraftfahrtversicherung, § 8a PflVG Rn. 2.

Aufsichtsbehörden kommen z. B. die Kammern der freien Berufe[536] oder die nach § 17 Abs. 1 Nr. 4 BJagdG für die Erteilung eines Jagdscheins zuständige Behörde in Betracht.

2. Auskunftsanspruch

Das deutsche Verwaltungsrecht gewährte traditionell nur sehr eingeschränkt Auskunftsansprüche gegen Behörden, wenn diese nicht mit einem konkreten Verwaltungsverfahren verbunden sind.[537] Behörden werden daher bisher auch kaum als Quelle für Informationen über eine Haftpflichtversicherung wahrgenommen.[538] Allerdings lohnt hier durchaus ein genauerer Blick.

Teilweise gewährt das deutsche Recht dem Geschädigten nämlich bereits ausdrücklich einen *gesetzlichen Auskunftsanspruch* auf Offenlegung einer Berufshaftpflichtversicherung. Solche Ansprüche bestehen inzwischen z. B. gegen die Berufskammern der Rechtsanwälte nach § 51 Abs. 6 Satz 2 BRAO, der Wirtschaftsprüfer nach § 54 Abs. 3 WiPrO oder der Steuerberater nach § 67 Abs. 4 StBerG. Hiernach erteilt die Rechtsanwaltskammer Dritten zur Geltendmachung von Schadensersatzansprüchen auf Antrag Auskunft über den Namen und die Adresse der Berufshaftpflichtversicherung sowie die Versicherungsnummer, soweit der Berufsträger kein überwiegendes schutzwürdiges Interesse an der Nichterteilung der Auskunft hat.[539]

Aber auch neben diesen speziellen Auskunftsansprüchen stehen dem Geschädigten *allgemeine öffentlich-rechtliche Auskunftsansprüche* gegenüber Aufsichtsbehörden zu. Der Bund und die Mehrzahl der Bundesländer haben bereits sogenannte Informationsfreiheitsgesetze (IFG) erlassen, die dem Bürger einen Anspruch auf Zugang zu amtlichen Informationen einräumen. Die IFG sind sich in der Regel ähnlich, daher sei hier nur exemplarisch das IFG des Bundes zur Erläuterung herangezogen: Nach § 1 IFG-Bund besteht ein allgemeiner Anspruch auf Mitteilung behördlicher Informationen, sogar ohne hierfür ein begründetes Interesse dartun zu müs-

---

[536] *Keppel* S. 98.
[537] *Pünder,* in: Erichsen/Ehlers, Allgemeines Verwaltungsrecht, § 14 Rn. 32.
[538] Vgl. hierzu: KG VersR 2008, 69 (70); *Thume,* in: VersR 2006, 1318 (1323); *Keppel* S. 98 ff.
[539] Der Auskunftsanspruch besteht entgegen VG Hamburg, Beschluss vom 10.09.2010 – 15 K 1352/10 –, juris Rn. 34 auch *unabhängig* davon, ob der Anwendungsbereich eines Direktanspruches eröffnet ist und in der Regel überwiegt das Interesse des Geschädigten an der Informationserteilung, hierzu: BGH NJW 2013, 234 (235) = DStR 2013, 431 ff. dort mit Anmerkung *Weber* – der Entscheidung lag der Auskunftsanspruch aus § 51 Abs. 6 Satz 2 BRAO zugrunde; vgl. hierzu auch: *Grunewald,* in: NJW 2013, 3620 (3624).

sen.[540] Werden – wie bei Auskünften über eine Haftpflichtversicherung – Daten Dritter verlangt, besteht aber nach § 7 Abs. 1 Satz 2 IFG-Bund eine Begründungspflicht des Antragstellers. Aber auch bei Daten Dritter sind die Behörden grundsätzlich verpflichtet, die begehrten Informationen herauszugeben. Sie können dies nur verweigern, wenn ein Versagungsgrund vorliegt. Dieser kann im Schutz der persönlichen Daten des Versicherungsnehmers und des Versicherers liegen (vgl. § 5 IFG-Bund). Die Behörde hat hier das Informationsinteresse des Geschädigten gegen das schutzwürdige Interesse des Dritten an der Geheimhaltung der Informationen abzuwägen.

Macht der Geschädigte einen Schadensersatzanspruch gegen den Versicherungsnehmer und die Möglichkeit eines Direktanspruches gegen den Haftpflichtversicherer glaubhaft, dürfte das Informationsinteresse des Geschädigten in der Regel überwiegen. Denn gerade für solche Schadensfälle wird schließlich eine Haftpflichtversicherung abgeschlossen und ein Direktanspruch eingeräumt, so dass insoweit die Geheimhaltungsinteressen des Versicherungsnehmers und Versicherers nicht schutzwürdig sind. Verpflichtete der IFG sind die jeweiligen Behörden des Bundes oder der Länder, welche die begehrten Informationen besitzen.

Neben diesen Auskunftsansprüchen nach dem IFG besteht im Übrigen auch ein allgemeiner Informationsanspruch eines Bürgers gegen jede Behörde. Allerdings besteht dieser Anspruch nur im Rahmen des pflichtgemäßen Ermessens der Behörde.[541] Er kommt insbesondere in Bundesländern zum Tragen, die noch kein IFG erlassen haben.

III. Schädiger

Als weitere Informationsquelle kommt freilich auch der Schädiger in Betracht. Der Geschädigte hat nach deutschem Recht keinen ausdrücklich geregelten Auskunftsanspruch gegen den Schädiger. Da zwischen den beiden durch den eingetretenen Schadensfall aber eine rechtliche Sonderbeziehung – entweder durch ein vertragliches oder gesetzliches Schuldverhältnis – begründet wurde, hat der Geschädigte einen aus Treu und Glauben (§ 242 BGB) hergeleiteten Auskunftsanspruch gegen den Schädiger.[542] Es ist inzwischen gewohnheitsrechtlich anerkannt, dass ein Schädiger dem Geschädigten über eine bestehende Haftpflichtversicherung umfassend Auskunft

---

[540] *Rossi*, Informationsfreiheitsgesetz, § 1 Rn. 27; *Jastrow/Schlatmann*, Informationsfreiheitsgesetz, § 1 Rn. 1.
[541] *Maurer*, Allgemeines Verwaltungsrecht, § 14 Rn. 32.
[542] Allgemein zum Auskunftsanspruch gegen den Schädiger: BGHZ 10, 385 (387); 55, 201 (203); *Krüger*, in: MüKo-BGB § 260 Rn. 12 ff.; *Grüneberg*, in: Palandt § 260 Rn. 4 ff.

schuldet.[543] Darüber hinaus besteht gemäß § 2 Abs. 1 Nr. 11 DL-InfoV[544] die Verpflichtung eines Dienstleistungserbringers, seinem Dienstleistungsempfänger Angaben zu seiner Berufshaftpflichtversicherung, insbesondere über den Namen und die Anschrift des Versicherers und den räumlichen Geltungsbereich der Versicherung zu erteilen. Auch über diesen Weg kann der Geschädigte gegenüber einem Schädiger, der Dienstleister i.S.d. DL-InfoV ist, Informationen für seinen Direktanspruch bekommen.

IV. Haftpflichtversicherer

Schließlich hat auch der Haftpflichtversicherer des Versicherungsnehmers die vom Geschädigten benötigten Informationen über die Haftpflichtversicherung. Das Problem für den Geschädigten ist u.U. nur, dass er gerade nicht weiß, bei *welchem* Versicherer der Schädiger versichert ist. Der Geschädigte könnte aber bei allen in Frage kommenden Haftpflichtversicherern nachfragen, ob sein Schädiger bei ihnen eine entsprechende Versicherung unterhält. Das wird insbesondere eine Option für den Direktanspruch nach § 115 Abs. 1 Satz 1 Nr. 3 VVG sein, bei dem der Versicherungsnehmer unbekannten Aufenthaltes und damit nicht greifbar ist. Fraglich ist aber, inwieweit dem Geschädigten hier ein Auskunftsanspruch zusteht.

Ausdrücklich geregelt ist nach § 119 Abs. 3 VVG nur die Obliegenheit des Dritten, dem Versicherer alle relevanten Auskünfte über den Schadensfall zu erteilen sowie erforderliche Belege zur Verfügung zu stellen.[545] Eine dementsprechende Verpflichtung des Versicherers gegenüber dem Geschädigten wurde allerdings nicht ins VVG aufgenommen. Richtigerweise ist dem Geschädigten aber ein Auskunftsanspruch jedenfalls gegenüber dem Haftpflichtversicherer, bei dem der Schädiger *tatsächlich* versichert ist, einzuräumen. Zwischen diesem Versicherer und dem Geschädigtem besteht durch den – dann gegebenen – gesetzlichen Direktanspruch ein Sonderrechtsverhältnis.[546] Aus diesem ist auch ein entsprechender Auskunftsanspruch nach § 242 BGB für den Geschädigten herzuleiten.

Problematisch erscheint indes, ob der Geschädigte auch einen Auskunftsanspruch gegen die Versicherer hat, bei denen sein Schädiger *nicht* haftpflichtversichert ist. Gegen diese Versicherer besteht im Ergebnis kein Direktanspruch und damit auch keine rechtliche Sonderverbindung, aus der eine Auskunftspflicht erwachsen könnte. Hätte der Versicherungsnehmer aber nur einen Anspruch gegen den „richtigen" Versicherer auf Auskunft

---

[543] *Thume,* in: VersR 2006, 1318 (1323); *Keppel* S. 100 ff.; *Abram,* in: VP 2008, 77 (78).
[544] „Verordnung über Informationspflichten für Dienstleistungserbringer" vom 12. März 2010, BGBl. I S. 267.
[545] Zur Mitwirkungspflicht des Geschädigten gegenüber dem Versicherer siehe oben S. 133 ff.
[546] Zur Rechtsnatur des Direktanspruches siehe oben S. 31 f.

und nicht gegen den „falschen" Versicherer – wie sollte er da den „Richtigen" finden? Schließlich müssen alle Versicherer zunächst innerhalb ihrer Organisationssphäre prüfen, ob der Schädiger bei ihnen versichert ist, um herauszufinden, ob sie die „Richtigen" oder „Falschen" sind.

Erkennt man also einen Auskunftsanspruch gegen den richtigen Haftpflichtversicherer an, muss man zumindest auch einen Anspruch auf Vorprüfung gegen die anderen Versicherer einräumen. Diese sind zumindest verpflichtet zu prüfen, ob der Schädiger bei ihnen eine Haftpflichtversicherung unterhält. Dieser Anspruch gegen die anderen Versicherer kann aus dem Sinn und Zweck des Direktanspruches, insbesondere aus § 115 Abs. 1 Satz 1 Nr. 3 VVG (unbekannter Aufenthalt des Versicherungsnehmers) i.V.m. § 242 BGB hergeleitet werden, denn der Geschädigte kann den Direktanspruch nur realisieren, wenn er auch Auskunftsansprüche gegen die übrigen Versicherer hat. Nach Sinn und Zweck des gesetzlichen Direktanspruches steht dem Geschädigten daher ein Auskunftsanspruch hinsichtlich der Angabe, ob der Schädiger bei diesem haftpflichtversichert ist, gegen *jeden* Haftpflichtversicherer zu, gegen den – ihm Rahmen der Anwendbarkeit deutschen Rechts – ein Direktanspruch nach § 115 Abs. 1 VVG glaubhafterweise in Betracht kommen könnte.[547] Der Auskunftsanspruch des Geschädigten scheitert auch nicht am Persönlichkeitsrecht des Schädigers, welches die Versicherung grundsätzlich zu schützen verpflichtet ist, denn der Versicherungsnehmer ist insoweit als Verpflichteter des Schadensersatzanspruches nicht schutzwürdig.

V. Ergebnis

Nach deutschem Recht hat der Geschädigte bei der Kfz-Pflichtversicherung einen Auskunftsanspruch gegen den privatrechtlich organisierten Zentralruf der Autoversicherer. Daneben stehen ihm öffentlich-rechtliche Auskunftsansprüche gegen Aufsichtsbehörden, die Informationen über die Pflichtversicherungen vorhalten, zu. Gegen seinen Schädiger und gegen die Haftpflichtversicherer bestehen zudem (überwiegend) ungeschriebene Auskunftsansprüche.

Der Auskunftsanspruch beinhaltet grundsätzlich neben der Offenlegung der Identität des Versicherers auch alle Informationen, die für den Geschädigten notwendig sind, um seine Ersatzansprüche einschätzen zu können, also insbesondere auch über vertragliche Haftungsbeschränkungen und deren Drittwirkung. Der Auskunftsanspruch nach § 2 Abs. 1 Nr. 1 DL-InfoV umfasst indes lediglich Angaben über Namen und Anschrift des Versicherers und den räumlichen Geltungsbereich der Versicherung. Die Informationen, die der Geschädigte daneben noch braucht, um einzuschät-

---

[547] So auch (ohne Begründung): KG VersR 2008, 69 (70); *Keppel* S. 113.

zen, ob die weiteren Voraussetzungen eines Direktanspruches nach § 115 Abs. 1 Satz 1 Nr. 2 oder 3 VVG vorliegen, kann er im Internet (Insolvenz des Versicherungsnehmers)[548] oder beim Einwohnermeldeamt (unbekannter Aufenthalt des Versicherungsnehmers)[549] einholen.

B. Schweden

I. Private Auskunftsstellen

In Schweden sind Auskünfte im Rahmen der Kfz-Pflichtversicherung gemäß § 29 Abs. 1 TsL bei der sogenannten *trafikförsäkringsförening* einzuholen.[550] Dies ist – vergleichbar mit dem Zentralruf der Autoversicherer in Deutschland – ein privatrechtlicher Zusammenschluss aller in Schweden tätigen Kfz-Versicherungsunternehmen.[551] Der Auskunftsanspruch umfasst Angaben über die Identität des Versicherers des Kfz und den Fahrzeughalter.

Daneben kennt das schwedische Recht aber – anders als das deutsche Recht – noch eine zweite privatrechtlich organisierte zentrale Auskunftsstelle: die sogenannte *patientförsäkringsförening* (Patientenversicherungsvereinigung). Dies ist gemäß § 15 Abs. 1 PsL eine Vereinigung aller Versicherer, die eine *patientförsäkring* anbieten. Gegen diese Zentralstelle haben Geschädigte im Rahmen der *patientförsäkring* einen Auskunftsanspruch.[552]

II. Behörden

Neben diesen beiden privatrechtlich organisierten Zentralstellen kommen auch in Schweden verschiedene Behörden als Informationsquellen in Betracht. Über angeordnete Pflichtversicherungen üben in der Regel gesetzlich bestimmte Behörden eine Aufsicht aus. Dies ist z.B. nach § 22 Abs. 1 AtomL, Kap. 10 § 12 Abs. 2 SjöL, § 7 Fastighetsmäklarlagen[553] oder auch gemäß Kap. 2 § 1 Försäkringsfömedlingsförordning[554] für die jeweilige Pflichtversicherung vorgeschrieben. Gegen diese Behörden besteht ein ungeschriebener Auskunftsanspruch des Geschädigten auf Mitteilung aller vorhandenen Informationen über die jeweilige Haftpflichtversicherung des Schädigers.[555]

---

[548] Siehe hierzu oben S. 90.
[549] Siehe hierzu oben S. 94.
[550] *Van der Sluijs* S. 251.
[551] *Strömbäck/Olsson/Sjögren* S. 120.
[552] *Van der Sluijs* S. 252; zur *patientskadesförsäkring* siehe ferner oben S. 40 ff.
[553] Lag 2005:405.
[554] Förordning 2005:411.
[555] *Van der Sluijs* S. 251.

III. Schädiger und Haftpflichtversicherung

Nach schwedischem Recht besteht ferner ein gesetzlicher Auskunftsanspruch gegen den Schädiger und gegen dessen Versicherer. Dieser ist in Kap. 9 § 7 Abs. 4 FAL ausdrücklich niedergelegt. Hiernach haben der Versicherungsnehmer und der Versicherer auf Begehren des Geschädigten alle Informationen über eine Haftpflichtversicherung offenzulegen. Alleinige Voraussetzung für diesen Anspruch ist, dass ein Schadensfall vorliegt. Dies muss der Geschädigte glaubhaft machen. Es muss aber noch nicht feststehen, ob überhaupt für den konkreten Fall eine Haftpflichtversicherung besteht und ob ein Direktanspruch gegeben ist. Es handelt sich vielmehr um einen allgemeinen Auskunftsanspruch eines jeden Geschädigten gegen seinen Schädiger und gegen dessen Haftpflichtversicherer.[556] Der Anspruch richtet sich auch auf Mitteilung über die geltenden Versicherungsbedingungen.

Nach schwedischem Recht trifft den Haftpflichtversicherer aber keine allgemeine rechtliche Verpflichtung zu prüfen, *ob* ein Schädiger eine Haftpflichtversicherung bei ihm unterhält. Die Auskunftspflicht nach Kap. 9 § 7 Abs. 4 FAL trifft nur *den* Haftpflichtversicherer, bei dem der Schädiger eine entsprechende Versicherung unterhält.[557] Insoweit ist der Geschädigte bei seinen Aufklärungsbemühungen auf die Kulanz des jeweiligen Versicherungsunternehmens angewiesen oder muss ggf. zunächst den Rechtsweg auf Auskunftserteilung gegen den Schädiger beschreiten.

IV. Ergebnis

Nach schwedischem Recht stehen dem Geschädigten Auskunftsansprüche gegen die privatrechtlich organisierten zentralen Auskunftsstellen für die *trafikförsäkring* und die *patientförsäkring* zu. Außerdem bestehen öffentlich-rechtliche Auskunftsansprüche gegen Aufsichtsbehörden, die die Einhaltung einer Versicherungspflicht zu überprüfen haben. Gegen den Schädiger und seinen Haftpflichtversicherer steht dem Geschädigten ein ausdrücklicher Auskunftsanspruch nach Kap. 9 § 7 Abs. 4 FAL zu.

Der Auskunftsanspruch beinhaltet Angaben über die Identität des Versicherers, die Versicherungsbedingungen sowie weitere Tatsachen, die für den Geschädigten relevant sind. Die übrigen Informationen, die der Geschädigte benötigt um einzuschätzen, ob ein Direktanspruch im Einzelnen besteht, können im Internet abgerufen werden (Insolvenz oder Versicherungsnehmer als aufgelöste juristische Person).[558]

---

[556] Hierzu: van der Sluijs S. 248; Bengtsson S. 393.
[557] Van der Sluijs S. 247 ff.; Bengtsson S. 393.
[558] Siehe hierzu oben S. 96 f.

C. Vergleich und Ergebnis

Beide Rechtsordnungen bieten dem Geschädigten insgesamt gute Möglichkeiten, sich alle relevanten Informationen über seinen Direktanspruch zu beschaffen. Insbesondere im Bereich der Kfz-Pflichtversicherung ist das Informationsproblem des Geschädigten durch die unionsrechtlich vorgegebene Schaffung einer zentralen Auskunftsstelle zufriedenstellend gelöst. Eine solche Auskunftsstelle bietet dem Geschädigten eine einfache und schnelle Möglichkeit, seine begehrten Informationen zu erhalten. Diese Lösung funktioniert freilich nur auf Versicherungsgebieten, in denen eine Registrierungspflicht besteht und bei denen anhand eines Identifikationsmerkmals (wie z. B. des Kfz-Kennzeichens) Auskunft über Schädiger und Versicherung gegeben werden kann. Dies wird daher nicht die Lösung für alle Haftpflichtversicherungen sein können.

Die einfachsten Informationsquellen sind wohl stets zentrale Auskunftsstellen oder Behörden. Denn hier ist der Geschädigte nicht auf die Mitwirkung eines an der Abwicklung des Schadensfalles Beteiligten angewiesen. Das Informationsproblem ist schließlich in der Regel gerade dann am Größten, wenn ein Beteiligter die Mitwirkung verweigert. Kann sich der Geschädigte dann an eine zentrale Auskunftsstelle wenden, vermeidet dies u. U. einen gerichtlichen Vorprozess um die Erteilung der begehrten Auskünfte. Behörden können allerdings zumindest den Bereich der freiwilligen Haftpflichtversicherung nicht abdecken, denn insoweit besteht für sie in aller Regel keine Aufsichtspflicht. Ein Nachteil der „Behördenlösung" ist ferner, dass sie den bürokratischen Aufwand erhöht und die Behörde für etwas verantwortlich wird, das eigentlich nicht ihre originäre Aufgabe ist.

Eine gute Alternative zu einer behördlichen Auskunftsstelle ist die – aus der Kfz-Pflichtversicherung bekannte – Einrichtung privatrechtlich organisierter gemeinsamer Auskunftsstellen der Versicherungsunternehmen. Die Einrichtung solcher Stellen ist sachnäher und weniger etatistisch. Sie lässt der Versicherungswirtschaft die Chance, sich selbst zu organisieren. Allerdings richten die Versicherer solche Stellen erfahrungsgemäß nicht freiwillig ein, sondern es bedarf der gesetzlichen Anordnung. Existieren solche Stellen, entlastet dies die jeweiligen Behörden. In Deutschland etwa entlastet der Zentralruf der Autoversicherer die Zulassungsstellen, die ansonsten Auskunft geben müssten. In beiden Ländern hat sich der Gesetzgeber aber – über die unionsrechtlich ohnehin vorgegebene Auskunftsstelle für Kfz hinaus – kaum zu Verpflichtungen der Versicherungswirtschaft, weitere Auskunftsstellen einzurichten, durchgerungen. In Schweden ist mit der Auskunftsstelle im Rahmen der *patientförsäkring* immerhin ein Anfang gemacht. Die Ausweitung solcher zentralen Selbstverwaltungsstellen ist ein überzeugender Mittelweg zwischen einer ineffektiven Individualrecherche des Geschädigten und einer bürokratisch aufwendigen Behördenlösung.

Im deutschen Recht ist die Einführung eines ausdrücklichen Auskunftsanspruches in die Gesetze zur Ordnung der freien Berufe sehr positiv zu bewerten. Dies führt den Berufskammern klar vor Augen, dass sie zur Auskunft verpflichtet sind. Auch gegen den Schädiger und den Versicherer bestehen im Ergebnis durchaus ausreichende Auskunftsansprüche des Geschädigten. Allerdings wäre es wünschenswert, dass der deutsche Gesetzgeber diese Auskunftsansprüche auch ausdrücklich ins VVG aufnimmt, damit allen Beteiligten ihre Rechte und Pflichten transparent werden. Das schwedische Recht ist hier Vorbild. Die aktuellen Regelungen des VVG überzeugen bereits deshalb nicht, da sie zwar die Auskunfts*verpflichtungen* des Geschädigten regeln (vgl. §§ 119, 120 VVG), nicht aber seine Auskunfts*rechte.*

Soweit das schwedische Recht dem Geschädigten keinen Anspruch gegen alle potentiellen Haftpflichtversicherer einräumt, dass diese bei Glaubhaftmachung eines Schadensereignisses zu überprüfen haben, ob der Geschädigte bei ihnen haftpflichtversichert ist, ist dies zu kritisieren. Ein solcher – im deutschen Recht herleitbarer – Anspruch ersetzt den ansonsten ggf. notwendigen Auskunftsprozess gegen den Schädiger. Insbesondere in einem Land mit einem übersichtlichen Versicherungsmarkt wie in Schweden ist ein solcher Auskunftsanspruch eine unkomplizierte und zeitschonende Alternative.

Insgesamt ist aber dennoch festzustellen, dass in beiden Rechtsordnungen im Ergebnis umfassende Auskunftsansprüche gegen alle relevanten Akteure bestehen. Auch diese Ansprüche nützen dem Geschädigten freilich dann wenig, wenn ihm gerade sein *Schädiger* unbekannt ist. Dies wird im deutschen Recht bei § 115 Abs. 1 Satz 1 Nr. 3 VVG relevant, der für diesen Fall einen Direktanspruch einräumt. Hier hilft auch eine zentrale Auskunftsstelle nur dann weiter, wenn ein Erkennungsmerkmal – wie z.B. das Kfz-Kennzeichen – besteht. Seinen Schädiger zu identifizieren kann allerdings bei jeder – vor allem außervertraglichen – Haftung problematisch sein und ist keine Besonderheit des Direktanspruches.

§ 10 Mitwirkungspflichten des Geschädigten gegenüber dem Versicherer

Die Rolle des Versicherers geht generell – und bei der direkten Inanspruchnahme durch einen Dritten besonders – mit einem strukturellen Defizit einher. Der Versicherer soll für ein Schadensereignis aufkommen, dass er selbst nicht verursacht hat und bei dem er nicht einmal anwesend oder sonst involviert war. Um seine eigenen Interessen zu wahren und die seines Versicherungsnehmers treuhänderisch angemessen wahrnehmen zu können, benötigt der Versicherer daher vor allem eines: *Informationen.* Diese müssen ihm dabei möglichst umfassend, wahrheitsgemäß und rechtzeitig erteilt werden. Insbesondere ist es wichtig, dass er möglichst zeitnah informiert wird, da Schadensfälle mit wachsendem Zeitabstand immer schwieriger aufzuklären sind.[559]

Ohne einen gesetzlichen Direktanspruch hätte der Versicherer nur Auskunfts- und Informationsansprüche gegen seinen Versicherungsnehmer. Zum Geschädigten steht er dann schließlich nicht in Rechtsbeziehung. Der Versicherungsnehmer alleine kann dem Versicherer aber nicht immer alle notwendigen Informationen liefern. Denn der Versicherungsnehmer hat in der Regel z.B. kaum Kenntnisse über den wahren Umfang des Schadens, über etwaige Mitverursachungsbeiträge des Geschädigten bei der Entstehung des Schadens oder auch über dessen Bemühungen, den Schaden möglichst gering zu halten. Diese – für die ordnungsgemäße Regulierung eines Versicherungsfalles – zentralen Tatsachen liegen oftmals nahezu ausschließlich in der Sphäre des Geschädigten. Darüber hinaus ist es für den Versicherer per se wünschenswert, Informationen von beiden Seiten zu erhalten und nicht nur von seinem Versicherungsnehmer. Insbesondere in Situationen, in denen das Innenverhältnis zwischen Versicherer und Versicherungsnehmer gestört ist etwa weil eine versicherungsrechtliche Einwendung im Raum steht, wird eine ordnungsgemäße Mitwirkung des Versicherungsnehmers nicht immer gewährleistet sein.[560]

Die Rechtsfigur des gesetzlichen Direktanspruches gibt nun auch dem Verhältnis zwischen Versicherer und Geschädigtem einen rechtlichen Rahmen und stärkt damit auch die Rechte des Versicherers. Hierdurch kann dessen in der Natur der Versicherung liegendes Informationsdefizit weitgehend ausgeglichen werden. Damit dies wirksam geschehen kann, braucht der Versicherer nicht nur Informationsansprüche gegen den Geschädigten, sondern zugleich auch effektive Sanktionsmöglichkeiten für den Fall, dass der Geschädigte gegen seine Mitwirkungspflichten verstößt. Im folgenden Abschnitt wird dargestellt, welche Lösungen das deutsche und das schwedische Recht für diesen Problemkreis gefunden haben.

A. Deutschland

I. Mitwirkungspflichten

Nach deutschem Recht treffen den Geschädigten gegenüber dem Versicherer gemäß § 119 VVG nur dann direkte Auskunfts-, Anzeige- und Belegobliegenheiten, wenn es sich um eine Pflichtversicherung handelt. Dies

---

[559] *Schneider,* in: MüKo-VVG § 119 Rn. 1; *Schwartze,* in: Looschelders/Pohlmann § 119 Rn. 1.
[560] *Schneider,* in: MüKo-VVG § 119 Rn. 4.

wird damit begründet, dass wegen der hier besonders geschützten Stellung des Geschädigten von ihm insoweit auch die Erfüllung besonderer Mitwirkungspflichten verlangt werden könne.[561] Die Mitwirkungspflichten gegenüber dem Versicherer bestehen daher auch dann, wenn der Geschädigte keinen Direktanspruch geltend macht, sondern nur gegen den Versicherungsnehmer vorgehen kann oder möchte.[562]

Zunächst hat der Dritte gemäß § 119 Abs. 1 VVG ein Schadensereignis, aus dem er einen Anspruch gegen den Versicherungsnehmer oder nach § 115 Abs. 1 gegen den Versicherer herleiten will, innerhalb von zwei Wochen, nachdem er von dem Schadensereignis Kenntnis erlangt hat, in Textform gegenüber dem Versicherer anzuzeigen. Erhebt der Geschädigte Klage gegen den Versicherungsnehmer, hat er dies außerdem dem Versicherer nach Abs. 2 unverzüglich in Textform anzuzeigen. Auffällig ist, dass nach dem Wortlaut von § 119 Abs. 1, 2 VVG für die Anzeigeobliegenheiten nicht vorausgesetzt wird, dass der Geschädigte überhaupt *Kenntnis* von der Identität des Pflichtversicherers hat. Die Gesetzesbegründung scheint insofern auch davon auszugehen, dass die Anzeigepflicht unabhängig von der Kenntnis um die Identität des Pflichtversicherers besteht und die Anzeigefrist daher in jedem Fall ab Eintritt des Schadensereignisses läuft.[563] Allerdings habe der Geschädigte den Verstoß gegen die Anzeigeobliegenheit nicht zu vertreten, solange ihm bezüglich seiner Unkenntnis keine Fahrlässigkeit vorgeworfen werden könne.[564] Der Versicherer könne dann also bei unverschuldeten Verstößen keine Gegenrechte aus der Obliegenheitsverletzung herleiten.[565] Diese Einschätzung überzeugt indes dogmatisch gesehen nicht. Denn ansonsten würde das Gesetz in § 119 Abs. 1, 2 VVG dem Geschädigten Obliegenheiten auferlegen, deren Erfüllung ihm in vielen Fällen unmöglich und/oder unzumutbar ist.[566] Dies kann schwerlich gewollt sein. Überzeugender ist es daher, bereits für das Eingreifen der Anzeigeobliegenheiten nach § 119 Abs. 1, 2 VVG und damit für den Fristbeginn zu fordern, dass der Geschädigte entweder positive Kenntnis von der Identität des Versicherers hat oder ihm jedenfalls fahrlässige Unkenntnis diesbezüglich vorzuwerfen ist.[567] Beide Herleitungen führen aber jedenfalls zu demselben Ergebnis, dass der Geschädigte nur

---

[561] *Beckmann*, in: Bruck/Möller, § 119 Rn. 4; *Schneider*, in: MüKo-VVG § 119 Rn. 1.

[562] *Beckmann*, in: Bruck/Möller, § 119 Rn. 6; *Knappmann*, in: Prölss/Martin § 119 Rn. 5; *Schneider*, in: MüKo-VVG § 119 Rn. 8 f.

[563] RegE BT-Drs. 16/3945 S. 90; dem folgend: *Schneider*, in: MüKo-VVG § 119 Rn. 11.

[564] RegE BT-Drs. 16/3945 S. 90; dem wiederum folgend: *Schneider*, in: MüKo-VVG § 119 Rn. 11.

[565] RegE BT-Drs. 16/3945 S. 90.

[566] Vgl. KG VersR 2008, 69 (70).

[567] KG VersR 2008, 69 (70); *Beckmann*, in: Bruck/Möller, § 119 Rn. 9; *Knappmann*, in: Prölss/Martin § 119 Rn. 5.

dann gegen die Anzeigeobliegenheiten in vorwerfbarer Weise verstoßen hat, wenn er entweder positive Kenntnis oder fahrlässige Unkenntnis von der Identität des Pflichtversicherers hatte. Ist dem Geschädigten die Identität des Pflichtversicherers nicht bekannt, treffen ihn im Rahmen der Anzeigeobliegenheiten nach § 119 Abs. 1, 2 VVG grundsätzlich Nachforschungspflichten, soweit diese zumutbar sind. Bei Pflichtversicherungen, für die zentrale Auskunftsstellen eingerichtet sind, ist es dem Geschädigten in der Regel zumutbar, diese zu kontaktieren und zu versuchen, den Pflichtversicherer auf diese Art ausfindig zu machen.[568] Solche zentralen Auskunftsstellen sind z.B. der „Zentralruf der Autoversicherer" für die Kfz-Pflichtversicherung (§ 8a PflVG) oder die jeweiligen Kammern der Freien Berufe für die entsprechenden Berufshaftpflichtversicherungen (z.B. nach § 51 Abs. 6 BRAO, § 54 Abs. 2 WiPrO, § 67 Abs. 4 StBerB).[569] Soweit eine solche zentrale Auskunftsstelle nicht besteht, ist es dem Geschädigten aber in der Regel nicht zuzumuten, alle potentiellen Pflichtversicherer um Auskunft zu ersuchen.[570]

Außerdem ist der Geschädigte nach § 119 Abs. 3 Satz 1 VVG verpflichtet, dem Versicherer alle Informationen zur Verfügung zu stellen, die zur Feststellung des Schadensereignisses und zur Höhe des Schadens erforderlich sind. Schließlich hat der Geschädigte dem Versicherer gemäß § 119 Abs. 3 Satz 2 VVG auch Belege zur Verfügung zu stellen, soweit ihm dies billigerweise zugemutet werden kann.

Hintergrund der in § 119 VVG statuierten Obliegenheiten des Geschädigten sind, wie bereits erwähnt, die Besonderheiten der *Pflichtversicherung*. Diese gewährt dem Geschädigten eine besonders geschützte Rechtsposition (vgl. §§ 115 Abs. 1, 117 VVG). Dies rechtfertigt es, von ihm auch besondere Mitwirkungshandlungen zu verlangen. Die Mitwirkungsregeln nach § 119 VVG sind daher im Ergebnis lediglich Ausprägungen des Grundsatzes von Treu und Glauben (§ 242 BGB) und hierin speziell der allgemeinen Schadensminderungspflicht (§ 254 Abs. 2 Satz 1 BGB).[571] Bei *freiwilligen* Haftpflichtversicherungen (bei denen im deutschen Recht dem Geschädigten in keinem Fall ein gesetzlicher Direktanspruch eingeräumt wird) treffen den Geschädigten folglich grundsätzlich auch keine direkten Anzeige-, Auskunfts- oder Belegpflichten gegenüber dem Versicherer.

---

[568] Zu den Nachforschungspflichten des Geschädigten: KG VersR 2008, 69 (70); *Beckmann*, in: Bruck/Möller, § 119 Rn. 9 und § 120 Rn. 10; *Knappmann*, in: Prölss/Martin § 119 Rn. 5.
[569] Zu den Auskunftsansprüchen des Geschädigten siehe ferner ausführlich oben S. 123.
[570] KG VersR 2008, 69 (70); *Beckmann*, in: Bruck/Möller § 120 Rn. 10.
[571] Zum Hintergrund der Obliegenheiten nach § 119 VVG: *Beckmann*, in: Bruck/Möller § 119 Rn. 2 ff.; *Schneider*, in: MüKo-VVG § 119 Rn. 3; *Knappmann*, in: Prölss/Martin, § 119 Rn. 4; *Schwartze*, in: Looschelders/Pohlmann § 119 Rn. 14.

Hier ist grundsätzlich nach § 104 Abs. 1 Satz 1 VVG (Anzeige des Versicherungsfalles), § 104 Abs. 1 Satz 2 VVG (Anzeige der außergerichtlichen Geltendmachung), § 104 Abs. 2 VVG (Anzeige der gerichtlichen Geltendmachung) und § 31 Abs. 1 VVG (Auskunfts- und Belegpflicht) nur der Versicherungsnehmer gegenüber dem Versicherer verpflichtet. Erst wenn der Geschädigte ein unmittelbares Recht gegen den Versicherer erwirbt (durch Abtretung oder Pfändung des Freistellungsanspruches), treffen auch ihn die Anzeigeobliegenheit bezüglich des Versicherungsfalles nach § 30 Abs. 1 Satz 2 VVG[572] und die Auskunfts- und Belegobliegenheit nach § 31 Abs. 2 VVG.[573]

II. Rechtsfolge der Verletzung

Verletzt der Geschädigte eine seiner Mitwirkungspflichten, kann der Versicherer hieraus ggf. Gegenrechte herleiten. Ein schuldhafter Verstoß gegen die Obliegenheiten nach § 119 Abs. 2 und 3 VVG beschränkt gemäß § 120 VVG die Haftung des Versicherers nach den §§ 115 und 117 VVG auf den Betrag, den er auch bei gehöriger Erfüllung der Obliegenheit zu leisten gehabt hätte. Der Pflichtversicherer ist also so zu stellen, wie er bei ordnungsgemäßer Erfüllung der Obliegenheiten gestanden hätte.[574] Da sich die Obliegenheiten nach § 119 Abs. 2, 3 VVG nicht direkt auf den ursprünglichen Schaden beziehen, werden von § 120 VVG in der Regel nur Mehrkosten des Geschädigten erfasst, die durch eine rechtzeitige und umfassende Einschaltung des Versicherers vermieden worden wären, wie z.B. zusätzliche Rechtsanwalts-, Gerichts- oder Zwangsvollstreckungskosten.[575] Diese muss der Versicherer dann nicht ersetzen. Ausreichend für die Geltendmachung dieses Minderungsrechtes ist bereits, dass der Geschädigte mit einfacher Fahrlässigkeit gegen seine Obliegenheiten verstoßen hat.[576] Voraussetzung für eine Kürzung ist nach § 120 VVG a. E. allerdings, dass der Geschädigte vorher in Textform auf diese Folge der Verletzung hingewiesen wurde. Diese Hinweispflicht ist für Fälle der nicht angezeigten Klageerhebung teleologisch zu reduzieren, wenn der Versicherer erst später vom Schadensereignis erfährt, da er ansonsten keine Möglichkeit zum rechtzeitigen Hinweis hätte.[577] Das Kürzungsrecht besteht aber gemäß

---

[572] Vgl. hierzu: Begründung RegE BT-Drs. 16/3945 S. 70; *Brömmelmeyer,* in: Bruck/Möller § 30 Rn. 36.
[573] Vgl. hierzu: Begründung RegE BT-Drs. 16/3945 S. 70; *Brömmelmeyer,* in: Bruck/Möller § 31 Rn. 90 f.
[574] *Schneider,* in: MüKo-VVG § 120 Rn. 1
[575] *Beckmann,* in: Bruck/Möller § 120 Rn. 18; *Knappmann,* in: Prölss/Martin § 119 Rn. 2.
[576] *Schneider,* in: MüKo-VVG § 120 Rn. 4; *Knappmann,* in: Prölss/Martin, § 119 Rn. 6.
[577] *Beckmann,* in: Bruck/Möller § 120 Rn. 11; *Schneider,* in: MüKo-VVG § 120 Rn. 6 f.; *Knappmann,* in: Prölss/Martin, § 120 Rn. 12.

§ 120 VVG nur im Falle eines Direktanspruches (§ 115 VVG) und/oder im Falle eines Einwendungsausschlusses nach § 117 VVG. Voraussetzung einer geminderten Haftung des Versicherers nach § 120 VVG ist außerdem stets, dass der Obliegenheitsverstoß des Geschädigten für die entstandenen Mehrkosten kausal war.[578] Daran fehlt es grundsätzlich, wenn der Versicherer auf anderem Wege, z.B. durch den Versicherungsnehmer, die erforderlichen Auskünfte, Belege und Informationen bekommen hat.[579]

Fraglich ist, ob auch ein Verstoß gegen § 119 Abs. 1 VVG (Pflicht zur Anzeige des Schadensereignisses) Gegenrechte des Versicherers auslösen kann. § 120 VVG sieht nämlich lediglich Sanktionen für einen Verstoß gegen § 119 Abs. 2 und 3 VVG vor. Allerdings kann man hieraus wohl nicht den Schluss ziehen, Verstöße gegen die Anzeigepflicht seien für den Geschädigten per se folgenlos. Soweit man die in § 119 VVG normierten Pflichten als Ausprägungen einer allgemeinen Schadensminderungspflicht sieht, können Verstöße – auch gegen Abs. 1 – nach § 254 Abs. 2 Satz 1 BGB dem Geschädigten entgegengehalten werden.[580] Das wird zwar teilweise mit dem Argument abgelehnt, § 119 VVG normiere ausweislich der gesetzlichen Überschrift und dem Wortlaut des § 120 VVG nur „Obliegenheiten" und gerade keine „Pflichten".[581] Diese Argumentation überzeugt aber nicht. Es ist zweifelhaft, ob die Bezeichnung als „Obliegenheiten" mit der Absicht verwendet wurde, hieran Rechtsfolgen zu knüpfen und etwa § 254 Abs. 2 BGB oder auch Schadensersatzansprüche nach § 280 BGB auszuschließen. Hiergegen spricht schon, dass der Referentenentwurf für § 119 VVG selbst davon ausgeht, dass Verletzungen der Norm durchaus Schadensersatzansprüche des Versicherers auslösen können.[582] Die besseren Gründe sprechen daher dafür, dass es sich bei § 119 VVG nicht lediglich um Obliegenheiten im eigentlichen Sinne, sondern vielmehr um nicht einklagbare Nebenpflichten handelt, deren Verletzung auch bei § 119 Abs. 1 VVG anspruchsmindernd wirken kann.[583]

---

[578] *Beckmann*, in: Bruck/Möller § 120 Rn. 16; *Schneider*, in: MüKo-VVG § 120 Rn. 10.
[579] BGH VersR 1959, 256; BGH NJW-RR 2004, 1/6 f.; *Beckmann*, in: Bruck/Möller § 120 Rn. 16; *Schneider*, in: MüKo-VVG § 120 Rn. 10.
[580] OLG Saarbrücken VersR 1976, 553 zu § 3 Nr. 7 PflVG a.F.; *Schneider*, in: MüKo-VVG § 119 Rn. 25.
[581] *Vogt* S. 47 ff.
[582] BT-Drs. 16/3945.
[583] So auch die Einschätzung von *Wandt* Rn. 1093 und im Ergebnis auch von *Schneider*, in: MüKo-VVG § 119 Rn. 2 und *Schwartze*, in: Looschelders/Pohlmann § 119 Rn. 14, der dies aber auf Fälle des gesetzlichen Direktanspruches begrenzen möchte.

B. Schweden

Die gesetzlichen Regelungen des schwedischen Rechts über Mitwirkungspflichten, die den Geschädigten nach Eintritt eines Versicherungsfalles treffen, sind sehr lückenhaft. Das FAL stellt – anders als das deutsche Recht in § 119 VVG – keine ausdrücklichen Verhaltenspflichten des Geschädigten auf. Es regelt vielmehr nur die Sanktionen im Falle ihrer Verletzung. Dass es Verhaltenspflichten gibt, setzt das Gesetz also unausgesprochen voraus. Auch die Sanktionsregelungen sind sehr allgemein gehalten und gelten für alle Ersatzberechtigten, die einen Anspruch gegen den Versicherer geltend machen, gleichermaßen – unabhängig davon, ob sie Versicherungsnehmer, mitversicherte Person oder geschädigter Dritter sind.

I. Anzeige- und Aufklärungspflicht

Im schwedischen Recht sind die Rechtsfolgen von Verstößen des Geschädigten gegen die Pflicht zur Anmeldung des Schadensfalles und einer Verletzung der Mitwirkungspflichten des Geschädigten zur Aufklärung des Schadensfalles in Kap. 7 § 2 FAL geregelt. Problematisch ist, dass diese Pflichten nicht im Gesetz angeordnet und beschrieben werden, sondern Kap. 7 § 2 die vertraglichen Versicherungsbedingungen und die im Einzelfall erfolgenden Anweisungen der Versicherung als Verhaltensmaßstab vorgibt. Für den Geschädigten, der nicht Partei des Versicherungsvertrages ist, gelten die vertraglichen Versicherungsbedingungen aber nicht. Seine Mitwirkungspflichten im Sinne des Kap. 7 § 2 werden daher allein durch die konkreten Anweisungen der Versicherung im Einzelfall sowie durch allgemeine Rechtsprinzipien, die bei der Abwicklung von Schadensfällen zu beachten sind, festgelegt.[584]

Bei einem Verstoß gegen diese Mitwirkungspflichten kann der Versicherer nach Kap. 7 § 2 Abs. 1 FAL die Versicherungssumme um einen unter Berücksichtigung der Umstände angemessenen Betrag kürzen (*vad som är skäligt med hänsyn till omständigheterna*), wenn ihm durch den Verstoß des Geschädigten ein Schaden entstanden ist. Bei einer Verbraucherversicherung entfällt dieses Kürzungsrecht, wenn der Dritte nur einfach fahrlässig gehandelt hat (Kap. 7 § 2 Abs. 2 FAL), bei einer Unternehmerversicherung ist einfache Fahrlässigkeit für eine Kürzung indes ausreichend (Kap. 8 § 19 FAL).

II. Unrichtige Angaben gegenüber der Versicherung

Kap. 7 § 3 FAL regelt Fälle, in denen der Versicherungsnehmer oder ein anderer Ersatzberechtigter gegen seine allgemeine Loyalitätspflicht ver-

---

[584] *Bengtsson* S. 322; *van der Sluijs* S. 173.

stößt, indem er falsche Angaben bezüglich des Versicherungsfalles gegenüber dem Versicherer macht oder Tatsachen verschweigt oder verbirgt, die für die Bewertung des Schadensfalles bedeutsam sind. Hat der Verpflichtete grob fahrlässig oder vorsätzlich gehandelt, kann der Versicherer den Erstattungsbetrag in einer zur Verfehlung angemessenen Höhe kürzen.[585] Im Gegensatz zum Minderungsrecht nach Kap. 7 § 2 FAL muss bei § 3 dem Versicherer kein Schaden entstanden sein. Auch bei Unternehmerversicherungen besteht das Kürzungsrecht gemäß Kap. 8 § 19 FAL nur, wenn der Geschädigte mindestens grob fahrlässig gehandelt hat.

III. Weitere Mitwirkungspflichten

Wie im deutschen Recht trifft den Geschädigten auch im schwedischen Recht eine allgemeine Pflicht, den Schaden möglichst gering zu halten. Verstößt er hiergegen, kann der Versicherer den Einwand des Mitverschuldens erheben und den Ersatzbetrag kürzen.[586]

Einige spezielle Pflichtversicherungsgesetze enthalten zudem spezielle Regelungen zu Pflichtverletzungen des Geschädigten gegenüber dem Versicherer. Gemäß § 17 TsL und dem gleichlautenden § 4 PsL stehen dem Versicherer auch im Rahmen des *trafik-* und *patientskadesättning* die durch das FAL gewährten Kürzungsrechte bei Verstößen gegen die Mitwirkungspflichten des Geschädigten zu. Ebenso begründen § 25 Abs. 3 AtomL und Kap. 10 § 14 Abs. 3 SjöL ein Minderungsrecht des Versicherers, wenn der Geschädigte seine Nebenpflichten aus dem FAL verletzt.[587]

C. Vergleich und Ergebnis

Beide Rechtsordnungen sind erkennbar um einen fairen Interessenausgleich bemüht. Möchte ein geschädigter Dritter Rechte aus einer Haftpflichtversicherung seines Schädigers gegen den Versicherer herleiten, treffen ihn auch Anzeige-, Auskunfts- und Belegpflichten. Sie stellen damit einen weitgehenden Schutz des Versicherers vor Informationsmängeln sicher. Flankiert werden diese Pflichten des Geschädigten durch Sanktionsmöglichkeiten des Versicherers, der die Versicherungssumme bei Verstößen u. U. kürzen oder deren Auszahlung ggf. sogar vollständig verweigern darf. Die Interessen des Geschädigten wahren beide Rechtsordnungen durch ein Verschuldenserfordernis und die Tatsache, dass der Versicherer zunächst auf die Mitwirkungspflichten hinzuweisen hat.

Nicht überzeugend ist die Lösung des deutschen Rechts, den Geschädigten schon bei einfacher Fahrlässigkeit einem Kürzungsrecht des Versiche-

---

[585] *Bengtsson* S. 324; *van der Sluijs* S. 173.
[586] *Van der Sluijs* S. 173 f., 181; *Bengtsson* S. 322.
[587] Zu diesen Verweisungen auf das FAL: *van der Sluijs* S. 174.

rers auszusetzen, während der Versicherungsnehmer in der Regel erst bei grober Fahrlässigkeit belangt werden kann (vgl. Punkt 6.2 Muster-AHB 2012). Im Hinblick darauf, dass der Geschädigte nicht einmal Partei des Versicherungsvertrages ist, ist es nicht gerechtfertigt, ihm strengere Pflichten als dem Versicherungsnehmer aufzuerlegen.[588]

Überzeugender ist diesbezüglich das schwedische Recht. Nachdem der Versicherungsfall eingetreten ist, treffen den Versicherungsnehmer und den Geschädigten, dem ein Direktanspruch zusteht, die gleichen Pflichten und die gleichen Sanktionen. Diese Gleichbehandlung ist im Hinblick auf die Position des Geschädigten bei einem Direktanspruch auch gerechtfertigt. Soweit aber angedacht wird, den Geschädigten im Rahmen von Kap. 7 §§ 2, 3 FAL auch dann in die Schadensabwicklung mit dem Versicherer einzubinden, wenn kein gesetzlicher Direktanspruch besteht, ist dies wiederum nicht gerechtfertigt.[589]

§ 11 Einwendungen des Versicherers aus dem Versicherungsverhältnis

Wie bereits herausgearbeitet wurde, ist der gesetzliche Direktanspruch entgegen seines Namens kein eigenständiger Anspruch. Er gibt dem Geschädigten lediglich das Recht, seinen bereits bestehenden Schadensersatzanspruch nach Maßgabe des Haftpflichtversicherungsvertrages seines Schädigers auch unmittelbar gegenüber dessen Haftpflichtversicherer geltend zu machen. Seinen materiellen Bestand erhält der Direktanspruch mithin erst durch das *Haftungsverhältnis,* also den zugrundeliegenden Schadensersatzanspruch, und durch das *Versicherungsverhältnis,* also die den Schaden abdeckende Haftpflichtversicherung. Soweit der Schadensersatzanspruch vom Versicherungsschutz umfasst ist, kommt es zu keinen Konflikten zwischen diesen beiden Rechtsverhältnissen. Diese entstehen erst, wenn Haftungs- und Versicherungsverhältnis auseinanderlaufen und dadurch (zumindest teilweise) in Widerspruch geraten. Dies geschieht, wenn der Versicherer aufgrund einer Einwendung im Innenverhältnis leistungsfrei wird und somit gegenüber seinem Versicherungsnehmer nicht mehr zur Haftungsübernahme verpflichtet ist. In diesem Abschnitt soll daher in einem ersten Schritt untersucht werden, welche Einwendungen dem Versicherer auf der Ebene des Versicherungsverhältnisses gegenüber seinem Versicherungsnehmer überhaupt zustehen können. Anschließend soll in einem zweiten Schritt erörtert werden, inwieweit diese jeweiligen Einwendungen dann auch im Außenverhältnis zulasten des Geschädigten wirken

---

[588] Kritisch auch *Wandt* Rn. 1093.
[589] So auch *Bengtsson* S. 323.

und ob der Versicherer auch insoweit leistungsfrei wird. Da die untersuchten Rechtsordnungen bezüglich der Drittwirkung der Einwendungen des Versicherers nicht zwischen der Situation eines gesetzlichen Direktanspruches und der eines anderweitig begründeten unmittelbaren Durchgriffsrechts gegen den Versicherer (z.B. aufgrund der Abtretung oder Pfändung des Freistellungsanspruches) unterscheiden, gelten die jeweiligen Erwägungen in diesem Abschnitt *unabhängig* vom Bestehen eines gesetzlichen Direktanspruches im konkreten Fall.

Mögliche Einwendungen, die dem Versicherer zustehen können, sind zunächst die sogenannten *versicherungsrechtlichen* Einwendungen. Der Begriff wird in dieser Arbeit in seinem engeren Verständnis gebraucht und umfasst nur Einwendungen, die gegenüber dem allgemeinen Vertragsrecht abweichende Sonderregelungen im Versicherungsrecht erfahren und dabei keine sog. Risikoausschlüsse darstellen. Zu den versicherungsrechtlichen Einwendungen zählen daher v.a. die Einwendungen wegen Zahlungsverzuges des Versicherungsnehmers, wegen unzulässiger Gefahrerhöhung und wegen Verletzung von gesetzlichen oder vertraglichen Obliegenheiten. Neben diesen sog. versicherungsrechtlichen Einwendungen kann der Versicherer auch Gegenrechte wegen des vorsätzlichen Herbeiführens des Versicherungsfalles sowie aus vertraglichen Risikoausschlüssen und aus einem Selbstbehalt des Versicherungsnehmers herleiten. Ferner können dem Versicherer Einwendungen zustehen, weil der Freistellungsanspruch des Versicherungsnehmers bereits verjährt ist, für den Versicherer eine Aufrechnungsmöglichkeit besteht oder der Versicherer den Freistellungsanspruch bereits gegenüber dem Versicherungsnehmer erfüllt hat.

Im Folgenden wird jeweils zunächst dargestellt, welche Gegenrechte der Versicherer aus der entsprechenden Einwendung im Innenverhältnis gegenüber seinem Versicherungsnehmer herleiten kann. Anschließend wird jeweils betrachtet, inwieweit diese Rechte dann auch dem geschädigten Dritten – und damit auch einem ggf. bestehenden gesetzlichen Direktanspruch – entgegengehalten werden können.[590]

A. Versicherungsrechtliche Einwendungen

I. Zahlungsverzug

Die Pflicht zur Zahlung der Versicherungsprämie ist sowohl nach deutschem Recht (§ 1 Satz 2 VVG) als auch nach schwedischem Recht (Kap. 5 § 1 FAL) die einzige Hauptleistungspflicht des Versicherungsnehmers aus

---

[590] Ob und inwieweit dem Geschädigten in den jeweiligen Rechtsordnungen ein gesetzlicher Direktanspruch eingeräumt wird, wurde oben auf S. 89 ff. dargestellt.

dem Versicherungsvertrag.[591] Beide Rechtsordnungen haben jedoch vom allgemeinen Verzugsrecht abweichende Spezialvorschriften über den Zahlungsverzug des Versicherungsnehmers. Anliegen dieser Regelungen ist es zum einen, den Versicherer nicht zur Leistung zu verpflichten, wenn der Versicherungsnehmer noch gar keine Prämie gezahlt hat,[592] zum anderen soll aber auch die Rechtsstellung des Versicherungsnehmers gestärkt werden, wenn er im Rahmen des laufenden Versicherungsvertrages einmal in Verzug mit der Prämie gerät. Der Versicherungsnehmer soll dann seinen Versicherungsschutz nicht verlieren, nur weil er einmalig nicht fristgerecht die Versicherungsprämie zahlt.[593] Aber auch dieser Schutz des Versicherungsnehmers endet an einem bestimmten Punkt und dann stellt sich die Frage, inwieweit der Versicherer wegen ausbleibender Prämienzahlungen leistungsfrei wird.

1. Deutschland

a) Innenverhältnis

Das deutsche Recht differenziert die Rechte des Versicherers danach, ob der Versicherungsnehmer mit der Erstprämie oder mit einer Folgeprämie in Verzug gerät.[594] Zahlt der Versicherungsnehmer die *Erstprämie* nicht rechtzeitig, hat der Versicherer gemäß § 37 Abs. 1 VVG das Recht, vom Versicherungsvertrag zurückzutreten, es sei denn, der Versicherungsnehmer hat die Nichtzahlung nicht zu vertreten. Unter denselben Voraussetzungen ist der Versicherer gemäß § 37 Abs. 2 VVG nicht zur Leistung verpflichtet, wenn er den Versicherungsnehmer auf diese Rechtsfolge der Nichtzahlung hinreichend deutlich aufmerksam gemacht hat.

Gerät der Versicherungsnehmer mit einer *Folgeprämie* in Verzug, muss der Versicherer zunächst nach § 38 Abs. 1 VVG eine mindestens zweiwöchige Zahlungsfrist bestimmen. Erst nach fruchtlosem Ablauf dieser Frist wird der Versicherer leistungsfrei (§ 38 Abs. 2 VVG) und kann den Versicherungsvertrag kündigen (Abs. 3).

Damit kann für das deutsche Recht vom Grundsatz der Leistungsfreiheit des Versicherers bei Zahlungsverzug des Versicherungsnehmers gesprochen werden. Diese Leistungsfreiheit wird aber insoweit eingeschränkt, als zum einen bei Ausbleiben der Erstprämie der Versicherer doch zur Leistung verpflichtet bleibt, wenn der Versicherungsnehmer die Nichtzahlung

---

[591] Für das deutsche Recht: *Staudinger*, in: MüKo-VVG § 33 Rn. 3; *Wandt* Rn. 486; für das schwedische Recht: *Bengtsson* S. 255.
[592] *Beckmann*, in: Bruck/Möller § 37 Rn. 3.
[593] *Beckmann*, in: Bruck/Möller § 38 Rn. 3; *Bengtsson* S. 298 f.
[594] Zur Verletzung der Prämienzahlungspflicht: *Wandt* Rn. 514 ff.; *Staudinger*, in: MüKo-VVG § 37 Rn. 25 ff. und § 38 Rn. 13 ff.

nicht zu vertreten hat, und zum anderen bei Ausbleiben einer Folgeprämie zunächst erfolglos eine Nachfrist zu setzen ist. Zusätzlich besteht für den Versicherer die Möglichkeit, sich durch Rücktritt bzw. Kündigung vom Versicherungsvertrag zu lösen. Mit Wirksamwerden der Kündigung bzw. des Rücktritts wird der Versicherer ebenfalls gegenüber dem Versicherungsnehmer leistungsfrei.

b) Drittwirkung

Bei *freiwilligen* Haftpflichtversicherungen wird der Versicherer unter den dargelegten Voraussetzungen auch gegenüber Dritten leistungsfrei.[595] Da bei freiwilligen Haftpflichtversicherungen nach deutschem Recht aber kein gesetzlicher Direktanspruch besteht, stellt sich die Drittwirkungsfrage nur, wenn der Geschädigte unmittelbar gegen den Versicherer vorgehen kann, weil der Freistellungsanspruch des Versicherungsnehmers an ihn abgetreten wurde oder er diesen gepfändet hat.

Für *Pflichtversicherungen* gilt hinsichtlich der Drittwirkung versicherungsrechtlicher Einwendungen die Sondervorschrift des § 117 VVG. Zunächst ordnet § 117 Abs. 1 VVG für Pflichtversicherungen einen allgemeinen Einwendungsausschluss gegenüber Dritten an. Hiernach bleibt die Verpflichtung des Versicherers in Ansehung des Dritten bestehen, auch wenn der Versicherer von der Verpflichtung zur Leistung gegenüber dem Versicherungsnehmer ganz oder teilweise frei ist. Dieser Einwendungsausschluss gilt für alle versicherungsrechtlichen Einwendungen.[596] Somit greifen auch die Leistungsbefreiungen nach §§ 37 Abs. 2, 38 Abs. 2 VVG nicht gegenüber Dritten. Der Versicherer kann aber den Versicherungsvertrag aufheben, indem er von diesem zurücktritt (§ 37 Abs. 1 VVG) oder ihn kündigt (§ 38 Abs. 3 VVG). Nach Beendigung des Vertrages ist er grundsätzlich auch von seiner Haftung gegenüber Dritten, und damit auch gegenüber einem ggf. bestehenden gesetzlichen Direktanspruch, befreit.

Allerdings trifft den Versicherer bei Pflichtversicherungen gemäß § 117 Abs. 2 VVG noch eine einmonatige *Nachhaftung*.[597] Tritt innerhalb eines Monates ein Versicherungsfall ein, muss der Versicherer ausnahmsweise dennoch haften. Nach § 117 Abs. 2 Satz 1 VVG wirkt nämlich ein Umstand, der das Nichtbestehen oder die Beendigung des Versicherungsverhältnisses zur Folge hat, in Ansehung des Dritten erst mit dem Ablauf eines Monats, nachdem der Versicherer diesen Umstand der hierfür zuständigen Stelle angezeigt hat. Mit der „hierfür zuständigen Stelle" sind

---

[595] *Staudinger*, in: MüKo-VVG § 37 Rn. 28 und § 38 Rn. 14 ff.; *Knappmann*, in: Prölss/Martin § 37 Rn. 20 ff. und § 38 Rn. 32.
[596] *Schneider*, in: MüKo-VVG § 117 Rn. 9; *Knappmann*, in: Prölss/Martin § 117 Rn. 6.
[597] Zur Nachhaftung im deutschen Recht: *Schneider*, in: MüKo-VVG § 117 Rn. 13 ff.; *Knappmann*, in: Prölss/Martin § 117 Rn. 10 ff.

die für die jeweilige Pflichtversicherung zuständigen Aufsichtsbehörden gemeint.[598] Die Nachhaftung greift aber gemäß § 117 Abs. 2 Satz 5 VVG nur ein, wenn eine zur Entgegennahme der Anzeige zuständige Stelle gesetzlich bestimmt ist. Gesetzlich bestimmt ist die Zuständigkeit z.B. nach § 25 FZV für die Kfz-Zulassungsbehörden für Anzeigen im Rahmen der Kfz-Pflichtversicherung oder für die Kammern der freien Berufe für Anzeigen im Rahmen der jeweiligen Berufshaftpflichtversicherung (z.B. gemäß § 51 Abs. 7 BRAO die Zuständigkeit der Rechtsanwaltskammer).

Soweit eine zuständige Stelle gesetzlich bestimmt ist, wird der Versicherer von seiner Haftung gegenüber Dritten also erst nach Ablauf eines Monats frei, nachdem er die Vertragsbeendigung gegenüber dieser Stelle angezeigt hat. Innerhalb dieser Monatsfrist soll der Aufsichtsbehörde Zeit gegeben werden, gegen den Versicherungsnehmer einzuschreiten.[599] Ist gesetzlich keine zuständige Stelle bestimmt, greift die Nachhaftung indes nicht ein. Maßgeblicher Zeitpunkt für die Haftung des Versicherers ist der Eintritt des Versicherungsfalles.[600]

2. Schweden

a) Innenverhältnis

Das schwedische Recht differenziert für die Rechtsfolgen des Zahlungsverzuges des Versicherungsnehmers (*dröjsmål med premien*) zunächst zwischen Haftpflichtversicherungen eines Verbrauchers (*konsumentförsäkring*) und eines Unternehmers (*företagsförsäkring*).

Bei einer *konsumentförsäkring* wird der Zahlungsverzug bei Erst- und Folgeprämien gleichbehandelt.[601] Gerät der Versicherungsnehmer in Zahlungsverzug, steht dem Versicherer grundsätzlich ein Kündigungsrecht nach Kap. 5 § 2 Abs. 1 FAL zu. Das Kündigungsrecht besteht indes nicht, wenn der Versicherungsnehmer nur mit einem unwesentlichen Teilbetrag (*dröjsmålet av ringa betydelse*) in Verzug ist. Die Kündigung wird dabei erst 14 Tage nach ihrer Absendung durch den Versicherer wirksam. Zahlt der Versicherungsnehmer innerhalb dieser Zeit die Prämie nach, wird die Kündigung unwirksam. Die Kündigung ist ferner auch nur dann wirksam, wenn der Versicherungsnehmer zuvor auf die Rechtsfolgen des Prämienverzuges hingewiesen wurde (Kap. 5 § 2 Abs. 2 FAL). Liegt die Ursache des Verzuges in einer schweren Krankheit, einem Freiheitsentzug, einer Nichtauszah-

---

[598] *Schneider*, in: MüKo-VVG § 117 Rn. 22; *Knappmann*, in: Prölss/Martin § 117 Rn. 2.

[599] BGHZ 33, 318; *Schneider*, in: MüKo-VVG § 117 Rn. 13; *Knappmann*, in: Prölss/Martin, § 115 Rn. 11; *Wandt* Rn. 1082.

[600] *Schneider*, in: MüKo-VVG § 117 Rn. 13; *Schwartze*, in: Looschelders/Pohlmann § 117 Rn. 10.

[601] Zu den Rechtsfolgen des Zahlungsverzuges bei einer *konsumentförsäkring*: *Bengtsson* S. 296 ff.

lung von Rente oder Lohn oder einem vergleichbaren Hindernis, wird die Kündigung gemäß Kap. 5 § 2 Abs. 3 FAL erst eine Woche nach Wegfall des Hindernisses oder spätestens nach Ablauf von drei Monaten wirksam.

Kommt der Versicherungsnehmer einer *företagsförsäkring* in Zahlungsverzug, kann der Versicherer ebenfalls den Vertrag kündigen, soweit es sich nicht nur um einen unwesentlichen Teilbetrag handelt.[602] Bei Zahlungsverzug mit der Erstprämie wirkt die Kündigung nach Kap. 8 § 17 FAL bereits drei Tage nach Absendung der Kündigung. Bei Zahlungsverzug mit einer Folgeprämie wirkt die Kündigung dagegen erst sieben Tage nach ihrer Absendung. Auf ein Vertretenmüssen des Zahlungsverzuges kommt es bei der Unternehmerversicherung nicht an. Nach Kap. 8 § 4 Abs. 2 FAL können die Parteien einer företagsförsäkring aber im Versicherungsvertrag vereinbaren, dass der Versicherungsschutz erst mit Eingang der Zahlung der Erstprämie beim Versicherer beginnt.[603]

Anders als das deutsche Recht kennt das schwedische Recht mithin weder bei einer konsumentforsakring noch bei einer foretagsforsakring besondere gesetzliche Tatbestände, nach denen der Versicherer bei Prämienverzug trotz eines noch bestehenden Versicherungsvertrages leistungsfrei wird. Der Versicherer muss den Versicherungsvertrag nach dem gesetzlichen Leitbild grundsätzlich immer erst kündigen und wird erst nach Ablauf einer durch die Kündigung in Gang gesetzten Frist leistungsfrei. Bei der företagsförsäkring besteht indes die Möglichkeit, den Beginn des Versicherungsschutzes vertraglich an die Zahlung der Erstprämie zu koppeln.

b) Drittwirkung

Hat der Versicherer den Versicherungsvertrag wirksam gekündigt, wirkt die hierdurch erlangte Leistungsfreiheit auch gegenüber Dritten und kann folglich auch einem gesetzlichen Direktanspruch des Geschädigten entgegengehalten werden.[604] Für einen Direktanspruch muss nämlich nach schwedischem Recht im Zeitpunkt des Schadensfalles sowohl bei einer Verbraucher- als auch bei einer Unternehmerversicherung immer ein wirksamer Versicherungsvertrag bestanden haben. Dies ist nach einer wirksam gewordenen Kündigung aber nicht mehr der Fall. Eine dem § 117 Abs. 2 VVG vergleichbare Nachhaftung des Versicherers über die Beendigung des Versicherungsvertrages hinaus kennt das schwedische FAL nicht. Der Geschädigte wird nur insoweit geschützt, als dass die Kündigung erst nach Ablauf einer bestimmten Frist wirksam wird.

---

[602] Zu den Rechtsfolgen des Zahlungsverzuges bei einer *företagsförsäkring*: Bengtsson S. 370 ff.
[603] Hierzu: prop. 2003/04:150 S. 459; Bengtsson S. 342.
[604] Bengtsson S. 391; *Johansson/van der Sluijs,* in: SvJT 2006, 72 (82).

3. Vergleich und Ergebnis

Auf den ersten Blick scheint das deutsche Recht den Versicherer bei Zahlungsverzug seines Versicherungsnehmers besser zu stellen. Denn nach §§ 37 Abs. 2 Satz 1, 38 Abs. 2 VVG ist der Versicherer im *Innenverhältnis* u.U. auch ohne Kündigung des Versicherungsvertrages leistungsfrei, während das schwedische Recht – außer im Falle einer abweichenden vertraglichen Vereinbarung bezüglich der Nichtzahlung der Erstprämie im Rahmen einer företagsförsäking – den Versicherer nicht leistungsfrei stellt, solange er den Vertrag nicht gekündigt hat. Um leistungsfrei zu werden, muss der Versicherer im deutschen Recht bei Verzug mit einer Folgeprämie nur eine Nachfrist von mindestens zwei Wochen setzen, während im schwedischen Recht zwingend der Vertrag zu kündigen ist. Eine Nachfristsetzung ist im schwedischen Recht zwar nicht notwendig, dafür wird aber die Kündigung bei einer konsumentförsäkring erst zwei Wochen nach Absendung wirksam. Im Ergebnis kann sich der Versicherer bei Zahlungsverzug insoweit nach deutschem Recht allgemein und nach schwedischem Recht bei Verbraucherversicherungen frühestens zwei Wochen nach Verzugsbeginn gegenüber seinem Versicherungsnehmer freizeichnen.

Um gegenüber *Dritten* leistungsfrei zu werden, muss der Versicherer im deutschen Recht bei Pflichtversicherungen und im schwedischen Recht bei allen Haftpflichtversicherungen den Versicherungsvertrag kündigen, denn die im Innenverhältnis bestehenden Befreiungstatbestände des deutschen Rechts entfalten gemäß § 117 Abs. 1 VVG bei Pflichtversicherungen keine Drittwirkung. Aber selbst bei der Kündigung durch den Versicherer trifft diesen nach § 117 Abs. 2 VVG eine einmonatige Nachhaftung, wenn es sich um eine Pflichtversicherung handelt und gesetzlich eine zuständige Aufsichtsstelle bestimmt ist. Eine solche Nachhaftung ist dem schwedischen Recht bei Zahlungsverzug unbekannt.

Gemeinsam ist dem deutschen Recht und den schwedischen Regelungen über die *konsumentförsäkring,* dass der Versicherer nur Gegenrechte hat, wenn den Versicherungsnehmer ein Verschulden bezüglich des Verzuges trifft. Während das deutsche Recht hier ein allgemeines Verschuldenserfordernis aufstellt, kennt das schwedische Recht nur ausgewählte Entlastungssituationen zugunsten des Versicherungsnehmers.

Bei einer *företagsförsäkring* kann der Versicherer im schwedischen Recht mit sehr schneller Wirkung kündigen und damit auch gegenüber dem Geschädigten leistungsfrei werden. Für Unternehmerversicherungen werden außerdem weder Hinweispflichten statuiert, noch kann sich der Versicherungsnehmer hier exkulpieren. Ferner besteht hier auch die Möglichkeit, vertraglich zu vereinbaren, dass der Versicherungsschutz von der Zahlung der Erstprämie abhängig ist. In diesen Regelungen kommt die Grundidee der företagsförsäkring zum Ausdruck, wonach ein Unternehmer als Versicherungsnehmer weniger zu schützen ist als ein Verbraucher. Dies führt aber nach der Systematik des schwedischen Rechts mittelbar auch dazu, dass ein geschädigter Dritter in der Unternehmerversicherung eine schwächere Stellung hat als in der Verbraucherversicherung.

II. Verletzungen versicherungsrechtlicher Obliegenheiten

Damit der Versicherer das von ihm zu übernehmende Risiko korrekt einschätzen und darauf basierend die Versicherungsprämie richtig kalkulieren kann, ist er auf die umfassende Mitwirkung des Versicherungsnehmers angewiesen.[605] Zunächst muss der – zu dieser Zeit noch potentielle – Versicherungsnehmer *vor* Vertragsschluss dem Versicherer alle für die Risikobestimmung relevanten Informationen zur Verfügung stellen. Falsche oder unvollständige Angaben sind für den Versicherer äußerst misslich. Ist das zu versichernde Risiko in Wahrheit anders einzuschätzen, hätte der Versicherer den Vertrag möglicherweise nicht oder nicht unter denselben Bedingungen geschlossen.

Ist der Vertrag erst einmal zu Stande gekommen, soll sich das versicherte Risiko nicht im Laufe der Zeit erhöhen, denn auch dies könnte die Kalkulation des Versicherers hinfällig machen. Tritt *nach* Vertragsschluss eine wesentliche Veränderung der Gefahrumstände ein, die die Risikorealisierung wahrscheinlicher macht (sogenannte Gefahrerhöhung, auf Schwedisch *riskökning*)[606], stellt sich die Frage, wie sich dies auf das Versicherungsverhältnis und das Verhältnis zum geschädigten Dritten auswirkt.

Da die wirtschaftliche Belastung durch den Schadensfall letztlich den Versicherer trifft, der Versicherungsnehmer den Schaden aber besser verhüten kann, da er dem Risiko näher ist, vereinbaren Versicherer und Versicherungsnehmer in der Regel auch eine Reihe *vertraglicher Obliegenheiten.* Ihre Befolgung soll das versicherte Risiko minimieren. Diese Sorgfaltspflichten werden in der Regel durch Formularverträge (AVB, Versicherungsschein) statuiert. Sie können sich auf Verhaltenspflichten vor und nach dem Schadensfall erstrecken.

Im Folgenden wird untersucht, welche Gegenrechte der Versicherer aus möglichen Verstößen des Versicherungsnehmers gegen diese Obliegenhei-

---

[605] Zur Einschätzung der Risiko- und Gefahrenlage durch die Versicherer: *Wandt* Rn. 776 ff.
[606] Zur Definition der Gefahrerhöhung im deutschen Recht: BGHZ 42, 295; RGZ 73, 360 (361); *Wrabetz/Rensch,* in: MüKo-VVG § 23 Rn. 2. Für das schwedische Recht ist die *riskökning* in Kap. 4 § 3 Satz 1 FAL als „förhållande [...] som är av väsentlig betydelse för risken ändras" (zu Deutsch: Verhältnisse, die wesentliche Bedeutung für die Einschätzung des Risikos haben) legaldefiniert, vgl. allg. zur Gefahrerhöhung im schwedischen Recht: *Bengtsson* S. 266 ff.; *Hellner* S. 400 f.

1. Deutschland

a) Innenverhältnis

(1) Vorvertragliche Anzeigepflicht

Im deutschen Recht ist die vorvertragliche Anzeigepflicht in § 19 Abs. 1 VVG normiert.[607] Der Versicherungsnehmer muss dem Versicherer bis zur Abgabe seiner Vertragserklärung alle ihm bekannten und für die Entschließung des Versicherers erheblichen Gefahrumstände anzeigen. Der Versicherer muss nach den Informationen in Textform beim Versicherungsnehmer anfragen. Verletzt der Versicherungsnehmer die Anzeigepflicht vorsätzlich oder grob fahrlässig, kann der Versicherer vom Vertrag zurücktreten, § 19 Abs. 2, 3 Satz 1 VVG. Liegen diese Voraussetzungen nicht vor, steht dem Versicherer nach § 19 Abs. 3 Satz 2 VVG ein Kündigungsrecht zu. Handelte der Versicherungsnehmer nicht vorsätzlich, sind Rücktritt und Kündigung indes ausgeschlossen, wenn der Versicherer den Vertrag auch bei Kenntnis der ihm verschwiegenen Umstände geschlossen hätte, wenn auch zu anderen Bedingungen. Der Versicherer hat dann einen Anspruch auf Vertragsanpassung (§ 19 Abs. 4 Satz 2 VVG).

Der Versicherer ist im Innenverhältnis im Fall eines Rücktrittes nach § 21 Abs. 2 VVG für Versicherungsfälle, die vor dem Rücktritt eingetreten sind, nicht zur Leistung verpflichtet, es sei denn, die Verletzung der Anzeigepflicht bezieht sich auf einen Umstand, der weder für den Eintritt oder die Feststellung des Versicherungsfalles noch für die Feststellung oder den Umfang der Leistungspflicht des Versicherers ursächlich ist. Hat der Versicherungsnehmer die Anzeigepflicht indes arglistig verletzt, ist der Versicherer gemäß § 21 Abs. 2 Satz 2 VVG auch dann nicht zur Leistung verpflichtet, wenn der Versicherungsnehmer eine für den Schaden nicht ursächliche Tatsache verschwieg.

(2) Gefahrerhöhung

Eine Gefahrerhöhung darf der Versicherungsnehmer gemäß § 23 Abs. 1 VVG ohne Einwilligung des Versicherers nicht vornehmen. Tritt dennoch eine Gefahrerhöhung ein, hat der Versicherungsnehmer diese dem Versicherer unverzüglich anzuzeigen (§ 23 Abs. 2, 3 VVG). Im Falle einer unzulässigen Gefahrerhöhung kann der Versicherer kündigen (§ 24 VVG)

---

[607] Zur vorvertraglichen Anzeigepflicht und deren Verletzung: *Langheid*, in: MüKo-VVG § 19 Rn. 34 ff.; allgemein zu den Rechtsfolgen der Verletzung gesetzlicher Obliegenheiten: *Wandt* Rn. 618 ff.

oder den Vertrag anpassen (§ 25 Abs. 1 VVG). Bei einer vorsätzlichen Gefahrerhöhung wird der Versicherer im Innenverhältnis leistungsfrei (§ 26 Abs. 1 Satz 2, Abs. 2 VVG). Handelte der Versicherungsnehmer nur grob fahrlässig, darf der Versicherer die Versicherungssumme in einem der Schwere des Verstoßes entsprechenden Verhältnis kürzen (§ 26 Abs. 1 Satz 2, Abs. 2 Satz 2 VVG). Nach § 26 Abs. 3 VVG wird der Versicherer aber nicht leistungsfrei, wenn die Gefahrerhöhung nicht ursächlich für den Schaden war oder im Zeitpunkt des Versicherungsfalles die nach § 24 VVG vorgegebene Frist zur Kündigung des Versicherungsvertrages bereits abgelaufen war.

(3) Rettungsobliegenheit

Des Weiteren trifft den Versicherungsnehmer auch eine sogenannte Rettungsobliegenheit.[608] Diese umfasst gemäß § 82 Abs. 1 VVG, dass der Versicherungsnehmer bei Eintritt des Versicherungsfalles nach seinen Möglichkeiten für die Abwendung und Minderung des Schadens zu sorgen hat. Nach § 82 Abs. 2 VVG hat er ferner Weisungen des Versicherers grundsätzlich Folge zu leisten. Verstößt der Versicherungsnehmer vorsätzlich gegen diese Obliegenheiten, wird der Versicherer vollständig leistungsfrei (§ 82 Abs. 3 Satz 1 VVG). Bei einer grob fahrlässigen Verletzung kann der Versicherer seine Leistung entsprechend kürzen (§ 82 Abs. 3 Satz 2 VVG). Voraussetzung der Leistungsbefreiung oder -kürzung ist, dass der Verstoß des Versicherungsnehmers auch ursächlich für den Schaden wurde (§ 82 Abs. 4 Satz 1 VVG). Handelte der Versicherungsnehmer arglistig, ist der Versicherer aber auch ohne Kausalität leistungsfrei (§ 82 Abs. 4 Satz 2 VVG).

(4) Vertragliche Obliegenheiten

Verletzt der Versicherungsnehmer eine vertragliche Obliegenheit, die vor Eintritt des Versicherungsfalles zu erfüllen ist, höchstens mit einfacher Fahrlässigkeit, bleibt dies folgenlos.[609] Bei einer vorsätzlichen oder grob fahrlässigen Verletzung steht dem Versicherer ein Kündigungsrecht (§ 28 Abs. 1 VVG) zu. Nach § 28 Abs. 2 Satz 1 VVG können die Parteien vereinbaren, dass der Versicherer im Falle einer vorsätzlichen Verletzung vertraglicher Obliegenheiten leistungsfrei wird. Eine solche Vereinbarung enthalten z.B. die Muster AHB 2012 in Ziffer 26.2. Bei grober Fahrlässigkeit kann der Versicherer die Versicherungssumme verhältnismäßig kür-

---

[608] Zur Rettungsobliegenheit in der Haftpflichtversicherung: *Koch*, in: Bruck/Möller § 82 Rn. 85 ff.; *Looschelders*, in: MüKo-VVG § 82 Rn. 19; *Voit*, in: Prölss/Martin § 82 Rn. 2.

[609] *Wandt*, in: MüKo-VVG Vor § 28 Rn. 4.

zen, § 28 Abs. 2 Satz 2 VVG. Der Versicherer wird nur leistungsfrei bzw. zur Kürzung berechtigt, wenn die Obliegenheitsverletzung auch ursächlich für den Schaden war (§ 28 Abs. 3 Satz 1 VVG). Unabhängig von der Kausalität wird der Versicherer gemäß § 28 Abs. 3 Satz 2 VVG leistungsfrei, wenn der Versicherungsnehmer arglistig gehandelt hat.

(5) Anzeige- und Auskunftsobliegenheit nach Eintritt des Versicherungsfalles

Gemäß § 30 Abs. 1 Satz 1 VVG hat der Versicherungsnehmer den Eintritt des Versicherungsfalles dem Versicherer unverzüglich anzuzeigen.[610] Ferner hat der Versicherungsnehmer nach § 31 Abs. 1 Satz 1 VVG nach Eintritt des Versicherungsfalles dem Versicherer jede Auskunft zu erteilen, die zur Feststellung des Schadensfalles erforderlich ist. Gemäß § 31 Abs. 1 Satz 2 VVG trifft den Versicherungsnehmer auch die Pflicht, in dem ihm zumutbaren Rahmen Belege zu beschaffen.

Welche Rechtsfolge Verstöße des Versicherungsnehmers gegen diese Obliegenheiten auslösen, ist im VVG hingegen nicht geregelt. Die Sanktionierung ist damit der Parteivereinbarung überlassen.[611] Die Muster-AHB 2012 behandeln diese Obliegenheitsverletzung wie die Verletzung anderer Obliegenheiten. Nach Punkt 26.2 der Muster-AHB-2012 wird der Versicherungsnehmer bei vorsätzlichen Verletzungen leistungsfrei; bei grob fahrlässigen Verstößen steht ihm ein Kürzungsrecht zu.

b) Drittwirkung

Die im Innenverhältnis durch eine Verletzung der vorvertraglichen Anzeigepflicht (§ 21 Abs. 2 VVG), eine unzulässige Gefahrerhöhung (§ 26 VVG), eine Verletzung der Rettungsobliegenheit (§ 82 Abs. 3 VVG), eine Verletzung vertraglicher Obliegenheiten (§ 28 Abs. 2 VVG) oder eine Verletzung der nach Eintritt eines Schadensfalles bestehenden Anzeige- und Auskunftspflicht hervorgerufenen Leistungsbefreiungs- und Kürzungsrechte greifen bei *Pflichtversicherungen* gemäß § 117 Abs. 1 VVG wiederum nicht zulasten des Dritten. Daher kann sich der Versicherer auf diese auch bei einem ggf. bestehenden gesetzlichen Direktanspruch nicht berufen.[612]

---

[610] Zur Anzeigeobliegenheit: *Brömmelmeyer*, in: Bruck/Möller § 30 Rn. 15 ff.; *Wandt*, in: MüKo-VVG § 30 Rn. 23 ff.

[611] Zu den Rechtsfolgen einer Anzeigepflichtverletzung: *Brömmelmeyer*, in: Bruck/Möller § 30 Rn. 38 ff.; *Wandt*, in: MüKo-VVG § 30 Rn. 42 ff.

[612] Für die Verletzung der vorvertraglichen Anzeigepflicht, eine unzulässige Gefahrerhöhung und die Verletzung vertraglicher Obliegenheiten: *Schneider*, in: MüKo-VVG § 117 Rn. 9; *Knappmann*, in: Prölss/Martin § 117 Rn. 6; für die Rettungsobliegenheit: *Looschelders*, in: MüKo-VVG § 82 Rn. 56; *Voit*, in: Prölss/Martin § 82 Rn. 18.

Der Versicherer hat aber die Möglichkeit, sich durch Rücktritt oder Kündigung vom Vertrag zu lösen. Mit Beendigung des Versicherungsvertrages wird der Versicherer grundsätzlich auch bei einer Pflichtversicherung gegenüber Dritten frei. Bei diesen trifft den Versicherer allerdings wiederum die einmonatige Nachhaftung gemäß § 117 Abs. 2 VVG.

Bezüglich der Schadensminderungspflicht und den nach Eintritt eines Versicherungsfalles eingreifenden Anzeige-, Auskunfts- und Belegpflichten ist aber zu beachten, dass diese auch den geschädigten Dritten treffen (vgl. § 119 VVG). Verstößt der *Dritte* hiergegen, kann dies auch seinem gesetzlichen Direktanspruch entgegengehalten werden (vgl. § 120 VVG).[613]

2. Schweden

a) Innenverhältnis

(1) Vorvertragliche Anzeigepflicht

Auch das schwedische Recht verpflichtet den Versicherungsnehmer, alle Fragen des Versicherers zur Bestimmung des zu übernehmenden Risikos richtig und vollständig zu beantworten (sogenannte *upplysningsplikt*). Die Pflicht besteht bei einer *konsumentförsäkring* nach Kap. 4 § 1 Abs. 1 FAL und bei einer *företagsförsäkring* nach Kap. 8 § 8 FAL. Entdeckt der Versicherungsnehmer später, unvollständige oder falsche Angaben gemacht zu haben, muss er diese unverzüglich korrigieren.

Verstößt der Versicherungsnehmer durch arglistige Täuschung (*svikligt*) oder im Widerspruch zu Treu und Glauben (*i strid mot tro och heder*) gegen diese Anzeigepflichten, ist der Versicherungsvertrag unwirksam und der Versicherer wird bei beiden Versicherungsarten frei von seiner Leistungsverpflichtung (Kap. 4 § 2 Abs. 1 Satz 1 bzw. Kap. 8 § 9 Abs. 1 Satz 1 FAL). Bei anderen Formen des Verschuldens sieht das Gesetz wiederum unterschiedliche Rechtsfolgen für Haftpflichtversicherungen eines Verbrauchers und eines Unternehmers vor. Ist der Versicherungsnehmer Verbraucher, ist ein leicht fahrlässiger Verstoß (*ringa oaktsamhet*) nach Kap. 4 § 9 Nr. 1 FAL unbeachtlich. Bei anderen Formen des Vorsatzes (*annars uppsåtligen*) und der Fahrlässigkeit (*oaktsamhet*) darf der Versicherer die Versicherungssumme um einen angemessenen Betrag herabsetzen. Hierbei sind die Bedeutung der nicht angezeigten Tatsache für die Risikobestimmung, der Grad des Verschuldens sowie andere Umstände zu berücksichtigen (Kap. 4 § 2 Abs. 2 FAL).

Machte hingegen ein Unternehmer als Versicherungsnehmer bei einer *företagsförsäkring* falsche Angaben, ist auch leichte Fahrlässigkeit beacht-

---

[613] Siehe hierzu für die Wirkung schadensrechtlichen Einwendungen unten S. 152 ff. und für die Verletzung von Mitwirkungspflichten oben S. 133 ff.

lich. Liegt Vorsatz oder Fahrlässigkeit vor, greift die sogenannte *prorataregeln*.[614] Hiernach ist entscheidend, wie sich der Versicherer bei Kenntnis aller Tatsachen verhalten hätte. Hätte er den Vertrag dann nicht geschlossen, ist er gemäß Kap. 8 § 9 Abs. 2 Satz 1 FAL von der Haftung frei. Hätte er ihn zu anderen Konditionen geschlossen, ist die Versicherungssumme verhältnismäßig herabzusetzen (Satz 2), hierbei sind die Prämienhöhe und die Versicherungsbedingungen zu berücksichtigen.[615] Statt der prorataregeln kann der Versicherer nach Kap. 8 § 9 Abs. 2 Satz 3 FAL in den Versicherungsbedingungen auch die sogenannte *kausalitetsregeln*[616] wählen. Dann haftet der Versicherer nur, soweit keine der nicht angezeigten Tatsachen für den Schaden kausal wurde.

(2) Gefahrerhöhung

Kommt es bei einer *konsumentförsäkring* zu einer unzulässigen Gefahrerhöhung, stehen dem Versicherer gemäß Kap. 4 § 3 Abs. 1 Satz 2 FAL dieselben Rechte zu wie bei der Verletzung einer vorvertraglichen Anzeigepflicht. Erhöht also der Versicherungsnehmer nach Vertragsschluss die Gefahr, hat dies nur Konsequenzen, wenn dies ausdrücklich vertraglich vereinbart wurde. Nach Kap. 4 § 3 FAL kann in den Versicherungsbedingungen vereinbart werden, dass eine Gefahrerhöhung nicht vorgenommen werden darf und dass bei einem Verstoß die Sanktionsregeln nach Kap. 4 § 2 FAL greifen, also grundsätzlich eine verhältnismäßige Herabsetzung der Versicherungssumme stattfindet. Verstößt der Versicherungsnehmer einer *företagsförsäkring* gegen das Verbot der Gefahrerhöhung, greifen ebenfalls gem. Kap. 8 § 10 FAL für den Versicherer die Einwendungen nach Kap. 8 § 9 Abs. 2 FAL, also dieselben wie bei Verletzung der Anzeigepflicht.

(3) Rettungsobliegenheit

Auch das schwedische Recht legt dem Versicherungsnehmer eine sogenannte Rettungsobliegenheit (*räddningsplikt*) auf.[617] Sie ist für Verbraucher- und Unternehmerversicherungen gleich ausgestaltet. Gemäß Kap. 4 § 7 Abs. 1 FAL[618] ist der Versicherungsnehmer verpflichtet, nach allen ihm zumutbaren Möglichkeiten unmittelbar bevorstehende Schäden zu verhindern und bereits eingetretene Schäden so gering wie möglich zu halten.

---

[614] *Bengtsson* S. 352 ff.
[615] *Bengtsson* S. 352.
[616] *Bengtsson* S. 355 ff.
[617] Zur *räddningsplikt* im schwedischen Recht: *Bengtsson* S. 281 ff.; *Radetzki*, in: Bengtsson (u.a.), Uppsatser om försäkringsavtalslagen, S. 144 ff.; *van der Sluijs* S. 177 f.
[618] Für die Unternehmerversicherung gelten insoweit die Vorschriften der Verbraucherversicherung wegen des Verweises in Kap. 8 § 13 FAL.

Verletzt der Versicherungsnehmer diese Pflicht vorsätzlich oder grob fahrlässig, ist der Versicherer berechtigt, seine Leistung verhältnismäßig zu kürzen (Kap. 4 § 7 Abs. 2 FAL).

(4) Vertragliche Obliegenheit

Auch im schwedischen Recht können die Parteien in den allgemeinen Vertragsbedingungen zum Versicherungsvertrag Sorgfaltspflichten (sogenannte *säkerhetsföreskrifter*) vereinbaren. Anders als im deutschen Recht führt ein Verstoß hiergegen im schwedischen Recht aber kraft Gesetzes zu einem Einwand des Versicherers.

Verstößt der Versicherungsnehmer einer *konsumentförsäkring* gegen eine vertragliche Obliegenheit, kann der Versicherer die Versicherungssumme nach Kap. 4 § 6 Abs. 1 FAL verhältnismäßig kürzen. Die Kürzung ist unter Berücksichtigung des verursachten Schadens, des Verschuldensgrades sowie anderer Umstände zu bestimmen. Der Versicherungsnehmer muss gemäß Kap. 4 § 9 Nr. 1 FAL mehr als nur leicht fahrlässig gehandelt haben.

Bei einer *företagsförsäkring* wird der Versicherer gemäß Kap. 8 § 12 Abs. 1 FAL durch die Verletzung einer vertraglichen Obliegenheit sogar gänzlich leistungsfrei, soweit der Verstoß des Versicherungsnehmers kausal für den entstandenen Schaden wurde.

(5) Anzeige- und Auskunftsobliegenheit nach Eintritt des Versicherungsfalles

Im schwedischen Recht ist zwar keine gesetzliche Pflicht zur Anzeige des Versicherungsfalles statuiert, Kap. 7 § 2 Abs. 1 Satz 1 FAL regelt aber die Rechtsfolgen, die ein Verstoß gegen eine vertraglich vereinbarte Anzeigepflicht auslöst (*försummelse att anmäla försäkringsfall*). Hiernach hat der Versicherer das Recht, die Versicherungssumme um einen unter Berücksichtigung der Umstände angemessenen Betrag kürzen (*vad som är skäligt med hänsyn till omständigheterna*), wenn ihm durch die verspätete Anzeige des Versicherungsfalles ein Schaden entstanden ist. Bei einer Verbraucherversicherung entfällt dieses Kürzungsrecht, wenn der Versicherungsnehmer nur einfach fahrlässig gehandelt hat (Kap. 7 § 2 Abs. 2 FAL). Bei einer Unternehmerversicherung ist ein Verschulden des Versicherungsnehmers dagegen nicht Voraussetzung einer Leistungskürzung bzw. -befreiung (Kap. 8 § 19 Abs. 2 FAL).

Kap. 7 § 3 FAL regelt die Rechte des Versicherers, wenn der Versicherungsnehmer falsche Angaben bezüglich des Versicherungsfalles macht oder Tatsachen verschweigt oder verbirgt, die für die Bewertung des Schadensfalles bedeutsam sind. Hat der Versicherungsnehmer grob fahrlässig oder vorsätzlich gehandelt, kann der Versicherer den Erstattungsbetrag in einer zur Verfehlung angemessenen Höhe kürzen.[619] Im Gegensatz zum Minderungsrecht nach Kap. 7 § 2 muss bei § 3 beim Versicherer kein Schaden entstanden sein. Bei Unternehmerversicherungen besteht das Kürzungsrecht gemäß Kap. 8 § 19 FAL ebenfalls erst bei mindestens grob fahrlässigen Verstößen.

b) Drittwirkung

(1) Verstoß gegen Anzeigepflicht und unerlaubte Gefahrerhöhung

Soweit der Versicherer wegen eines Verstoßes gegen die Anzeigepflicht oder wegen einer unzulässigen Gefahrerhöhung leistungsfrei bzw. nur zu einer herabgesetzten Leistung verpflichtet ist, kann er dies – anders als im deutschen Recht – auch dem geschädigten Dritten entgegenhalten.[620] Dies ergibt sich aus einem Umkehrschluss zu Kap. 4 § 9 Abs. 2 Satz 1 FAL. Die Norm regelt, welche aus einer Verletzung der in Kap. 4 FAL aufgestellten Obliegenheiten resultierenden Einwendungen der Versicherer auch gegenüber Dritten bei der Haftpflichtversicherung geltend machen darf. Nur die ausdrücklich genannten Einwendungen entfalten keine Drittwirkung. Da die Einwendungen nach Kap. 4 § 2, 3 FAL vom Ausschluss nicht erfasst sind, gelten sie folglich auch zulasten Dritter.

(2) Verstoß gegen Rettungsobliegenheit und vertragliche Obliegenheiten

Einwendungen, die aus der Verletzung der Rettungsobliegenheit folgen, kann der Versicherer hingegen Dritten bei einer *konsumentförsäkring* nicht entgegenhalten. Diese Einwendungen entfalten gemäß Kap. 4 § 9 Abs. 2 Satz 1 FAL ausdrücklich *keine* Drittwirkung.[621] Im Falle eines Einwendungsausschlusses haftet der Versicherer jedoch bei freiwilligen Haftpflichtversicherungen nach Kap. 4 § 9 Abs. 2 Satz 2 nur subsidiär, soweit der Geschädigte seinen Schadensersatzanspruch beim Schädiger nicht realisieren kann (*i den utsträckning denna inte kann utges av den försäkrede*). An den Nachweis, dass Schadensersatz vom Schädiger nicht zu erlangen ist, sind nicht zu hohe Anforderungen zu stellen. Ausreichend ist z.B. ein gescheiterter Vollstreckungsversuch.[622] Aber auch andere Nachweismöglichkeiten stehen dem Geschädigten grundsätzlich offen. Bei einer *företagsförsäkring* kommt dagegen auch dieser Einwendung *uneingeschränkte* Drittwirkung zu, da der Einwendungsausschluss für sie keine Anwendung findet.[623]

---

[619] *Bengtsson* S. 324; *van der Sluijs* S. 177 ff.
[620] *Bengtsson* S. 288.
[621] Zum Einwendungsausschluss gemäß Kap. 4 § 9 Abs. 2 FAL: *Bengtsson* S. 286 ff.
[622] Zu dieser subsidiären Haftung des Versicherers: prop. 2003/04:150 S. 425; *Bengtsson* S. 391; *van der Sluijs* S. 136, 176.
[623] *Van der Sluijs* S. 177.

(3) Verstoß gegen Anzeige- und Auskunftsobliegenheit nach Eintritt des Versicherungsfalles

Einwendungen, die der Versicherer aus einer Verletzung der Anzeige- und Auskunftsobliegenheit, welche den Versicherungsnehmer nach Eintritt des Versicherungsfalles trifft, herleitet, kann der Versicherer dem geschädigten Dritten nicht entgegenhalten.[624] Gemäß Kap. 7 § 2, 3 FAL gibt ein Verstoß dem Versicherer stets nur Gegenrechte gegen den Verstoßenden, nicht aber gegen einen sonstigen ebenfalls Berechtigten. Dies gilt nach Kap. 8 § 19 Abs. 2 FAL auch für die Unternehmensversicherung.

3. Vergleich und Ergebnis

a) Verstoß gegen die vorvertragliche Anzeigepflicht

In beiden Rechtsordnungen wird der Versicherer nicht allein deshalb leistungsfrei, weil ein Versicherungsnehmer vorvertraglich falsche Angaben gemacht hat. Vielmehr ist nach dem Grade des Verschuldens, das den Versicherungsnehmer diesbezüglich trifft, zu differenzieren.

Uneingeschränkt leistungsfrei ist der Versicherer im *Innenverhältnis* in beiden Rechtsordnungen, wenn der Versicherungsnehmer arglistig (*svikligt*) handelte. Des Weiteren besteht Leistungsfreiheit nach deutschem Recht nur dann, wenn eine Tatsache nicht angezeigt wurde, die für den Eintritt des Versicherungsfalles ursächlich war. Nach schwedischem Recht besteht Leistungsfreiheit auch dann, wenn der Versicherungsnehmer treuwidrig handelte. Das deutsche Recht folgt bei der Behandlung von Verstößen gegen die Anzeigepflicht noch einem „Alles-oder-nichts"-Prinzip: Entweder der Versicherer ist nach § 21 Abs. 2 VVG vollständig leistungsfrei, oder er haftet für Versicherungsfälle, die vor Wirksamwerden von Rücktritt oder Kündigung eintreten, uneingeschränkt. Das schwedische Recht sieht hingegen die Möglichkeit einer angemessene Herabsetzung der Versicherungssumme vor (Kap. 4 § 2 Abs. 2, Kap. 8 § 9 Abs. 2 FAL). Den Gedanken der verhältnismäßigen Anpassung der Leistungspflicht des Versicherers greift das deutsche Recht in § 19 Abs. 4 VVG auf. Hiernach geht die Vertragsanpassung dem Rücktrittsrecht des Versicherers wegen grob fahrlässigen Verstoßes gegen die Anzeigepflicht vor, wenn der Versicherer den Vertrag auch bei Kenntnis der nicht angezeigten Umstände, wenn auch zu anderen Bedingungen, geschlossen hätte.

Die Frage, ob die nichtangezeigte Tatsache für den Schadensfall (mit-) ursächlich gewesen ist, spielt für die Beurteilung der Leistungspflicht des Versicherers im schwedischen Recht grundsätzlich keine Rolle. Hier ist es lediglich möglich, bei einer Unternehmerversicherung zu vereinbaren, dass

---

[624] *Bengtsson* S. 322; *van der Sluijs* S. 179.

die Haftung des Versicherers nur so weit geht, wie der Schaden nicht durch eine nicht angezeigte Tatsache verursacht wurde (sog. *kausalitetsregeln*). Im deutschen Recht ist nach § 21 Abs. 2 Satz 1 VVG die Kausalität der nicht angezeigten Tatsache – abgesehen von den Fällen eines arglistigen Verschweigens – stets Voraussetzung der Leistungsfreiheit.

Die *Drittwirkung* der Einwendungen ist in beiden Rechtsordnungen sehr unterschiedlich. Während das deutsche Recht die Geltendmachung der Leistungsfreiheit gegenüber Dritten bei Pflichtversicherungen ausschließt und bei freiwilligen Haftpflichtversicherungen zulässt, lässt das schwedische Recht die Drittwirkung grundsätzlich bei Pflichtversicherungen und bei freiwilligen Haftpflichtversicherungen zu. Lediglich einige *ausgewählte* Einwendungen kann der Versicherer hier bei einer Verbraucherversicherung Dritten nicht entgegenhalten. Will der Versicherer im deutschen Recht insoweit bei einer Pflichtversicherung gegenüber einem Geschädigten leistungsfrei werden, muss er sich zunächst vom Versicherungsvertrag lösen. Die hierdurch gewonnene Leistungsfreiheit wirkt freilich erst für Versicherungsfälle, die nach Wirksamwerden des Rücktritts oder der Kündigung eintreten und nur vorbehaltlich der in § 117 Abs. 2 VVG vorgesehenen einmonatigen Nachhaftung.

b) Verletzung vertraglicher Obliegenheiten

Bezüglich der Drittwirkung von Einwendungen, die aus der Verletzung vertraglicher Obliegenheiten herrühren, ist im *schwedischen Recht* wiederum zu unterscheiden: Liegt eine *konsumentförsäkring* vor, kann der Versicherer dem Dritten nach Kap. 4 § 9 Abs. 2 Satz 1 FAL die Pflichtverletzung des Versicherungsnehmers *nicht* entgegenhalten. Ist die konsumentförsäkring zugleich eine Pflichtversicherung, haftet der Versicherer trotz Leistungsfreiheit im Innenverhältnis gegenüber Dritten uneingeschränkt. Handelt es sich dagegen um eine freiwillige Haftpflichtversicherung, haftet der Versicherer gegenüber Dritten gemäß Kap. 4 Abs. 2 Satz 2 FAL nur subsidiär. Dies bedeutet, dass der geschädigte Dritte nur den Anteil der Versicherungssumme vom Versicherer verlangen kann, der vom Schädiger nicht zu erlangen ist (*inte kan utges av den försäkrede*). Bei einer *företagsförsäkring* hat die Einwendung dagegen uneingeschränkte Drittwirkung. Der Einwendungsausschluss nach Kap. 4 § 9 FAL gilt für diese Versicherungsform nicht.

Verletzt der Versicherungsnehmer im *deutschen Recht* eine vertragliche Obliegenheit, steht dem Versicherer kraft Gesetzes nur ein Kündigungsrecht zu. Dies gilt auch nur dann, wenn die Verletzung vorsätzlich oder grob fahrlässig erfolgte. Leistungsfrei wird der Versicherer allein, wenn dies vertraglich vereinbart wurde. Im schwedischen Recht tritt die Leistungsfreiheit des Versicherers hingegen kraft Gesetzes ein.

Während einfache Fahrlässigkeit im deutschen Recht folgenlos bleibt, berechtigt diese im schwedischen Recht bei einer konsumentförsäkring bereits zu einer verhältnismäßigen Kürzung der Versicherungssumme. Für die företagsförsäkring gelten wiederum strengere Vorschriften, hier wird der Versicherer bei jedem kausalen Verstoß vollständig leistungsfrei.

Gegenüber Dritten wirken die Einwendungen diesbezüglich im deutschen Recht bei Pflichtversicherungen und im schwedischen Recht bei Verbraucherversicherungen nicht. Denn anders als beim Prämienverzug, der Gefahrerhöhung und der Verletzung vorvertraglicher Anzeigepflichten schließt auch das schwedische Recht für die konsumentförsäkring die Drittwirkung hier ausnahmsweise aus. Bei einer företagsförsäkring besteht indes auch für diese Einwendungen uneingeschränkte Drittwirkung.

c) Verletzung der Anzeige-, Auskunfts- und Belegobliegenheiten

Verletzt der Versicherungsnehmer die Anzeige-, Auskunfts- und Belegobliegenheiten, die ihn nach Eintritt eines Versicherungsfalles treffen, sieht allein das schwedische Recht eine *gesetzliche* Sanktion vor. Hier darf der Versicherer im Innenverhältnis die Versicherungssumme um einen angemessenen Betrag herabsetzen. Nach deutschem Recht können die Parteien nur eine *vertragliche* Sanktion vereinbaren, die in der Regel bei Vorsatz Leistungsfreiheit und bei grober Fahrlässigkeit ebenfalls ein Kürzungsrecht zugunsten des Versicherers vorsieht. Drittwirkung zulasten des Geschädigten haben diese Einwendungen allerdings im deutschen Recht bei Pflichtversicherungen und im schwedischen Recht allgemein nicht, nicht einmal bei einer Unternehmerversicherung.

B. Vorsätzliche Herbeiführung des Versicherungsfalles

Durch eine Versicherung soll gemäß § 1 Satz 1 VVG ein bestimmtes Risiko, also ein *unsicheres* Ereignis der Zukunft, abgesichert werden.[625] Da liegt es auf der Hand, dass ein Versicherungsnehmer, der einen Schadensfall *vorsätzlich* verursacht und damit dieses Zufallselement beseitigt, diesen nicht als Versicherungsfall abrechnen kann.[626] Dieses Verhalten wäre zum einen gegenüber dem Versicherer grob treuwidrig, zum anderen ist die Verweigerung des Versicherungsschutzes insoweit auch aus präventiven Gesichtspunkten sinnvoll, damit das moralische Risiko des Versiche-

---

[625] Zur Übernahme eines wirtschaftlichen Risikos durch den Versicherer: *Baumann*, in: Bruck/Möller § 1 Rn. 44 ff.; *Schimikowski* Rn. 286 ff.; *Wandt* Rn. 645 f.

[626] Zu Sinn und Zweck des Haftungsausschlusses bei vorsätzlicher Herbeiführung des Versicherungsfalles im deutschen Recht: *Koch*, in: Bruck/Möller § 103 Rn. 6 ff.; *Wandt* Rn. 900; *Baumann*, in: Bruck/Möller § 81 Rn. 144 ff.; *Littbarski*, in: MüKo-VVG § 103 Rn. 3 ff.; *Unberath*, in: NZV 2008, 537 (538); im schwedischen Recht: *Bengtsson* S. 271 ff.; *Hellner* S. 180 ff.; im norwegischen Recht: *Brynildsen/Lid/Nygård* S. 131.

rungsnehmers nicht übermäßig erhöht wird. Sowohl das deutsche als auch das schwedische Recht enthalten daher Sonderregelungen, die sich dieses Problems annehmen. Dass der Versicherungsnehmer seinen *eigenen* vorsätzlich herbeigeführten Schaden nicht auf seine Versicherung abwälzen kann, leuchtet auf den ersten Blick ein. Die Rechtsordnungen müssen sich aber die Frage stellen, ob der vorsätzlich vom Versicherungsnehmer *Geschädigte* nicht gerade besonders schutzwürdig ist.[627] Dies würde dafür sprechen, dem Geschädigten bei einer Haftpflichtversicherung seinen Anspruch gegen den Versicherer, auch (oder gerade) wenn er vorsätzlich geschädigt wurde, zu belassen und für diese Fälle nur einen Regress des Versicherers bei seinem Versicherungsnehmer vorzusehen.

I. Deutschland

1. Innenverhältnis

Im deutschen Recht ist der Haftpflichtversicherer nach § 103 VVG nicht zur Leistung verpflichtet, wenn der Versicherungsnehmer vorsätzlich und widerrechtlich den bei dem Dritten eingetretenen Schaden herbeigeführt hat. Der Vorsatz des Versicherungsnehmers muss sich bei § 103 VVG auch auf den beim Dritten verursachten Schaden beziehen.[628] Die Einwendung aus § 103 VVG ist nach ganz h. M. ein sogenannter *subjektiver Risikoausschluss* und nicht bloß eine versicherungsrechtliche Einwendung.[629] Die dogmatische Einordnung als Risikoausschluss führt dazu, dass bei einer vorsätzlichen Herbeiführung des Versicherungsfalles bereits gar keine unter den Versicherungsvertrag fallende Risikorealisierung vorliegt.[630] Anders liegt es hingegen bei einer Obliegenheitsverletzung. Hier fällt der verursachte Schaden durchaus unter das versicherte Risiko, nur kann der Versicherer u.U. leistungsfrei bzw. kürzungsberechtigt sein. Bei einer vorsätzlichen Obliegenheitsverletzung ist außerdem nur Vorsatz bezüglich der Verletzung einer Obliegenheit, nicht bezüglich des Schadens, erforderlich.[631]

Der Risikoausschluss nach § 103 VVG ist *lex specialis* der Haftpflichtversicherung und mildert für den Versicherungsnehmer die allgemeinen

---

[627] Zur Schutzwürdigkeit des vorsätzlich Geschädigten: OLG Frankfurt r+s 1996, 472; *Heitmann,* in: VersR 1997, 941 (942); *Bengtsson* S. 271.

[628] BGH NJW 2013, 1163 (1164 f.) zur Vorgängerregelung § 152 VVG a.F.; *Koch,* in: Bruck/Möller § 103 Rn. 26 ff.; *Littbarski,* in: MüKo-VVG § 103 Rn. 22 ff.

[629] BGH NJW 2013, 1163 (1164); BGH NJW 1971, 459; KG 2008, 69 (70); *Koch,* in: Bruck/Möller § 103 Rn. 13; *Baumann,* in: Bruck/Möller § 81 Rn. 19 ff.; *Littbarski,* in: MüKo-VVG § 103 Rn. 3; *Lücke,* in: Prölss/Martin § 103 Rn. 1; *Wandt* Rn. 899; a.A.: OLG Frankfurt r+s 1996, 472 ff.

[630] BGH NJW 2013, 1163 (1164 f.); *Koch,* in: Bruck/Möller § 103 Rn. 13; *Wandt* Rn. 899; *Littbarski,* in: MüKo-VVG § 103 Rn. 3.

[631] *Wandt,* in: MüKo-VVG § 28 Rn. 218 ff.

Regelungen der Schadensversicherung ab. Für diese gilt nämlich § 81 VVG, wonach der Versicherer allgemein auch bei einer grob fahrlässigen Verursachung dazu berechtigt ist, seine Leistung in einem der Schwere des Verschuldens entsprechenden Verhältnis zu kürzen.[632] Eine grob fahrlässige Verursachung bleibt bei der Haftpflichtversicherung hingegen folgenlos, soweit nicht zugleich eine Obliegenheitsverletzung vorliegt.

2. Drittwirkung

Die dogmatische Einordnung als subjektiver Risikoausschluss hat auch weitreichende Konsequenzen für die Drittwirkungsproblematik. Der Einwand des Versicherers nach § 103 VVG fällt nämlich nach h. M. nicht unter den Einwendungsausschluss nach § 117 VVG.[633] Vielmehr greift § 117 Abs. 3 VVG ein, wonach der Versicherer auch bei Pflichtversicherungen nur im Rahmen der von ihm übernommenen Gefahr zur Leistung verpflichtet ist. Die Einwendung der Leistungsfreiheit nach § 103 VVG greift daher auch für Pflichtversicherungen gegenüber Dritten und damit ebenfalls im Rahmen des gesetzlichen Direktanspruches ein.[634] Allerdings fordern die unionsrechtlichen Vorgaben bezüglich der Kfz-Pflichtversicherung insoweit eine andere Auslegung des VVG.[635]

II. Schweden

1. Innenverhältnis

Die Rechtsfolgen einer vorsätzlichen Herbeiführung des Versicherungsfalles unterscheiden sich im schwedischen Recht wiederum danach, welchem Zweck die Haftpflichtversicherung dient. Bei einer *konsumentförsäkring* ist der Versicherer nach Kap. 4 § 5 Abs. 1 FAL gegenüber dem Versicherungsnehmer leistungsfrei, wenn dieser den Versicherungsfall vorsätzlich herbeiführte. Hat der Versicherungsnehmer grob fahrlässig gehandelt, kann der Versicherer die Versicherungssumme verhältnismäßig kürzen (Kap. 4 § 5 Abs. 2 FAL).[636]

Bei einer *företagförsäkring* ist der Versicherer nach Kap. 8 § 11 Abs. 1 FAL nicht nur bei einer vorsätzlichen sondern auch bei einer grob fahrläs-

---

[632] *Baumann*, in: Bruck/Möller § 81 Rn. 65 ff.; *Looschelders*, in: MüKo-VVG § 81 Rn. 7.
[633] BGH NJW 2013, 1163 (1164 f.); VersR 1971, 239 (240); OLG München VersR 1990, 484; *Koch*, in: Bruck/Möller § 103 Rn. 14; *Baumann*, in: Bruck/Möller § 81 Rn. 144; *Looschelders*, in: MüKo-VVG § 81 Rn. 8.
[634] *Schneider*, in: MüKo-VVG § 117 Rn. 9; *Knappmann*, in: Prölss/Martin § 117 Rn. 6.
[635] Siehe hierzu ausführlich unten S. 152 ff.
[636] *Bengtsson* S. 271 ff.; zur vorsätzlichen Herbeiführung des Versicherungsfalles auch: *van der Sluijs*, Professions Ansvarsförsäkring, S. 87 f.

sigen Verursachung des Versicherungsfalles gegenüber dem Versicherungsnehmer vollständig leistungsfrei.[637] Nach Abs. 3 können die Parteien im Versicherungsvertrag sogar vereinbaren, dass der Versicherer auch bei einfacher Fahrlässigkeit (*vanlig oaktsamhet*) leistungsfrei wird.

2. Drittwirkung

Im Falle einer *konsumentförsäkring* wird der Versicherer bei einer vorsätzlichen Herbeiführung des Versicherungsfalles durch den Versicherungsnehmer auch gegenüber Dritten leistungsfrei.[638] Das Kürzungsrecht wegen grober Fahrlässigkeit nach Kap. 4 § 5 Abs. 2 FAL kann der Versicherer Dritten nach Kap. 4 § 9 Abs. 2 Satz 1 FAL indes nicht entgegenhalten.[639] Er muss in diesen Fällen bei einer freiwilligen Haftpflichtversicherung aber gemäß Satz 2 nur subsidiär haften, d.h. insoweit Schadensersatz beim Schädiger nicht zu erlangen ist.

Bei einer *företagsförsäkring* greift die Leistungsfreiheit des Versicherers bei Herbeiführung des Versicherungsfalles in allen Fällen, in denen dies im Innenverhältnis beachtlich ist, auch gegenüber dem Dritten.[640] Hier ist der Versicherer also auch bei grober Fahrlässigkeit und – soweit vertraglich vereinbart – sogar bei einfacher Fahrlässigkeit des Versicherungsnehmers gegenüber dem Geschädigten leistungsfrei.

Im Rahmen der Kfz-Pflichtversicherung nach dem *trafikskadelag* gelten insoweit jedoch Sonderregelungen. Hier ist der Versicherer gegenüber dem geschädigten Dritten jeweils auch im Falle einer vorsätzlichen Herbeiführung des Versicherungsfalles zur Leistung verpflichtet.[641]

III. Übriges Skandinavien

Im *norwegischen* Recht ist der Versicherer bei einer vorsätzlichen Herbeiführung des Versicherungsfalles (*sikredes fremkalling av forsikringstilfellet*) gemäß Kap. 4 § 9 Abs. 1 Satz 1 NoFAL gegenüber dem Versicherungsnehmer leistungsfrei.[642] Grobe Fahrlässigkeit kann der Versicherer indes bei einer Haftpflichtversicherung dem Versicherungsnehmer nicht entgegenhalten (Kap. 4 § 9 Abs. 2 Satz 1 NoFAL). Der Einwand der vorsätzlichen Herbeiführung hat aber gemäß Kap. 7 § 7 Abs. 2 Satz 1 NoFAL

---

[637] *Bengtsson* S. 359 ff.
[638] *Bengtsson* S. 272; *van der Sluijs,* Professions Ansvarsförsäkring, S. 88.
[639] Zu den Rechtsfolgen der grob fahrlässigen Verursachung des Versicherungsfalles durch den Versicherer: *van der Sluijs* S. 175 ff.
[640] *Bengtsson* S. 360 f.; *van der Sluijs* S. 177.
[641] Siehe hierzu ausführlich unten S. 152.
[642] Zur Herbeiführung des Versicherungsfalles im norwegischen Recht: *Brynildsen/Lid/Nygård* S. 129 ff.

keine Wirkung gegenüber dem Geschädigten, wenn es sich um eine Pflichtversicherung handelt.

Im *finnischen* Recht wird der Versicherer im Innenverhältnis bei einer vorsätzlichen Verursachung des Versicherungsfalles (*framkallande av försäkringsfall*) leistungsfrei (§ 30 Abs. 1 FiFAL), bei einer grob fahrlässigen Verursachung steht ihm ein Kürzungsrecht zu (§ 30 Abs. 2 FiFAL). Die vorsätzliche Herbeiführung wirkt auch gegenüber dem Geschädigten, eine grob fahrlässige Herbeiführung hingegen nicht, falls es sich bei dem Geschädigten um eine eine natürliche Person handelt und Ersatz beim Versicherungsnehmer nicht zu erlangen ist (§ 30 Abs. 3 FiFAL).

Im *dänischen* Recht wird der Versicherer ebenfalls bei Vorsatz (*fremkaldelse af forsikringsbegivenheden*) sowohl gegenüber dem Versicherungsnehmer als auch gegenüber dem Geschädigten leistungsfrei (§ 18 Abs. 1 DäFAL).[643] Eine grob fahrlässige Verursachung berechtigt ihn nur im Innenverhältnis zu einer verhältnismäßigen Kürzung der Versicherungssumme, wirkt aber nicht zulasten des Geschädigten (§ 18 Abs. 2 DäFAL).

Auch hier ist wiederum darauf hinzuweisen, dass die finnischen und dänischen Regelungen über die vorsätzliche Herbeiführung des Versicherungsfalles nicht für die jeweilige Kfz-Pflichtversicherung gelten und insoweit der Versicherer gegenüber dem Geschädigten leistungspflichtig bleibt.[644]

IV. Vergleich und Ergebnis

Hat der Versicherungsnehmer den Versicherungsfall *vorsätzlich* herbeigeführt, ist der Versicherer im deutschen, schwedischen, dänischen und finnischen Recht grundsätzlich *sowohl* gegenüber dem Versicherungsnehmer als auch gegenüber dem Geschädigten leistungsfrei. Dies gilt jeweils auch unabhängig davon, ob es sich um eine obligatorische oder freiwillige Haftpflichtversicherung handelt. Lediglich das norwegische Recht räumt dem Einwand der vorsätzlichen Herbeiführung des Versicherungsfalles bei Pflichtversicherungen *keine* Drittwirkung ein. Im Bereich der Kfz-Pflichtversicherung gelten insoweit jedoch jeweils – unionsrechtlich vorgegebene – Sonderregelungen, nach denen der Versicherer zur Leistung gegenüber dem Geschädigten verpflichtet bleibt.[645]

Verursachte der Versicherungsnehmer den Schaden hingegen *grob fahrlässig*, hat der Versicherer nach deutschem und norwegischem Recht bei einer Haftpflichtversicherung – jeweils in Abmilderung der allgemeinen Vorschriften – überhaupt kein Kürzungsrecht, auch nicht im Innenverhält-

---

[643] Zur Herbeiführung des Versicherungsfalles im dänischen Recht: *Jønsson/Kjærgaard* S. 233 ff.; *Sørensen*, Försäkringsaftaleloven, S. 81 ff.; *Sørensen* S. 143 ff.
[644] Siehe hierzu ausführlich unten S. 152 ff.
[645] Siehe hierzu ausführlich unten S. 152 ff.

nis. Dagegen darf der Versicherer bei grober Fahrlässigkeit nach dänischem Recht stets, nach schwedischem Recht nur bei einer *konsumentförsäkring* und im finnischen Recht nur dann, wenn der Geschädigte eine natürliche Person ist, die Leistung gegenüber dem Versicherungsnehmer, nicht aber gegenüber dem Dritten, verhältnismäßig kürzen. Der Abgrenzung zwischen Vorsatz und grober Fahrlässigkeit kommt im deutschen Recht in dieser Frage daher eine große Bedeutung zu. Hier gilt immer noch das „Alles-oder-nichts-Prinzip", welches durch die VVG-Reform im Übrigen in der Schadensversicherung zugunsten eines abgestuften Sanktionssystems aufgegeben wurde.[646]

Bei einer *företagsförsäkring* wird der Versicherer im schwedischen Recht bei einer grob fahrlässigen Verursachung auch gegenüber Dritten leistungsfrei. Hier besteht darüber hinaus ein weiter vertraglicher Gestaltungsspielraum, in dem sogar vereinbart werden kann, dass der Versicherer bei jeder fahrlässigen Herbeiführung auch gegenüber Dritten leistungsfrei wird.

C. Vertragliche Risikoausschlüsse und Selbstbehalt

Neben der Vereinbarung vertraglicher Obliegenheiten verfügt der Versicherer noch über ein weiteres Mittel, um sein übernommenes Risiko einzugrenzen und kalkulierbar zu machen: die Vereinbarung von *Haftungsbegrenzungen*. Im Versicherungsvertrag können die Parteien hierfür zunächst definieren, welche Risiken überhaupt vom Versicherungsschutz erfasst sein sollen und welche gerade nicht. Sie können ferner vereinbaren, bis zu welcher Summe der Versicherer haften soll und ob dem Versicherungsnehmer ein Selbstbehalt auferlegt wird. Der Selbstbehalt ist ein wichtiger Anreiz für den Versicherungsnehmer, Schäden zu vermeiden.[647]

Der entscheidende Unterschied zu einer Obliegenheitsverletzung liegt darin, dass eine vertragliche Haftungsbegrenzung keine Gegenrechte des Versicherers auslöst, bei denen zu klären ist, inwieweit dieser Drittwirkung zukommt.[648] Das realisierte Risiko ist vielmehr per se nicht vom Versicherungsvertrag erfasst. Ein gesetzlicher Direktanspruch kommt damit – soweit eine *wirksame* Haftungsbegrenzung vorliegt – nicht in Betracht, da dieser nicht weiter reichen kann als der Freistellungsanspruch aus dem Versicherungsvertrag. Die Frage der Drittwirkung stellt sich bei einer wirksamen Haftungsbegrenzung also nicht.

Die Zulässigkeit einer Haftungsbegrenzung richtet sich nach den gesetzlichen Mindestvorgaben für Inhalt und Umfang der jeweiligen Haftpflichtversicherung.

---

[646] Zu diesem Wechsel siehe *Wandt* Rn. 563; *Baumann,* in: Bruck/Möller § 81 Rn. 3.
[647] *Brand,* in: MüKo-VVG § 114 Rn. 25.
[648] Zur Abgrenzung von Risikoausschluss und Obliegenheitsverletzung: *Wandt* Rn. 899; *Schneider*, in: MüKo-VVG § 117 Rn. 10.

I. Deutschland

1. Vertragliche Risikoausschlüsse

a) Innenverhältnis

Bei einer *freiwilligen Haftpflichtversicherung* unterliegen Haftungsbegrenzungen nur der allgemeinen AGB-Kontrolle nach §§ 305 ff. BGB, soweit der Versicherer diese durch allgemeine Versicherungsbedingungen einführt. Ansonsten können die Parteien Risikoausschlüsse hier frei vereinbaren. Es überrascht nicht, dass die Gestaltungsmöglichkeiten bei *Pflichtversicherungen* hingegen eingeschränkt sind.[649] Diese können ihrem Schutzzweck schließlich nur gerecht werden, wenn die vom Gesetzgeber als absicherungspflichtig identifizierten Risiken in Umfang und Höhe ausreichend gedeckt sind. Im deutschen Recht regelt dies ausdrücklich § 114 Abs. 2 Satz 1 VVG: Verträge über Pflichtversicherungen müssen so ausgestaltet sein, dass alle gesetzlich zwingenden Vorgaben eingehalten werden und allgemein die Erreichung ihres jeweiligen Zweckes nicht gefährdet ist. Dieser sehr allgemeine Prüfungsmaßstab überträgt den Parteien viel Gestaltungsverantwortung und geht ein wenig zulasten der Rechtssicherheit – die für die Risikokalkulation der Versicherer aber fundamental ist.[650] Versucht der Versicherer, sein Risiko zu sehr zu minimieren, kann dieser Risikoausschluss nach § 114 Abs. 2 Satz 1 VVG unwirksam sein, so dass die uneingeschränkte Haftung (auch gegenüber Dritten) wieder auflebt.

b) Drittwirkung

Eine wirksame Haftungsbegrenzung im Versicherungsvertrag hat für den Versicherer nach der Dogmatik des deutschen Rechts einen großen Vorteil: Im Gegensatz zu Einwendungen, die aus der Verletzung vertraglicher Obliegenheiten resultieren, fallen wirksame Haftungsbegrenzungen nicht unter den Einwendungsausschluss nach § 117 Abs. 1 VVG, sondern wirken auch bei Pflichtversicherungen gegenüber dem Dritten. Dies normieren § 115 Abs. 1 Satz 2 („im Rahmen der Leistungspflicht des Versicherers aus dem Versicherungsverhältnis") und § 117 Abs. 3 VVG („im Rahmen der von ihm übernommenen Gefahr"), was dazu führt, dass ein wirksamer vertraglicher Risikoausschluss als Einwand gegenüber dem Geschädigten erhalten bleibt. Die Unterscheidung zwischen Risikoausschlüssen und der Verletzung von versicherungsrechtlichen Obliegenheiten ist daher im deutschen Versicherungsvertragsrecht von entscheidender Bedeutung.[651]

---

[649] Zur Zulässigkeit von Risikobeschränkungen in der Pflichtversicherung: *Keppel* S. 141 ff.; *Brand,* in: MüKo-VVG § 114 Rn. 12 ff.; sowie oben S. 107 ff.
[650] *Brandt,* in: MüKo-VVG § 114 Rn. 12.
[651] Hierzu: *Wandt* Rn. 545 ff.; *Brand,* in: MüKo-VVG § 114 Rn. 12.

2. Selbstbehalt

Folgerichtig ist im deutschen Recht auch ein Selbstbehalt des Versicherungsnehmers bei einer Haftpflichtversicherung grundsätzlich frei vereinbar. Bei Pflichtversicherungen darf dessen Höhe aber den Zweck der Versicherung nicht gefährden.[652] Bei obligatorischen Haftpflichtversicherungen darf der Versicherer dem Dritten diesen Selbstbehalt gemäß § 114 Abs. 2 Satz 2 VVG aber ausdrücklich *nicht* entgegenhalten. Damit greift ein Selbstbehalt auch nicht im Rahmen des gesetzlichen Direktanspruches gegenüber dem Geschädigten.

II. Schweden

1. Vertragliche Risikoausschlüsse

a) Innenverhältnis

Grundsätzlich können auch im schwedischen Recht Versicherungsnehmer und Versicherer frei vereinbaren, wie der Versicherungsvertrag ausgestaltet werden soll. Wichtige Regelungspunkte sind auch hier die gedeckte Versicherungssumme sowie Inhalt und Reichweite des versicherten Risikos. Das schwedische Recht hat keine dem § 114 Abs. 2 Satz 1 Alt. 1 VVG entsprechende Generalklausel, die die Unwirksamkeit von Haftungsbeschränkungen bei Pflichtversicherungen regelt. Alleiniger Grundsatz im schwedischen Recht ist, dass diejenigen Vorgaben einzuhalten sind, die die (Mindest-)Standards der jeweiligen Versicherung zwingend regeln.[653] Haftungsbegrenzungen, welche die gesetzlich zwingenden Vorgaben beachten, sind wirksam.[654] Zu beachtende gesetzliche Vorgaben gibt es – neben dem FAL – vor allem in den jeweiligen Gesetzen über die Pflichtversicherungen. Ob die jeweilige Norm eine zwingende Vorgabe macht, ist ggf. durch Auslegung zu ermitteln.[655] Typischerweise gibt es gesetzlich zwingende Vorgaben bezüglich des zu versichernden Risikos, der Mindestversicherungssumme, des Selbstbehalts sowie der Frage der Drittwirkung desselben, des örtlichen Geltungsbereiches der Versicherung und der Versicherungszeit.[656]

b) Drittwirkung

Da das Recht des Geschädigten grundsätzlich nur im Rahmen der übernommen Haftpflicht des Versicherers besteht, sind diese vertraglichen Ab-

---

[652] *Brand,* in: MüKo-VVG § 114 Rn. 26; *Knappmann* § 114 Rn. 3.
[653] *Van der Sluijs* S. 166; zum inhaltlichen Gestaltungsspielraum der Parteien siehe oben S. 107 ff.
[654] *Van der Sluijs* S. 166.
[655] *Van der Sluijs* S. 168 f.
[656] *Van der Sluijs* S. 167 f.

reden grundsätzlich auch für den geschädigten Dritten maßgeblich.[657] Soweit vertragliche Risikoabschlüsse also wirksam vereinbart sind, kommt ihnen uneingeschränkte Drittwirkung zu.[658]

2. Selbstbehalt

Hieraus folgt auch, dass der Versicherer dem Geschädigten, auch wenn dieser Inhaber eines gesetzlichen Direktanspruches ist, einen vereinbarten Selbstbehalt (*självrisk*) grundsätzlich entgegenhalten darf. Etwas anderes gilt nur, wenn ein ausdrücklicher *spezialgesetzlicher* Ausschluss des Einwandes des Selbstbehaltes gegenüber Dritten angeordnet ist. Ein solcher Ausschluss findet sich z.B. in § 32 Abs. 2 TsL für die *trafikförsäkring*, § 7 motortävlingsförsäkring, § 11 Abs. 2 försäkringsförmedlings-förordning, § 18 FFFS värdepappersbolag oder Kap. 10 § 5 Abs. 3 FFFS investeringsfonder. Im Gegensatz hierzu berechtigt § 9 PsL bei einer *patientförsäkring* den Versicherer ausdrücklich dazu, dem Geschädigten einen Selbstbehalt von bis zu 5% der Versicherungssumme entgegenzuhalten. Bei allen übrigen Haftpflichtversicherungen hat ein Selbstbehalt hingegen uneingeschränkte Drittwirkung.[659]

III. Vergleich und Ergebnis

Vertragliche Risikoausschlüsse wirken in beiden Rechtsordnungen grundsätzlich auch gegenüber Dritten, soweit sie wirksam vereinbart sind. Dies liegt darin begründet, dass beide Rechtsordnungen einem Geschädigten grundsätzlich nur unmittelbare Rechte gegenüber dem Versicherer – so auch den gesetzlichen Direktanspruch – im Rahmen des Haftpflichtversicherungsvertrages gewähren. Grenze der Haftungsbegrenzung (und damit auch ihrer Drittwirkung) ist die Inhaltskontrolle des jeweiligen Haftpflichtversicherungsvertrages, die das deutsche Recht für Pflichtversicherungen nach § 114 Abs. 2 Satz 1 VVG ausdrücklich vorgibt.

So einleuchtend es ist, dass das, was gar nicht versichert ist, auch einem Dritten nicht zugutekommen kann, so problematisch scheint doch die Abgrenzung zwischen Risikoausschlüssen und Verletzungen einer versicherungsrechtlichen Obliegenheit, der u.U. Drittwirkung zukommt. Weil wirksame Risikoausschlüsse immer Drittwirkung haben, muss der Gesetzgeber in den jeweiligen Pflichtversicherungsgesetzen hinreichend umfassend zwingende Vorgaben für das zu versichernde Risiko machen, um den Zweck der Versicherungspflicht nicht zu gefährden.

---

[657] *Van der Sluijs* S. 166.
[658] *Van der Sluijs* S. 166.
[659] Zur schwedischen trafik- und patientförsäkring siehe oben S. 40 ff.

Während ein Selbstbehalt im deutschen Recht bei Pflichtversicherungen grundsätzlich keine Drittwirkung hat, gilt dies im schwedischen Recht nur, wenn es spezialgesetzlich vorgeschrieben ist.

D. Andere Einwendungen des Versicherers

Abschließend bleibt zu erörtern, inwieweit andere Einwendungen des Versicherers aus dem Versicherungsverhältnis als die bisher erörterten versicherungsrechtlichen Einwendungen, die vorsätzliche Herbeiführung des Versicherungsfalles und vertragliche Risikoausschlüsse, Drittwirkung zulasten des Geschädigten haben. Hier soll zum einen untersucht werden, ob der Versicherer mit Gegenforderungen, die ihm gegen seinen Versicherungsnehmer zustehen, auch gegenüber dem Geschädigten *aufrechnen* darf, und ob zum anderen der Versicherer die Einrede der *Verjährung* des Freistellungsanspruches auch dem Geschädigten entgegenhalten darf. Abschließend ist zu klären, ob der Auszahlung der Versicherungssumme an den Versicherungsnehmer auch *Erfüllungswirkung* gegenüber dem Geschädigten zukommt.

I. Deutschland

Nach § 35 VVG ist eine *Aufrechnung* des Versicherers mit ihm aus dem Versicherungsvertrag gegen den Versicherungsnehmer zustehenden fälligen Forderungen grundsätzlich auch gegenüber Dritten zulässig. Für Pflichtversicherungen ist die Aufrechnung gegenüber Dritten allerdings gemäß § 121 VVG *ausgeschlossen*. Damit darf der Versicherer auch gegen einen gesetzlichen Direktanspruch des Geschädigten nicht mit Forderungen aufrechnen, die ihm gegen seinen Versicherungsnehmer zustehen.[660]

Wie sich die *Verjährung* des Freistellungsanspruches des Versicherungsnehmers auf die Rechtsstellung des Dritten und damit auch auf einen gesetzlichen Direktanspruch des Geschädigten auswirkt, ist nicht ausdrücklich geregelt. Nach Ansicht des BGH fällt die Verjährung des Freistellungsanspruches zwar nicht direkt unter den Einwendungsausschluss nach § 117 Abs. 1 VVG (bzw. den wortgleichen § 158 c Abs. 1 VVG a.F.), da sie kein „Freiwerden" von der Leistungsverpflichtung im Sinne der Norm darstelle.[661] Auf die Verjährung der Ansprüche des Versicherungsnehmers sei aber § 117 Abs. 1 VVG analog anzuwenden, so dass auch die

---

[660] *Schneider/Brandt,* in: MüKo-VVG § 121 Rn. 1 ff.; *Knappmann,* in: Prölss/Martin § 121 Rn. 1.
[661] BGH NJW 1971, 657 (658).

Verjährung dem Geschädigten bei Pflichtversicherungen nicht entgegengehalten werden könne.[662]

Für die Frage, ob durch Auszahlung der Versicherungssumme an den Versicherungsnehmer auch der gesetzliche Direktanspruch des Geschädigten *erfüllt* wird, gelten insoweit dieselben Erwägungen. Dem Rechtsgedanken des § 117 Abs. 1 VVG folgend, hat die Zahlung der Versicherungssumme an den Versicherungsnehmer bei einer Pflichtversicherung noch keine Erfüllungswirkung gegenüber dem Geschädigten. Den Regelungen in §§ 117 Abs. 1, 121 VVG kann nämlich die Wertung entnommen werden, dass der Versicherer Einwendungen gegen seinen Versicherungsnehmer dem geschädigten Dritten bei einer *Pflichtversicherung* grundsätzlich nicht entgegen halten kann, unabhängig davon, ob diese Einwendungen spezifisch „versicherungsrechtlich" im Sinne des § 117 Abs. 1 VVG wie z.B. aufgrund von Obliegenheitsverletzungen sind oder eher „allgemeiner" Rechtsnatur wie Aufrechnung, Verjährung und Erfüllung. Die einzige Ausnahme diesbezüglich ist die bereits erwähnte vorsätzliche Herbeiführung des Versicherungsfalles nach § 103 VVG.

II. Schweden

Im schwedischen Recht ist die Frage, inwieweit der Versicherer mit Forderungen, die ihm gegen seinen Versicherungsnehmer zustehen, auch gegenüber dem Geschädigten und damit auch gegen einen gesetzlichen Direktanspruch *aufrechnen* kann, gesetzlich nicht ausdrücklich geregelt. Da ein Recht des Geschädigten und damit auch der gesetzliche Direktanspruch grundsätzlich nur im Rahmen des Versicherungsverhältnisses bestehen, kann der Versicherer grundsätzlich auch gegenüber dem Geschädigten aufrechnen.[663] Einige Pflichtversicherungsgesetze treffen aber *Spezialregelungen* über die Aufrechnungsmöglichkeiten des Versicherers. Gemäß § 32 Abs. 1 TsL ist z.B. eine Aufrechnung des Versicherers mit Forderungen gegen den Versicherungsnehmer ausgeschlossen, soweit es sich um einen Schadensersatzanspruch für Personenschäden handelt. Für Sachschäden enthält das TSL hingegen kein Aufrechnungsverbot. In der Regulierungspraxis der Kfz-Pflichtversicherung nutzen die Versicherer die Möglichkeit der Aufrechnung gegen den geschädigten Dritten in der Regel aber auch dann nicht, wenn dies zulässig wäre.[664] Nach § 4 PsL, § 25 Abs. 3 AtomL und Kap. 10 § 14 Abs. 3 SjöL ist die Aufrechnung gegenüber einem Direktanspruch des Geschädigten ebenfalls ausdrücklich ausgeschlossen.

---

[662] BGH NJW 1971, 657 (658); BGH NJW-RR 2003, 1572; *Schneider*, in: MüKo-VVG § 117 Rn. 9; *Knappmann*, in: Bruck/Möller § 117 Rn. 6.
[663] *Van der Sluijs* S. 198; *Hellner* S. 426.
[664] *Nordenson* S. 452 f.; *van der Sluijs* S. 203.

Nach schwedischem Recht kann der Versicherer dem Geschädigten indes unbeschränkt entgegenhalten, dass der Freistellungsanspruch bereits *verjährt* ist. Dann besteht auch keine Leistungspflicht mehr gegenüber dem Geschädigten.[665] Es besteht diesbezüglich kein Einwendungsausschluss.

Zahlt der Versicherer die Versicherungssumme an den Versicherungsnehmer aus, ist dies noch keine *Erfüllung* des Direktanspruches gegenüber dem Geschädigten. Dies ergibt sich aus einem Umkehrschluss zu Kap. 9 § 8 FAL.[666] Hiernach hat der Geschädigte einen Direktanspruch gegen den Versicherer, wenn dieser die Versicherungssumme zwar an den Versicherungsnehmer auszahlt, dieser das Geld aber nicht an den Geschädigten weiterleitet. Der Versicherer haftet dann dem Geschädigten direkt für den fehlenden Betrag.[667] Somit kann der Versicherer sich nicht gegenüber dem geschädigten Dritten auf Erfüllung durch Zahlung der Versicherungssumme an den Versicherungsnehmer berufen.

III. Vergleich und Ergebnis

Im deutschen Recht haben auch andere als versicherungsrechtliche Einwendungen des Versicherers bei *Pflichtversicherungen* grundsätzlich keine Drittwirkung zulasten des Geschädigten. Dies gilt über die ausdrückliche gesetzliche Anordnung für die Aufrechnung nach § 121 VVG hinaus auch für die Verjährung des Freistellungsanspruches und für die Frage der Erfüllungswirkung gegenüber dem Geschädigten bei Auszahlung der Versicherungssumme an den Versicherungsnehmer. Aus den Einwendungsausschlüssen nach §§ 114 Abs. 2 Satz 2, 117 Abs. 1, 121 VVG lässt sich nämlich der allgemeine Rechtsgedanke ableiten, dass Einwendungen des Versicherers bei Pflichtversicherungen zur Absicherung der Befriedigung des Geschädigten gerade keine Drittwirkung haben sollen. Im schwedischen Recht besteht kein solcher allgemeiner Grundsatz. Die Drittwirkung ist hier vielmehr nur dann versagt, wenn dies ausdrücklich gesetzlich angeordnet wird, was für viele Einwendungen bei Pflichtversicherungen in Spezialgesetzen geschieht und bei Verbraucherversicherungen auch im FAL bezüglich einiger Einwendungen angeordnet wird.

E. Drittwirkung der Einwendungen in anderen skandinavischen Ländern

In diesem Abschnitt soll untersucht werden, inwieweit den Einwendungen des Versicherers in den anderen skandinavischen Rechtsordnungen zulasten des Geschädigten eine Drittwirkung zukommt und inwieweit diesbezüglich allgemeine Grundsätze auszumachen sind.

---

[665] *Bengtsson* S. 328; *van der Sluijs* S. 206 ff.
[666] *Bengtsson* S. 393; *van der Sluijs* S. 187.
[667] Zu diesem Direktanspruch siehe oben S. 100.

I. Grundsatz: Drittwirkung

Auch in allen weiteren untersuchten skandinavischen Rechtsordnungen entspricht die Ausgangslage der Rechtslage in Deutschland und Schweden. Grundsätzlich erhält der Geschädigte auch hier durch einen Direktanspruch kein besseres Recht gegen den Versicherer als es seinem schädigenden Versicherungsnehmer insoweit im Versicherungsverhältnis zusteht.[668] Daher kann der Versicherer die Einwendungen, die ihm gegen seinen Versicherungsnehmer zustehen, dem Grunde nach auch dem Geschädigten und damit auch im Rahmen eines gesetzlichen Direktanspruches entgegenhalten. Auch wenn das norwegische, dänische und finnische Recht teilweise auf dogmatisch unterschiedlichen Wegen ein unmittelbares Forderungsrecht des Geschädigten herleiten, ist ihnen doch gemein, dass der Geschädigte seinen Schadensersatzanspruch stets nur im Rahmen des Versicherungsverhältnisses beim Versicherer geltend machen kann. Dies statuieren alle Normen, die Direktansprüche einräumen, auch ausdrücklich.[669]

II. Einwendungsausschlüsse

In allen untersuchten Rechtsordnungen gibt es aber – wie im deutschen und schwedischen Recht – Ausnahmen zum Grundsatz der uneingeschränkten Drittwirkung der Einwendungen des Versicherers. Die *Reichweite* dieser Einwendungsausschlüsse unterscheidet sich dabei aber deutlich in den einzelnen Rechtsordnungen.

1. Norwegen

Das norwegische Recht ist hier von besonderem Interesse, da es als einzige der untersuchten Rechtsordnungen grundsätzlich bei jeder Haftpflichtversicherung einen Direktanspruch einräumt (sogenannter *genereller Direktanspruch*).[670] Damit wird die Frage der Drittwirkung versicherungsrechtlicher Einwendungen in besonderem Maße relevant. Zunächst normiert Kap. 7 § 6

---

[668] *Brynildsen/Lid/Nygård* S. 242 f.; *Bull* S. 551 f.; *Sørensen* S. 250; *van der Sluijs* S. 166.
[669] Im norwegischen Recht Kap. 7 § 6 Abs. 1 NoFAL: „Dekker forsikringen sikredes erstatningsanvar, kann skadelidte kreve erstatning direlte fra selskapet." (zu Deutsch: Ist die Haftung des Versicherungsnehmers von der Versicherung gedeckt, kann der Geschädigte den Schadensersatzanspruch direkt gegen den Versicherer geltend machen); im dänischen Recht: § 95 Abs. 1 DäFAL: „[...] indtræder den skadelidte i den sikredes ret imod slskabet [...]" (zu Deutsch: tritt der Geschädigte in das Recht des Versicherungsnehmers gegen den Versicherer ein") sowie § 76 Abs. 1 FiFAL: „Den skadelidande har vid ansvarförsäkring rätt att kräva ersättning enligt försäkringsavtalet direkt av försäkringsgivaren [...]" (zu Deutsch: Bei einer Haftpflichtversicherung hat der Geschädigte das Recht, Schadensersatz nach Maßgabe des Versicherungsvertrages direkt vom Versicherer zu verlangen).
[670] Zu den verschiedenen Arten des Direktanspruches siehe oben S. 33 ff.

Abs. 4 Satz 2 2. HS NoFAL diesbezüglich ausdrücklich, dass der Versicherer grundsätzlich alle Einwendungen, die ihm gegen den Versicherungsnehmer zustehen, auch gegenüber dem Geschädigten geltend machen darf.
Gemäß Kap. 7 § 7 Abs. 2 NoFAL gelten aber Sonderregelungen für Pflichtversicherungen (*tvungen ansvarsförsäkring*).[671] Nach Satz 1 darf der Versicherer bei einer Versicherung, über die er wusste oder hätte wissen können, dass es sich um eine Pflichtversicherung handelt, versicherungsrechtliche Einwendungen nicht gegenüber dem Geschädigten geltend machen. Ferner ordnet Satz 2 an, dass sich der Versicherer erst darauf berufen darf, dass der Versicherungsvertrag gekündigt oder sonst nicht mehr wirksam ist, wenn ein Monat nach Anzeige bei der zuständigen Aufsichtsbehörde verstrichen ist. Damit entsprechen die Regelungen über Einwendungsausschlüsse und Nachhaftung des Versicherers bei Pflichtversicherungen weitgehend dem deutschen Recht nach § 117 Abs. 1, 2 VVG.

Bei *freiwilligen Haftpflichtversicherungen*, für die der Einwendungsausschluss nach Kap. 7 § 7 Abs. 2 NoFAL nicht gilt, darf der Versicherer gemäß Kap. 7 § 6 Abs. 4 Satz 2 2. HS NoFAL dem Geschädigten keine Einwendungen entgegenhalten, die *nach* Eintritt des Versicherungsfalles durch ein Verhalten des Versicherungsnehmers begründet wurden.[672] Hierunter fällt z.B. die Verletzung der Rettungs- oder Anzeigeobliegenheit.[673] Nicht unter den Einwendungsausschluss fällt daher aber z.B. die Einwendung, der Versicherungsnehmer habe den Schaden vorsätzlich oder grob fahrlässig verursacht (Kap. 4 § 9 Abs. 1, 2 NoFAL). Bei freiwilligen Haftpflichtversicherungen kann der Versicherer ferner gemäß Kap. 8 § 3 Abs. 2 Satz 1 NoFAL gegenüber dem Direktanspruch mit Prämienforderungen aufrechnen, die innerhalb von zwei Jahren vor dem Versicherungsfall fällig wurden. Bei Pflichtversicherungen ist keine Aufrechnung gegenüber dem Geschädigten zulässig (Kap. 8 § 3 Abs. 3 NoFAL).[674] Kehrt der Versicherer die Versicherungssumme an den Versicherungsnehmer aus, hat dies weder bei einer freiwilligen Haftpflichtversicherung, noch bei einer Pflichtversicherung Erfüllungswirkung gegenüber dem Geschädigten.[675]

2. Finnland und Dänemark

Das finnische und dänische Recht enthalten keine allgemeine gesetzliche Regelung über die Drittwirkung versicherungsrechtlicher Einwendungen, sondern ordnen nur vereinzelte Einwendungsausschlüsse an.

---

[671] Hierzu: *Brynildsen/Lid/Nygård* S. 244 ff.; *Bull* S. 553 f.; *Vogt* S. 90 ff.
[672] Hierzu: *Brynildsen/Lid/Nygård* S. 241 ff.; *Bull* S. 552; *Vogt* S. 85 ff.
[673] *Brynildsen/Lid/Nygård* S. 242.
[674] *Bull* S. 542.
[675] *Van der Sluijs* S. 187.

Im *finnischen Recht* bestehen Einwendungsausschlüsse bei einigen ausgewählten Arten von Einwendungen. Der Versicherer kann sich zunächst gemäß § 30 Abs. 4 FinFAL nicht gegenüber dem Geschädigten auf eine grob fahrlässige Herbeiführung des Versicherungsfalles durch den Versicherungsnehmer berufen. Des Weiteren bestehen Einwendungsausschlüsse zugunsten des Geschädigten im Falle der Verletzung von Sicherheitsvorschriften (§ 31 Abs. 3 FinFAL) und bei der Verletzung der Rettungsobliegenheit (§ 32 Abs. 3 FinFAL). Die genannten Einwendungsausschlüsse greifen aber gemäß § 30 Abs. 4 FinFAL nur zugunsten einer natürlichen Person (*fysisk person*) als Geschädigtem. Außerdem haftet der Versicherer gemäß § 30 Abs. 4 FinFAL im Falle eines Einwendungsausschlusses nur subsidiär, soweit Schadensersatz vom Versicherungsnehmer nicht zu erlangen ist. Ferner finden sich im finnischen Recht auch spezialgesetzliche Einwendungsausschlüsse bei Pflichtversicherungen, so z.B. in § 4 *trafikförsäkringslag*,[676] Kap. 12 §§ 2, 3 *sjölag*[677] und in § 26 Abs. 3 *atomansvarighetslag*[678].

Auch im *dänischen Recht* wirken die versicherungsrechtlichen Einwendungen des Versicherers grundsätzlich auch zulasten eines geschädigten Dritten.[679] Einwendungsausschlüsse bestehen auch hier nur ausnahmsweise. Im allgemeinen Versicherungsvertragsrecht besteht lediglich gemäß § 18 Abs. 2 Satz 2 DäFAL ein Einwendungsausschluss für Fälle der grob fahrlässigen Herbeiführung des Versicherungsfalles. Des Weiteren bestehen im dänischen Recht einige spezialgesetzliche Einwendungsausschlüsse im Rahmen von Pflichtversicherungen. Zuvörderst ist hier der umfassende Einwendungsausschluss bei der Kfz-Pflichtversicherung nach § 6 Abs. 1 *Bekendtgørelse om ansvarsforsikring for motordrevne køretøjer*[680] (Verordnung über die Kfz-Pflichtversicherung) zu nennen. Ferner bestehen Einwendungsausschlüsse z.B. nach § 200 Abs. 1 Satz 4 *søloven* und nach § 3 Abs. 1 *Bekendtgørelse im ansvarsforsikring af hunde*[681] (Verordnung über die Hundehaftpflichtversicherung).

Des Weiteren wirkt die Auszahlung der Versicherungssumme an den Versicherungsnehmer in Fällen eines Direktanspruches nicht als Erfüllung gegenüber dem Geschädigten.[682] Außerdem ist eine Aufrechnung des Versicherers gegen den Direktanspruch nur mit Forderungen gegen den Versicherungsnehmer zulässig, die bereits vor Eintritt des Versicherungsfalles

---

[676] Lag 26.6.1959/279.
[677] Lag 15.7.1994/674.
[678] Lag 8.6.1972/484.
[679] *Jønsson/Kjærgaard* S. 721 ff.
[680] BEK nr 480 af 22/08/1973.
[681] BEK nr 485 af 25/09/1984.
[682] *Van der Sluijs* S. 188.

entstanden sind.[683] Forderungen die nach Eintritt des Versicherungsfalles entstanden sind, können nach der Wertung des § 96 DäFAL hingegen nicht aufgerechnet werden.

F. Drittwirkung von Einwendungen bei der Kfz-Pflichtversicherung

Eine besondere Behandlung erfahren die Einwendungen des Versicherers im Bereich der Kfz-Pflichtversicherung. Hier können die Rechtsordnungen ihre oben dargestellte differenzierte Behandlung der Einwendungen des Versicherers aufgrund zwingender unionsrechtlicher Vorgaben nämlich nicht anwenden. In diesem Abschnitt sollen daher zunächst die unionsrechtlichen Anforderungen an die Drittwirkung von Einwendungen bei der Kfz-Pflichtversicherung dargestellt werden und anschließend die Umsetzung derselben in den einzelnen Rechten untersucht werden.

I. Unionsrechtliche Vorgaben

Die nun gültige Sechste KH-Richtlinie[684] enthält zwar keinen ausdrücklichen allgemeinen Ausschluss von Einwendungen des Versicherers gegenüber dem geschädigten Dritten. Sie gibt aber in Art. 3 Abs. 1 vor: "Jeder Mitgliedstaat trifft [...] alle geeigneten Maßnahmen, um sicherzustellen, dass die Haftpflicht bei Fahrzeugen mit gewöhnlichem Standort im Inland durch eine Versicherung gedeckt ist."
Hierzu erläutert Erwägungsgrund 2 allgemein, dass das Ziel der Richtlinie der Schutz der Opfer von Verkehrsunfällen ist und Erwägungsgrund 15 präzisiert, dass es im Interesse der Unfallopfer liegt, wenn „bestimmte Ausschlussklauseln" keine Wirkung gegenüber dem geschädigten Dritten entfalten. Der Gedanke des Geschädigtenschutzes wird aber auch in anderen Erwägungsgründen deutlich, z.B. in Nummer 14, der die Einrichtung einer Entschädigungsstelle betrifft, oder in Nummer 30, der sich mit dem Direktanspruch des Geschädigten befasst.

Der EuGH griff das Ansinnen eines europaweit einheitlichen Mindestschutzes für Geschädigte eines Verkehrsunfalles erstmalig im Jahre 1996 in der Entscheidung *Bernáldez*[685] auf. In diesem Urteil leitet er den Grundsatz her, dass Einwendungen des Versicherers, soweit sie nicht ausdrücklich in den Richtlinien vorgesehen, nicht gegenüber dem geschädigten Dritten wirken dürfen. Der Gerichtshof stellte hierzu ausdrücklich fest:

„Angesichts des in den Richtlinien immer wieder bestätigten Schutzzwecks ist Artikel 3 Absatz 1 [...] dahin auszulegen, dass die Kraftfahrzeug-Haftpflichtversicherung Dritten, die Opfer eines von einem Fahrzeug verursachten Unfalls sind, den Ersatz aller ihnen

---

[683] *Jønsson/Kjærgaard* S. 728.
[684] Richtlinie 2009/103/EG vom 16. September 2009, ABl. 2009 L 263/11.
[685] EuGH, Urt. v. 28.03.1996, C-129/94 – *Bernáldez*.

entstandenen Personen- und Sachschäden bis zu der in Artikel 1 Absatz 2 der Zweiten Richtlinie festgelegten Höhe ermöglichen muss.

Jede andere Auslegung würde es den Mitgliedstaaten erlauben, die Entschädigung unfallgeschädigter Dritter auf bestimmte Schadensarten zu begrenzen, und damit zu einer unterschiedlichen Behandlung der Geschädigten je nach dem Unfallort führen, was die Richtlinien gerade vermeiden wollen. Artikel 3 Absatz 1 der Ersten Richtlinie wäre damit seiner praktischen Wirksamkeit beraubt.

Aufgrund dessen steht Artikel 3 Absatz 1 der Ersten Richtlinie einer Regelung entgegen, nach der sich der Versicherer auf Rechtsvorschriften oder Vertragsklauseln berufen kann, um Dritten, die Opfer eines durch das versicherte Fahrzeug verursachten Unfalls sind, eine Entschädigung zu verweigern."[686]

Diese Rechtsprechung hat der EuGH in der Folgezeit auch in den weiteren Entscheidungen *Candolin*[687], *Farrel*[688] und zuletzt *Churchill*[689] bekräftigt. In der Entscheidung *Farrel* hat der EuGH nochmals ausdrücklich klargestellt, dass die in den KH-Richtlinien ausdrücklich genannten zulässigen Ausschlussklauseln als abschließend zu betrachten sind.[690] Zu berücksichtigen ist zwar, dass diese Entscheidungen jeweils zur Rechtslage unter der Ersten bis Dritten KH-Richtlinie ergangen sind; die Erwägungen des EuGH sind aber auf die geltende Rechtslage übertragbar. Die entscheidenden inhaltlichen Regelungen in der Sechsten KH-Richtlinie sind insofern unverändert geblieben und der Schutzzweck der Richtlinie ist noch immer derselbe.

Die nach der Sechsten KH-Richtlinie ausdrücklich zugelassenen Ausschlussklauseln sind in Art. 13 Abs. 1 Uabs. 2 und in Art. 13 Abs. 2 geregelt. Nach Art. 13 Abs. 1 Uabs. 3 in Verbindung mit Abs. 1 Uabs. 1 steht es den Mitgliedstaaten frei, Ausschlussklauseln für Personen zuzulassen, die zur Benutzung des Fahrzeuges nicht ermächtigt waren, keinen Führerschein besaßen oder ihrer gesetzlichen Verpflichtung in Bezug auf Zustand und Sicherheit des betreffenden Fahrzeuges nicht nachgekommen sind. Diese Ausschlussklauseln dürfen auch gegenüber dem Geschädigten wirken, wenn dieser stattdessen Ersatz von einem Sozialversicherungsträger erlangen kann. Außerdem sind gemäß Art. 13 Abs. 2 Ausschlussklauseln für Fälle zulässig, in denen das Kfz des Schädigers gestohlen oder unter Anwendung von Gewalt erlangt wurde. Für diese Fälle haben die Mitgliedstaaten aber eine Entschädigung über die Entschädigungsstelle nach Art. 10 sicherzustellen. Eine Ausschlussklausel für den Fall der vorsätzlichen Herbeiführung des Versicherungsfalles durch den Versicherungsnehmer findet sich in der Sechsten KH-Richtlinie indes *nicht*. Es ist den Mit-

---

[686] EuGH, Urt. v. 28.03.1996, C-129/94 – *Bernáldez* Rn. 18–20.
[687] EuGH, Urt. v. 30.06.2005, C-537/03 – *Candolin* Rn. 18 ff.
[688] EuGH, Urt. v. 19.04.2007, C-356/05 – *Farrel* Rn. 22 ff.
[689] EuGH, Urt. v. 1.12.2011, C-442/10 – *Churchill* Rn. 33, 38.
[690] EuGH, Urt. v. 19.04.2007, C-356/05 – *Farrel* Rn. 27 und 29.

gliedstaaten daher verwehrt, dem Versicherer insoweit Leistungsfreiheit gegenüber dem Geschädigten einzuräumen.[691]

II. Umsetzung der Richtlinienvorgaben

Im *deutschen* Recht gilt gemäß § 117 Abs. 1 VVG ein allgemeiner Ausschluss von Einwendungen des Versicherers gegenüber dem Geschädigten, wenn es sich um eine Pflichtversicherung handelt. Damit sind die Anforderungen der Sechsten KH-Richtlinie diesbezüglich grundsätzlich erfüllt. Nach h. M. ist aber die Einwendung der vorsätzlichen Herbeiführung des Versicherungsfalles nach § 103 VVG von § 117 Abs. 1 VVG *nicht* erfasst.[692] Diese Auslegung führt dazu, dass sich der Versicherer auch bei einer Kfz-Pflichtversicherung seiner Haftung gegenüber dem geschädigten Dritten entziehen kann, wenn der Versicherungsfall vorsätzlich herbeigeführt wurde. Dem Geschädigten wird aber dafür nach § 12 Abs. 1 Satz 1 Nr. 3 PflVG ein Ersatzanspruch gegen den Entschädigungsfonds gewährt.[693] Diese Auslegung der §§ 103, 117 Abs. 1 VVG verstößt jedoch gegen Art. 3 Abs. 1 der Sechste KH-Richtlinie in der Auslegung, die dieser durch den EuGH erfahren hat.[694] Richtigerweise ist § 117 Abs. 1 VVG daher für den Bereich der Kfz-Pflichtversicherung richtlinienkonform derart auszulegen, dass auch der Einwand nach § 103 VVG vom Drittwirkungsausschluss erfasst wird und insoweit nicht gegenüber dem geschädigten Dritten wirkt.[695] Bei anderen Pflichtversicherungen kann der Einwand nach § 103 VVG indes bestehen bleiben, so dass es insoweit zu einer gespaltenen Auslegung von § 117 VVG kommt.

Das *schwedische* Recht wird den Anforderungen der Sechsten KH-Richtlinie gerecht, indem es in § 17 TsL einen allgemeinen Ausschluss der Drittwirkung von Einwendungen vorsieht, die vor dem Versicherungsfall begründet wurden.[696] § 17 TsL ist insoweit eine Spezialregelung zu den Einwendungsausschlüssen des FAL und gilt unabhängig davon, ob eine konsument- oder företagsförsärking vorliegt. Daher ist der Haftpflichtver-

---

[691] *Franck,* in: VersR 2014, 13 (15 f.).

[692] Zur Begründung der h. M. siehe oben S. 152 f.

[693] Dieser Ersatzanspruch vermag aber die Richtlinienwidrigkeit der deutschen Regelung nicht zu beseitigen, dazu: *Franck,* in: VersR 2014, 13 (16 f.); *Heitmann,* in: VersR 1997, 941 f.

[694] *Franck,* in: VersR 2014, 13 (16 f.); *Looschelders,* in: VersR 2008, 1 (3); *Heitmann,* in: VersR 1997, 941 (942); *Knappmann,* in: Prölss/Martin § 117 Rn. 24 äußert jedenfalls Bedenken bezüglich der Europarechtskonformität.

[695] *Franck,* in: VersR 2014, 13 (17 f.); insoweit a. A.: *Looschelders,* in: VersR 2008, 1 (3) der davon ausgeht, dass eine richtlinienkonforme Auslegung an der klaren (entgegenstehenden) gesetzgeberischen Entscheidung scheitert.

[696] Zum Einwendungsausschluss nach § 17 TsL: *Nordenson* S. 234 ff.

sicherer dem Dritten gegenüber auch dann einstandspflichtig, wenn der Versicherungsnehmer den Versicherungsfall vorsätzlich verursachte.

Im *norwegischen* Recht bedarf es keiner Spezialregelung für die Kfz-Pflichtversicherung, denn hier gilt gemäß Art. 7 Abs. 2 NoFAL ohnehin ein allgemeiner Ausschluss der Drittwirkung von allen Einwendungen des Versicherers bei allen Pflichtversicherungen.[697] Im *dänischen* Recht darf der Versicherer gemäß § 3 Abs. 2 *Bekendtgørelse om ansvarsforsikring for motorkøretøjer mv.*[698] dem geschädigten Dritten seine Einwendungen gegen dessen Anspruch aus der Kfz-Pflichtversicherung nach § 108 Abs. 1 *færdselsloven* nicht entgegenhalten.[699] Das *finnische* Recht statuiert in § 4 *trafikförsäkringslag*[700] den Grundsatz, dass Einwendungen des Versicherers bei der Kfz-Pflichtversicherung keine Drittwirkung zukommt.

G. Vergleich und Ergebnis

I. Innenverhältnis

Grundsatz im *deutschen* Recht ist, dass der Versicherer im Innenverhältnis bei einem vorsätzlichen Obliegenheitsverstoß des Versicherungsnehmers vollständig und bei einem grob fahrlässigen Verstoß teilweise leistungsfrei wird sowie dass auf einfacher Fahrlässigkeit basierende Verstöße folgenlos bleiben. Der Versicherer wird außerdem nur dann leistungsfrei, wenn die Verletzung einer Verhaltenspflicht des Versicherungsnehmers auch kausal für den Versicherungsfall wurde. So liegen die Rechte des Versicherers bei der Verletzung einer vertraglichen Obliegenheit, einer verbotenen Gefahrerhöhung und der Verletzung der Rettungsobliegenheit. Auch die Leistungsfreiheit bei Zahlungsverzug mit der Erstprämie hängt vom Vertretenmüssen des Versicherungsnehmers ab. Bei einem Verstoß gegen die vorvertragliche Anzeigepflicht wird der Versicherer nur bei arglistigen Verstößen leistungsfrei. Neben diesen Tatbeständen der Leistungsfreiheit, hat der Versicherer die Möglichkeit, sich durch Rücktritt und Kündigung vom Vertrag zu lösen. Diese Rechte werden ihm aber in der Regel nur bei einem vorsätzlichen oder grob fahrlässigen Verstoß des Versicherungsnehmers gewährt.

Das *schwedische* Recht differenziert zwischen Verbraucher- und Unternehmerversicherungen. Bei Haftpflichtversicherungen eines Verbrauchers (*konsumentförsäkring*) gilt wie im deutschen Recht ein abgestuftes Sanktionssystem. Bei einem arglistigen oder treuwidrigen Verstoß gegen die vorvertragliche Anzeigepflicht und bei einer verbotenen Gefahrerhöhung

---

[697] Siehe hierzu oben S. 169.
[698] BEK nr 578 af 06.06.2007.
[699] Hierzu: *Due (u. a.)*, Færdselsloven, Band 1, S. 536 ff.
[700] Lag 26.6.1959/279.

ist der Versicherer leistungsfrei, bei fahrlässigen Verstößen besteht ein Recht zur verhältnismäßigen Kürzung der Leistung. Bei der Verletzung einer vertraglichen Obliegenheit darf der Versicherer die Leistung verhältnismäßig kürzen, wenn Vorsatz oder Fahrlässigkeit vorliegen, bei einem Verstoß gegen die Rettungspflicht muss wenigstens grobe Fahrlässigkeit vorliegen. Auch die Gegenrechte wegen Prämienverzuges sind teilweise an Verschuldenselemente geknüpft. Bei der Haftpflichtversicherung eines Unternehmers (*företagsförsäkring*) gelten indes strengere Vorschriften zulasten des Versicherungsnehmers. Hier löst in der Regel bereits jeder fahrlässige Verstoß Gegenrechte des Versicherers aus.

II. Drittwirkung

1. Grundsatz der uneingeschränkten Drittwirkung

Alle untersuchten Rechtsordnungen gehen davon aus, dass die Einwendungen des Versicherers grundsätzlich auch Drittwirkung zulasten des Geschädigten entfalten und damit grundsätzlich auch im Falle eines gesetzlichen Direktanspruches eingreifen. Dies liegt in der Natur des Direktanspruches, der schließlich dem Geschädigten grundsätzlich nur Rechte im Rahmen des Versicherungsvertrages des Schädigers gewährt. Es lassen sich jedoch zahlreiche Ausnahmen hierzu aufzeigen, die insgesamt auf ganz unterschiedlichen Ansätzen beruhen.

2. Ausnahmen

a) Pflichtversicherungen

Das *deutsche* und das *norwegische* Recht lassen versicherungsrechtliche Einwendungen bei Pflichtversicherungen allgemein gemäß § 117 Abs. 1 VVG bzw. Kap. 7 § 7 Abs. 1 Satz 1 NoFAL nicht zulasten eines geschädigten Dritten wirken. Da im deutschen Recht ein gesetzlicher Direktanspruch ohnehin nur bei Pflichtversicherungen in Betracht kommt, haben hier solche Einwendungen also nie Drittwirkung. Dieser umfassende Einwendungsausschluss liegt aber nicht in der Tatsache begründet, dass ein gesetzlicher Direktanspruch gewährt wird, sondern er ist aus der *besonderen Schutzrichtung* der Pflichtversicherung heraus zu erklären. Diese wird schließlich – zumindest auch – zum Schutz des Geschädigten angeordnet.[701] Um dessen Entschädigung sicherzustellen, ist es daher folgerichtig, insoweit Einwendungen, die der Versicherungsnehmer auf Ebene des Versicherungsverhältnisses verursacht hat, nicht gegen den Geschädigten durchgreifen zu lassen.

---

[701] Siehe hierzu oben S. 18 ff.

§ 11 Einwendungen des Versicherers aus dem Versicherungsverhältnis 177

Das *schwedische* Recht knüpft die Drittwirkung der Einwendungen des Versicherers indes nicht daran, ob eine Pflichtversicherung oder eine freiwillige Versicherung vorliegt, sondern daran, ob es sich um eine *Verbraucher-* oder *Unternehmerversicherung* handelt, und daran, was für eine *Art* von Einwendung vorliegt.[702] Die Unterscheidung zwischen freiwilliger und obligatorischer Haftpflichtversicherung wird aber für die Rechtsfolge eines Einwendungsausschlusses nach Kap. 4 § 9 Abs. 2 FAL relevant. Bei einer Pflichtversicherung haftet der Versicherer uneingeschränkt, bei einer freiwilligen Versicherung hingegen nur subsidiär, soweit Schadensersatz vom Versicherungsnehmer nicht erlangt werden kann. Soweit im deutschen Recht ein Einwendungsausschluss oder die Nachhaftung gemäß § 117 Abs. 2 VVG greift, haftet auch hier der Versicherer nur eingeschränkt. Nach § 117 Abs. 3 Satz 1 VVG ist seine Haftung dann zum einen auf die gesetzliche Mindestversicherungssumme beschränkt. Zum anderen haftet der Versicherer nach § 117 Abs. 3 Satz 2 VVG nur insoweit, wie der Dritte nicht von einem anderen Schadensversicherer oder Sozialversicherungsträger Ersatz verlangen kann (sogenanntes Verweisungsprivileg des Versicherers).[703]

Neben den Tatbeständen der Leistungsfreiheit hat der Versicherer auch die Möglichkeit, sich durch Rücktritt oder Kündigung vom Vertrag zu lösen. Mit wirksamer Beendigung des Versicherungsvertrages wird der Versicherer grundsätzlich in allen untersuchten Rechtsordnungen für später eintretende Versicherungsfälle auch gegenüber Dritten leistungsfrei. Denn Voraussetzung der Haftung des Versicherers ist grundsätzlich, dass im Zeitpunkt des Versicherungsfalles ein wirksamer Versicherungsvertrag besteht.

Allerdings haftet der Versicherer im deutschen und norwegischen Recht nach § 117 Abs. 2 VVG bzw. Kap. 7 § 7 Abs. 2 Satz 2 NoFAL noch für Versicherungsfälle, die bis einen Monat nach Anzeige der Vertragsbeendigung bei der zuständigen Aufsichtsbehörde eintreten. Eine solche *Nachhaftung* ist dem dänischen und finnischen Recht unbekannt. Im schwedischen Recht besteht lediglich im Falle des § 25 Abs. 1 AtomL eine zweimonatige Nachhaftung.[704]

Die Nachhaftungsregelung des deutschen und norwegischen Rechts sind zwar bürokratisch aufwendige, dafür aber staatlich fürsorgliche Lösungen. Sie bilden einen fairen Kompromiss aller involvierten Interessen. Der Versicherer hat die Chance, sich von Vertrag und Haftung freizuzeichnen, während die Aufsichtsbehörde in der einmonatigen Zwischenzeit gegen den ehemaligen Versicherungsnehmer einschreiten kann, damit dieser nicht sich und andere ohne Versicherungsschutz gefährdet. Vor diesem

---

[702] Vgl. hierzu: *van der Sluijs,* Studier i försärkingsrätt, S. 111.
[703] Zum Verweisungsprivileg des Pflichtversicherers: *Schneider,* in: MüKo-VVG § 117 Rn. 34 ff.; *Knappmann,* in: Prölss/Martin § 117 Rn. 27 ff.
[704] *Van der Sluijs* S. 169.

Hintergrund ist es auch stringent, dass das deutsche Recht dem Versicherer großzügigere Kündigungsrechte einräumt als das schwedische Recht, welches keine Übergangsphase vorsieht.[705]

Teilweise sehen die Rechtsordnungen – wie oben dargestellt – auch Einwendungsausschlüsse bei *freiwilligen* Haftpflichtversicherungen vor. Im norwegischen Recht haben Einwendungen, die an ein Verhalten des Versicherungsnehmers nach Eintritt des Versicherungsfalles anknüpfen, keine Drittwirkung. Im schwedischen Recht greifen die Einwendungsausschlüsse nach Kap. 4 § 9 Abs. 2 und Kap. 7 §§ 2, 3 FAL auch bei freiwilligen Versicherungen. Auch im finnischen Recht sind die Einwendungsausschlüsse nicht daran geknüpft, dass es sich um eine Pflichtversicherung handelt. Im Gegensatz zu Pflichtversicherungen schließt der Versicherungsnehmer eine freiwillige Haftpflichtversicherung zunächst nur zu *seinem* Schutze ab. Der Schutz des Geschädigten ist hier nur eine „Reflexwirkung", keine vom Gesetzgeber verpflichtend vorgegebene Schutzrichtung. Aus Sicht des Geschädigten ist es daher auch eine zufällige Besserstellung, wenn sein Schaden durch eine freiwillige Haftpflichtversicherung gedeckt ist. Er ist daher weniger schützenswert als bei einer Pflichtversicherung. Deswegen ist es interessengerecht, Einwendungen des Versicherers bei freiwilligen Haftpflichtversicherungen durchgehend eine Drittwirkung zulasten des Geschädigten zukommen zu lassen. Soweit die untersuchten Rechtsordnungen dennoch auch bei freiwilligen Haftpflichtversicherungen Einwendungsausschlüsse anordnen, bedeutet dies insoweit eine unberechtigte Privilegierung des Geschädigten, die zulasten des Versicherers und letztlich der Gemeinschaft der Versicherten geht.

Die Lösung des schwedischen Rechts bei Verbraucherversicherungen, und insoweit auch die Lösungen des norwegischen und finnischen Rechts sind diesbezüglich auch wegen eines anderen Punktes weniger überzeugend: Bei Verbraucherversicherungen in Schweden und bei allen Haftpflichtversicherungen in Norwegen und Finnland kommt einigen *ausgewählten* Obliegenheitsverletzungen eine Drittwirkung zu, anderen aber wiederum nicht. Diese Differenzierung zwischen den einzelnen Obliegenheitsverletzungen ist insoweit schwer nachvollziehbar. Ein Einwendungsausschluss dient schließlich dem Schutz des Geschädigten.[706] Aus dessen Sicht ist es aber einerlei, ob der Versicherungsnehmer den Versicherungsfall – wie z.B. im schwedischen Recht – bei einer Verbraucherversicherung durch einen Verstoß gegen vertragliche Obliegenheiten (dann keine Drittwirkung) oder durch eine verbotene Gefahrerhöhung (dann Drittwir-

---

[705] Im deutschen Recht kann sich der Versicherer u.a. nach §§ 19 Abs. 1 und 2, 24, 28 Abs. 1, 37 Abs. 1, 38 Abs. 3 VVG vom Vertrage lösen, im schwedischen Recht nur nach Kap. 5 § 2 FAL bei Zahlungsverzug mit der Versicherungsprämie.

[706] *Bengtsson* S. 286.

kung) verursacht hat. Eine Differenzierung nach der *Art* der Einwendung erscheint daher wenig interessengerecht.

Das schwedische Recht unterscheidet bei der Drittwirkung von Einwendungen des Weiteren teilweise auch zwischen Haftpflichtversicherungen eines Verbrauchers (*konsumentförsäkring*) und denen eines Unternehmers (*företagsförsäkring*). Bei Unternehmensversicherungen entfalten nur die Einwendungen wegen eines Verstoßes gegen die Anzeige- und Auskunftspflicht nach Eintritt des Versicherungsfalles keine Drittwirkung. Eine fahrlässige Herbeiführung des Versicherungsfalles, sowie eine Verletzung von Sicherheitsvorschriften oder der Rettungsobliegenheit kann der Versicherer dem Geschädigten indes entgegenhalten. Bei einer *företagförsäkring* hat der Geschädigte daher eine deutliche schwächere Stellung als bei einer *konsumentförsäkring*. Das ist eine zweifelhafte gesetzliche Wertung, denn es ist äußerst fraglich, ob der Geschädigte wirklich weniger schutzwürdig ist, wenn er von einem Unternehmer statt von einem Verbraucher geschädigt wird. Dies könnte man wohl nur annehmen, wenn Unternehmen in der Regel solventer als Verbraucher und zudem allgemein professioneller im Umgang mit Schadensabwicklungen sind. Vor allem für kleinere Unternehmen kann diese Annahme indes wohl nicht ohne Weiteres getroffen werden. Diese Wertung untermauert auch das norwegische Recht, das den ansonsten zwingenden gesetzlichen Direktanspruch allein für größere Unternehmer als Versicherungsnehmer für abdingbar erklärt (Kap. 7 § 6 Abs. 6 Satz 1 NoFAL). Von daher muss zumindest für Pflichtversicherungen die gesetzliche Wertung des schwedischen Rechts insoweit kritisiert werden.[707] Interessengerechter ist die Vorgehensweise des deutschen Rechts. Es räumt den Parteien des Versicherungsvertrages gemäß § 210 Abs. 1 VVG bei Großrisiken zwar eine weitgehende Freiheit ein, ihr Versicherungsverhältnis selbst zu ordnen, die Rechtsstellung Dritter darf hierdurch aber nicht verschlechtert werden. Daher können insoweit auch bei Großrisiken die Vorgaben für die Pflichtversicherungen und damit auch der Einwendungsausschluss nach § 117 VVG nicht abbedungen werden.[708]

Einleuchtender wäre es also, bezüglich der Drittwirkung der Einwendungen aus dem Versicherungsverhältnis nicht auf die Eigenschaft des Schädigers, sondern des *Geschädigten* abzustellen.[709] So kann man daran denken, dass etwa Unternehmen als Geschädigte weniger schutzwürdig sind als natürliche Personen und die Drittwirkung nur insoweit ausschließen, als nicht eine natürliche Person geschädigt wurde. Diese Lösung wählte das finnische Recht für einige Einwendungen nach §§ 30–32

---

[707] Kritisch auch *van der Sluijs* S. 177.
[708] Zur zwingenden Rechtsnatur der Vorschriften über die Pflichtversicherung: RegE BT.-Drs. 16/3945 S. 87; *Looschelders,* in: MüKo-VVG § 210 Rn. 8.
[709] *Van der Sluijs* S. 177; *Johansson/van der Sluijs,* in: SvJT 2006, 72 (84).

FiFAL.[710] Eine weitere Möglichkeit bestünde darin, die Drittwirkung nicht bei allen Unternehmensversicherungen abzusprechen, sondern nur bei großen Unternehmen, bei denen der Ersatz für den Geschädigten wirklich sichergestellt ist. Ansätze hierfür verfolgt das norwegische Recht. Hier sind gemäß Kap. 1 § 3 NoFAL einige Vorschriften nur dann zulasten des Versicherungsnehmers oder Dritter disponibel, wenn Großunternehmer Versicherungsnehmer sind. Die fragwürdige Schlechterstellung des Geschädigten bei Haftpflichtversicherungen eines Unternehmers wird im schwedischen Recht aber dadurch abgeschwächt, dass in vielen Pflichtversicherungsgesetzen vorrangige zwingende Regelungen bestehen. Diese machen einen Einwendungsausschluss nicht von der Eigenschaft des Geschädigten abhängig. Zu nennen sind hier z.B. § 17 TsL, § 4 PsL, § 25 Abs. 3 AtomL und Kap. 10 § 14 Abs. 3 SjöL.[711]

b) Vorsätzliche Herbeiführung des Versicherungsfalles

Auffällig ist außerdem, dass sowohl das deutsche als auch das schwedische, finnische und dänische Recht dem Versicherer gerade die Einwendung, der Versicherungsnehmer habe den Versicherungsfall *vorsätzlich* herbeigeführt, auch gegenüber dem Geschädigten erhalten. Dies gilt bei den genannten Rechtsordnungen sogar bei Pflichtversicherungen, soweit nicht die Kfz-Pflichtversicherung betroffen ist.[712] So verständlich die Leistungsfreiheit des Versicherers im Innenverhältnis in diesen Fällen ist, so rechtspolitisch zweifelhaft ist diese Wertung aber in Bezug auf den Geschädigten, zumindest bei Pflichtversicherungen.[713] Diese sollen schließlich seine Befriedigung sicherstellen. Und gerade wenn der Dritte vorsätzlich geschädigt wurde und daher eigentlich besonders schutzwürdig ist, wird ihm jeglicher Schutz durch die Haftpflichtversicherung versagt. Im Bereich der Kfz-Pflichtversicherung wird nach deutschem Recht aber insoweit immerhin ein Ersatzanspruch gegen den Entschädigungsfonds nach § 12 Abs. 1 Satz 1 Nr. 3 PflVG gewährt. Im deutschen Recht wird Leistungsfreiheit des Pflichtversicherers auch noch durch die dogmatische Spitzfindigkeit hergeleitet, die vorsätzliche Herbeiführung sei keine versicherungsrechtliche Einwendung, sondern ein Risikoausschluss. Diese Auslegung verstößt aber gegen die Sechste KH-Richtlinie und kann im Bereich

---

[710] *Van der Sluijs* S. 177; siehe hierzu oben S. 152 f.
[711] Zu den Einwendungsausschlüssen in Spezialgesetzen: *van der Sluijs* S. 171 ff.; *Bengtsson* S. 169.
[712] Nur im deutschen Recht soll nach h. M. der Einwand der vorsätzlichen Herbeiführung des Versicherungsfalles auch im Rahmen der Kfz-Pflichtversicherung gelten, siehe hierzu *Franck,* in: VersR 2014, 13 ff.
[713] *Franck,* in: VersR 2014, 13 (14 f); kritisch auch: OLG Frankfurt r+s 1996, 472; *Heitmann,* in: VersR 1997, 941 f.

der Kfz-Pflichtversicherung keinen Bestand haben.[714] Eine ausdrücklich andere und insoweit auch überzeugendere Wertung hat demgegenüber das norwegische Recht vorgenommen. Bei Pflichtversicherungen bleibt dem Geschädigten hier der gesetzliche Direktanspruch auch bei einer vorsätzlichen Schädigung erhalten.

c) Einwendungsausschluss unabhängig vom Direktanspruch

Alle untersuchten Rechtsordnungen knüpfen den Ausschluss der Drittwirkung von Einwendungen nicht daran, ob dem Geschädigten insoweit ein gesetzlicher Direktanspruch eingeräumt wird oder ob er einen solchen gerichtlich geltend macht. Das deutsche Recht machte vor der VVG-Reform gemäß § 3 Nr. 4 PflVG a.F. den Einwendungsausschluss bei der Kfz-Pflichtversicherung zwar noch davon abhängig, dass ein gesetzlicher Direktanspruch klagweise geltend gemacht wurde (sogenannter Zwang zur Direktklage).[715] Dieses Erfordernis besteht nun aber auch im deutschen Recht nach § 117 Abs. 1, 2 VVG nicht mehr. Daher profitiert der Geschädigte von Einwendungsausschlüssen auch, wenn er nicht kraft eines gesetzlichen Direktanspruches, sondern kraft einer Abtretung oder einer Pfändung des Freistellungsanspruches unmittelbar gegen den Versicherer vorgeht.[716]

§ 12 Bindungswirkung des Haftungsverhältnisses

Im folgenden Abschnitt soll untersucht werden, inwieweit der Haftpflichtversicherer an das zwischen Versicherungsnehmer und Geschädigtem bestehende Haftungsverhältnis, also die tatsächlichen und rechtlichen Umstände des zugrundeliegenden Schadensersatzanspruches, gebunden ist. Zunächst wird hierbei erörtert, inwieweit sich der Versicherer auf die schadensrechtlichen Einwendungen seines Versicherungsnehmers berufen kann. Danach wird dargestellt, wie sich rechtliche Veränderungen auf der Ebene des Haftungsverhältnisses auf den gesetzlichen Direktanspruch auswirken. Im Einzelnen wird hier untersucht, inwieweit ein Erlass des Geschädigten gegenüber dem Versicherungsnehmer, eine vom Versicherungsnehmer gegenüber dem Geschädigten erklärte Aufrechnung, ein vom Versicherungsnehmer erklärtes Anerkenntnis und schließlich ein gerichtliches Urteil im Haftungsprozess auch für den Versicherer verbindlich sind.

---

[714] *Franck,* in: VersR 2014, 13 (16 ff.).
[715] Siehe hierzu: *Keppel* S. 88 ff.; sowie zur früheren Rechtslage: *Stiefel/Hofmann,* Kraftfahrtversicherung: AKB, § 3 Nr. 4 PflVG Rn. 1.
[716] Für das deutsche Recht: *Keppel* S. 94 f.; *Schneider,* in: MüKo-VVG § 115 Rn. 8.

A. Deutschland

I. Schadensrechtliche Einwendungen

Der gesetzliche Direktanspruch des Geschädigten richtet sich in Grund und Höhe nach dem zugrundeliegenden Schadensersatzanspruch gegen den Schädiger (§ 115 Abs. 1 Satz 1 VVG). Daher kann der Versicherer auch alle Einwendungen des Versicherungsnehmers geltend machen, die sich gegen Grund und Höhe der zugrunde liegenden Haftung richten (sogenannte *schadensrechtliche Einwendungen*).[717] Insbesondere kann der Versicherer einwenden, die Voraussetzungen der Haftung lägen nicht vor oder den Geschädigten treffe ein Mitverschulden, so dass die Versicherungssumme entsprechend zu kürzen sei. Der Versicherer hat nicht nur das Recht, diese Einwendungen zu erheben, er ist im Rahmen seines Regulierungsermessens hierzu auch vertraglich gegenüber dem Versicherungsnehmer verpflichtet.[718]

Eine Besonderheit besteht aber für bestimmte „persönliche" Einwendungen des Versicherungsnehmers, die der Versicherer bei Pflichtversicherungen nicht geltend machen darf. So hat der Bundesgerichtshof entschieden, dass die Haftungsprivilegierung eines Arbeitnehmers nach den Grundsätzen der gefahrgeneigten Arbeit zur Beschränkung der Arbeitnehmerhaftung gegenüber seinem Arbeitgeber dann nicht greift, wenn und soweit der Arbeitnehmer in den Schutzbereich einer *Pflichtversicherung* einbezogen ist.[719] Im Ergebnis konnte sich der Pflichtversicherer des Arbeitnehmers im Prozess über einen gesetzlichen Direktanspruch des Arbeitgebers damit nicht auf die Einwendung der Grundsätze der eingeschränkten Arbeitnehmerhaftung berufen.[720] Dies ist aber kein spezifisches Problem des Direktanspruches, denn nach dem BGH kann sich auch der Arbeitnehmer als Beklagter[721] und auch ein Pflichtversicherer in einem späteren Regressprozess gegen den Arbeitgeber[722] nicht auf die Haftungsprivilegierung nach den Grundsätzen der gefahrgeneigten Arbeit berufen. Der Grund für die Annahme, dass die Haftungsprivilegierung insoweit nicht greift, ist zuvörderst im Sinn und Zweck der Pflichtversicherung (in den genannten Entscheidungen jeweils die Kfz-Pflichtversicherung), welche zentral vor allem die Befriedigung der Schadensersatzansprüche der Geschädigten sicherstellen will, zu sehen.[723] Dieses gesetzliche Anliegen würde massiv unter-

---

[717] *Schneider*, in: MüKo-VVG § 115 Rn. 25; *Knappmann*, in: Prölss/Martin § 116 Rn. 5; *Vogt* S. 34.
[718] Zu den vertraglichen Pflichten des Versicherers siehe oben S. 12 ff.
[719] BGH NJW 1958, 1086 (1087); 1972, 440 (441); 1992, 900 (902).
[720] BGH NJW 1992, 900 (902).
[721] BGH NJW 1958, 1086 (1087).
[722] BGH NJW 1972, 440 (441).
[723] Zu den Zwecken der Pflichtversicherung siehe oben S. 18 ff.

laufen, könnte sich der Pflichtversicherer des Schädigers auf dessen Haftungsprivilegierung als Arbeitnehmer berufen. Zudem greifen auch die Gründe für die Entwicklung der Haftungsprivilegierung eines Arbeitnehmers nach den Grundsätzen der gefahrgeneigten Arbeit nicht, denn diese sollen in erster Linie sicherstellen, dass der Arbeitnehmer nicht ein für ihn unzumutbares Haftungsrisiko aufgrund der ihm arbeitsvertraglich übertragenen Tätigkeit trägt. Soweit allerdings für den verursachten Schaden eine Pflichtversicherung aufkommt, trifft den Schädiger kein solches Haftungsrisiko.[724] Freilich dürfen dann im Rahmen eines ggf. späteren Regresses des Pflichtversicherers gegen den schädigenden Arbeitnehmer dessen Haftungsprivilegierungen nicht unterlaufen werden. Dies dürfte in der Regel aber nicht problematisch sein, da bei einfacher Fahrlässigkeit grundsätzlich kein Regress möglich ist.[725]

Im schwedischen Recht greifen grundsätzlich auch solche „persönlichen" Einwendungen des Versicherungsnehmers zugunsten des Versicherers ein.[726] Allerdings ändert auch die deutsche Besonderheit der Nicht-Anwendbarkeit der beschränkten Arbeitnehmerhaftung im Rahmen von Pflichtversicherungen nichts daran, dass der ursprüngliche Bestand des Schadensersatzanspruches „an sich" in beiden Rechtsordnungen ausschließlich maßgeblich für den Direktanspruch ist.

Gemäß § 115 Abs. 1 Satz 3 VVG haften der Versicherer und der ersatzpflichtige Versicherungsnehmer für den Schadensersatzanspruch als Gesamtschuldner. Daher bestimmt sich auch die Frage, inwieweit der Versicherer andere als schadensrechtliche Einwendungen seines Versicherungsnehmers gegen den Direktanspruch geltend machen kann, nach den Regelungen über die Gesamtschuld nach §§ 420 ff. BGB.

II. Erlass

Inwieweit ein vom Geschädigten gegenüber dem Versicherungsnehmer erklärter Erlass des Schadensersatzanspruches auch zugunsten des Versicherers wirkt, müsste sich wegen der Gesamtschuldneranordnung in § 115 Abs. 1 Satz 3 VVG damit eigentlich nach § 423 BGB richten. Hierin ist normiert, dass ein zwischen dem Gläubiger und einem Gesamtschuldner vereinbarter Erlass auch für die übrigen Schuldner wirkt, wenn die Vertragsschließenden mit dem Erlass das ganze Schuldverhältnis aufheben wollten. Für den gesetzlichen Direktanspruch bei einer Haftpflichtversicherung bedeutete dies, dass durch *Auslegung* des Erlassvertrages zu ermitteln wäre, ob die Parteien eine Schuldbefreiung nur für den Versiche-

---

[724] BGH NJW 1958, 1086 (1087); 1972, 440 (441); 1992, 900 (902).
[725] Zum Regress des Versicherers siehe unten S. 152 ff.
[726] *Van der Sluijs* S. 165.

rungsnehmer oder auch zugunsten des Versicherers wollten.[727] Die besondere Rechtsnatur des gesetzlichen Direktanspruches steht hier allerdings einer Anwendung des § 423 BGB entgegen.[728] Erlässt nämlich der Schädiger seine Schadensersatzforderung gegenüber dem Versicherungsnehmer erlischt diese gemäß § 397 Abs. 1 BGB. Da der gesetzliche Direktanspruch gemäß § 115 Abs. 1 Satz 1 VVG aber stets einen bestehenden Schadensersatzanspruch voraussetzt („*seinen* Anspruch auf Schadensersatz"), erlischt zugleich *ipso iure* auch der akzessorische Direktanspruch. Direktanspruch und Schadensersatzanspruch können in ihrem Bestande nicht getrennt werden; aus seiner *Rechtsnatur* heraus kann es keinen gesetzlichen Direktanspruch ohne zugrundeliegenden Schadensersatzanspruch geben. Erlässt mithin der Geschädigte die Schadensersatzforderung i.S.d. § 397 Abs. 1 BGB, so erlischt damit auch die Leistungspflicht des Versicherers.

Allerdings ist zu beachten, dass ein zwischen Versicherungsnehmer und Geschädigtem vereinbarter „Erlass", der lediglich zum Inhalt hat, dass zwar das Vorgehen aus dem Schadensersatzanspruch gegen den Schädiger persönlich ausgeschlossen sein soll, wohl aber ein unmittelbares Vorgehen gegen den Versicherer mittels gesetzlichen Direktanspruches zulässig bleiben soll, in der Regel als *pactum de non petendo* auszulegen ist.[729] Ein solches lediglich schuldrechtlich wirkendes sog. Stillhalteabkommen ist auch im Rahmen eines gesetzlichen Direktanspruches möglich.[730] Es ist aber von einem dinglich wirkenden „Erlass" i.S.d. § 397 BGB abzugrenzen.

III. Aufrechnung

Nach einem Schadensereignis wird der Versicherungsnehmer nicht selten auch eigene Schadensersatzansprüche gegen den Geschädigten haben. Erklärt der Versicherungsnehmer mit diesen Ansprüchen gegenüber dem Schädiger die Aufrechnung, wirkt diese gemäß § 422 Abs. 1 Satz 2 BGB auch zugunsten des Versicherers. Der Versicherer darf aber nicht ohne Zustimmung seines Versicherungsnehmers für diesen mit dessen Gegenforderungen die Aufrechnung gegenüber dem Geschädigten erklären, § 422 Abs. 2 BGB. Er ist jedoch vertraglich dazu verpflichtet, seinem Versicherungsnehmer die *Möglichkeit* einzuräumen, mit eigenen Schadensersatzan-

---

[727] Zur Auslegung des Erlassvertrages: *Bydlinski*, in: MüKo-BGB § 423 Rn. 4 ff.
[728] OLG Köln VersR 1969, 1027; *Grüneberg*, in: Palandt § 423 Rn. 2; *Schneider*, in: MüKo-VVG § 115 Rn. 26; *Knappmann*, in: Prölss/Martin, § 115 Rn. 23; *Schwartze*, in: Looschelders/Pohlmann § 115 Rn. 17.
[729] Zum *pactum de non petondo*: *Schlüter*, in: MüKo-VVG § 397 Rn. 9; *Grüneberg*, in: Palandt § 397 Rn. 4.
[730] In diese Richtung: *Schwartze*, in: Looschelders/Pohlmann, § 115 Rn. 17.

sprüchen gegen den Geschädigten aufzurechnen.[731] Der Versicherer hat indes aus dem Versicherungsvertrag heraus keinen Anspruch gegen seinen Versicherungsnehmer, dass dieser mit ihm zustehenden Gegenansprüchen aufrechnen müsste. Dies würde die Freistellungsfunktion der Haftpflichtversicherung untergraben.

IV. Anerkenntnis und Vergleich

Sehr praxisrelevant ist die Frage, inwieweit ein auf der Haftungsebene durch den Versicherungsnehmer erklärtes Schuldanerkenntnis oder ein zwischen dem Versicherungsnehmer und dem Geschädigten geschlossener gerichtlicher oder außergerichtlicher Vergleich auch den Versicherer bindet, wenn dieser darauf folgend direkt in Anspruch genommen wird. Da Versicherer und Schädiger nach § 115 Abs. 1 Satz 4 VVG bezüglich des Schadensersatzanspruches Gesamtschuldner sind, richtet sich die Bindungswirkung nach § 425 BGB. Demnach gilt der Grundsatz der *Einzelwirkung* (also keine Bindung des Versicherers), soweit sich nicht aus dem Schuldverhältnis (also dem Haftpflichtversicherungsvertrag und hier insbesondere aus den AVB) ein anderes ergibt.

Mithin ist zur Ermittlung der Bindungswirkung die Auslegung des Haftpflichtversicherungsvertrages maßgeblich. Insoweit greifen die Wertungen ein, die auch außerhalb des Direktanspruches gelten. Ein Anerkenntnis des Versicherungsnehmers oder ein zwischen Geschädigtem und Versicherungsnehmer ausgehandelter Vergleich gilt demnach für den Versicherer nur, wenn dieser diesem entweder *zugestimmt* hat oder der Anspruch auch *ohne* Anerkenntnis oder Vergleich bestanden hätte.[732]

Ohne die Zustimmung des Versicherers hat ein Anerkenntnis oder ein Vergleich auf der Haftungsebene daher also *keine* selbstständige Bindungswirkung gegenüber dem Versicherer. Die Haftung des Versicherers geht nur soweit, wie der Anspruch auch ohne ein solches Anerkenntnis oder einen solchen Vergleich bestanden hätte (vgl. Punkt 5.1 Abs. 2 AHB). Bestreitet der Versicherer die Schadensersatzpflicht seines Versicherungsnehmers, ist die Haftungsfrage im Direktklageprozess daher inzident vollumfänglich zu klären, auch wenn zuvor ein Anerkenntnis des Versicherungsnehmers abgegeben wurde oder ein Vergleich auf Haftungsebene erfolgte.[733]

---

[731] *Knappmann,* in: Prölss/Martin § 116 Rn. 9; *Retter,* in: Schwintowski/Brömmelmeyer § 100 Rn. 46.
[732] *Koch,* in: Bruck/Möller § 106 Rn. 29; *Littbarski,* in: MüKo-VVG § 106 Rn. 39 ff.; *Lücke,* in: Prölss/Martin § 106 Rn. 10; *Retter,* in: Schwintowski/Brömmelmeyer § 106 Rn. 20; so auch die Regelung in Punkt 5.1 Muster-AHB 2012.
[733] *Koch,* in: Bruck/Möller § 106 Rn. 30; *Armbrüster,* in: r+s 2010, 441 (447); *Retter,* in: Schwintowski/Brömmelmeyer § 106 Rn. 20.

V. Gerichtliches Urteil im Haftungsprozess

Schließlich ist noch zu klären, inwieweit ein im Haftungsprozess zwischen Versicherungsnehmer und Geschädigtem ergangenes gerichtliches Urteil auch für einen später geltend gemachten gesetzlichen Direktanspruch maßgeblich ist.

1. Grundsatz

Wurde der Direktanspruch bereits im Haftungsprozess mit anhängig gemacht, wirkt das Urteil wegen seiner Rechtskraft auch gegenüber dem Versicherer, da dieser als Partei und Streitgenosse des Schädigers von der Rechtskraft des Urteils nach § 325 Abs. 1 Satz 1 ZPO erfasst wird. War der Versicherer hingegen als Nebenintervenient oder Streitverkündeter am Haftungsprozess beteiligt, wirkt das Haftungsurteil nach Maßgabe des § 68 ZPO im Rahmen der Interventionswirkung gegen ihn. War der Versicherer am Haftungsprozess hingegen nicht formell beteiligt, wirkt das Haftungsurteil gegen ihn grundsätzlich *nicht*.

2. Rechtskrafterstreckung eines klagabweisenden Urteils

Eine erste Ausnahme zu dem beschriebenen Grundsatz der Nicht-Bindung bildet die durch die VVG-Reform eingeführte Rechtskrafterstreckung des Haftungsurteils gemäß § 124 Abs. 1 VVG. Hiernach wirkt ein Haftungsurteil, das zwischen Versicherungsnehmer und Geschädigtem ergangen ist, auch zugunsten des Versicherers, soweit darin festgestellt wird, dass dem Dritten ein Anspruch auf Ersatz des Schadens *nicht* zusteht.[734] Die Rechtskrafterstreckung gilt also nur für *klagabweisende* Urteile.[735] Der Dritte kann demnach gemäß § 124 Abs. 1 VVG nicht zunächst den Schädiger verklagen und nach Abweisung dieser Klage dann den Haftpflichtversicherer aufgrund eines Direktanspruches aus demselben Lebenssachverhalt gerichtlich in Anspruch nehmen. Erstreckt sich die Rechtskraft des abweisenden Haftungsurteiles aber bereits per se auch auf den Haftpflichtversicherer – weil er mitverklagte Partei oder Streitverkündeter bzw. Nebenintervenient war – ergibt sich die Rechtskraft des Haftungsurteiles bezüglich des Haftpflichtversicherers schon aus §§ 325 Abs. 1 bzw. § 68 ZPO. Auf die Rechtskrafterstreckung nach § 124 Abs. 1 ZPO kommt es insoweit in diesen Fällen nicht mehr an.

---

[734] Zur Rechtskrafterstreckung des abweisenden Haftungsurteils: *Beckmann*, in: Bruck/Möller § 124 Rn. 2 ff.; *Schneider*, in: MüKo-VVG § 124 Rn. 10 ff.; *Knappmann*, in: Prölls/Martin § 124 Rn. 2 ff.

[735] *Beckmann*, in: Bruck/Möller § 124 Rn. 3; *Schneider*, in: MüKo-VVG § 124 Rn. 6; *Knappmann*, in: Prölls/Martin § 124 Rn. 9.

3. Bindungswirkung stattgebender Haftungsurteile

Die Bindungswirkung stattgebender Haftungsurteile hat der Gesetzgeber auch im Rahmen der VVG-Reform nicht gesetzlich geregelt. Eine eingeschränkte Bindungswirkung des Haftungsurteils wird lediglich in § 106 VVG stillschweigend vorausgesetzt. Auch die Muster-AHB 2012 setzen eine Bindungswirkung in Punkt 5.1 lediglich voraus, ohne sie zu regeln. Eine Rechtskrafterstreckung, wie sie für klagabweisende Haftungsurteile gilt, kommt für stattgebende Urteile nicht in Betracht. Denn hier ist dem Versicherer noch die Möglichkeit einzuräumen, Einwendungen aus dem Versicherungsverhältnis geltend zu machen und sich gegen eine fehlerhafte Verteidigung des Versicherungsnehmers im Haftungsprozess zu wehren. Mangels ausdrücklicher gesetzlicher Regelung ist daher auch nach der VVG-Reform auf die gewohnheitsrechtlich anerkannten Grundsätze der Bindungswirkung eines stattgebenden Haftpflichturteils zurückzugreifen.[736]

Nach ständiger Rechtsprechung und überwiegender Ansicht im Schrifttum besteht eine *eingeschränkte* Bindungswirkung des Haftungsurteils.[737] Demnach sind nur die *entscheidungserheblichen Feststellungen* des Haftungsurteils auch für einen späteren Deckungs- oder Direktklageprozess bindend (sogenannte Voraussetzungsidentität).[738] Ist z.B. der Grad des Verschuldens entscheidungserheblich gewesen und lautet das Haftungsurteil nur auf Fahrlässigkeit des Versicherungsnehmers, kann der Versicherer nicht mehr einwenden, er sei wegen vorsätzlicher Herbeiführung leistungsfrei.[739] In der Regel wird die Verschuldensform im Haftungsurteil aber nicht entscheidungserheblich sein, da entweder jede fahrlässige Schadensverursachung für die Haftung des Schädigers genügt (z.B. nach § 823 Abs. 1 BGB) oder er sogar aus einer Gefährdungshaftung einzustehen hat (z.B. nach §§ 7 Abs. 1 StVG, 833 Satz 1 BGB). Dann kann der Versicherer später durchaus einwenden, der Versicherungsnehmer habe grob fahrlässig oder vorsätzlich gehandelt und sich so seiner Haftung entziehen bzw. diese

---

[736] Der Referentenentwurf zum VVG verweist ausdrücklich darauf, dass die alte Regelung des § 3 Nr. 8 PflVG übernommen wurde. Die Grundsätze wurden zwar für einen nachfolgenden Deckungsprozess und nicht für einen nachfolgenden Direktklageprozess entwickelt, sie greifen aber dennoch, da das zentrale Problem der Bindung des Versicherers dasselbe ist.

[737] Zur gewohnheitsrechtlich anerkannten eingeschränkten Bindungswirkung eines stattgebenden Haftpflichturteils: *Koch*, in: Bruck/Möller § 106 Rn. 12 ff.; *Littbarski*, in: MüKo-VVG Vor §§ 100–124 Rn. 103 ff.; *Lücke*, in: Prölss/Martin § 100 Rn. 60 ff.; *Ecke* S. 111 ff.; *Retter*, in: Schwintowski/Brömmelmeyer § 100 Rn. 58; *Armbrüster*, in: r+s 2010, 441 (445 ff.).

[738] BGH NJW-RR 2007, 827; 2004, 676; BGH NJW 2011, 610 (611 f.); OLG Naumburg VersR 2014, 54 (55); *Koch*, in: Bruck/Möller § 106 Rn. 19; *Harsdorf-Gebhardt*, in: r+s 2012, 261 (262 ff.), *Retter*, in: Schwintowski/Brömmelmeyer § 100 Rn. 58.

[739] BGHZ 119, 276 (280).

verhältnismäßig beschränken.[740] Auch andere Einwendungen aus dem Versicherungsverhältnis (z.B. Obliegenheitsverletzungen, Risikoausschlüsse) kann der Versicherer folglich dem Direktanspruch entgegenhalten, soweit sie nicht von entscheidungserheblichen Feststellungen erfasst sind und ein Verstoß gegen sie Drittwirkung hat.[741] Die beschriebene eingeschränkte Bindungswirkung zulasten des Versicherers greift aber nur dann ein, wenn der Versicherer den Haftungsprozess entweder selbst als Vertreter des Versicherungsnehmers geführt hat oder zumindest Kenntnis vom Prozess hatte, so dass er auf den Prozess Einfluss hätte nehmen können.[742]

Hergeleitet wird die beschriebene Bindungswirkung aus der Natur der Haftpflichtversicherung. Sie sei dem Haftpflichtversicherungsvertrag durch Auslegung zu entnehmen.[743] Es verstieße gegen das Verbot des widersprüchlichen Verhaltens, wenn der Versicherer zwar durch den Haftpflichtvertrag verpflichtet ist, die Verteidigung des Versicherungsnehmers zu organisieren, sich aber später darauf beruft, das im Haftungsprozess gefundene Ergebnis wirke nicht gegen ihn.

B. Schweden

I. Schadensrechtliche Einwendungen

Auch im schwedischen Recht richtet sich der gesetzliche Direktanspruch in Grund und Höhe nach dem Schadensersatzanspruch des Geschädigten. Hieraus wird der Grundsatz abgeleitet, dass die Verantwortlichkeit des Versicherers nicht über die des Schädigers hinausgehen kann.[744] Daher kann sich der Versicherer auch aller Einwendungen seines Versicherungsnehmers bedienen, die sich gegen Grund oder Höhe der Haftung richten.[745] Insbesondere kann der Versicherer einwenden, die Voraussetzungen der Haftung lägen nicht vor oder den Geschädigten treffe ein Mitverschulden. Auch gesetzliche oder vertragliche Haftungsmilderungen sowie eine Verjährung des Schadensersatzanspruches kommen dem Versicherer zugute.[746]

---

[740] BGH NJW-RR 2004, 676 f.; VersR 2007, 641 (642).

[741] *Harsdorf-Gebhardt,* in: r+s 2012, 261 (263); *Koch,* in: Bruck/Möller § 106 Rn. 21.

[742] BGH VersR 1963, 421 (422); 1978, 1105, BGH r+s 2003, 106 (107 f.); *Langheid,* in: VersR 2009, 1043 (1046); *Koch,* in: Bruck/Möller § 106 Rn. 34 f.

[743] Hierzu: RGZ 3, 21 (25); BGHZ 38, 71 (82 f.); 117, 345 (350); 119, 276 (282); *Ecke* S. 53 ff.; *Koch,* in: Bruck/Möller § 106 Rn. 14 ff.; *Littbarski,* in: MüKo-VVG Vor §§ 100–124 Rn. 103 ff.; *Lücke,* in: Prölls/Martin § 106 Rn. 5.

[744] So ausdrücklich Kap. 33 § 2 Abs. 1 MB und Kap. 10 § 14 Abs. 2 SjöL.

[745] *Johansson/van der Sluijs,* in: SvJT 2006, 73 (81 f.); *van der Sluijs* S. 162.

[746] *Van der Sluijs* S. 162, *Johannson/van der Sluijs,* in: SvJT 2006, 73 (82); *Ullman* S. 280 ff.

II. Erlass

Welche Auswirkung der „Erlass" der Schadensersatzforderung des Geschädigten gegenüber dem Versicherungsnehmer auf den gesetzlichen Direktanspruch hat, ist auch im schwedischen Recht differenziert zu betrachten. Kommen der Geschädigte und der Versicherungsnehmer überein, dass ein Schadensersatzanspruch des Geschädigten nicht bestehen soll, vereinbaren sie also einen Erlass im formellen Sinne (*efterskänkandande* bzw. *eftergift av fordran*), so *erlischt* damit die Schadensersatzforderung des Geschädigten und damit auch der Direktanspruch.[747] Der gesetzliche Direktanspruch besteht schließlich auch im schwedischen Recht nur soweit auch ein Schadensersatzanspruch besteht.[748]

Allerdings steht es den Beteiligten – wie im deutschen Recht auch – frei, eine Vereinbarung zu treffen, nach welcher der Geschädigte zusagt, nicht gegen den Versicherungsnehmer persönlich vorzugehen, sondern sich *allein* unmittelbar an den Versicherer zu wenden. Eine solche Vereinbarung wurde z.B. im Rahmen der tarifvertraglichen Einigung über die *trygghetsförsäkring vid arbetsskada* getroffen.[749] Hierin haben sich die tarifgebundenen Arbeitnehmer verpflichtet, im Falle eines Arbeitsunfalles ihre Schadensersatzansprüche nicht gegenüber ihrem Arbeitgeber geltend zu machen, sondern sich nur an dessen Haftpflichtversicherer zu halten. Insoweit ist die Reichweite eines „Forderungserlasses" durch den Geschädigten mithin wie im deutschen Recht eine Frage der Auslegung dieser Vereinbarung: Soll der Schadensersatzanspruch des Geschädigten mit – nach deutscher Diktion „dinglicher" Wirkung – aufgehoben werden (Erlass im formellen Sinne), erlischt *ipso iure* auch der gesetzliche Direktanspruch. Soll indes nur das Vorgehen gegen den Versicherungsnehmer persönlich vertraglich ausgeschlossen werden, ist der Bestand des Direktanspruches hiervon grundsätzlich unabhängig.

III. Aufrechnung

Wie im deutschen Recht auch, kann der Versicherer im schwedischen Recht nicht mit den Gegenforderungen seines Versicherungsnehmers gegenüber dem Geschädigten aufrechnen. Dies verbietet die sogenannte *dubbelkravsläran* (Lehre der Doppelansprüche).[750] Hiernach sollen gegenüber Haftpflichtversicherern bestehende Schadensersatzansprüche nicht ver-

---

[747] Zum Erlass einer Forderung im schwedischen Recht: *Rodhe*, Obligationsrätt, S. 634 ff.; *Mellquist/Persson*, Fordran & Skuld, S. 89.
[748] *Van der Sluijs* S. 163; *Bengtsson* S. 390.
[749] Siehe hierzu oben S. 37 f.
[750] Nach der *dubbelkravsläran* stehen sich Schadensersatzansprüche aus demselben Ereignis unabhängig voneinander selbstständig gegenüber, hierzu: *van der Sluijs* S. 163; *Hellner* S. 398 f.

rechnet, sondern jeweils einzeln ausgezahlt werden.[751] Hat jedoch der Versicherungsnehmer bereits die Aufrechnung erklärt oder hat er den Versicherer zur Erklärung der Aufrechnung ermächtigt, wirkt eine ausgeübte Aufrechnung auch zugunsten des Versicherers.[752]

IV. Anerkenntnis und Vergleich

Auch im schwedischen Recht folgt aus dem Prinzip der Relativität der Schuldverhältnisse, dass der Versicherer an ein Anerkenntnis (*medger skadeståndsskyldighet* bzw. *godkänner ersättningsbelop*) oder einen Vergleich (*förlikning*) seines Versicherungsnehmers nur gebunden ist, wenn er diesem vorher *zugestimmt* hat.[753] Dieser Zustimmungsvorbehalt wird in der Regel auch ausdrücklich in den Versicherungsbedingungen niedergelegt.[754] Hat der Versicherer *nicht* zugestimmt, kann er auch im Falle eines Direktanspruches des Geschädigten die Verpflichtung zum Schadensersatz selbstständig beurteilen und ist an Absprachen, die zwischen Versicherungsnehmer und Geschädigten getätigt wurden, nicht gebunden.

V. Gerichtliches Urteil im Haftungsprozess

Ein im Haftungsverhältnis zwischen Versicherungsnehmer und Geschädigtem ergangenes Urteil bindet den Versicherer nach schwedischem Recht grundsätzlich nicht. Dies wird aus dem Prinzip der Relativität der Schuldverhältnisse (*principen om avtalets subjektiva begränsning*) hergeleitet.[755] Da der Versicherer nicht Partei des Prozesses ist, wirkt auch das Urteil nicht gegen ihn. Daher kann der Versicherer zum einen eine umfassende neue Überprüfung der Haftpflicht des Versicherungsnehmers in einem späteren Direktklageprozess verlangen, auch wenn die Schadensersatzpflicht des Versicherungsnehmers bereits durch ein rechtskräftiges Urteil (*lagakraftvunnen dom*) festgestellt wurde.[756] Hat der Versicherungsnehmer indes – wie dies in der Regel auch seine Pflicht nach den Versicherungsbedingungen ist – den Versicherer über den Gerichtsprozess informiert und diesem die Möglichkeit gegeben, auf diesen Einfluss zu nehmen, wirkt ein stattgebendes Haftungsurteil insoweit auch gegen den Versicherer. Diese

---

[751] *Hellner* S. 398 f.
[752] *Johannson/van der Sluijs*, in: SvJT 2006, 73 (82).
[753] *Van der Sluijs* S. 163; *Jønsson/Kjærgaard* S. 722 f.
[754] *Van der Sluijs* S. 163; so z.B. in Punkt 7.3 der försäkringsvillkor der „if-hemförsäkring" (abzurufen unter: <http://www.if.se/web/se/sitecollectiondocuments/private/hem/villkor_hem_storhem.pdf>; Stand: 20.08.2014) und auf S. 50 f. der försäkringsvillkor der „trygg-hansa boendeförsäkring" (abzurufen unter: <http://www.trygghansa.se/SiteCollectionDocuments/Privat/P00296.pdf> Stand: 20.08.2014).
[755] *Van der Sluijs* S. 164.
[756] *Van der Sluijs* S. 164.

eingeschränkte Bindung des Haftpflichturteils für den Versicherer wird in der Regel auch in den Versicherungsbedingungen ausdrücklich festgelegt.[757] Wegen der grundsätzlichen Nicht-Bindung an das Haftungsurteil ist es dem Geschädigten daher grundsätzlich auch möglich, nach einem erfolglosen Haftungsprozess gegen den Schädiger in selber Sache einen Direktklageprozess gegen den Versicherer anzustrengen.[758]

C. Vergleich und Ergebnis

In beiden Rechtsordnungen ist der gesetzliche Direktanspruch *akzessorisch* zum zugrundeliegenden Schadensersatzanspruch des Geschädigten. Dies führt dazu, dass Einwendungen, die sich gegen Grund, Höhe und Bestand des Schadensersatzanspruches richten, aus der Natur der Sache heraus auch dem Versicherer zugutekommen. Die Maßgeblichkeit des Haftungsverhältnisses endet aber, wenn Versicherungsnehmer und Geschädigter den ursprünglichen Schadensersatzanspruch durch vertragliche Abreden oder einseitige Erklärungen *modifizieren,* ohne dass der Versicherer dem zugestimmt hat. Solche Modifikationen (z.B. Anerkenntnis, Vergleich) haben daher keine selbstständige Wirkung zulasten des Versicherers. Hier greift der Grundsatz der Relativität der Schuldverhältnisse, der es Versicherungsnehmer und Geschädigtem verbietet, Absprachen zulasten des Versicherers zu treffen. Dies führt auch dazu, dass ein Haftungsurteil in beiden Rechtsordnungen keine Bindungswirkung *zulasten* des Versicherers entfaltet, wenn dieser nicht über den Haftungsprozess in Kenntnis gesetzt wurde und der Versicherungsnehmer entsprechend der Weisungen des Versicherers handelte. Eine Bindung des Versicherers kann schließlich nur durch dessen Beteiligung am Haftungsverhältnis begründet werden. Wurde der Versicherer an der Gestaltung des Haftungsverhältnisses ordnungsgemäß beteiligt, wäre es treuwidrig, wenn er das Resultat später nicht gegen sich wirken lassen müsste.

Kritisch zu sehen ist in diesem Zusammenhang, dass der deutsche Reformgesetzgeber diese Bindungswirkung nicht ausdrücklich im VVG verankert hat. In § 124 Abs. 2 VVG wurde niedergelegt, inwieweit ein im Direktklageprozess ergangenes stattgebendes Urteil zulasten des Versicherungsnehmers wirkt. Es wäre angemessen gewesen, auch die Bindungswirkung zulasten des Versicherers zu normieren. Dies ist ein weiterer Fall, in

---

[757] *Van der Sluijs* S. 164; so z.B. S. 51 der försäkringsvillkor der „trygg-hansa boendeförsäkring" (abzurufen unter: <http://www.trygghansa.se/SiteCollectionDocuments/Privat/P00296.pdf>, Stand: 20.8.2014) und Punkt 7.3 der försäkringsvillkor der „if-hemförsäkring" (abzurufen unter: <http://www.if.se/web/se/sitecollectiondocuments/private/hem/villkor_hem.pdf> Stand: 20.08.2014).

[758] Vgl. *van der Sluijs* S. 163 f.

dem das VVG zwar die Rechte des Versicherers regelt, nicht aber dessen Pflichten.[759]

§ 13 Regress des Versicherers

Wie im vorausgegangenen Abschnitt gezeigt wurde, kann der Versicherer in einigen Fällen Einwendungen, die ihm im Innenverhältnis gegen seinen Versicherungsnehmer zustehen, einem gesetzlichen Direktanspruch des Geschädigten nicht entgegenhalten.[760] Für den Versicherer stellt sich in diesen Situationen die Frage, inwieweit er diesbezüglich bei seinem Versicherungsnehmer Regress nehmen kann. Möglicherweise ist der Versicherungsnehmer aber auch mit der Regulierungsentscheidung seines Versicherers nicht einverstanden und wendet ein, dieser habe zu Unrecht an den Versicherungsnehmer gezahlt. Es ist daher in diesem Zusammenhang auch zu klären, inwieweit die Regulierungsentscheidung des Versicherers für den Versicherungsnehmer bindend ist oder inwieweit der Versicherer doch das Risiko trägt, nicht oder jedenfalls nicht vollständig bei seinem Versicherungsnehmer in Regress gehen zu können.

A. Deutschland

I. Regresssituationen

Der Versicherer kann nach deutschem Recht bei seinem Versicherungsnehmer Rückgriff nehmen, soweit er den Geschädigten im Wege des Direktanspruches befriedigt hat, obwohl ihm im Innenverhältnis eine Einwendung gegen den Versicherungsnehmer zustand und er deswegen leistungsfrei war. Soweit der Versicherer keine Einwendungen gegen den Versicherungsnehmer hat, ist der Rückgriff ausgeschlossen, da der Versicherer dann allein verpflichtet ist (§ 116 Abs. 1 Satz 1 VVG). Dies entspricht dem Sinn der Haftpflichtversicherung, dass letztlich der Versicherer den Schaden des Versicherungsnehmers zu tragen hat (vgl. § 100 VVG). Regresssituationen entstehen daher zum einen in Fällen des § 117 Abs. 1 VVG, der bei Pflichtversicherungen die Drittwirkung versicherungsrechtlicher Einwendungen ausschließt und zum anderen in Fällen des § 117 Abs. 2 VVG, der eine einmonatige Nachhaftung des Versicherers trotz Beendigung des Versicherungsnehmers anordnet. Außerdem entstehen Regresssituationen gemäß § 114 Abs. 2 Satz 2 VVG, da der Versicherer bei Pflichtversicherungen dem Dritten einen mit seinem Versiche-

---

[759] So nämlich z.B. auch bei den Auskunftsansprüchen im Verhältnis zwischen Versicherer und Geschädigtem, siehe hierzu oben S. 127 f.

[760] Zum Einwendungsausschluss in der Haftpflichtversicherung siehe oben S. 140 ff.

rungsnehmer vereinbarten Selbstbehalt nicht entgegenhalten darf und nach § 121 VVG, der dem Versicherer die Aufrechnung gegenüber Dritten verwehrt.

II. Regressanspruch des Versicherers

Dogmatisch ergibt sich der Regressanspruch des Versicherers im deutschem Recht in Fällen des gesetzlichen Direktanspruches über die in § 115 Abs. 1 Satz 4 VVG angeordnete gesamtschuldnerische Haftung von Versicherer und Versicherungsnehmer. Nach den Regeln über den Gesamtschuldnerausgleich hat der Versicherer zum einen den Ausgleichsanspruch aus § 426 Abs. 1 BGB, zum anderen geht auf ihn aber auch der Schadensersatzanspruch des Geschädigten im Wege des gesetzlichen Forderungsüberganges nach § 426 Abs. 2 BGB über.[761] Bestand hingegen kein gesetzlicher Direktanspruch, richtet sich der Regress des Versicherers nach § 117 Abs. 5 Satz 1 VVG. Hiernach geht die Forderung des Dritten gegenüber dem Versicherungsnehmer auf den Versicherer über, soweit dieser den Dritten nach § 117 Abs. 1–4 VVG befriedigt hat.

Den Umfang des Regressanspruches bestimmt – in Abänderung der allgemeinen Regelung § 426 Abs. 1 Satz 1 BGB – die Spezialregelung in § 116 Abs. 1 Satz 2 VVG. Der Versicherer kann nur insoweit Regress nehmen, wie er gegenüber seinem Versicherungsnehmer leistungsfrei war. Dies kann vollständig (z.B. bei Prämienverzug gemäß § 38 Abs. 2 VVG) oder nur teilweise (z.B. bei einer grob fahrlässigen Verletzung einer vertraglichen Obliegenheit gemäß § 28 Abs. 2 Satz 2 VVG) der Fall sein. Soweit der Versicherer also Einwendungen gegenüber dem Versicherungsnehmer hatte, die er dem Geschädigten nicht entgegenhalten durfte, kann er bei diesem Regress nehmen.

Neben seinem Regressanspruch aus § 426 Abs. 1 und Abs. 2 BGB hat der Versicherer auch einen *Aufwendungsersatzanspruch* nach § 116 Abs. 1 Satz 3 VVG. In Regressfällen kann der Versicherer demnach Ersatz der Aufwendungen verlangen, die er den Umständen nach für erforderlich halten durfte. Hierunter fallen vor allem Kosten, die für die Feststellung und Regulierung des Schadens aufgewendet wurden, wie z.B. Gutachter-, Auskunfts- oder Gerichtskosten.[762]

Die Verjährung sowohl des Regress- als auch des Aufwendungsersatzanspruches beginnt gemäß § 116 Abs. 2 VVG erst mit Schluss des Jahres,

---

[761] *Schneider*, in: MüKo-VVG § 116 Rn. 7; *Knappmann*, in: § 116 Rn. 6 ff.
[762] BGH VersR 1976, 481; *Schneider*, in: MüKo-VVG § 116 Rn. 14; *Knappmann*, in: Prölls/Martin, § 116 Rn. 13; *Hubert*, in: Schwintowski/Brömmelmeyer § 116 Rn. 29.

in dem der Direktanspruch erfüllt wurde. Die Verjährungsdauer richtet sich nach der allgemeinen Regel des § 195 BGB und beträgt drei Jahre.[763]

III. Bindungswirkung der Regulierungsentscheidung

Bedeutsam für den Regress des Haftpflichtversicherers ist, inwieweit seine Regulierungsentscheidung im Rahmen des Direktanspruches auch gegenüber dem Versicherungsnehmer *bindend* ist. Dieser kann aber auch unabhängig von einem drohenden Regress mit der Regulierungsentscheidung unzufrieden sein, etwa weil die Versicherungsprämie steigt oder eine Kündigung droht. Gemäß § 124 Abs. 2 VVG sind im gesetzlichen Direktanspruchsverhältnis zwischen Geschädigtem und Versicherer ergangene rechtskräftige Urteile, Anerkenntnisse und Vergleiche für den Versicherungsnehmer bindend. Über die ausdrücklich genannten Entscheidungen hinaus ist weiterhin allgemein anerkannt, dass die Bindungswirkung für jede Regulierungsentscheidung des Versicherers in Bezug auf den Direktanspruch, also auch für außergerichtliche Vergleiche und schlichte Zahlungen, gilt.[764] Die Bindung entfällt gemäß § 124 Abs. 2 letzter Halbsatz VVG nur dann, wenn der Versicherer bei der Regulierung seine Pflicht zur Abwehr unbegründeter Entschädigungsansprüche sowie zur Minderung oder sachgemäßen Feststellung des Schadens schuldhaft verletzt hat. Der Versicherungsnehmer muss nachweisen können, dass die Regulierungsentscheidung des Versicherers unvertretbar war, etwa weil der Schadensersatzanspruch offensichtlich nicht oder nicht in dieser Höhe bestand.[765]

Die Bindungswirkung der Regulierungsentscheidung folgt aus der Natur des Haftpflichtversicherungsvertrages. Durch diesen wird der Versicherer schließlich nicht nur dazu verpflichtet, sondern auch dazu berechtigt, den Schadensfall für den Versicherungsnehmer zu regulieren.[766] Kraft des Versicherungsvertrages erhält der Versicherer dementsprechend auch eine Regulierungsvollmacht. Hiernach steht die Regulierung im Ermessen des Versicherers und er kann insbesondere entscheiden, welches Vorgehen er für zweckmäßig erachtet, also ob und in welcher Höhe er auf den Direktanspruch zahlt. Der Versicherer muss bei der Schadensregulierung „die Sorg-

---

[763] *Schneider*, in: MüKo-VVG § 116 Rn. 17; *Knappmann*, in: Prölss/Martin § 116 Rn. 13.

[764] OLG Karlsruhe VersR 1971, 509; LG Stuttgart VersR 1979, 1021; OLG Hamm VersR 1982, 765; *Schneider*, in: MüKo-VVG § 124 Rn. 19; *Huber*, in: Schwintowski/Brömmelmeyer § 124 Rn. 58.

[765] OLG Hamm NJW 2005, 3077; BGH VersR 1981, 180; *Schneider*, in: MüKo-VVG § 124 Rn. 22; nach *Huber*, in: Schwintowski/Brömmelmeyer § 124 Rn. 58 reicht indes grundsätzlich jede schuldhafte Pflichtverletzung aus.

[766] *Schneider*, in: MüKo-VVG § 116 Rn. 7; *Knappmann*, in: Prölls/Martin, § 124 Rn. 16; sehr kritisch: *Ebel*, in: VersR 1980, 158 der die Vorgängernorm § 3 Nr. 10 PflVG a.F. sogar für verfassungswidrig hält.

falt aufbringen, die ein verständiger Bürger in eigenen Angelegenheiten walten lässt".[767] Pflichtgemäß ist die Regulierungsentscheidung, solange sie „jedenfalls vertretbar" ist.[768] Konsequenz der Regulierungsvollmacht ist, dass sich der Versicherungsnehmer später auch an dieser Regulierungsentscheidung seines Versicherers festhalten lassen muss, soweit sich diese im Rahmen des eingeräumten Regulierungsermessens bewegt.[769] Ist der Versicherungsnehmer mit einer Regulierungsentscheidung seines Versicherers nicht einverstanden, kann er – wenn er Verbraucher ist – hiergegen beim Versicherungsombudsmann Beschwerde einlegen. Daneben steht freilich jedem Versicherungsnehmer auch der ordentliche Rechtsweg offen.

B. Schweden

I. Regresssituationen

Auch nach schwedischem Recht ist der Versicherer zum Regress bei seinem Versicherungsnehmer berechtigt, wenn er im Außenverhältnis den Direktanspruch bedienen musste, obwohl er im Innenverhältnis leistungsfrei war.[770] Dies ist zunächst beim Einwendungsausschluss gemäß Kap. 4 § 9 Abs. 2 FAL der Fall, der nur für die Unternehmerversicherung gilt. Ferner entstehen Regresssituationen, wenn der Versicherungsnehmer gegen Anzeige-, Auskunfts- und Mitwirkungspflichten verstößt, die ihn nach Eintritt des Versicherungsfalles treffen. Auch diese haben gem. Kap. 7 §§ 2, 3 FAL keine Drittwirkung.

II. Regressanspruch des Versicherers

1. Ausdrücklicher gesetzlicher Regressanspruch nach dem FAL

Das schwedische FAL kennt – anders als das deutsche Recht – keinen gesetzlich normierten allgemeinen Regressanspruch des Versicherers für Fälle des Einwendungsausschlusses. Der einzige im FAL normierte Regressanspruch ist der nach Kap. 7 § 2 Abs. 1 Satz 2 FAL. Dieser betrifft den Einwendungsausschluss nach Kap. 7 § 2 Satz 1 FAL. Verletzt der Versicherungsnehmer Anzeige- oder Mitwirkungspflichten, die ihn nach Eintritt eines Versicherungsfalles treffen, kann der Versicherer einen angemessenen und billigen Teil (*skälig del*) der Versicherungssumme, die an den Geschädigten ausgekehrt wurde, zurückfordern. Die Höhe des Rückforderungsanspruches ist durch eine umfassende Abwägung aller Umstände des

---

[767] LG Stuttgart VersR 1979, 1021.
[768] OLG Hamm, NJW 2005, 3077 (3078).
[769] BGHZ 24, 308 (317); 101, 276 (282); *Schneider,* in: MüKo-VVG § 114 Rn. 17.
[770] Zum Regress im schwedischen Recht: *van der Sluijs* S. 227 ff.

Einzelfalles zu bestimmen.[771] Hierbei sollen insbesondere die Schwere des Verstoßes sowie die Kosten, die hierdurch bei der Versicherungsgesellschaft entstanden sind, berücksichtigt werden.[772]

2. Allgemeiner Regressanspruch aus der Natur der Sache

Für die Fälle des Einwendungsausschlusses nach Kap. 4 § 9 Abs. 2 Satz 1 FAL und Kap. 7 § 3 FAL sieht das Gesetz hingegen keinen Regressanspruch des Versicherers vor. Im schwedischen Recht stellt sich daher die Frage, ob für diese Fälle der Regress ausgeschlossen sein soll. Dies wird aber verneint. Vielmehr wird angenommen, dass es einen aus der Natur des Einwendungsausschlusses erwachsenden „automatischen" Regressanspruch des Versicherers gibt. Bei einem Einwendungsausschluss im Innenverhältnis komme dem unbeschränkten Direktanspruch die Funktion einer Garantie für den Schadensersatzanspruch des Geschädigten zu.[773] Diese Situation sei daher mit der einer Bürgschaft oder einer Bankgarantie vergleichbar. Und bei diesen Instrumenten stehe dem Garantiegeber auch ein Regressrecht zu. Daher sei es dem Konstrukt des Einwendungsausschlusses immanent, dass auch der Haftpflichtversicherer Regress bei seinem Versicherungsnehmer nehmen kann, soweit er diesem gegenüber nicht zu Leistung verpflichtet war.[774] Zur Begründung dieser Lösung wird auch auf die Grundsätze des Ausgleiches unter Gesamtschuldnern (sogenannter *omvänd* oder *bakvänd regress*) verwiesen, obwohl Versicherungsnehmer und Versicherer nach schwedischem Recht nicht Gesamtschuldner (*solidariskt ansvarig*) sind.[775] Mangels einer ausdrücklichen Regressregelung im FAL enthalten die Versicherungsbedingungen des Haftpflichtvertrages üblicherweise eine ausdrückliche Regressklausel zugunsten des Versicherers.[776] Neben diesem automatischen Regressrecht hat der Versicherer auch die Möglichkeit, unter dem Gesichtspunkt des *Schadensersatzes* bei seinem Versicherungsnehmer Regress zu nehmen.[777] Als Schadensersatz kann

---

[771] *Bengtsson* S. 323; *van der Sluijs* S. 231.
[772] *Bengtsson* S. 323.
[773] *Rohde,* Obligationsrätt, S. 242 f.; *Hellner* S. 478; *van der Sluijs* S. 241.
[774] *Rohde,* Obligationsrätt, S. 289; *van der Sluijs* S. 241.
[775] *Van der Sluijs* S. 230; *Kihlmann,* in: JT 1993/94, 702 (711 f.).
[776] *Van der Sluijs* S. 239. Eine ausdrückliche Regressklausel enthalten z. B. die Versicherungsbedingungen für die Haftpflichtversicherung im Rahmen der sogenannten *villahemförsäkring* von „Länsförsäkringar Norrbotten" in Punkt M.7 (abzurufen unter: <http://www.lansforsakringar.se/norrbotten/privat/forsakring/hemforsakring/villa/>, Stand: 20.08.2014 oder auf S. 92 der Versicherungbedingungen für die *boendeförsäkring* der „Trygg-Hansa" (abzurufen unter: <http://www.trygghansa.se/SiteCollectionDocuments/Privat/P0 0296.pdf>, Stand: 20.08.2014).
[777] HD NJA 1994, 709; *Bengtsson* S. 325; *van der Sluijs* S. 230, 234.

der Versicherer auch die erhöhten Aufwendungen zurückverlangen, die er ggf. durch die Pflichtverletzung des Versicherungsnehmers hatte.[778]

3. Regressansprüche nach TsL und PsL

Außerhalb des FAL hat der Versicherer nach dem TsL und dem PsL unter engen Voraussetzungen einen ausdrücklichen gesetzlichen Regressanspruch gegen seinen Versicherungsnehmer. Gemäß § 20 Abs. 1 TsL tritt der Versicherer in den Schadensersatzanspruch des Geschädigten gegen den Versicherungsnehmer ein, wenn dieser den Schaden vorsätzlich, grob fahrlässig oder unter Trunkenheit verursacht hat.[779] § 21 TsL erlaubt dem Versicherer, vertraglich einen Regress in Höhe des Selbstbehaltes des Versicherungsnehmers zu vereinbaren. Dieser hat gemäß § 32 Abs. 2 TsL nämlich keine Drittwirkung.[780] § 20 PsL ordnet den Eintritt des Versicherers in den Schadensersatzanspruch des geschädigten Patienten ein, wenn der Schädiger vorsätzlich oder grob fahrlässig gehandelt hat. Dieser Regressanspruch ist in der Praxis aber nahezu wertlos, da grobe Fahrlässigkeit bei Behandlungsfehlern nur selten nachzuweisen ist.[781] Für die Pflichtversicherungen nach dem TsL und PsL werden diese Regressmöglichkeiten als abschließend angesehen.[782]

III. Die Bindungswirkung der Regulierungsentscheidung

Ähnlich wie im deutschen Recht, wird auch im schwedischen Recht argumentiert, dass dadurch, dass der Versicherungsnehmer dem Versicherer eine Vollmacht zur Regulierung des Versicherungsfalles einräumt, die Regulierungsentscheidung des Versicherers grundsätzlich auch für den Versicherungsnehmer bindend ist.[783] Soweit der Versicherer bei der Schadensregulierung daher als Stellvertreter (*ombud*) des Versicherungsnehmers agiert, ist dies grundsätzlich auch gegenüber diesem bindend.[784] Daher ist die Regulierungsentscheidung des Versicherers grundsätzlich auch für einen folgenden Regress maßgeblich. Ist der Versicherungsnehmer mit der Regulierungsentscheidung des Versicherers nicht einverstanden, besteht für ihn – wenn er Verbraucher ist – die Möglichkeit, sich an eine der zahlreich zur Verfügung stehenden Schlichtungsstellen (*nämder*) zu wenden.[785] Der ordentliche Rechtsweg steht dem Versicherungsnehmer daneben eben

---

[778] *Van der Sluijs* S. 234.
[779] *Strömbäck/Olsson/Sjögren* S. 103 f.
[780] *Strömbäck/Olsson/Sjögren* S. 104 ff.
[781] *Van der Sluijs* S. 236.
[782] *Van der Sluijs* S. 236.
[783] HD NJA 2001, 329 (335); *van der Sluijs* S. 163.
[784] HD NJA 2001, 329 (335).
[785] *Van der Sluijs,* Studier i Försäkringsrätt, S. 166 ff.; sowie oben S. 9.

falls stets offen. Gelingt es dem Versicherungsnehmer, in diesen Verfahren nachzuweisen, dass der Versicherer die Schadensersatzforderung des Geschädigten zu Unrecht beglichen hat, kann er insoweit also die Bindungswirkung der Regulierungsentscheidung wieder beseitigen.

C. Vergleich und Ergebnis

I. Regress als logische Folge von Einwendungsausschlüssen

Dass der Versicherer bei seinem Versicherungsnehmer für die Differenz seiner Leistungspflicht aus Innen- und Außenverhältnis in Regress gehen kann, ist ein Gebot der Gerechtigkeit. Durch den angeordneten Einwendungsausschluss soll schließlich der geschädigte Dritte geschützt werden und nicht der Versicherungsnehmer. Sonst hätte der Gesetzgeber die Einwendungen auch bereits im Innenverhältnis abschneiden können. Insoweit ist es den Einwendungsausschlüssen der Haftpflichtversicherung immanent, dass ein Regress möglich sein muss.

Neben diesem Regressanspruch kann der Versicherer in beiden Rechtsordnungen auch seinen zusätzlichen Regulierungsaufwand ersetzt verlangen. Dieser ist für Fälle des Einwendungsausschlusses nicht mit der Versicherungsprämie abgegolten, da im Innenverhältnis eine Haftungsbegrenzung besteht. Das deutsche Recht hat hierfür einen eigenen Aufwendungsersatzanspruch nach § 116 Abs. 1 Satz 3 VVG geschaffen. Im schwedischen Recht können diese Aufwendungen unter dem Gesichtspunkt des Schadensersatzes wegen Nebenpflichtverletzung ersetzt verlangt werden.

II. Regress als Schadensersatz

Nach schwedischem Recht ist es unproblematisch, dem Versicherer einen Regressanspruch auch unter dem Gesichtspunkt des Schadensersatzes zuzugestehen. Durch das Hervorrufen der Einwendung verletzt der Versicherungsnehmer in der Regel schließlich auch schuldhaft eine Nebenpflicht des Versicherungsvertrages und verursacht dadurch einen Schaden beim Versicherer in Höhe der Differenz zwischen der Leistungspflicht im Außen- und Innenverhältnis.

Fraglich ist allerdings, ob diese Überlegung auch im deutschen Recht greift. Die verletzten versicherungsrechtlichen „Nebenpflichten" werden hier nämlich überwiegend als bloße *Obliegenheiten* eingeschätzt. Nach der sogenannten Voraussetzungstheorie ist die Erfüllung der Obliegenheiten lediglich Voraussetzung für einen Leistungsanspruch.[786] Der Versiche-

---

[786] RGZ 58, 342 (346); RGZ 133, 117 (122); BGHZ 23, 378 (382); BGH NJW 1967, 776 (778) – Obliegenheitsnorm als „lex imperfecta"; zur Voraussetzungstheorie: *Heiss*, in: Bruck/Möller § 28 Rn. 32 ff.; *Wandt* Rn. 541.

rungsnehmer erfülle sie damit im eigenen Interesse. Ihre Verletzung löse keine Schadensersatzansprüche aus. Diese Sonderbehandlung versicherungsrechtlicher Verhaltensregeln wird durchaus bestritten.[787] Ohne den Streit um die Rechtsnatur versicherungsrechtlicher Obliegenheiten vollständig auflösen zu wollen, ist zumindest für die Fälle des gesetzlichen Direktanspruches in der Haftpflichtversicherung nicht einleuchtend, warum die Verhaltenspflichten des Versicherungsnehmers nicht auch schadensersatzbewehrt sein sollten. Die Grundidee der Obliegenheiten, dass ihre Verletzung nur einen Rechtsverlust für den Verpflichteten – hier den Versicherungsnehmer – bringen soll und sie daher nur „gegen ihn selbst" besteht, passt nicht für die Situation des Direktanspruches. Hier führt die Verletzung von Obliegenheiten im Anwendungsbereich eines Einwendungsausschlusses schließlich dazu, dass der Versicherer einem Dritten gegenüber leistungspflichtig bleibt. Der Versicherer erleidet dadurch zwangsläufig zunächst einen Schaden. Dem ist bei einer Obliegenheitsverletzung im Zwei-Personen-Verhältnis nicht so. Zumindest für die Konstellation, dass bei einem Direktanspruch in der Haftpflichtversicherung ein Einwendungsausschluss gilt, haben die versicherungsrechtlichen Obliegenheiten daher auch die Funktion schadenersatzbewehrter Nebenpflichten. Somit müsste auch im deutschen Recht ein Regress des Versicherers über §§ 280 Abs. 1, 241 Abs. 2 BGB möglich sein. Diesem käme in der Regel neben dem gesetzlichen Gesamtschuldnerregress (bzw. dem Regress nach § 117 Abs. 5 VVG für Fälle außerhalb des Direktanspruches) aber keine eigenständige Bedeutung zu. Denn der Schadensersatzanspruch darf nicht weiter reichen als der Gesamtschuldnerausgleich, damit die Wertungen nach § 116 Abs. 1 Satz 1, 2 VVG nicht umgangen werden.

III. Bindungswirkung der Regulierungsentscheidung

Dass die Regulierungsentscheidung des Versicherers in beiden Rechtsordnungen grundsätzlich auch für dessen Rückgriff beim Versicherungsnehmer maßgeblich ist, ist eine folgerichtige Konsequenz der Regulierungsvollmacht, die der Versicherungsnehmer dem Versicherer einräumt. Diese grundsätzliche Bindungswirkung fördert zudem die Effektivität des Regulierungsverfahrens und den Entscheidungseinklang. Der Versicherungsnehmer wird vor einer fehlerhaften Schadensregulierung zu seinen Lasten im deutschen Recht ausdrücklich durch die Freizeichnungsregel des § 124 Abs. 2 VVG geschützt, nach der die Bindungswirkung entfällt, wenn der Versicherer seine Pflichten zur Abwehr unbegründeter Ansprüche schuldhaft verletzt hat. Ist er mit einer Regulierungsentscheidung des Versicherers nicht einverstanden, steht dem Versicherungsnehmer in beiden Rechts-

---

[787] *Heiss,* in: Bruck/Möller § 28 Rn. 32 ff.; *Prölss,* in: Prölss/Martin § 28 Rn. 38.

ordnungen die Beschwerde bei einer Schlichtungsstelle oder der ordentliche Rechtsweg offen, um sich gegen eine fehlerhafte Regulierungsentscheidung zur Wehr zu setzen.

In beiden Rechtsordnungen wird deutlich, dass die Bindungswirkung der Regulierungsentscheidung des Versicherers zulasten des Versicherungsnehmers stärker ist, als die Bindungswirkung der Regulierungsentscheidungen des Versicherungsnehmers zulasten des Versicherers. Der Grund hierfür liegt darin, dass zwar der Versicherungsnehmer seinem Versicherer durch den Haftpflichtversicherungsvertrag eine Regulierungsvollmacht einräumt, nicht aber umgekehrt.

§ 14 Zugriff auf den Freistellungsanspruch außerhalb des Direktanspruches

Der Freistellungsanspruch des Versicherungsnehmers ist eine (nicht selten sogar die einzige) werthaltige Position im Vermögen des Schädigers. Soweit der verursachte Schaden unter das versicherte Risiko fällt, entspricht sein Wert dem Schaden. Nach Sinn und Zweck der Haftpflichtversicherung soll dieser Vermögenswert letztlich dem Geschädigten zufließen. Dies gilt nicht nur für Pflichtversicherungen. Auch bei freiwilligen Haftpflichtversicherungen ist die Befriedigung des Geschädigten zumindest ein mittelbarer Zweck, damit der Versicherungsnehmer von seiner Haftungsschuld befreit wird und dadurch der Versicherer seiner Pflicht aus dem Haftpflichtversicherungsvertrag gerecht wird.[788]

Soweit kein gesetzlicher Direktanspruch besteht, stellt sich die Frage, wie der Geschädigte auf diesen – letztlich für ihn „reservierten" – Anspruch zugreifen kann. Im deutschen Recht wird dies also bei allen freiwilligen Haftpflichtversicherungen relevant sowie bei Pflichtversicherungen, soweit sie nicht die Kfz-Haftpflicht betreffen oder der Versicherungsnehmer nicht insolvent oder unbekannten Aufenthaltes ist. Im schwedischen Recht stellt sich das Problem wegen des umfassenderen gesetzlichen Direktanspruches nur bei freiwilligen Haftpflichtversicherungen, bei denen der Versicherungsnehmer nicht förmlich insolvent ist und auch kein anderer Anwendungsfall des Direktanspruches vorliegt.[789] Alternativen Zugriffsmöglichkeiten auf den Freistellungsanspruch kommen damit im schwedischen Recht nicht so eine Bedeutung zu wie im deutschen Recht. Im norwegischen

---

[788] Zum Absicherungszweck der Haftpflichtversicherung im deutschen Recht: BGHZ 7, 244 (245); 15, 154 (157); *Littbarski*, in: MüKo-VVG, Vor §§ 100–123 Rn. 65; und im schwedischen Recht: *Hellner*, in: NFT 1990, 218 (226).

[789] Zum gesetzlichen Direktanspruch in Schweden siehe oben S. 96 ff.

Recht spielen diese z. B. gar keine Rolle, da hier ein genereller Direktanspruch bei allen Haftpflichtversicherungen eingeräumt wird.[790]

Alternative Zugriffsmöglichkeiten bestehen vor allem darin, dass sich der Geschädigte den Freistellungsanspruch des Versicherungsnehmers abtreten lässt oder in diesen vollstreckt. Eine Abtretung des Freistellungsanspruches an den geschädigten Dritten kommt insbesondere in Betracht, wenn zwar kein gesetzlicher Direktanspruch besteht, der Versicherungsnehmer aber dennoch möchte, dass sich der Geschädigte direkt an den Versicherer wendet. Hieran kann dem Versicherungsnehmer gelegen sein, weil dieser mit dem Haftungsprozess oder der sonstigen Schadensregulierung nicht belastet werden möchte oder weil zwischen Schädiger und Geschädigtem ein persönliches Verhältnis besteht, das geschont werden soll, oder aber weil der Versicherungsnehmer das Ersatzbegehren für berechtigt hält, sein Versicherer hingegen nicht.[791] Auf den Freistellungsanspruch im Wege der Zwangsvollstreckung zuzugreifen, ist für den geschädigten Dritten immer dann notwendig, wenn der Schädiger weder freiwillig zahlt, noch den Freistellungsanspruch freiwillig abtritt.

A. Deutschland

I. Abtretung des Freistellungsanspruches

1. Zulässigkeit

Nach deutschem Recht kann der Versicherungsnehmer seinen Freistellungsanspruch an den geschädigten Dritten abtreten.[792] Mit der Abtretung wandelt sich der Freistellungsanspruch in einen Zahlungsanspruch. Die Abtretung wäre daher eigentlich gemäß § 399 Alt. 1 BGB unwirksam, da mit ihr eine Änderung des Inhaltes der Anspruches einhergeht. Das Abtretungsverbot nach § 399 Alt. 1 BGB ist aber teleologisch zu reduzieren wenn Freistellungsansprüche an den Gläubiger der freizustellenden Verbindlichkeit (hier den geschädigten Dritten) abgetreten werden.[793] Gemäß § 108 Abs. 2 VVG darf die Abtretung des Freistellungsanspruches an den Geschädigten auch nicht durch Allgemeine Versicherungsbedingungen ausgeschlossen werden. Ein solches formularmäßiges Abtretungsverbot war

---

[790] Zur Rechtslage in Norwegen siehe oben S. 102.
[791] Hierzu: *Wandt* Rn. 1069.
[792] RGZ 80, 183 (184); BGHZ 7, 244 (248); 12, 136 (141); zur Abtretung des Freistellungsanspruches an den Geschädigten ferner: *Wandt,* in: MüKo-VVG § 108 Rn. 84 ff.; *Thume,* in: VersR 2010, 849 (850 ff.); *von Rintelen,* in: r+s 2010, 133 (134 ff.).
[793] BGHZ 41, 203 (205); NJW 1993, 2232 (2233); *Roth,* in: MüKo-BGB § 399 Rn. 15; *Wandt,* in: MüKo-VVG, § 108 Rn. 99.

vor der VVG-Reform noch gängige Praxis.[794] Es ist aber weiterhin möglich, individualvertraglich ein Abtretungsverbot zu vereinbaren.[795]

2. Rechtsstellung des Geschädigten

Durch die Abtretung wird der Geschädigte neuer Inhaber des Freistellungsanspruches. Dieser wandelt sich dann in einen Zahlungsanspruch, aus dem der Geschädigte Leistung des Versicherers an sich verlangen und ggf. auch Zahlungsklage unmittelbar gegen den Versicherer erheben kann.[796] Der Versicherer wird aber – im Gegensatz zum Direktanspruch – nicht Schuldner des Schadensersatzanspruches.[797] Daher entsteht auch keine gesamtschuldnerische Haftung von Versicherer und Versicherungsnehmer. Die Abtretungsvereinbarung zwischen Versicherungsnehmer und Drittem ist in der Regel so auszulegen, dass der Dritte, solange er aus abgetretenem Recht gegen den Versicherer vorgeht, nicht parallel aus dem Haftungsverhältnis gegen den Schädiger vorgehen darf.[798] Dadurch unterscheidet sich die Situation einer Abtretung von der eines Direktanspruches.[799] Einwendungen aus dem Versicherungsverhältnis kann der Versicherer dem abgetretenem Freistellungsanspruch nach § 404 BGB grundsätzlich entgegenhalten.[800] Nur bei Pflichtversicherungen gelten die Einwendungsausschlüsse nach §§ 114 Abs. 2 Satz 2, 117 Abs. 1 VVG und die Nachhaftung gemäß § 117 Abs. 2 VVG.[801] Auch eine Aufrechnung ist dem Versicherer gegenüber dem Dritten wegen § 121 VVG entgegen § 406 BGB bei Pflichtversicherungen verwehrt. Da die Einwendungsausschlüsse nicht an das Bestehen eines gesetzlichen Direktanspruches gekoppelt sind, ist die Rechtslage bei einer Abtretung des Freistellungsanspruches der eines gesetzlichen Direktanspruches sehr angenähert.

---

[794] *Wandt*, in: MüKo-VVG, § 108 Rn. 99; *Lücke*, in: Prölss/Martin § 108 Rn. 23; *Hösker*, in: VersR 2013, 952.

[795] *Wandt*, in: MüKo-VVG, § 108 Rn. 100; *Lücke*, in: Prölss/Martin § 108 Rn. 24.

[796] BGHZ 7, 244 (246); BGH VersR 1975, BGH VersR 1975, 655 (656 f.); zur Rechtsstellung des Geschädigten nach Abtretung des Freistellungsanspruches an ihn: *Wandt*, in: MüKo-VVG § 108 Rn. 116 ff.; *Thume*, in: VersR 2010, 849 (851); *von Rintelen*, in: r+s 2010, 133 (135 ff.).

[797] Zum dogmatischen Unterschied zwischen Abtretung des Freistellungsanspruches und dem Direktanspruch siehe oben S. 35 f.

[798] BGHZ 96, 182 (193); *Grüneberg*, in: Palandt § 364 Rn. 7.

[799] Zum Unterschied zwischen Abtretung und Direktanspruch: *Dreher/Thomas*, in: ZGR 2009, 31 (43) bei der D&O-Versicherung, sowie *Thume*, in: VersR 2010, 849 (851).

[800] *Wandt*, in: MüKo-VVG § 108 Rn. 121 ff.; *Thume*, in: VersR 2010, 849 (851).

[801] BT-Drs. 16/6627; *Schneider*, in: MüKo-VVG § 117 Rn. 8.

II. Zwangsvollstreckung in den Freistellungsanspruch

1. Zulässigkeit

Weigert sich der Versicherungsnehmer, den Schaden zu begleichen oder den Freistellungsanspruch abzutreten und besteht auch kein Direktanspruch, hat der Geschädigte noch die Möglichkeit, in den Freistellungsanspruch zu vollstrecken. Hierfür muss er zunächst einen Haftungsprozess anstrengen und einen vollstreckbaren Titel gegen den Versicherungsnehmer nach §§ 704, 794 ZPO erwirken. Anschließend kann der Geschädigte den Freistellungsanspruch des Versicherungsnehmers im Wege der Zwangsvollstreckung pfänden.[802] Der Freistellungsanspruch wird in der Zwangsvollstreckung wie eine Geldforderung behandelt. Der Geschädigte muss ihn also zunächst gemäß § 829 ZPO pfänden und sich nach § 835 ZPO überweisen lassen.

2. Rechtsstellung des Geschädigten

Durch Pfändung und Überweisung wandelt sich der Freistellungsanspruch ebenfalls in einen Zahlungsanspruch.[803] Der Geschädigte kann nun Zahlung der Versicherungssumme an sich verlangen. Weigert sich der Versicherer, den gepfändeten Anspruch zu bedienen, muss der Geschädigte aus der gepfändeten Forderung eine weitere sogenannte „Einziehungsklage" gegen den Versicherer anstrengen. Der Versicherer kann als Drittschuldner auch nach Pfändung und Überweisung des Freistellungsanspruches entsprechend §§ 404, 406 BGB seine Einwendungen gegen den Anspruch geltend machen.[804] Fällt der Schadensersatzanspruch unter eine Pflichtversicherung greifen aber auch im Rahmen der Zwangsvollstreckung die Einwendungsausschlüsse zugunsten des Geschädigten nach §§ 114 Abs. 2 Satz 2, 117 Abs. 1, 2, 121 VVG ein.

III. Schutz des Freistellungsanspruches für den Geschädigten

Der Freistellungsanspruch erfährt nach deutschem Recht besonderen Schutz, damit er dem Geschädigten zugutekommen kann. Der Schutz des Freistellungsanspruches für den Geschädigten besteht auch unabhängig davon, ob es sich um eine Pflichtversicherung oder eine freiwillige Haftpflichtversicherung handelt. Zunächst wird der Geschädigte dadurch geschützt, dass der Versicherungsnehmer seinen Freistellungsanspruch nur

---

[802] Zur Pfändung des Freistellungsanspruches im Wege der Zwangsvollstreckung: *Lüke*, in: Wieczorek/Schütze § 829 Rn. 32; *Wandt* Rn. 1062.

[803] Zur Rechtsfolge der Pfändung und Überweisung des Freistellungsanspruches: RGZ 158, 6 (12); BGH NJW 1979, 271 (271 f.); *Stöber*, in: Zöller § 835 Rn. 7 ff; *Brehm*, in: Stein/Jonas § 835 Rn. 14 ff; *Lüke*, in: Wieczorek/Schütze § 851 Rn. 38.

[804] Zur Stellung des Drittschuldners: RGZ 89, 215; BGH NJW 1985, 1155 (1557); *Brehm*, in: Stein/Jonas § 835 Rn. 34 ff.; *Stöber*, in: Zöller § 836 Rn. 6.

an ihn und nicht an außenstehende Dritte abtreten kann. Eine solche Abtretung wäre gemäß § 399 Alt. 1 BGB *absolut* unwirksam.[805] Des Weiteren statuiert § 108 Abs. 1 Satz 1 VVG ein *relatives* Verfügungsverbot. Hiernach sind Verfügungen des Versicherungsnehmers über den Freistellungsanspruch dem Geschädigten gegenüber unwirksam. Nach § 108 Abs. 1 Satz 2 VVG ist der Freistellungsanspruch auch gegen die Zwangsvollstreckung durch andere Gläubiger geschützt. Ferner kann die Abtretung des Freistellunganspruches nach § 108 Abs. 2 VVG – wie bereits erwähnt – nicht durch Allgemeine Versicherungsbedingungen ausgeschlossen werden. Außerdem kann der Geschädigte Dritte bei Insolvenz des Versicherungsnehmers gemäß § 110 VVG wegen des ihm zustehenden Schadensersatzanspruches abgesonderte Befriedigung aus dem Freistellungsanspruch verlangen. Dadurch wird der Geschädigte vorzugsweise befriedigt.[806]

Diese genannten Schutzvorschriften sollen sicherstellen, dass dem Geschädigten im Falle eines Schadens die Versicherungssumme auch wirklich zufließt.[807] Dies zeigt, dass es letztlich Zweck einer jeden Haftpflichtversicherung ist, den geschädigten Dritter zu entschädigen. Dies ist auch ein zentraler Grund dafür, dass ein gesetzlicher Direktanspruch letztlich bei allen Haftpflichtversicherungen sachgerecht ist, nicht nur bei Pflichtversicherungen.[808]

B. Schweden

I. Abtretung des Freistellungsanspruches

1. Zulässigkeit

Auch nach schwedischem Recht kann der Versicherungsnehmer den ihm gegen einen Versicherer zustehenden Freistellungsanspruch an den geschädigten Dritten abtreten (sogenannte *frivillig överlåtelse*). Die Möglichkeit der Abtretung des Freistellungsanspruches wurde früher zumindest für Fälle in Zweifel gezogen, in denen die Schadensersatzpflicht des Versicherungsnehmers noch nicht feststand.[809] Der oberste schwedische Gerichtshof (*Högsta Domstolen*) hat in einer Leitentscheidung aus dem Jahr 1993 indes klargestellt, dass eine Abtretung des Freistellungsanspruches an den Geschädigten nach allgemeinen zivilrechtlichen Grundsätzen zulässig ist, auch wenn die Schadensersatzpflicht des Versicherungsnehmer noch

---

[805] BGHZ 40, 156 (159); BGH NJW 1993, 2232 (2233); *Wandt*, in: MüKo-VVG, § 108 Rn. 84 f.
[806] Zur Wirkung eines Absonderungsrechts im Insolvenzverfahren: *Ganter*, in: MüKo-InsO Vor §§ 49–52 Rn. 1.
[807] *Wandt*, in: MüKo-VVG § 108 Rn. 1; *Littbarski*, in: MüKo-VVG § 110 Rn. 5.
[808] Sie hierzu oben S. 45.
[809] *Van der Sluijs* S. 70.

nicht geklärt ist.[810] Im Gegensatz zum deutschen Recht kann nach schwedischem Recht die Abtretung des Freistellungsanspruches an den Geschädigten aber formularmäßig ausgeschlossen werden.[811]

2. Rechtsstellung des Geschädigten

Durch die Abtretung des Freistellungsanspruches wird der Geschädigte Inhaber des Forderungsrechtes und kann sich unmittelbar an den Versicherer wenden. Auch nach schwedischem Recht wandelt sich der Freistellungsanspruch durch die Abtretung in einen Anspruch auf Zahlung der Versicherungssumme an den Geschädigten.[812] Diese Konstellation ist aber – wie im deutschen Recht auch – von der eines gesetzlichen Direktanspruches abzugrenzen.[813] Für das abgeleitete Recht des Dritten ist nämlich grundsätzlich ausschließlich der Versicherungsvertrag maßgeblich. Der Dritte kann gemäß § 27 *skuldbrevslagen*[814] durch die Abtretung kein besseres Recht erwerben als dem ursprünglichen Forderungsinhaber zustand.[815] Der Versicherer kann dem Geschädigten grundsätzlich alle Einwendungen entgegenhalten, die er auch gegen den Versicherungsnehmer hatte. Die Einwendungsausschlüsse nach Kap. 4 § 9 Abs. 2 Satz 1, Kap. 7 §§ 2, 3 FAL gelten aber auch zugunsten des Geschädigten, wenn dieser sein Recht aus einer Abtretung des Freistellungsanspruches herleitet. Die Einwendungsausschlüsse sind – wie im deutschen Recht auch – nicht an einen gesetzlichen Direktanspruch gebunden.[816]

II. Zwangsvollstreckung in den Freistellungsanspruch

1. Zulässigkeit

Auch im schwedischen Recht hat der Geschädigte die Möglichkeit, die Zwangsvollstreckung in den Freistellungsanspruch zu betreiben.[817] Voraussetzung hierfür ist, dass er zuvor einen Vollstreckungstitel (*exekutions-*

---

[810] NJA 1993, 222 (226); später wurde dies auch in ND 1998, 57 bestätigt. Zur Abtretbarkeit des Freistellungsanspruches: *van der Sluijs* S. 73 f.; *dies.*, Studier i Försäkringsrätt, S. 219 f.; schon lange vor den genannten Gerichtsentscheidungen sprach sich u. a. *Hellner* S. 334 für die Abtretbarkeit aus.
[811] *Van der Sluijs* S. 76.
[812] *Van der Sluijs* S. 74.
[813] *Van der Sluijs* S. 70.
[814] Lag (1936:81) om skuldebrev.
[815] NJA 1993, 222 (226).
[816] Dies kommt durch die allgemeine Formulierung von Kap. 4 § 9 Abs. 2 Satz 1 FAL zum Ausdruck: „*i förhållande till den skadelindande*"; im deutschen Recht § 117 Abs. 1 VVG: „*seine Verpflichtung in Ansehung des Dritten*".
[817] Zur Vollstreckung in den Freistellungsanspruch: *van der Sluijs* S. 71 f.; *Hellner* S. 334.

titel) über die Schadensersatzforderung gegen den Versicherungsnehmer erwirkt hat. Vollstreckungstitel sind gemäß Kap. 3 § 1 *utsökningsbalk* (UB)[818] z.B. ein gerichtliches Urteil (*domstols dom*) oder ein Vergleich (*förlikning*). Die Vollstreckung erfolgt nach Kap. 4 § 1, Kap. 6 § 3 UB durch Pfändung (*utmätning*) des Freistellungsanspruches.[819] Zuständig für die Forderungspfändung ist gemäß Kap. 1 § 3 Abs. 1 UB der Gerichtsvollzieher (*kronofogdemyndigheten*).

2. Rechtsstellung des Geschädigten

Durch die Pfändung wird der Geschädigte Inhaber des Freistellungsanspruches und kann vom Versicherungsnehmer Zahlung der Versicherungssumme an sich verlangen. Auch bei einer Pfändung im Wege der Zwangsvollstreckung besteht der Anspruch aber wie bei einer Abtretung nur nach Maßgabe des Versicherungsvertrages. Der Versicherer kann dem Geschädigten grundsätzlich alle Einwendungen entgegenhalten, die ihm gegen den Versicherungsnehmer zustanden. Ausnahmen bilden insoweit wieder die Einwendungsausschlüsse gemäß Kap. 4 § 9 Abs. 2 Satz 1, Kap. 7 §§ 2, 3 FAL, die wiederum zugunsten des Geschädigten greifen. Verweigert der Versicherer die Zahlung, muss der Geschädigte eine Einziehungsklage gegen den Versicherer anstrengen.[820] Bestreitet der Versicherer seine Verpflichtung aus dem Versicherungsvertrag, kann der Gerichtsvollzieher den Dritten gemäß Kap. 4 § 23 Abs. 1 Satz 1 UB verpflichten, innerhalb eines Monats Klage gegen den Versicherer auf Auszahlung der Versicherungssumme zu erheben.[821] Erhebt der Geschädigte daraufhin nicht rechtzeitig Klage, um die Einstandspflicht des Versicherers festzustellen, wird die Pfändung gemäß Kap. 4 § 23 Abs. 1 Satz 2 UB wieder aufgehoben.

Im alten schwedischen Versicherungsvertragsgesetz (GFAL) fand sich noch eine Regelung, nach der der geschädigte Dritte im Falle der Insolvenz des Geschädigten gegen diesen einen Anspruch auf Abtretung (*obligatorisk overlåtelse*) des Freistellungsanspruches hatte (§ 95 Abs. 3 GFAL).[822] Hierdurch sollte sichergestellt werden, dass der Freistellungsanspruch auf Verlangen des Geschädigten der Insolvenzmasse (*konkursbo*) entzogen wurde und zum Schutze des Dritten andere Gläubiger keinen Zugriff bekamen.[823] Diese Regelung war funktional mit dem Absonderungsrecht des

---

[818] Lag 1981:774.
[819] Zur zwangsweisen Forderungspfändung im schwedischen Recht: *Ahlqvist/Necke*, Utsökning och Indrivning, S. 177 ff.; *Walin/Gregow/Löfmarck*, Utsökningsbalken, S. 117 ff.
[820] *Van der Sluijs* S. 72; HD NJA 2001, 255.
[821] Hierzu: *van der Sluijs* S. 72.
[822] Zur Regelung des § 95 Abs. 3 GFAL: *Hellner* S. 424 ff.; *van der Sluijs* S. 69 f.
[823] HD NRA 1954, 1002 = ND 1954, 445; *Johannson/van der Sluijs*, in: SvJT 1996, 725 (732 f.); *Hellner* S. 426.

Geschädigten nach § 110 VVG vergleichbar. Sie wurde mit der Reform des FAL überflüssig, da nun nach Kap. 9 § 7 Abs. 1 FAL bei jeder Haftpflichtversicherung ein gesetzlicher Direktanspruch gegeben ist, wenn der Versicherungsnehmer insolvent ist, so dass sich der Dritte nicht mehr im Insolvenzverfahren gegen andere Gläubiger durchsetzen muss.

III. Schutz des Freistellungsanspruches

Anders als im deutschen Recht gibt es im schwedischen Recht keine Norm, die ein Abtretungsverbot bezüglich des Freistellungsanspruchs statuiert. Daher wird davon ausgegangen, dass der Versicherungsnehmer den Freistellungsanspruch grundsätzlich auch an einen außenstehenden Dritten, der nicht der Geschädigte ist, abtreten kann.[824] Den Anspruch auf Zahlung der Versicherungssumme kann ein außenstehender Dritter aber nicht gegenüber dem Versicherer geltend machen, selbst wenn er den Freistellungsanspruch abgetreten bekam. Dieses Recht kann immer nur der Geschädigte ausüben.[825] Ferner darf ein Gläubiger des Versicherungsnehmers, der nicht zugleich Geschädigter ist, auch nicht die Zwangsvollstreckung in den Anspruch des Versicherungsnehmers betreiben.[826] Damit besteht nach schwedischem Recht zwar kein ausdrückliches, wohl aber ein *faktisches Verfügungsverbot* bezüglich des Freistellungsanspruches. Dessen Bestand kann nicht zulasten des Geschädigten verändert werden. In der Insolvenz ist der Freistellungsanspruch für den Geschädigten besonders geschützt, da er bei allen Arten der Haftpflichtversicherung einen gesetzlichen Direktanspruch hat. Dieser Anspruch ist auch vor dem Zugriff andere Gläubiger des Versicherungsnehmers geschützt. Damit stellt auch das schwedische Recht durch entsprechende Schutzvorschriften sicher, dass die Versicherungssumme sowohl bei freiwilligen als auch bei Pflichtversicherungen letztlich dem Geschädigten zugutekommt.

C. Vergleich und Ergebnis

Beide Rechtsordnungen ermöglichen es dem Geschädigten, im Wege der Zwangsvollstreckung auf den Freistellungsanspruch zuzugreifen. Dieser ist vor dem Zugriff anderer Gläubiger geschützt. Geht der Geschädigte aus dem gepfändeten Anspruch gegen den Versicherer vor, profitiert er in gleichem Maße von den Einwendungsausschlüssen wie bei einem Direktanspruch. Allerdings ist – im Gegensatz zum Direktanspruch – nach Pfändung und Überweisung des Freistellungsanspruches ein zweiter Prozess

---

[824] *Van der Sluijs* S. 76; *Hellner* S. 334.
[825] HD NJA 1993, 222 (226); *Hellner* S. 334.
[826] *Hellner* S. 426.

über die Leistungspflicht des Versicherers notwendig, sollte dieser nicht freiwillig zahlen.

Sowohl im deutschen als auch im schwedischen Recht kann der Versicherungsnehmer den Freistellungsanspruch zudem an den Geschädigten freiwillig abtreten. Im deutschen Recht findet sich nach neuer Rechtslage sogar ein Verbot formularmäßiger Abtretungsverbote. Aus abgetretenem Recht kann der Geschädigte den Anspruch dann gegen den Versicherer geltend machen, ohne dass zuvor rechtskräftig über die Haftung des Versicherungsnehmers entschieden worden sein müsste. Im (außer-) gerichtlichen Verfahren gegen den Versicherer sind dann zunächst die Schadensersatzpflicht des Versicherungsnehmers und anschließend die Einstandspflicht des Versicherers zu prüfen. Ein zweiter Prozess wird damit vermieden. Die Einwendungsausschlüsse zugunsten des Geschädigten gelten in beiden Rechtsordnungen auch bei einer Abtretung des Freistellungsanspruches.

Durch die Abtretung erhält der Dritte – dogmatisch gesehen zwar keinen Direktanspruch „im eigentlichen Sinne", er erhält aber eine diesem stark angenäherte Rechtsposition. Unterschiede bestehen unter anderem darin, dass bei einer Abtretung des Freistellungsanspruches der Regress des Versicherers im deutschen Recht über § 117 Abs. 5 Satz 1 VVG und nicht über §§ 116 Abs. 1 VVG in Verbindung mit 426 BGB erfolgt, dass zwischen Versicherer und Versicherungsnehmer keine Gesamtschuld entsteht und dass gemäß § 124 Abs. 3 VVG keine gesetzliche Rechtskrafterstreckung eingreift. Bis auf diese Abweichungen können die Parteien des Haftungsverhältnisses durch die Abtretung des Freistellungsanspruches aber einen „Direktanspruch" des Geschädigten selbst schaffen. Dies zeigt, dass dem sogenannten Trennungsprinzip nach der VVG-Reform durch diese freie Abtretbarkeit des Freistellungsanspruches keine entscheidende Bedeutung mehr zukommt.[827]

Eine solche Abtretung des Freistellungsanspruches kommt vor allem in Betracht, wenn die Haftungsproblematik aus dem Innenverhältnis heraus gehalten werden soll, insbesondere weil dauerhafte geschäftliche Beziehungen gepflegt werden oder der private Bereich betroffen ist. Für Ersteres ist die D&O-Versicherung ein gutes Beispiel. Hier kann ein Vorstandsmitglied als Versicherungsnehmer seinen Freistellungsanspruch an die Gesellschaft abtreten. Dies könnten beide sogar formularvertraglich im Anstellungsvertrag des Vorstandes vorab vereinbaren.[828] Dass Abtretung und Zwangsvollstreckung in den Freistellungsanspruch nun auch im deutschen Recht gleichwertige Zugriffsmöglichkeiten für den Geschädigten bieten liegt v. a. auch daran, dass die Einwendungsausschlüsse zugunsten des

---

[827] In diese Richtung auch *Hösker,* in: VersR 2013, 952 (953).
[828] Zur Abtretung des Freistellungsanspruches bei der D&O-Versicherung: *Dreher/Thomas,* in: VersR 2009, 31 (40 ff.).

Dritten unabhängig davon gelten, ob ein gesetzlicher Direktanspruch gegeben ist. Dies war vor der VVG-Reform noch nicht der Fall.[829]

---

[829] Vor der VVG-Reform galten gemäß § 3 Nr. 4, 5 PflVG a.F. Einwendungsausschlüsse nur für Fälle des Direktanspruches.

Kapitel 3

Schlussteil

§ 15 Zusammenfassung der wichtigsten Ergebnisse

A. Grundlagen

I. Haftpflichtversicherung (§ 2)

Aus dem Wesen, der Funktionsweise und dem Zweck einer Haftpflichtversicherung folgen die zentralen normativen Vorgaben, ob und (wenn ja) wie diese mittels eines gesetzlichen Direktanspruches für den Geschädigten reguliert werden sollte. Die Vorgaben unterscheiden sich insbesondere nach der Art der Haftpflichtversicherung. Zentrale Differenzierungen sind dabei zwischen freiwilligen Haftpflichtversicherungen und Pflichtversicherungen sowie zwischen Verbraucher- und Unternehmerversicherungen vorzunehmen.

Freiwillige Haftpflichtversicherungen bezwecken allein den Schutz des Versicherungsnehmers. Der Schutz des geschädigten Dritten ist nur ein Nebeneffekt. Bei Pflichtversicherungen ist demgegenüber der Schutz des geschädigten Dritten ein dem Schutz des Versicherungsnehmers mindestens gleichrangiger Zweck. Bei Unternehmensversicherungen ist es zwar gerechtfertigt, den Vertragsparteien grundsätzlich mehr Gestaltungsspielraum einzuräumen. Dass hierdurch aber mittelbar – wie im schwedischen und teilweise auch im norwegischen Recht – die Rechtsstellung des geschädigten Dritten beeinflusst wird, ist eine sehr fragwürdige gesetzliche Wertung. Es kann nämlich nicht per se davon ausgegangen werden, dass der Dritte weniger schützenswert ist, wenn er von einem Unternehmer statt von einem Verbraucher geschädigt wurde.

Den gesetzlichen Regelungen aller untersuchten Rechtsordnungen ist die Wertung zu entnehmen, dass auch bei freiwilligen Haftpflichtversicherungen die Versicherungssumme dem Geschädigten auf jeden Fall zugutekommen soll, wenn ein berechtigter und vom gültigen Versicherungsschutz umfasster Schadensersatzanspruch besteht. Bei Pflichtversicherungen soll darüber hinaus auch unbedingt die Kompensation des Geschädigten sichergestellt werden. Daher nimmt der geschädigte Dritte bei einer Pflichtversicherung eine noch stärkere Rechtsstellung als bei einer freiwilligen Haftpflichtversicherung ein.

II. Direktanspruch in der Haftpflichtversicherung (§ 3)

Statt der Einräumung eines gesetzlichen Direktanspruches kann dem Geschädigten bei einer Haftpflichtversicherung ein Durchgriffsrecht gegen den Versicherer zum einen auch durch den Übergang des Freistellungsanspruches des Versicherungsnehmers und zum anderen durch die Ausgestaltung des Haftpflichtversicherungsvertrages als Vertrag zugunsten des geschädigten Dritten verschafft werden („vertraglicher Direktanspruch").

Der gesetzliche Direktanspruch kann nach seinem Anwendungsbereich in drei Arten eingeteilt werden: genereller Direktanspruch, allgemeiner Direktanspruch und Direktanspruch unter weiteren Voraussetzungen. Von einem gesetzlichen Direktanspruch i.e.S. abzugrenzen sind Regelungsmodelle, bei denen allein der Haftpflichtversicherer nach einem Schadensfall in Anspruch genommen werden kann, ohne dass eine vergleichbare zugrundeliegende materielle Haftung des Versicherungsnehmers besteht. Diese im schwedischen *trafikskadelag* und *patientskadelag* verwendete Haftungsverteilung ist eine Lösung, die sich von der Grundidee einer Haftpflichtversicherung entfernt und stattdessen einen ausgeprägten sozialversicherungsrechtlichen Charakter bekommt. Das versicherte Risiko besteht dann nicht mehr in der Haftpflicht des Schädigers, sondern in der Entstehung des Schadens beim Geschädigten.

Rechtspolitisch sprechen die besseren Argumente dafür, dem Geschädigten grundsätzlich bei jeder Haftpflichtversicherung einen gesetzlichen Direktanspruch einzuräumen. Dies basiert nicht allein auf Argumenten des Geschädigtenschutzes. Daneben sprechen v.a. auch Effizienzgesichtspunkte sowie Zweck und Funktionsweise der Haftpflichtversicherung für einen Direktanspruch. Die mit ihm einhergehenden Nachteile können durch entsprechende gesetzliche Regelungen weitgehend ausgeglichen werden. Ein Direktanspruch des Geschädigten ist grundsätzlich bei allen Arten der Haftpflichtversicherung wünschenswert, unabhängig davon, ob es sich um freiwillige Haftpflichtversicherungen, Pflichtversicherungen, Verbraucher- oder Unternehmerversicherungen handelt. Die Unterschiede dieser Versicherungsarten sind aber bei der Ausgestaltung des Direktanspruches zu berücksichtigen.

III. Völker- und unionsrechtliche Vorgaben für die Kfz-Pflichtversicherung (§ 4)

Dem Geschädigten ist in der Kfz-Pflichtversicherung ein allgemeiner gesetzlicher Direktanspruch einzuräumen. Dies ist für alle untersuchten Rechtsordnungen unions- und teilweise auch völkerrechtlich vorgegeben. Dem Unionsrecht ist auch der Grundsatz zu entnehmen, dass in der Kfz-Pflichtversicherung Einwendungen des Versicherers nicht gegenüber dem Geschädigten wirken dürfen, soweit dies nicht ausdrücklich unionsrechtlich zugelassen ist. Vor allem für das deutsche Recht waren die internationalen Anstöße im Bereich des Direktanspruches von zentraler Bedeutung. Anders als in den skandinavischen Rechtsordnungen wurde überhaupt erst durch sie ein gesetzlicher Direktanspruch in der Haftpflichtversicherung eingeführt. Über 40 Jahre blieb der Direktanspruch auch auf den zwingend vorgegebenen Anwendungsbereich der Kfz-Pflichtversicherung beschränkt. Dies prägte den Blick auf das Rechtsinstitut des Direktanspruches in Deutschland, der primär als Instrument des Opferschutzes wahrgenommen wurde.

B. Direktanspruch in Deutschland und Schweden

I. Geschichte des Direktanspruches (§ 5)

Im deutschen Recht besteht traditionell eine recht strikte Trennung zwischen Fragen der Haftung und der Versicherung. Lange Zeit kannte das deutsche Recht daher auch keinen gesetzlichen Direktanspruch des Geschädigten. Die Rechtsordnung öffnete sich erst spät für dieses Rechtsinstitut und bis heute nur in sehr begrenztem Maße. Im Wesentlichen wird der Direktanspruch vom Gesetzgeber bis heute (lediglich) als Instrument des Opferschutzes gesehen und kommt zuvörderst in der Kfz-Pflichtversicherung zum Einsatz. Das schwedische Recht stand der Idee eines gesetzlichen Direktanspruches des Geschädigten hingegen stets offener gegenüber. Bereits das erste Versicherungsvertragsgesetz und das erste Gesetz über die Kfz-Pflichtversicherung sahen – in engen Grenzen – einen Direktanspruch vor. Dieser wurde in den Folgejahren kontinuierlich auf weitere Pflichtversicherungen ausgedehnt.

Im deutschen wie im schwedischen Recht wurde der Direktanspruch während des Gesetzgebungsverfahrens gegenüber dem ursprünglichen Entwurf stark eingegrenzt. Hauptgründe hierfür waren jeweils Bedenken der Versicherungswirtschaft und Mahnungen, der Direktanspruch erhöhe die Versicherungskosten und werde zu einer Prämienerhöhung führen.

II. Reichweite des Direktanspruches (§ 6)

In den untersuchten Rechtsordnungen können zwei unterschiedliche Ansätze für die Einräumung eines Direktanspruches ausgemacht werden. Dem ersten Ansatz liegt die Überzeugung zugrunde, dass der Direktanspruch die grundsätzlich richtige Lösung für die Abwicklung von Schadensfällen bei allen Haftpflichtversicherungen ist. Hier wird folgerichtig ein genereller Direktanspruch eingeräumt. Diesem Ansatz folgt das norwegische Recht und mit Abstrichen auch das finnische Recht, das einen generellen Direktanspruch zumindest nach Zugang einer Regulierungsentscheidung des Versicherers gewährt. Der gegenteilige Ansatz besteht darin, grundsätzlich keinen gesetzlichen Direktanspruch vorzusehen und diesen nur in Ausnahmesituationen zu gewähren, in denen der Geschädigte besonders schutzwürdig erscheint. Dies ist zunächst bei Pflichtversicherungen der Fall. Hier sehen das schwedische und das finnische Recht einen allgemeinen Direktanspruch vor. Das deutsche Recht räumt diesen auch hier nur unter weiteren Voraussetzungen ein. Bei freiwilligen Haftpflichtversicherungen ist der Geschädigte zudem bei Insolvenz des Schädigers besonders schützenswert, deshalb räumen hier das schwedische, finnische und dänische Recht dem Geschädigten einen Direktanspruch ein.

Unter der Prämisse dieser Arbeit, dass der gesetzliche Direktanspruch bei der Haftpflichtversicherung grundsätzlich wünschenswert ist, verdient die norwegische Regelung den Vorzug. Selbst wenn man diese Annahme als zu weitgehend ablehnt, sollte doch im Hinblick auf die Stellung des Geschädigten jedenfalls bei allen Pflichtversicherungen und bei freiwilligen Haftpflichtversicherungen dann, wenn der Geschädigte insolvent ist, ein gesetzlicher Direktanspruch eingeräumt werden. Die deutsche Regelung nach § 115 Abs. 1 VVG ist vor diesem Hintergrund in jedem Falle unzureichend.

Der Gedanke des Vertrauensschutzes spielt für die Gewährung eines Direktanspruches ebenfalls eine Rolle. Dies wird besonders im finnischen Recht deutlich, das dem Geschädigten bei einer freiwilligen Haftpflichtversicherung einen Direktanspruch einräumt, wenn der Schädiger zuvor öffentlich mit seiner Haftpflichtversicherung warb. Der Vertrauensschutz spielt aber auch bei Pflichtversicherungen eine wichtige Rolle. Denn auch hier darf der Geschädigte darauf vertrauen, dass sein Schädiger durch eine Versicherung geschützt ist.

III. Inhalt des Direktanspruches (§ 7)

Aus der Rechtsnatur des Direktanspruches folgt zum einen, dass der Direktanspruch in Inhalt und Bestand grundsätzlich dem zugrundeliegenden Schadensersatzanspruch des Geschädigten gegen den Versicherungsnehmer entspricht. Eine Modifikation findet allein im deutschen Recht statt, welches einen Anspruch auf Naturalrestitution im Rahmen des Direktanspruches aus guten Gründen ausschließt. Zum anderen besteht der Direktanspruch grundsätzlich auch nur im Rahmen der Vorgaben des Versicherungsvertrages. Welche Ansprüche der Geschädigte direkt gegenüber dem Versicherer geltend machen darf, können die Parteien des Versicherungsvertrages grundsätzlich frei bestimmen. Ist vertraglich nichts Abweichendes geregelt, erfasst der Direktanspruch alle versicherten Ansprüche. Beschränkungen auf bestimmte Arten von Ansprüchen (z.B. gesetzliche Schadensersatzansprüche) sind aber grundsätzlich möglich und üblich.

Bei Pflichtversicherungen bestehen sowohl im deutschen als auch im schwedischen Recht weitreichende zwingende Vorgaben für den Mindestversicherungsschutz und den Umfang des Direktanspruches. In Deutschland, wo nur bei Pflichtversicherungen überhaupt ein Direktanspruch in Betracht kommt, besteht daher wenig vertraglicher Gestaltungsspielraum. Im schwedischen Recht besteht hingegen bei freiwilligen Haftpflichtversicherungen eine weitreichende Gestaltungsfreiheit bezüglich des Direktanspruches. Zwingende Vorgaben gibt es insoweit hier in erste Linie nur für Verbraucherversicherungen.

IV. Verjährung des Direktanspruches (§ 8)

Da der Direktanspruch sowohl vom Haftungs- als auch vom Versicherungsverhältnis abhängt, stehen dem Gesetzgeber zwei Anspruchsverhältnisse zur Verfügung, an welche die Verjährung des Direktanspruches gekoppelt werden kann. Das deutsche Recht verweist auf die Verjährung des zugrundeliegenden Schadensersatzanspruches, das schwedische Recht wendet die Verjährungsregeln des Versicherungsvertrags an. Beide Lösungen sind gleichermaßen konsequent und interessengerecht. Angemessen ist es ferner, die Verjährung des Direktanspruches erst beginnen zu lassen, wenn der Geschädigte auch von den einen Direktanspruch begründenden Tatsachen Kenntnis hat. Diese liegen nämlich keineswegs stets auf der Hand, und die Frage der Geltendmachung eines Schadensersatzanspruches wird durchaus davon beeinflusst, ob einem zugleich auch ein Direktanspruch zusteht. Diesbezüglich ist daher die – bis zum Wirksamwerden der Gesetzesänderung im Jahre 2015 geltende – Lösung des schwedischen Rechts überzeugender. Im deutschen Recht beginnt die Verjährung des Direktanspruches dagegen unabhängig von der Kenntnis um diesen. Bemerkenswert ist außerdem die im schwedischen Recht beschlossene Verlängerung der Verjährungsfrist von drei auf zehn Jahre, die eine erhebliche Besserstellung des Geschädigten bewirkt. Dass dann wiederum die Verjährung auch des Direktanspruches aus Gründen der Rechtssicherheit bereits mit Eintritt des Versicherungsfalles – und damit unabhängig von der Kenntnis des Geschädigten – beginnt, ist angesichts der großzügigen Bemessung der Frist auch aus der Perspektive des Geschädigten angemessen.

V. Auskunftsansprüche des Geschädigten (§ 9)

Der Geschädigte hat nach einem Schadensfall grundsätzlich ein Informationsdefizit. In der Regel besitzt er keine oder jedenfalls nicht alle notwendigen Informationen über die Haftpflichtversicherung seines Schädigers. Um den gesetzlichen Direktanspruch effizient umzusetzen, sind dem Geschädigten daher umfassende Auskunftsansprüche einzuräumen. Von den vier vornehmlich in Betracht kommenden Informationsquellen (Versicherer, Schädiger, Aufsichtsbehörden und selbstverwaltete Zentralvereinigungen der Versicherer) sind die Selbstverwaltungsvereinigung der Versicherer und die Aufsichtsbehörden aus Sicht des Schädigers am zuverlässigsten, da hier die Mitwirkung der übrigen an der Schadensabwicklung Beteiligten nicht erforderlich ist. Diese Stellen können jedoch nur in begrenztem Maße Auskunft geben. Behörden werden in der Regel nur Informationen über Pflichtversicherungen geben können und die Versicherer sind in vielen Bereichen noch nicht in hinreichendem Maße organisiert. Der Schwerpunkt der Selbstverwaltungsauskunft liegt in der Kfz-Pflichtversicherung. Die Einrichtung weiterer privatrechtlich organisierter Auskunftsstellen, die von den Versicherern in Eigenregie betrieben werden, ist wünschenswert. Gegen die anderen beiden direkt an der Schadensabwicklung Beteiligten (Versicherer und Schädiger) bestehen im Ergebnis nach beiden Rechtsordnungen umfassende Auskunftsansprüche. Allerdings ist es geboten, diese auch ausdrücklich ins deutsche VVG aufzunehmen, wie dies z.B. das schwedische FAL getan hat.

VI. Mitwirkungspflichten des Geschädigten gegenüber dem Versicherer (§ 10)

Verpflichtet der Gesetzgeber den Versicherer im Rahmen eines Direktanspruches, den Schaden direkt mit dem Geschädigten abzuwickeln, muss er dem Versicherer zugleich auch umfassende Rechte auf eine Mitwirkung des Geschädigten einräumen. Erfolgt dies in hinreichendem Maße, verbessert das sogar die Rechtsstellung des Versicherers gegenüber Schadensfällen ohne Direktanspruch, denn damit steht ihm eine weitere Informationsquelle zur Verfügung. Diesen Weg schlägt das schwedische Recht ein, das nach Kap. 7 §§ 2, 3 FAL jedem Mitwirkungspflichten auferlegt, der direkt Rechte gegenüber dem Versicherer geltend macht. Das deutsche Recht knüpft seine Mitwirkungspflichten indes nicht an das Bestehen eines Direktanspruches, sondern an das Vorliegen einer Pflichtversicherung. Dies ist insofern gerechtfertigt, als nur bei Pflichtversicherungen auch Direktansprüche gewährt werden und der Geschädigte hier generell in einer privilegierten Situation ist (vgl. § 117 VVG), die auch besondere Verpflichtungen begründet.

VII. Einwendungen des Versicherers aus dem Versicherungsverhältnis (§ 11)

Grundsatz aller untersuchten Rechtsordnungen ist, dass Einwendungen des Versicherers aus dem Versicherungsverhältnis auch gegenüber dem Geschädigten wirken. Das liegt darin begründet, dass der Schadensersatzanspruch des Geschädigten gegenüber dem Versicherer grundsätzlich nur im Rahmen des Versicherungsvertrages besteht. Ausnahmen hierzu sehen das deutsche und norwegische Recht pauschal für Pflichtversicherungen vor. Das schwedische, finnische und dänische Recht differenzieren die Wirkung von Einwendungen zulasten des Dritten nach der Art der Einwendung.

Der pauschale Einwendungsausschluss bei Pflichtversicherungen und die dazugehörige Nachhaftung des Versicherers erklären sich aus dem Sinn und Zweck der Pflichtversicherung und der hiermit verbundenen Sonderstellung des Geschädigten. Die Herangehensweise des deutschen und norwegischen Rechts ist daher stringent und einleuchtend. Die in den übrigen Rechtsordnungen vorgenommene Differenzierung nach der Art der Einwendung ist indes nicht sachlich gerechtfertigt. Schutzzweck eines Einwendungsausschlusses ist der Schutz des Geschädigten. Für dessen Schutzwürdigkeit ist die Art der Einwendung aber ohne Belang. Auch die im schwedischen Recht zusätzlich vorgenommene Differenzierung zwischen Verbraucher- und Unternehmerversicherung vermag bezüglich des Einwendungsausschlusses nicht zu überzeugen. Wiederholt ist nämlich nicht einzusehen, warum der geschädigte Dritte bei einer Unternehmerversicherung weniger schutzwürdig sein sollte. Eine weitere zentrale Unterscheidung ist die zwischen Risikoausschlüssen und versicherungsrechtlichen Einwendungen. Erstere fallen per se nicht unter einen Einwendungsausschluss und müssen sich nur an den zwingenden gesetzlichen Vorgaben zum Inhalt des Versicherungsvertrages messen lassen. Die im deutschen, schwedischen und dänischen Recht vorgenommene Sonderbehandlung der vorsätzlichen Herbeiführung des Versicherungsfalles vermag in weiten Teilen nicht zu überzeugen. Zum einen ist die dahinterstehende rechtspolitische Wertung bei Pflichtversicherungen nicht angebracht, weil sie den Geschädigten einseitig belastet. Zum anderen ist jedenfalls im deutschen Recht die dogmatische Herleitung der Drittwirkung als subjektivem Risikoausschluss äußerst fragwürdig und, soweit die Kfz-Pflichtversicherung hiervon betroffen ist, auch nicht mit den unionsrechtlichen Vorgaben vereinbar.

VIII. Bindungswirkung des Haftungsverhältnisses (§ 12)

Aus der Natur des gesetzlichen Direktanspruches, der dem zugrundeliegenden Schadensersatzanspruch akzessorisch ist, ergibt sich in beiden Rechtsordnungen, dass der Versicherer die schadensrechtlichen Einwendungen seines Versicherungsnehmers gegen Grund und Höhe des Anspruches auch gegenüber dem Dritten geltend machen kann. Der Geschädigte erwirbt gegenüber dem Versicherer kein besseres Recht als es ihm gegenüber dem Schädiger zusteht. Sowohl im deutschen als auch im schwedischen Recht binden ein Anerkenntnis oder ein Vergleich des Versicherungsnehmers den Versicherer nur, wenn dieser zugestimmt hat. Eine selbstständige Bindungswirkung kommt diesen nicht zu, der Versicherer bleibt jeweils nur insoweit zum Ersatz verpflichtet, als der Schadensersatzanspruch auch wirklich besteht. Dies liegt im Wesen der Haftpflichtversicherung begründet, wonach zwar der Versicherer den Schadensfall in Vollmacht seines Versicherungsnehmers regulieren darf, nicht aber umgekehrt. Haftungsurteile, in denen der Versicherer nicht formell beteiligt war, binden diesen nach beiden Rechtsordnungen grundsätzlich nicht. Das deutsche Recht macht hierzu zunächst eine ausdrückliche gesetzliche Ausnahme für (zugunsten des Versicherers) klagabweisende Urteile. In beiden Rechtsordnungen gilt darüber hinaus eine eingeschränkte faktische Bindungswirkung eines Haftungsurteils zulasten des Versicherers. Diese sichert zum einen ein effizientes Verfahren ab, zum anderen folgt sie bereits aus der Pflichten- und Interessenlage bei einer Haftpflichtversicherung.

IX. Regress des Versicherers (§ 13)

In beiden Rechtsordnungen kann der Versicherer bei seinem Versicherungsnehmer in Regress gehen, wenn er im Außenverhältnis gegenüber dem geschädigten Dritten leistungspflichtig war, im Innenverhältnis gegenüber seinem Versicherungsnehmer jedoch leistungsfrei ist. Es liegt hier auf der Hand, dass ein Regress möglich ist, da andernfalls der Versicherungsnehmer zu Unrecht auf Kosten des Versicherers bereichert wäre. Die dogmatische Herleitung der Regressansprüche unterscheidet sich indes. Während im deutschen Recht für alle Fälle des Einwendungsausschlusses in §§ 116 VVG, 426 BGB (Direktanspruch) bzw. § 117 Abs. 5 Satz 1 VVG (übrige Pflichtversicherung) der Regress ausdrücklich gesetzlich zugelassen wird, ist eine gesetzliche Regressnorm im schwedischen Recht nur ausnahmsweise vorhanden (Kap. 7 § 2 Abs. 1 Satz 2 FAL, §§ 20, 21 TsL, §§ 20 ff. PsL). Ein allgemeines Regressrecht wird hier vielmehr außerhalb des Gesetzes aus der Natur des Einwendungsausschlusses abgeleitet.

Die Regulierungsentscheidung des Versicherers ist für den Regress im deutschen Recht nach § 124 Abs. 2 VVG grundsätzlich bindend, es sei denn, der Versicherer hat bei seiner Regulierung eine schuldhafte Pflichtverletzung begangen. Im schwedischen Recht besteht indes keine selbstständige Bindungswirkung, die über die Vollmacht des Versicherers hinausginge. Der Versicherungsnehmer kann die Entscheidung seines Versicherers voll gerichtlich überprüfen lassen. Es ist die folgerichtige Konsequenz der zuvor erteilten Regulierungsvollmacht, dass der Versicherungsnehmer sich grundsätzlich an der Entscheidung seines Versicherers festhalten lassen muss. Allerdings ist dem Versicherungsnehmer auch die Möglichkeit zu gewähren, sich gegen pflichtwidrige Regulierungen zur Wehr zu setzen. Das deutsche Recht hat insofern einen interessengerechten Kompromiss gefunden.

X. Zugriff auf den Freistellungsanspruch außerhalb des Direktanspruches (§ 14)

Alternativen Zugriffsmöglichkeiten auf den Freistellungsanspruch kommt im deutschen Recht wegen des eingeschränkteren gesetzlichen Direktanspruches eine größere Bedeutung zu als im schwedischen Recht. Nach beiden Rechtsordnungen ist die Abtretung des Freistellungsanspruches an den geschädigten Dritten möglich, so dass dieser sich direkt an den Versicherer wenden kann. Diese Konstellation ist zwar dogmatisch von der eines Direktanspruches abzugrenzen, im Ergebnis ist die Rechtsstellung des Geschädigten aber stark angenähert. Beide Rechtsordnungen ermöglichen es zudem dem Geschädigten, im Wege der Zwangsvollstreckung auf den Freistellungsanspruch zuzugreifen.

Sowohl das deutsche als auch das schwedische Recht sichern zudem durch zahlreiche Schutzvorschriften, dass der Geschädigte in den Genuss der Vorteile der Haftpflichtversicherung kommt. Diese Tatsache und die freie Abtretbarkeit des Freistellunganspruches zeigen, dass die Haftpflichtversicherung nicht durch ein „Trennungsprinzip" charakterisiert werden kann. Vielmehr wird daran deutlich, dass eine Direktabwicklung interessengerecht ist und dem Wesen der Haftpflichtversicherung besser gerecht wird.

§ 16 Sieben Thesen zum Direktanspruch

1. Der gesetzliche Direktanspruch ist grundsätzlich die für die Haftpflichtversicherung wünschenswerte Regulierungsform und nicht nur ein Instrument zum Schutz des Geschädigten.
2. Ein gesetzlicher Direktanspruch sollte daher auch unabhängig davon gewährt werden, ob es sich um eine Pflichtversicherung oder eine freiwillige Haftpflichtversicherung handelt.
3. Der gesetzliche Direktanspruch führt nicht zu einer unzulässigen Vermischung von Haftung und Versicherung, denn er sagt inhaltlich nichts über das Verhältnis von Haftung und Versicherung aus.
4. Selbst wenn der gesetzliche Direktanspruch primär als Instrument des Geschädigtenschutzes angesehen wird, sollte er angesichts der ohnehin bestehenden Regelungen in der Haftpflichtversicherung – wie unter anderem im schwedischen und finnischen Recht – zumindest bei allen Pflichtversicherungen und bei freiwilligen Haftpflichtversicherungen jedenfalls im Falle der Insolvenz des Versicherungsnehmers gewährt werden. Die bestehenden Regelungen des VVG bezüglich des Direktanspruches sind vor diesem Hintergrund als unzureichend einzuschätzen.
5. Einwendungsausschlüsse zugunsten des Geschädigten sind – wie dies das deutsche Recht konsequent vorsieht – nur bei Pflichtversicherungen

gerechtfertigt. Eine Differenzierung der Einwendungsausschlüsse nach der Art der Einwendung oder danach, ob es sich um eine Verbraucher- oder Unternehmerversicherung handelt – wie dies jeweils im schwedischen Recht der Fall ist –, ist hingegen nicht interessengerecht.

6. Eine differenzierte Behandlung von Verbraucher- und Unternehmerversicherungen – wie dies in Schweden und teilweise auch in Norwegen erfolgt – ist zwar auf der Ebene des Versicherungsverhältnisses angemessen, Einfluss auf die Rechtsstellung des geschädigten Dritten sollte diese Unterscheidung indes nicht haben. Dies setzt das deutsche Recht konsequent um, indem es die Abdingbarkeit von drittschützenden Vorschriften im Rahmen der Pflichtversicherung auch bei Großrisiken nicht zulässt.

7. Von allen untersuchten Rechtsordnungen hat das norwegische Recht die überzeugendsten Regelungen bezüglich der Reichweite eines gesetzlichen Direktanspruches. Bezüglich der Regelung von Einwendungsausschlüssen sieht indes das deutsche Recht die stringenteste und interessengerechteste Lösung vor. Allerdings ist hier die richtlinienkonforme Auslegung des Einwendungsausschlusses nach § 117 VVG zu beachten, der bei einer Kfz-Pflichtversicherung auch die vorsätzliche Herbeiführung des Versicherungsfalles erfassen muss.

Literaturverzeichnis

Abram, Nils: Der Direktanspruch des Geschädigten gegen den Pflicht-Haftpflichtversicherer seines Schädigers außerhalb des PflVG – „Steine statt Brot"?, in: VP 2008, 77-80.
Adams, Michael: Ökonomische Analyse der Gefährdungs- und Verschuldenshaftung, Heidelberg 1985.
Ahlqvist, Ulla / Necke, Michael: Utsökning och Indrivning, Stockholm 1996.
Alexy, Robert: Theorie der Grundrechte, Baden-Baden 1985.
Armbrüster, Christian: Privatversicherungsrecht, Tübingen 2013, zit.: *Armbrüster.*
–: Auswirkungen von Versicherungsschutz auf die Haftung, in: NJW 2009, 187–193.
–: Prozessuale Besonderheiten in der Haftpflichtversicherung, in: r+s 2010, 441–458.
Armbrüster, Christian / Dallwig, Florian: Die Rechtsfolgen übermäßiger Deckungsbegrenzungen in der Pflichtversicherung, in: VersR 2009, 150–153.

Basedow, Jürgen: Der Transportvertrag, Tübingen 1987.
–: Small Claims Enforcement in a High Cost Country: The German Insurance Ombudsman, in: Sc.St.L. Band 50 (2007), 50–63.
–: Der Gemeinsame Referenzrahmen und das Versicherungsvertragsrecht, in: ZEuP 2007, 280–287.
–: Der Versicherungsombudsmann und die Durchsetzung der Verbraucherrechte in Deutschland, in: VersR 2008, 750–754.
–: Comparative Law and its Clients, Max-Planck Private Law Research Paper No. 14/2 (abzurufen unter: <http://papers.ssrn.com/sol3/sample_issues/1562241_CMBO.html>, Stand: 07.05.2014).
– */Birds, John / Clarke, Malcolm / Cousy, Herman / Heiss, Helmut* (Hrsg.): Principles of European Insurance Contract Law (PEICL), München 2009.
Basedow, Jürgen / Fock, Till (Hrsg.): Europäisches Versicherungsvertragsrecht,
  – Band I, Tübingen 2002,
  – Band II, Tübingen 2002.
Basedow, Jürgen / Hopt, Klaus J. / Zimmermann, Reinhard (Hrsg.): Handwörterbuch des Europäischen Privatrechts, Band 2, Tübingen 2009.
Bengtsson, Bertil: Om Ansvarsförsäkringens Betydelse i Skadeståndsmål, in: SvJT 1961, 627–645.
–: Försäkringsavtalsrätt, 2. Auflage, Stockholm 2010, zit.: *Bengtsson.*
Bengtsson, Bertil / Strömbäck, Erland: Skadeståndslagen, 2. Auflage, Stockholm 2006.
Bengtsson, Bertil (u. a): Uppsatser om försäkringsavtalslagen, Stockholm 2009.
Bogdan, Michael (Hrsg.): Swedish Legal System, Stockholm 2010.
Bork, Reinhard: Einführung in das Insolvenzrecht, Tübingen 2012.
Bruck, Ernst / Möller, Hans (Begr.): Großkommentar zum Versicherungsvertragsgesetz,
  – Band 1, Einführung, §§ 1–32, 9. Auflage, Berlin 2008,
  – Band 2, §§ 33–73, 9. Auflage, Berlin 2010,
  – Band 3, §§ 74–99, 9. Auflage Berlin 2009,

- Band 4, Haftpflichtversicherung, §§ 100-124, 9. Auflage, Berlin 2013, zit.: *Bearbeiter*, in: Bruck/Möller,
- Band V 1, Kraftfahrtversicherung, 8. Auflage, Berlin 1994.

Brynildsen, Claus/Lid, Børre/Nygård, Truls: Forsikringsavtaleloven, 2. Auflage, Oslo 2008, zit.: *Brynildsen/Lid/Nygård.*

Bull, Hans Jacob: Tredjemansdekninger i forsikringsforhold, Oslo 1988.

–: Forsikringsrett, Oslo 2008, zit.: *Bull.*

Carlsson, Mia: Arbetsskada, Stockholm 2008, zit.: *Carlsson.*

Dallwig, Florian: Deckungsbegrenzungen in Pflichtversicherungen – die Bedeutung des § 114 VVG 2008 für Verträge über Pflichthaftpflichtversicherungen, in: ZVersWiss 2009, 47–71.

Dreher, Meinrad/Thomas, Stefan: Die D&O-Versicherung nach der VVG-Novelle 2008, in: ZGR 2009, 31–73.

Due, Ole/Christensen, Bjarne/Lilholt, Peter/Sørensen, Kirsten/Wiese, Peter/Østerbur, Bent: Færdselsloven, Band 1, Kopenhagen 1979.

Dufwa, Bill: Whiplashskador, trafikförsäkring och preskriptionstidens inträde, in: SvJT 2001, 441–456.

–: Das neue schwedische Versicherungsvertragsrecht, in: NFT 2006, 174–186.

Ebel, Friedrich: Anmerkung zum Urteil des LG Stuttgart vom 6.4.1979, in: VersR 1980, 158–159.

Ecke, Elmar: Trennungsprinzip und Bindungswirkung, Bonn 2012, zit.: *Ecke.*

Ecklund, Rudolf/Hemberg, William: Lagen om försäkringsavtal, 3. Auflage, Stockholm 1957.

Erfurter Kommentar zum Arbeitsrecht, hrsg. von Rudi Müller-Glöge, Ulrich Preis und Ingrid Schmidt, 14. Auflage, München 2014, zit.: *Bearbeiter*, in: Erfurter Kommentar zum Arbeitsrecht.

Erichsen, Hans-Uwe/Ehlers, Dirk (Hrsg.): Allgemeines Verwaltungsrecht, 14. Auflage, Berlin/New York 2010.

Feyock, Hans/Jacobsen, Peter/Lemor, Ulf (Hrsg.): Kraftfahrtversicherung, 3. Auflage, München 2009.

Fleming, John G./Hellner, Jan/von Hippel, Eike: Haftungsersetzung durch Versicherungsschutz, Frankfurt am Main 1980.

Franck, Gunnar: Richtlinienkonforme Auslegung der Vorschriften über die vorsätzliche Herbeiführung des Versicherungsfalles in der Kfz-Pflichtversicherung, in: VersR 2014, 13–18.

Fuchs, Angelika: Die Vierte Kraftfahrzeughaftpflicht-Richtlinie im Überblick, in: IPRax 2001, 425–428.

Goldschmidt, Adam: Om skadelidtes mulighed for at rette sit erstatningskrav mod skadevolderens P&I assurandør i medfør af FAL § 95, stk. 1, in: NFT 1998, 345–376.

Grunewald, Barbara: Die Entwicklung des anwaltlichen Berufsrechts im Jahr 2013, in: NJW 2013, 2620–2624.

Hähnchen, Susanne: Obliegenheiten und Nebenpflichten, Tübingen 2010.

Hallberg, Torbjörn/Jungmann, Carsten: Unternehmensinsolvenzen nach schwedischem Recht, in: RIW 2001, 337–344.

Harsdorf-Gebhardt, Marion: Die Rechtsprechung des Bundesgerichtshofes zur Haftpflichtversicherung, in: r+s 2012, 261–269.

Hartenstein, Olaf: Gerichtsstand und anwendbares Recht bei Direktansprüchen gegen Versicherer, in: TranspR 2013, 20–27.
Häsemeyer, Ludwig: Insolvenzrecht, 4. Auflage, Köln/München 2007.
Hedderich, Katharina Sophie: Pflichtversicherung, Tübingen 2011, zit.: *Hedderich.*
Heidel, Ulrich/Wulfert, Willi: Konsequenzen aus der Neufassung des § 11 AKB, in: VersR 1978, 194–197.
Heidl, Wofgang: Die VVG-Reform, insbesondere der Direktanspruch, Hamburg 2010, zit.: *Heidl.*
Heitmann, Lutz: Risikoausschluss der Vorsatztat gem. § 152 VVG in der Kfz-Pflichtversicherung, in: VersR 1997, 941–942.
Helland, Ingvill/Koch, Sören: Methodische Grundlagen der juristischen Entscheidungsfindung im norwegischen Privatrecht, in: ZeuP 2013, 585–618.
Hellner, Jan: Försäkringsrätt, Stockholm 1965, zit.: *Hellner.*
–: Enhetliga regler eller områdesanpassande ersättningar – lapptäcke eller ej?, in: NFT 1990, 218-231.
Hellner, Jan/Hertzmann, Olov/Nilsson, Edvard/Ramberg, Jan/Strömbäck, Erland (Hrsg.): Festskrift till Ulf K. Nordenson, Stockholm 1999.
Hellner, Jan/Radetzki, Marcus: Skadeståndsrätt, 8. Auflage, Stockholm 2010, zit.: *Hellner/Radetzki.*
Hering, Manfred: Der Verkehrsunfall in Europa, 2. Auflage, Karlsruhe 2012.
Hellners, Trygve/Mellqvist, Mikael: Lagen om företagsrekonstruktion, Stockholm 1997.
Hösker, Carsten: Die Pflichten des Versicherers gegenüber dem Versicherungsnehmer nach Abtretung des Haftpflichtversicherungsanspruches an den Geschädigten, in: VersR 2013, 952–962.
Huber, Christian: Anmerkung zu OLG Hamburg, Urteil vom 28.03.2008, in: NZA 2008, 558–559.

Iversen, Torsten/Hedegaard, Kristensen/Werlauf, Erik (Hrsg.): Hyldeskrift til Jørgen Nørgaard, Kopenhagen 2008.

Jabornegg, Peter/Kerschner, Ferdinand/Riedler, Andreas (Hrsg.): Haftung und Versicherung, Festschrift für Rudolf Reischauer, Wien 2010, zit.: FS Reischauer.
Jastrow, Serge-Daniel/Schlatmann, Arne: Informationsfreiheitsgesetz, Heidelberg 2006.
Johannson, Svante O./van der Sluijs, Jessika: Direktkrav vid ansvarsförsäkringslagen, in: SvJT 2006, 72–90.
Jønsson, Henning/Kjærgaard, Lisbeth: Dansk Forsikringsret, 8. Auflage, Kopenhagen 2003, zit.: *Jønsson/Kjærgaard.*

Kasseler Kommentar zum Sozialversicherungsrecht (Lsbl.), hrsg. von Stephan Leitherer, 79. Ergänzungslieferung, München September 2013, zit.: *Bearbeiter,* in: Kasseler Kommentar zum Sozialversicherungsrecht.
Keppel, Jan: Die Pflichthaftpflichtversicherung nach der VVG-Reform, Hamburg 2010, zit.: *Keppel.*
Kihlmann, Jon: Regressrätten vid produktansvar – en reglering med underliga konsekvenser, in: JT 1993/94, 702–717.
Koch, Robert: Der Direktanspruch in der Haftpflichtversicherung, in: r+s 2009, 133–138.
–: Das Dreiecksverhältnis zwischen Versicherer, Versicherungsnehmer und versicherter Personen in Innenhaftungsfällen der D&O-Versicherung, in: ZVersWiss (101) 2012, 151–173.
Kötz, Hein/Wagner, Gerhard: Deliktsrecht, 12. Auflage, München 2013, zit.: *Kötz/Wagner.*

Kreierhoff, Paul: Anmerkung zu BGH NJW 2011, 377, in: NJW 2011, 379.
Kreierhoff, Paul / Wagner, Gerhard: Deliktsrecht, 11. Auflage, Köln 2010.
Kuhnert, Sven: Schadensregulierung mit Auslandsbezug, in: NJW 2011, 3347–3351.
Laars, Reinhard: Versicherungsaufsichtsgesetz, Baden-Baden 2012, zit.: VAG.
Langheid, Theo: Nach der Reform: Neue Entwicklungen in der Haftpflichtversicherung, in: VersR 2009, 1043–1046.
Larenz, Karl: Methodenlehre der Rechtswissenschaft, 6. Auflage, Berlin (u.a.) 1991.
(Hrsg.): Kasseler Kommentar zum Sozialgesetzbuch.
Lemor, Ulf / Becker, Ariane: Ein weiterer Schritt in Richtung Europa, in: VW 2006, 18–25.
–: Auslandsunfälle im Lichte der 4. KH-Richtlinie, in: VW 2001, 28–35.
Leser, Hans G. (Hrsg.): Ernst Rabel Gesammelte Aufsätze, Band 3, Tübingen 1967.
Lindskog, Stefan: Preskription, 3. Auflage, Stockholm 2011.
Looschelder, Dirk: Der Vorschlag der Europäischen Kommission für eine Vierte Kfz-Haftpflicht-Richtlinie. Ein überzeugendes Konzept zum Schutz des Geschädigten bei Verkehrsunfällen im Ausland?, in: NZV 1999, 57–63.
–: Anmerkung zum Urteil des OLG Köln Az: 16 U 36/05, in: VersR 2005, 1722–1723.
–: Schuldhafte Herbeiführung des Versicherungsfalles nach der VVG-Reform, in: VersR 2008, 1–7.
Looschelders, Dirk / Pohlmann, Petra (Hrsg.): VVG-Kommentar, 2. Auflage, Köln 2011, zit.: *Bearbeiter,* in: Looschelders/Pohlmann.
Lorenz, Egon: Billigkeitshaftung und Haftpflichtversicherung – Ein Harmonisierungsvorschlag, in: VersR 1980, 697–703.
Lødrup, Peter: Lærebok i Erstatningsrett, 6. Auflage, Oslo 2009.
Lundmark, Thomas / Suelmann, Susanna: Der Umgang mit Gesetzen im europäischen Vergleich: Deutschland, England und Schweden, in: ZfRV 2011, 173–192.
Lüttringhaus, Jan D.: Der Direktanspruch im vergemeinschafteten IZVR und IPR nach der Entscheidung EuGH VersR 2009, 1512 (Vorarlberger Gebietskasse), in: VersR 2010, 183–190.

Maurer, Hartmut: Allgemeines Verwaltungsrecht, 18. Auflage, München 2011.
Medicus, Dieter / Lorenz, Stephan: Schuldrecht I, Allgemeiner Teil, 20. Auflage, München 2012.
Micha, Marianne: Der Direktanspruch im europäischen Internationalen Privatrecht, Tübingen 2010, zit.: *Micha.*
–: Der Klägergerichtsstand des Geschädigten bei versicherungsrechtlichen Direktklagen in der Revision der EuGVVO, in: IPRax 2011, 121–124.
Mellquist, Mikael / Persson, Ingemar: Fordran & Skuld, 9. Auflage, Uppsala 2011.
Müller-Stüler, Michael: Der Direktanspruch gegen den Haftpflichtversicherer, Karlsruhe 1966.
Münchener Anwaltshandbuch Versicherungsvertragsrecht, hrsg. von Michael Terbille und Knut Höra, 3. Auflage, München 2013, zit.: *Bearbeiter,* in: MAH Versicherungsvertragsrecht.
Münchener Kommentar zum Bürgerlichen Gesetzbuch, hrsg. von Franz Jürgen Säcker und Roland Rixecker,
 – Band 1, §§ 1–240, 6. Auflage, München 2012,
 – Band 2, §§ 241–432, 6. Auflage, München 2012,
 – Band 5, §§ 705–853, 6. Auflage, München 2013,
 zit.: *Bearbeiter,* in: MüKo-BGB.

Münchener Kommentar zur Insolvenzordnung, hrsg. von Hans-Peter Kirchhof, Horst Eidenmüller und Rolf Stürner, Band 1, §§ 1–79, 3. Auflage, München 2013, zit.: *Bearbeiter,* in: MüKo-InsO.

Münchener Kommentar zum Versicherungsvertragsgesetz, hrsg. von Theo Langheid und Manfred Wandt,
– Band 1, §§ 1–99 VVG, München 2010,
– Band 2, §§ 100–191 VVG, München 2010,
– Band 3, §§ 192–215 VVG, München 2009,
zit.: *Bearbeiter,* in: MüKo-VVG.

Nilsson, Edvard/Strömbäck, Erland: Konsumentförsäkringslagen, Stockholm 1984.

Nordenson, Ulf K.: Trafikskadeersättning, Kommentaren till trafikskadelagstiftning, Stockholm 1977, zit.: *Nordenson.*

Nugel, Michael: Anmerkung zu BGH NZV 2013, 177, in: NZV 2013, 179.

Palandt, Otto (Begr.): Kommentar zum Bürgerlichen Gesetzbuch, 73. Auflage, München 2014, zit.: *Bearbeiter,* in: Palandt.

Pålsson, Lennart: Bryssel I-Förordningen jämte Bryssel- och Luganokonvetiorerna, Stockholm 2008.

Poulsen, Malene Stein: Haftung, Haftungsherabsetzung und Versicherung unter dem dänischen Schadenersatzgesetz, Osnabrück 1998.

Prölss, Erich/Martin, Anton (Hrsg.): Versicherungsvertragsgesetz, 28. Auflage, München 2010, zit.: *Bearbeiter,* in: Prölss/Martin.

Ramberg, Jan/Ramberg, Christina: Allmän avtalsrätt, 8. Auflage, Stockholm 2010.

Rauscher, Thomas (Hrsg.): Europäisches Zivilprozess- und Kollisionsrecht, München 2011.

Rohde, Knut: Obligationsrätt, Stockholm 1994.

Rösler, Hannes: Europäisches Konsumentenvertragsrecht, München 2004.

Roos, Carl Martin: Ersättningsrätt och Ersättningssystem, Stockholm 1990, zit.: *Roos.*

Rossi, Matthias: Informationsfreiheitsgesetz, Baden-Baden 2006.

Rüffer, Wilfried/Halbach, Dirk/Schimikowski, Peter (Hrsg.): Versicherungsvertragsgesetz, Handkommentar, 2. Auflage, Baden-Baden 2011, zit.: *Bearbeiter,* in: Rüffer/Halbach/Schimikowski.

Säcker, Franz Jürgen: Streitfragen zur D&O-Versicherung, in: VersR 2005, 10–15.

Scherpe, Jens M.: Der deutsche Versicherungsombudsmann, in: NVersR 2002, 97.

Schimikowski, Peter: Versicherungsvertragsrecht, 4. Auflage, München 2009, zit.: *Schimikowski.*

Schmitt, Wolfgang: Direktanspruch und Nachhaftung in der Pflichtversicherung für ausländische Kraftfahrzeuge, in: VersR 1966, 1115–1119.

–: 15 Jahre Grüne Internationale Versicherungskarte für Kraftverkehr, in: VersR 1968, 111–117.

–: Anmerkung zu BGH VersR 1972, 1040, in: BGH VersR 1972, 1041–1042.

Schwintowski, Hans Peter/Brömmelmeyer, Christoph: Praxiskommentar zum Versicherungsvertragsrecht, 2. Auflage, Münster 2011, zit.: *Bearbeiter,* in: Schwintowski/Brömmelmeyer.

Schwintowski, Hans-Peter: Plädoyer für mehr Pflicht-Haftpflicht-Versicherungen, in: VuR 2013, 52–56.

Schreckenberger, Waldemar (Hrsg.): Gesetzgebungslehre, Stuttgart/Berlin/Köln/Mainz 1986.

Seybold, Eberhard: Schafft Deckung doch Haftung? – Eine Erinnerung an das Trennungsprinzip, in: VersR 2009, 455–464.
Sieg, Karl: Der Anspruch des Drittgeschädigten gegen den Haftpflichtversicherer, Berlin 1965.
–: Überlagerung der bürgerlich-rechtlichen Haftung durch kollektive Ausgleichssysteme, in: VersR 1980, 1085–1091.
Sieghörtner, Robert: Internationales Straßenverkehrsunfallrecht, Tübingen 2002, zit: *Sieghörtner.*
Skoghøy, Jens Edvin A.: Tvisteloven og Lugano-konvensjoen, in: Lov og rett 2012, 193–194.
Sørensen, Ivan: Forsikringsaftaleloven, Kopenhagen 2000.
–: Forsikringsret, 4. Auflage, Kopenhagen 2005, zit.: *Sørensen.*
Staudinger, Julius von (Begr.): Bürgerliches Gesetzbuch,
- Band §§ 134–138, ProstG 2011, Neubearbeitung 2011,
- Band §§ 328–345, Neubearbeitung 2009,
zit.: *Bearbeiter,* in: Staudinger.
Stein, Friedrich/Jonas, Martin (Begr.): Kommentar zur Zivilprozessordnung, Band 8 (§§ 828–915h), 22. Auflage, Tübingen 2004, zit.: *Bearbeiter,* in: Stein/Jonas.
Stiefel, Ernst (Begr.)/*Hofmann, Edgar:* Kraftfahrtversicherung, AKB-Kommentar, 17. Auflage, München 2000.
Stiefel, Ernst (Begr.)/*Maier, Karl* (Hrsg.): Kraftfahrtversicherung, AKB-Kommentar, 18. Auflage, München 2010, zit.: *Bearbeiter,* in: Stiefel/Maier.
Strömbäck, Erland/Olsson, Gunnar/Sjögren, Mats: Trafikskadelagen, 7. Auflage, Stockholm 2009.
Strömholm, Stig: Rätt, Rättskällor och Rättstillämpning, Stockholm 1996.
Thomas, Heinz/Putzo, Hans (Begr.): Zivilprozessordnung, 34. Auflage München 2013, zit.: *Bearbeiter,* in: Thomas/Putzo.
Thume, Karl-Heinz: Entschädigungsansprüche bei Insolvenz des haftpflichtversicherten Schädigers, in: VersR 2006, 1318–1324.
–: Probleme des Verkehrsversicherungsrechts nach der VVG-Reform, in: VersR 2010, 849–855.
Ullman, Harald: Försäkring och ansvarsfördelning – om förhållandet mellan försäkring och kommersiella leverenas-och entreprenadavtal, Uppsala 1999, zit.: *Ullman.*
Unberath, Hannes: Die Leistungsfreiheit des Versicherers – Auswirkungen der Neuregelung auf die Kraftfahrtversicherung, in: NZV 2008, 537-542.
van der Sluijs, Jessika: Direktkravsrätt vid Ansvarsförsäkring, Stockholm 2006, zit.: *van der Sluijs.*
–: Princip eller praktisk lösning – bör en generell direktkravsrätt införas i svenska FAL?, in: NFT 2007, 76–84.
–: Obligatorsk Ansvarsförsäkring – en patentlösning?, in: NFT 2008, 213–220.
–: Studier i Försäkringsrätt, Stockholm 2011.
–: Professions Ansvarsförsäkring, Stockholm 2013.
Vogel, Hans-Heinrich: Die Entstehung von Gesetzen in Skandinavien, in: RabelsZ 78 (2014), 383-414.
Vogt, Thomas: Die gesetzliche Ausgestaltung von Direktansprüchen des Geschädigten gegen den Haftpflichtversicherer des Schädigers, Hamburg 2011, zit.: *Vogt.*
von Bar, Christian: Das „Trennungsprinzip" und die Geschichte des Wandels der Haftpflichtversicherung, in: AcP 181 (1981), 289–327.

– (Hrsg.): Deliktsrecht in Europa, Länderberichte Schweden, Schweiz, Köln 1993.
von Hippel, Eike: Schadensausgleich bei Verkehrsunfällen, Berlin/Tübingen 1968.
von Rintelen, Claus: Die Fälligkeit und Durchsetzbarkeit des abgetretenen Freistellungsanspruchs in der Haftpflichtversicherung, in: r+s 2010, 133–138.

Walin, Gösta/Gregow, Torkel/Löfmarck, Peter: Utsökningsbalken, 3. Auflage, Stockholm 1999.
Wandt, Manfred: Versicherungsvertragsrecht, 5. Auflage, Köln 2010, zit.: *Wandt.*
Wank, Rolf: Die Auslegung von Gesetzen, 5. Auflage, München 2011.
Weber, Dennis: Anmerkung zu BGH DStR 2013, 431, in: DStr 2013, 432.
Wieczorek, Bernhard (Begr.)/*Schütze, Rolf A.* (Hrsg.), Kommentar zur Zivilprozessordnung, Band 4, Teilband 2 (§§ 808–915h), 3. Auflage, Berlin 1999, zit.: *Bearbeiter,* in: Wieczorek/Schütze.
Willow, Kay/Willow, Staffan: Patientskadelagen, Stockholm 1997.
Winkler, Günther/Schilcher, Bernd (Hrsg.): Gesetzgebung, Wien/New York, 1981.
Wolf, Manfred/Neuner, Jörg: Allgemeiner Teil des Bürgerlichen Rechts, 10. Auflage, München 2012.
Woxholth, Geir: Avtalerett, 5. Auflage, Oslo 2003.

Zackariasson, Laila: Direktkrav, Uppsala 1999, zit.: *Zackariasson.*
Zöller, Richard (Begr.): Zivilprozessordnung, 30. Auflage, Köln 2013, zit.: *Bearbeiter,* in: Zöller.
Zweigert, Konrad/Kötz, Hein: Einführung in die Rechtsvergleichung, 3. Auflage, Tübingen 1996.

Sachverzeichnis

Absonderungsrecht 26–28, 81, 106, 206–207
Alles-oder-nichts-Prinzip 155, 162
Allgemeine Versicherungsbedingungen (AVB) *siehe Versicherungsbedingungen*
Allgemeine Versicherungsbedingungen für die Haftpflichtversicherung (AHB) *siehe Versicherungsbedingungen*
Allgemeine Bedingungen für die Kraftfahrzeug-Haftpflichtversicherung (AKB) *siehe Versicherungsbedingungen*
Allgemeine Versicherungsbedingungen für die Vermögensschaden-Haftpflichtversicherung von Aufsichtsräten, Vorständen und Geschäftsführern (AVB-AVG) *siehe Versicherungsbedingungen*
Anerkenntnis des Versicherungsnehmers
– Deutschland 185
– Schweden 190
Anwendbares Recht 3–4, 32–33
Anzeigepflicht
– nach Eintritt des Versicherungsfalles *siehe Obliegenheiten des Versicherungsnehmers*
– vorvertragliche *siehe Obliegenheiten des Versicherungsnehmers*
Arglist 148, 149, 150, 151, 155, 156, 175
Aufrechnung
– durch den Versicherer *siehe Einwendungen des Versicherers*
– durch den Versicherungsnehmer
    – Deutschland 184–185
    – Schweden 189–190
Außergerichtliche Streitbeilegung *siehe Schlichtungsstellen*

Auskunftsansprüche des Geschädigten 123–132
– Deutschland 124–129
– Schweden 129–130

Behandelndes Büro *siehe Grüne-Karte-System*
Belegpflichten 127, 133, 135, 136, 137, 150, 151, 157
Berufshaftpflichtversicherung
– Deutschland
    – Rechtsanwälte 21, 22, 91, 125, 144
    – Steuerberater 21, 125
    – Wirtschaftsprüfer 125
– Schweden
    – Ärzte, medizinisches Personal *siehe Patientförsäkring*
    – Immobilienmakler 22, 84, 101, 129
    – Versicherungsmakler 22, 84, 101, 129, 165
Billigkeitshaftung und Haftpflichtversicherung 49–52
Bindungswirkung
– Anerkenntnis durch Versicherungsnehmer
    – Deutschland 185
    – Schweden 190
– Erlass durch Versicherungsnehmer
    – Deutschland 183–184
    – Schweden 189
– des Haftungsverhältnisses 181–192
– des Haftungsurteiles
    – Deutschland 186–188
    – Schweden 190–191
– der Regulierungsentscheidung des Versicherers
    – Deutschland 194–195
    – Schweden 197–198
– Vergleich zwischen Geschädigtem und Versicherungsnehmer

- Deutschland 185
- Schweden 190

Brüssel I-VO *siehe Internationale Zuständigkeit*

Cessio legis *siehe Legalzession*

Dänemark
- Direktanspruch 103–104
- Einwendungen des Versicherers 171–172

Direktanspruch
- Abdingbarkeit
  - Deutschland 108–111
  - Schweden 112–114
- Abgrenzung zu
  - Absonderungsrecht 26–28
  - Abtretung des Freistellungsanspruches 35–36
  - Vertrag zugunsten Dritter 36–39
  - haftungsersetzenden Versicherungssystemen 39–43
- allgemeiner (allmän direktkravsrätt) 34, 67, 68, 79, 81, 96, 101, 212
- Anknüpfung, international-privatrechtliche *siehe Qualifikation*
- Arten 33–35
- Auskunftsansprüche des Geschädigten *siehe dort*
- automatischer (automatisk direktkravsrätt) 33
- Dänemark 103–104
- Definition 30–31
- Deutschland 89–96
- dogmatische Einordnung 31–33
- und Einwendungen des Versicherers 140–181
- Finnland 104–105
- genereller (generell direktkravsrätt) 34, 85, 86, 87, 88, 102, 105, 107, 169, 201, 212, 213
- Geschichte 77–89
  - Deutschland 77–82
  - Schweden 83–88
- gesetzlicher 31
- und „Grüne-Karte" 70–73
- Inhalt und Umfang 107–116
  - Deutschland 108–112
  - Schweden 112–114
- im weiteren Sinne 31

- Nachteile 53–62
- Norwegen 102–103
- Qualifikation 32–33
- und Schmerzensgeld 111–112
- Schweden 96–102
- subsidiärer 34, 87, 99, 101, 154, 156, 160
- im Unionsrecht 66–71
- Verjährung 116–123
  - Deutschland 116–118
  - Norwegen 121
  - PEICL 121
  - Schweden 118–121
- vertraglicher 36–40
- Völkerrecht *siehe Straßburger Übereinkommen*
- Vorteile 44–53

Direktklage 3, 4, 28, 49, 54, 56, 59, 95, 102, 103, 112, 181, 185, 187, 190, 191

Direktkravsrätt (Schweden) *siehe Direktanspruch – Schweden*

D&O-Versicherung 18, 36, 38, 39, 47, 208

Drittwirkung der Einwendungen des Versicherers 140–181
- Aufrechnung
  - Deutschland 166
  - Schweden 167
- Dänemark 171–172
- Erfüllung
  - Deutschland 167
  - Schweden 168
- Finnland 171
- Norwegen 169–170
- Risikoausschlüsse, vertragliche
  - Deutschland 163
  - Schweden 164–165
- Selbstbehalt
  - Deutschland 164
  - Schweden 165
- Skandinavien, übriges 168–172
- Verjährung des Freistellungsanspruches
  - Deutschland 166–167
  - Schweden 168
- Verletzung versicherungsrechtlicher Obliegenheiten
  - Deutschland 150–151
  - Schweden 154–155

Sachverzeichnis 231

- Vorsätzliche Herbeiführung des Versicherungsfalles
  - Dänemark 161
  - Deutschland 159
  - Finnland 161
  - in der Kfz-Pflichtversicherung 174–175
  - Norwegen 160–161
  - Schweden 160
- Zahlungsverzug mit der Versicherungsprämie
  Deutschland 143 145
  - Schweden 145

Effizienz durch Direktanspruch 46–47
Einwendungen des Versicherers 140–181
- Aufrechnung
  - Deutschland 166
  - Schweden 167
- Drittwirkung *siehe Drittwirkung der Einwendungen des Versicherers*
- Erfüllung
  - Deutschland 167
  - Schweden 168
- Risikoausschlüsse, vertragliche
  - Deutschland 163
  - Schweden 164–165
- Selbstbehalt des Versicherungsnehmers
  - Deutschland 164
  - Schweden 165
- Verjährung des Freistellungsanspruches *siehe Verjährung*
- versicherungsrechtliche 141–157
- vorsätzliche Herbeiführung des Versicherungsfalles *siehe dort*
Einwendungen des Versicherungsnehmers *siehe schadensrechtliche Einwendungen*
Einwendungsausschlüsse *siehe Drittwirkung der Einwendungen des Versicherers*
Entschädigungsfonds, Entschädigungsstelle 172, 173, 174, 180
Erlass durch Geschädigten
- Deutschland 183–184
- Schweden 189
EuGH *siehe Europäischer Gerichtshof*

EuGVVO *siehe internationale Zuständigkeit*
Europäischer Gerichtshof 3, 69, 70, 74, 79, 103, 172, 173, 174
Europäische Union 66–70, 172–174, 212–213
Europäisches Übereinkommen über die obligatorische Haftpflichtversicherung für Kraftfahrzeuge *siehe Straßburger Übereinkommen*

Finnland
- Direktanspruch 104–105
- Einwendungen des Versicherers 171
Freistellungsanspruch 12–13
- Abtretung
  - Deutschland 36, 201-202
  - Schweden 36, 204–205
- und Insolvenz des Versicherungsnehmers
  - Deutschland 26–28, 90–94
  - Schweden 28, 96–98
- Schutz des
  - Deutschland 203–204
  - Schweden 207
- Wandlung in Zahlungsanspruch
  - Deutschland 13, 26, 27, 201, 203
  - Dänemark 35–36
  - Schweden 35–36, 205, 206
- Zwangsvollstreckung in den
  - Deutschland 203–204
  - Schweden 205–207
Fragen des Versicherers
- Deutschland 148
- Schweden 151
Freiwillige Haftpflichtversicherung
- Definition 16
- Schutz des Geschädigten *siehe dort*
- versicherbare Risiken 18
- Zweck 16–17
Funktion
- des Haftungsrechts 56, 58–60, 115
- der Haftpflichtversicherung 16–17, 19
- des Einwendungsausschlusses 176, 217
Funktionelle Rechtsvergleichung 4

Gefährdungshaftung 21, 37, 40–43, 51, 187

Gefahrerhöhung *siehe Obliegenheiten des Versicherungsnehmers*
Gerichtsstand, internationaler *siehe Internationale Zuständigkeit*
Gesamtschuld 32, 183, 185, 193, 196, 199
Geschädigter
– Schutz in der Haftpflichtversicherung *siehe Schutz des Geschädigten*
– Stellung in der Haftpflichtversicherung 24–29
Geschichte des Direktanspruches
– Deutschland 77–82
– Schweden 83–88
Gesetzesmaterialien 11–12
Großrisiken 53, 179, 220
Grüne-Karte-System 70–73

Haftpflichtversicherung
– Arten 16–24
– Direktanspruch *siehe dort*
– Einwendungen des Versicherers *siehe dort*
– Einwendungsausschlüsse *siehe dort*
– freiwillige 16–18
– Funktionsweise 1
– obligatorische *siehe Pflichtversicherung*
– Pflichtversicherung *siehe dort*
– Rechtliche Rahmenbedingungen 7–12
– Stellung des Geschädigten 24–29
– Unternehmerversicherung *siehe dort*
– Verbraucherversicherung *siehe dort*
– Versicherungsvertrag 7–16
Haftungsersetzende Versicherungssysteme 39–44
Haftungsurteil
– Deutschland 186–188
– Schweden 190–191
Harmonisierung *siehe Rechtsvereinheitlichung*
Herbeiführung des Versicherungsfalles *siehe Vorsätzliche Herbeiführung des Versicherungsfalles*

Inhaltskontrolle
– Deutschland 110–112
– Schweden 113–114
Insolvenz des Versicherungsnehmers
– Absonderungsrecht *siehe dort*

– Direktanspruch
– Dänemark 104
– Deutschland 90–94
– Finnland 104
– Norwegen 53
– Schweden 96–100
Interessenkonflikt des Versicherers 48–49
Internationales Privatrecht 3–4, 32–33
Internationale Zuständigkeit 3, 102–103

Kraftfahrzeughaftpflicht-Richtlinien
– Erste bis Dritte 66
– und Einwendungen des Versicherers 172–173
– Fünfte 67
– Richtlinienkonforme Auslegung des VVG 174
– Sechste 68–70
– Vierte 66–67
Kraftfahrzeughaftpflichtversicherung
– Deutschland 9, 19–21, 71–73, 77, 78, 80, 82, 90, 109, 112, 135, 174, 180, 181
– Einwendungen des Versicherers 172–175
– europarechtliche Vorgaben *siehe unionsrechtliche Vorgaben*
– Schweden *siehe trafikförsäkring*
– Straßburger Übereinkommen *siehe dort*
– unionsrechtliche Vorgaben 66–70
– völkerrechtliche Vorgaben 63–65
Krankes Versicherungsverhältnis *siehe Einwendungen des Versicherers*
Kündigung des Versicherungsvertrages 14, 15, 57, 116, 146, 177, 178
– Deutschland 15, 175
– Gefahrerhöhung 148–159
– Prämienverzug 142–143
– Verletzung der vorvertraglichen Anzeigepflicht 148, 155–156
– Verletzung vertraglicher Obliegenheiten 149–150, 151, 155, 156
– Schweden 144–146

Läkemedelsförsäkring (Schweden) 37, 39
Legalzession 35, 36, 103, 193
Lugano-Übereinkommen 102, 103

Massenrisiken 26
Massenverkehr 21, 43
Mindestversicherungssumme
- Deutschland 110, 112, 113, 177
- Kfz-Pflichtversicherungsrichtlinie 68
- Schweden 114, 164
Missbrauch des Direktanspruches 60–61
Mitwirkungspflichten des Geschädigten 132–140
- Deutschland 133–137
- Schweden 138–140

Nachhaftung des Versicherers
- Deutschland 143, 144, 145, 146, 151, 156, 177, 192, 202, 217
- Norwegen 170, 177
- Schweden 177
- nach dem Straßburger Übereinkommen 65
Nämder (Schweden) *siehe Schlichtungsstellen*
Norwegen
- Direktanspruch 102–103
- Einwendungen des Versicherers 169–170

Obliegenheiten des Versicherungsnehmers 14–16
- Anzeigepflicht, vorvertragliche
  - Deutschland 148, 150–151
  - Schweden 151, 154
- Anzeige- und Auskunftsobliegenheit nach Eintritt des Versicherungsfalles
  - Deutschland 150–151
  - Schweden 153–154, 155
- Gefahrerhöhung
  - Deutschland 148–149, 150–151
  - Schweden 152, 154
- Rechtsnatur 14–15
- Rettungsobliegenheit
  - Deutschland 149, 150–151
  - Schweden 152–153, 154
- und Kündigung des Versicherungsvertrages *siehe dort*
- vertragliche
  - Deutschland 149–150, 151
  - Schweden 153, 154
Ombudsmann *siehe Schlichtungsstellen*

Patientförsärkring (Schweden) 10, 21, 40–44, 101, 120, 129, 131, 139, 165, 197, 212
PEICL 3, 121
Pflichtversicherung
- Anzahl 19–20
- Berufshaftpflichtversicherung *siehe dort*
- Definition 18–19
- in Deutschland 20–21
- und Direktanspruch *siehe dort*
  und Einwendungsausschlüsse *siehe dort*
- Kraftfahrzeughaftpflicht *siehe Kraftfahrzeughaftpflichtversicherung*
- in Schweden 21–22
- Schutz des Geschädigten *siehe dort*
- Zweck 19
Pflichthaftpflichtversicherung *siehe Pflichtversicherung*
Prämie *siehe Versicherungsprämie*
Präventivfunktion des Haftungsrecht 58–60
Prozessführung des Versicherers 14, 48–49, 57

Qualifikation 32–33

Rechtsnatur
- des Direktanspruches 31–33
- versicherungsrechtlicher Obliegenheiten 14–15
Rechtsvereinheitlichung 3
Rechtsvergleichung, Methode der 4
Reform des Versicherungsvertragsrechts
- Deutschland 79–82
- Schweden 84–88
Regress des Versicherers 192–200
- Bindungswirkung der Regulierungsentscheidung *siehe Bindungswirkung*
- Deutschland 193–195
- als Schadensersatz 196–197, 198–199
- Schweden 195–198
Regulierung durch den Versicherer
- Bindungswirkung der Regulierungsentscheidung *siehe Bindungswirkung*
- Vollmacht des Versicherers *siehe Regulierungsvollmacht*
Regulierungsvollmacht 1, 14, 194, 197, 199, 200, 218

Reichweite
- des Direktanspruches 89–107
- von Einwendungsausschlüssen 140–181
- des versicherten Risikos
  - Deutschland 108–111
  - Schweden 112–114
Reisefälle 67
Relatives Verfügungsverbot 26, 204
Relativität der Schuldverhältnisse 1, 2, 31, 54, 56, 62, 190, 191, 192
Rettungsobliegenheit *siehe Obliegenheiten des Versicherungsnehmers*
Richtlinie *siehe Kraftfahrzeughaftpflicht-Richtlinien*
Risikoausschlüsse
- vertragliche *siehe Einwendungen des Versicherers*
- Wirksamkeit
  - Deutschland 108–111
  - Schweden 112–114
Rom II-VO *siehe Internationales Privatrecht*
Rücktritt vom Versicherungsvertrag 14, 15, 156, 177
- Prämienverzug 142, 143
- Verletzung der vorvertraglichen Anzeigepflicht 148, 151, 156

Schadensminderungspflicht *siehe Rettungsobliegenheit*
Schadensrechtliche Einwendungen
- Deutschland 182–183
- Schweden 189
Schlichtungsstellen
- Deutschland 10–11
- Schweden 10
Schmerzensgeld und Direktanspruch 111–112, 115
Schutz des Geschädigten
- bei freiwilligen Haftpflichtversicherungen 26–28
- bei Pflichtversicherungen 28–29
- bei der Zwangsvollstreckung in den Freistellungsanspruch *siehe Zwangsvollstreckung*
Selbstbehalt des Versicherungsnehmers *siehe Einwendungen des Versicherers*
Straßburger Übereinkommen 63–65, 69, 71, 73, 74, 78, 88

Trafikförsäkring (Schweden) 8, 10, 21, 39–44, 72, 73, 83, 84, 119, 129, 130, 139, 160, 165,174, 175, 212
Trennungsprinzip 49–52, 53–57, 83, 87, 208, 219
Trygghetsförsäkring vid arbetsskade (Schweden) 36, 37, 38, 39, 47, 189

Umwelthaftpflichtversicherung (Schweden) 101–102
Unbekannter Aufenthalt des Versicherungsnehmers 94–95
Unternehmerversicherung 22–23
Urteil im Haftungsprozess *siehe Haftungsurteil*

Verbraucherversicherung 22–23
- und Direktanspruch *siehe dort*
- und Einwendungsausschlüsse *siehe dort*
- konsumentförsäkringslagen 23, 84–85
- und zwingendes Recht *siehe dort*
Vergleich zwischen Geschädigtem und Versicherungsnehmer
- Deutschland 185
- Schweden 190
Verjährung
- des Direktanspruches *siehe dort*
- des Freistellungsanspruches
  - Deutschland 166–167
  - Schweden 168
- des Schadensersatzanspruches *siehe schadensrechtliche Einwendungen*
Vermögensschaden 38, 51
Versicherungsbedingungen
- Allgemeine Bedingungen für die Kraftfahrzeug-Haftpflichtversicherung (AKB) 9, 109
- Allgemeine Versicherungsbedingungen (AVB) 8–9, 10, 14, 29, 147, 185
- Allgemeine Versicherungsbedingungen für die Haftpflichtversicherung (AHB) 9, 14, 78, 140, 149, 150, 185, 187
- Allgemeine Versicherungsbedingungen für die Vermögensschaden-Haftpflichtversicherung von Aufsichtsräten, Vorständen und Geschäftsführern (AVB-AVG) 38
- Inhaltskontrolle

- Deutschland 108–111, 163
- Schweden 113–114, 164
- Musterbedingungen des GDV 9
Versicherungsombudsmann *siehe Schlichtungsstellen*
Versicherungsprämie *siehe Zahlungsverzug mit der Versicherungsprämie*
Vertrag zugunsten Dritter 1, 24–25, 31, 32, 36–39, 89, 212
Vertrauensverhältnis zwischen Schädiger und Geschädigtem 47, 81
Vertretung des Versicherungsnehmers durch den Versicherer *siehe Regulierungsvollmacht*
Vollmacht des Versicherers *siehe Regulierungsvollmacht*
Vorsätzliche Herbeiführung des Versicherungsfalles 157–162
- Dänemark 159
- Deutschland 158–160
- Finnland 161
- in der Kraftfahrzeughaftpflichtversicherung 174–175
- Norwegen 160–161
- Schweden 159–161

Zahlungsverzug mit der Versicherungsprämie 141–147
- Deutschland 142–144
- Schweden 144–145
Zwangsvollstreckung
- in den Freistellungsanspruch
  - Deutschland 203
  - Schweden 205–207
- Schutz des Freistellungsanspruches
  - Deutschland 203–204
  - Schweden 207
Zwingendes Recht 8, 23, 29, 52, 53, 110, 111, 114, 115, 163, 164, 165, 179, 180, 213, 215, 217

Studien zum ausländischen und internationalen Privatrecht

Alphabetische Übersicht

Abbas, Raya: Die Vermögensbeziehungen der Ehegatten und nichtehelichen Lebenspartner im serbischen Recht. 2011. *Band 260.*
Adam, Wolfgang: Internationaler Versorgungsausgleich. 1985. *Band 13.*
Ady, Johannes: Ersatzansprüche wegen immaterieller Einbußen. 2004. *Band 136.*
Ahrendt, Achim: Der Zuständigkeitsstreit im Schiedsverfahren. 1996. *Band 48.*
Albrecht, Annette: Die deliktische Haftung für fremdes Verhalten im französischen und deutschen Recht. 2013. *Band 292.*
Albrecht, Hendrik: Die Streitsache im deutschen und englischen Zivilverfahrensrecht. 2013. *Band 285.*
Allwörden, Sebastian von: US-Terrorlisten im deutschen Privatrecht. 2014. *Band 313.*
Amelung, Ulrich: Der Schutz der Privatheit im Zivilrecht. 2002. *Band 97.*
Anderegg, Kirsten: Ausländische Eingriffsnormen im internationalen Vertragsrecht. 1989. *Band 21.*
Arnold, Stefan: Die Bürgschaft auf erstes Anfordern im deutschen und englischen Recht. 2007. *Band 196.*
Aschenbrenner, Mark: Die Sicherungsübereignung im deutschen, englischen und brasilianischen Recht. 2014. *Band 302.*
Athanassopoulou, Victoria: Schiffsunternehmen und Schiffsüberlassungsverträge. 2005. *Band 151.*
Aubart, Andrea: Die Behandlung der dépeçage im europäischen Internationalen Privatrecht. 2013. *Band 290.*
Aukhatov, Adel: Durchgriffs- und Existenzvernichtungshaftung im deutschen und russischen Sach- und Kollisionsrecht. 2009. *Band 214.*
Bach, Ivo: Grenzüberschreitende Vollstreckung in Europa. 2008. *Band 209.*
Bälz, Moritz: Die Spaltung im japanischen Gesellschaftsrecht. 2005. *Band 158.*
Baldauf, Nicole: Richtlinienverstoß und Verschiebung der Contra-legem-Grenze im Privatrechtsverhältnis. 2013. *Band 293.*
Bareiß, Andreas: Pflichtenkollisionen im transnationalen Beweisverkehr. 2014. *Band 298.*
Bartels, Hans-Joachim: Methode und Gegenstand intersystemarer Rechtsvergleichung. 1982. *Band 7.*
Bartl, Franziska: Die neuen Rechtsinstrumente zum IPR des Unterhalts auf internationaler und europäischer Ebene. 2012. *Band 271.*
Bartnik, Marcel: Der Bildnisschutz im deutschen und französischen Zivilrecht. 2004. *Band 128.*
Basedow, Jürgen / Wurmnest, Wolfgang: Die Drittshaftung von Klassifikationsgesellschaften. 2004. *Band 132.*
Basedow, Jürgen (Hrsg.): Europäische Verkehrspolitik. 1987. *Band 16.*
– / Scherpe, Jens M. (Hrsg.): Transsexualität, Staatsangehörigkeit und internationales Privatrecht. 2004. *Band 134.*
Baum, Harald: Alternativanknüpfungen. 1985. *Band 14.*
Behrens, Peter: siehe *Hahn, H.*
Bernitt, Carmen C.: Die Anknüpfung von Vorfragen im europäischen Kollisionsrecht. 2010. *Band 237.*
Beulker, Jette: Die Eingriffsnormenproblematik in internationalen Schiedsverfahren. 2005. *Band 153.*

Bischoff, Jan A.: Die Europäische Gemeinschaft und die Konventionen des einheitlichen Privatrechts. 2010. *Band 243.*

Bitter, Anna-Kristina: Vollstreckbarerklärung und Zwangsvollstreckung ausländischer Titel in der Europäischen Union. 2009. *Band 220.*

Böger, Ole: System der vorteilsorientierten Haftung im Vertrag. 2009. *Band 228.*

Böhmer, Martin: Das deutsche internationale Privatrecht des timesharing. 1993. *Band 36.*

Boelck, Stefanie: Reformüberlegungen zum Haager Minderjährigenschutzabkommen von 1961. 1994. *Band 41.*

Born, Michael: Europäisches Kollisionsrecht des Effektengiros. 2014. *Band 311.*

Botthof, Andreas: Perspektiven der Minderjährigenadoption. 2014. *Band 316.*

Brand, Oliver: Das internationale Zinsrecht Englands. 2002. *Band 98.*

Brieskorn, Konstanze: Vertragshaftung und responsabilité contractuelle. 2010. *Band 240.*

Brockmeier, Dirk: Punitive damages, multiple damages und deutscher ordre public. 1999. *Band 70.*

Brokamp, Arno: Das Europäische Verfahren für geringfügige Forderungen. 2008. *Band 207.*

Brückner, Bettina: Unterhaltsregreß im internationalen Privat- und Verfahrensrecht. 1994. *Band 37.*

Buchner, Benedikt: Kläger- und Beklagtenschutz im Recht der internationalen Zuständigkeit. 1998. *Band 60.*

Budzikiewicz, Christine: Materielle Statuseinheit und kollisionsrechtliche Statusverbesserung. 2007. *Band 185.*

Büttner, Benjamin: Umfang und Grenzen der Dritthaftung von Experten. 2006. *Band 169.*

Burkei, Felix: Internationale Handelsschiedsgerichtsbarkeit in Japan. 2008. *Band 213.*

Busse, Daniel: Internationales Bereicherungsrecht. 1998. *Band 66.*

Coendet, Thomas: Rechtsvergleichende Argumentation. 2012. *Band 279.*

Dawe, Christian: Der Sonderkonkurs des deutschen Internationalen Insolvenzrechts. 2005. *Band 159.*

Deißner, Susanne: Interregionales Privatrecht in China. 2012. *Band 276.*

Dengel, Katja: Die europäische Vereinheitlichung des Internationalen Ehegüterrechts und des Internationalen Güterrechts für eingetragene Partnerschaften. 2014. *Band 315.*

Dernauer, Marc: Verbraucherschutz und Vertragsfreiheit im japanischen Recht. 2006. *Band 164.*

Dilger, Jörg: Die Regelungen zur internationalen Zuständigkeit in Ehesachen in der Verordnung (EG) Nr. 2201/2003. 2004. *Band 116.*

Dillmann, Meiko: Der Schutz der Privatsphäre gegenüber Medien in Deutschland und Japan. 2012. *Band 283.*

Döse-Digenopoulos, Annegret: Der arbeitsrechtliche Kündigungsschutz in England. 1982. *Band 6.*

Dohrn, Heike: Die Kompetenzen der Europäischen Gemeinschaft im Internationalen Privatrecht. 2004. *Band 133.*

Dopffel, Peter (Hrsg.): Ehelichkeitsanfechtung durch das Kind. 1990. *Band 23.*

– (Hrsg.): Kindschaftsrecht im Wandel. 1994. *Band 40.*

–, *Ulrich Drobnig* und *Kurt Siehr* (Hrsg.): Reform des deutschen internationalen Privatrechts. 1980. *Band 2.*

Dornblüth, Susanne: Die europäische Regelung der Anerkennung und Vollstreckbarerklärung von Ehe- und Kindschaftsentscheidungen. 2003. *Band 107.*

Drappatz, Thomas: Die Überführung des internationalen Zivilverfahrensrechts in eine Gemeinschaftskompetenz nach Art. 65 EGV. 2002. *Band 95.*

Drobnig, Ulrich: siehe *Dopffel, Peter.*

Dutta, Anatol: Die Durchsetzung öffentlichrechtlicher Forderungen ausländischer Staaten durch deutsche Gerichte. 2006. *Band 172.*

Eckl, Christian: Treu und Glauben im spanischen Vertragsrecht. 2007. *Band 183.*

Studien zum ausländischen und internationalen Privatrecht

Eichholz, Stephanie: Die US-amerikanische Class Action und ihre deutschen Funktionsäquivalente. 2002. *Band 90.*
Eisele, Ursula S.: Holdinggesellschaften in Japan. 2004. *Band 121.*
Eisenhauer, Martin: Moderne Entwicklungen im englischen Grundstücksrecht. 1997. *Band 59.*
Ernst, Ulrich: Mobiliarsicherheiten in Deutschland und Polen. 2005. *Band 148.*
Eschbach, Sigrid: Die nichteheliche Kindschaft im IPR – Geltendes Recht und Reform. 1997. *Band 56.*
Faust, Florian: Die Vorhersehbarkeit des Schadens gemäß Art. 74 Satz 2 UN-Kaufrecht (CISG). 1996. *Band 50.*
Fenge, Anja: Selbstbestimmung im Alter. 2002. *Band 88.*
Fervers, Matthias: Hypothèque rechargeable und Grundschuld. 2013. *Band 289.*
Festner, Stephan: Interessenkonflikte im deutschen und englischen Vertretungsrecht. 2006. *Band 177.*
Fetsch, Johannes: Eingriffsnormen und EG-Vertrag. 2002. *Band 91.*
Fischer-Zernin, Cornelius: Der Rechtsangleichungserfolg der Ersten gesellschaftsrechtlichen Richtlinie der EWG. 1986. *Band 15.*
Förster, Christian: Die Dimension des Unternehmens. 2003. *Band 101.*
Forkert, Meinhard: Eingetragene Lebenspartnerschaften im deutschen IPR: Art. 17b EGBGB. 2003. *Band 118.*
Franck, Gunnar: Der Direktanspruch gegen den Haftpflichtversicherer. 2014. *Band 317.*
Freitag, Robert: Der Einfluß des Europäischen Gemeinschaftsrechts auf das Internationale Produkthaftungsrecht. 2000. *Band 83.*
Fricke, Martin: Die autonome Anerkennungszuständigkeitsregel im deutschen Recht des 19. Jahrhunderts. 1993. *Band 32.*
Fricke, Verena: Der Unterlassungsanspruch gegen Presseunternehmen zum Schutze des Persönlichkeitsrechts im internationalen Privatrecht. 2003. *Band 110.*
Fröschle, Tobias: Die Entwicklung der gesetzlichen Rechte des überlebenden Ehegatten. 1996. *Band 49.*
Fromholzer, Ferdinand: Consideration. 1997. *Band 57.*
Fuglinszky, Ádám: Mangelfolgeschäden im deutschen und ungarischen Recht. 2007. *Band 188.*
Funken, Katja: Das Anerkennungsprinzip im internationalen Privatrecht. 2009. *Band 218.*
Gärtner, Veronika: Die Privatscheidung im deutschen und gemeinschaftsrechtlichen Internationalen Privat- und Verfahrensrecht. 2008. *Band 208.*
Gal, Jens: Die Haftung des Schiedsrichters in der internationalen Handelsschiedsgerichtsbarkeit. 2009. *Band 215.*
Ganssauge, Niklas: Internationale Zuständigkeit und anwendbares Recht bei Verbraucherverträgen im Internet. 2004. *Band 126.*
Gerasimchuk, Eleonora: Die Urteilsanerkennung im deutsch-russischen Rechtsverkehr. 2007. *Band 181.*
Giesen, Reinhard: Die Anknüpfung des Personalstatuts im norwegischen und deutschen internationalen Privatrecht. 2010. *Band 235.*
Gilfrich, Stephanie Uta: Schiedsverfahren im Scheidungsrecht. 2007. *Band 189.*
Godl, Gabriele: Notarhaftung im Vergleich. 2001. *Band 85.*
Gößl, Ulrich: Die Satzung der Europäischen Aktiengesellschaft (SE) mit Sitz in Deutschland. 2010. *Band 239.*
Gottwald, Walther: Streitbeilegung ohne Urteil. 1981. *Band 5.*
Graf, Ulrike: Die Anerkennung ausländischer Insolvenzentscheidungen. 2003. *Band 113.*
Grigera Naón, Horacio A.: Choice of Law Problems in International Commercial Arbitration. 1992. *Band 28.*

Studien zum ausländischen und internationalen Privatrecht

Grolimund, Pascal: Drittstaatenproblematik des europäischen Zivilverfahrensrechts. 2000. *Band 80.*
Häcker, Birke: Consequences of Impaired Consent Transfers. 2009. *Band 223.*
Hahn, H. u.a.: Die Wertsicherung der Young-Anleihe. 1984. *Band 10.*
Handorn, Boris: Das Sonderkollisionsrecht der deutschen internationalen Schiedsgerichtsbarkeit. 2005. *Band 141.*
Hartenstein, Olaf: Die Privatautonomie im Internationalen Privatrecht als Störung des europäischen Entscheidungseinklangs. 2000. *Band 81.*
Hartnick, Susanne: Kontrollprobleme bei Spendenorganisationen. 2007. *Band 186.*
Hauser, Paul: Eingriffsnormen in der Rom I-Verordnung. 2012. *Band 278.*
Hawellek, Jeronimo: Die persönliche Surrogation. 2010. *Band 248.*
Hein, Jan von: Das Günstigkeitsprinzip im Internationalen Deliktsrecht. 1999. *Band 69.*
Heinz, Nina: Das Vollmachtsstatut. 2011. *Band 258.*
Heinze, Christian A.: Einstweiliger Rechtsschutz im europäischen Immaterialgüterrecht. 2007. *Band 195.*
Heiss, Helmut (Hrsg.): Zivilrechtsreform im Baltikum. 2006. *Band 161.*
Hellmich, Stefanie: Kreditsicherungsrechte in der spanischen Mehrrechtsordnung. 2000. *Band 84.*
Hellwege, Phillip: Die Rückabwicklung gegenseitiger Verträge als einheitliches Problem. 2004. *Band 130.*
Henke, Johannes: Effektivität der Kontrollmechanismen gegenüber dem Unternehmensinsolvenzverwalter. 2009. *Band 229.*
Henke, Matthias F.: Enthält die Liste des Anhangs der Klauselrichtlinie 93/13/EWG Grundregeln des Europäischen Vertragsrechts? 2010. *Band 247.*
Henninger, Thomas: Europäisches Privatrecht und Methode. 2009. *Band 224.*
Herb, Anja: Europäisches Gemeinschaftsrecht und nationaler Zivilprozess. 2007. *Band 187.*
Hettenbach, Dieter: Das Übereinkommen der Vereinten Nationen über die Verwendung elektronischer Mitteilungen bei internationalen Verträgen. 2008. *Band 212.*
Hinden, Michael von: Persönlichkeitsverletzungen im Internet. 1999. *Band 74.*
Hippel, Thomas von: Der Ombudsmann im Bank- und Versicherungswesen. 2000. *Band 78.*
Hirse, Thomas: Die Ausweichklausel im Internationalen Privatrecht. 2006. *Band 175.*
Hoffmann, Nadja: Die Koordination des Vertrags- und Deliktsrechts in Europa. 2006. *Band 168.*
Hotz, Sandra: Japanische, deutsche und schweizerische Irrtumsregelungen. 2006. *Band 176.*
Huber, Stefan: Entwicklung transnationaler Modellregeln für Zivilverfahren. 2008. *Band 197.*
Hutner, Armin: Das internationale Privat- und Verfahrensrecht der Wirtschaftsmediation. 2005. *Band 156.*
Hye-Knudsen, Rebekka: Marken-, Patent- und Urheberrechtsverletzungen im europäischen Internationalen Zivilprozessrecht. 2005. *Band 149.*
Janköster, Jens Peter: Fluggastrechte im internationalen Luftverkehr. 2009. *Band 227.*
Janssen, Helmut: Die Übertragung von Rechtsvorstellungen auf fremde Kulturen am Beispiel des englischen Kolonialrechts. 2000. *Band 79.*
Jeremias, Christoph: Internationale Insolvenzaufrechnung. 2005. *Band 150.*
Jung, Holger: Ägyptisches internationales Vertragsrecht. 1999. *Band 77.*
Junge, Ulf: Staatshaftung in Argentinien. 2002. *Band 100.*
Kadner, Daniel: Das internationale Privatrecht von Ecuador. 1999. *Band 76.*
Kannengießer, Matthias N.: Die Aufrechnung im internationalen Privat- und Verfahrensrecht. 1998. *Band 63.*
Kapnopoulou, Elissavet N.: Das Recht der mißbräuchlichen Klauseln in der Europäischen Union. 1997. *Band 53.*

Studien zum ausländischen und internationalen Privatrecht

Karl, Anna-Maria: Die Anerkennung von Entscheidungen in Spanien. 1993. *Band 33.*
Karl, Matthias: siehe *Veelken, Winfried.*
Kern, Christoph: Die Sicherheit gedeckter Wertpapiere. 2004. *Band 135.*
Kim, Hwa: Die Nacherfüllung als Rechtsbehelf des Käufers nach CISG, deutschem und koreanischem Recht. 2014. *Band 310.*
Kircher, Wolfgang: Die Voraussetzungen der Sachmängelhaftung beim Warenkauf. 1998. *Band 65.*
Klauer, Stefan: Das europäische Kollisionsrecht der Verbraucherverträge zwischen Römer EVÜ und EG-Richtlinien. 2002. *Band 99.*
Klein, Jean-Philippe: Die Unwirksamkeit von Verträgen nach französischem Recht. 2010. *Band 245.*
Kleinschmidt, Jens: Der Verzicht im Schuldrecht. 2004. *Band 117.*
Kliesow, Olaf: Aktionärsrechte und Aktionärsklagen in Japan. 2001. *Band 87.*
Klingel, Katharina: Die Principles of European Law on Personal Security als neutrales Recht für internationale Bürgschaftsverträge. 2009. *Band 222.*
Klüber, Rüdiger: Persönlichkeitsschutz und Kommerzialisierung. 2007. *Band 178.*
Knetsch, Jonas: Haftungsrecht und Entschädigungsfonds. 2012. *Band 281.*
Köhler, Andreas: Eingriffsnormen – Der „unfertige Teil" des europäischen IPR. 2013. *Band 287.*
Köhler, Martin: Die Haftung nach UN Kaufrecht im Spannungsverhältnis zwischen Vertrag und Delikt. 2003. *Band 111.*
Koerner, Dörthe: Fakultatives Kollisionsrecht in Frankreich und Deutschland. 1995. *Band 44.*
Kopp, Beate: Probleme der Nachlaßabwicklung bei kollisionsrechtlicher Nachlaßspaltung. 1997. *Band 55.*
Kosche, Kevin: Contra proferentem und das Transparenzgebot im anglo-amerikanischen und kontinentaleuropaeischen Recht. 2011. *Band 267.*
Koziol, Gabriele: Lizenzen als Kreditsicherheiten. 2011. *Band 266.*
Kränzle, Michael: Heimat als Rechtsbegriff? 2014. *Band 314.*
Kroh, Johanna: Der existenzvernichtende Eingriff. 2013. *Band 294.*
Kronke, Herbert: Rechtstatsachen, kollisionsrechtliche Methodenentfaltung und Arbeitnehmerschutz im internationalen Arbeitsrecht. 1980. *Band 1.*
Kroymann, Benjamin: Das Kapitalgesellschaftsrecht der VR China. 2009. *Band 217.*
Krzymuski, Marcin: Umweltprivatrecht in Deutschland und Polen unter europarechtlichem Einfluss. 2012. *Band 269.*
Kuckein, Mathias: Die ‚Berücksichtigung' von Eingriffsnormen im deutschen und englischen internationalen Vertragsrecht. 2008. *Band 198.*
Kühn, Anna-Lisa: Die gestörte Gesamtschuld im Internationalen Privatrecht. 2014. *Band 312.*
Laimer, Simon: Durchführung und Rechtsfolgen der Vertragsaufhebung bei nachträglichen Erfüllungsstörungen. 2009. *Band 219.*
Lamsa, Michael: Die Firma der Auslandsgesellschaft. 2011. *Band 257.*
Landfermann, Hans-Georg: Gesetzliche Sicherungen des vorleistenden Verkäufers. 1987. *Band 18.*
Leicht, Steffen: Die Qualifikation der Haftung von Angehörigen rechts- und wirtschaftsberatender Berufe im grenzüberschreitenden Dienstleistungsverkehr. 2002. *Band 82.*
Leifeld, Janis: Das Anerkennungsprinzip im Kollisionsrechtssystem des internationalen Privatrechts. 2010. *Band 241.*
Lein, Eva: Die Verzögerung der Leistung im europäischen Vertragsrecht. 2014. *Band 306.*
Lemmerz, Anna-Luisa: Die Patientenverfügung. 2014. *Band 299.*
Lenhard, Anselm: Die Vorschläge zur Reform des englischen Mobiliarkreditsicherungsrechts. 2010. *Band 233.*

Studien zum ausländischen und internationalen Privatrecht

Linhart, Karin: Internationales Einheitsrecht und einheitliche Auslegung. 2005. *Band 147.*
Linker, Anja Celina: Zur Neubestimmung der Ordnungsaufgaben im Erbrecht in rechtsvergleichender Sicht. 1999. *Band 75.*
Lohmann, Arnd: Parteiautonomie und UN-Kaufrecht. 2005. *Band 119.*
Lorenz, Verena: Annexverfahren bei Internationalen Insolvenzen. 2005. *Band 140.*
Lüke, Stephan: Punitive Damages in der Schiedsgerichtsbarkeit. 2003. *Band 105.*
Lüttringhaus, Jan D.: Grenzüberschreitender Diskriminierungsschutz – Das internationale Privatrecht der Antidiskriminierung. 2010. *Band 234.*
Maesch, Petja: Kodifikation und Anpassung des bulgarischen IPR an das Europäische Recht. 2010. *Band 252.*
Magnus, Dorothea: Medizinische Forschung an Kindern. 2006. *Band 170.*
Magnus, Robert: Das Anwaltsprivileg und sein zivilprozessualer Schutz. 2010. *Band 238.*
Martens, Sebastian: Durch Dritte verursachte Willensmängel. 2007. *Band 190.*
Mata Muñoz, Almudena de la: Typical Personal Security Rights in the EU. 2010. *Band 253.*
Matz, Henry: Regulierung von Eigentumssicherheiten an beweglichen Sachen. 2014. *Band 300.*
Maurer, Andreas: Lex Maritima. 2012. *Band 272.*
Maurer, Tobias: Schuldübernahme. 2010. *Band 236.*
Meckel, Verena: Die Corporate Governance im neuen japanischen Gesellschaftsrecht. 2010. *Band 242.*
Meeßen, Gero: Der Anspruch auf Schadensersatz bei Verstößen gegen EU-Kartellrecht – Konturen eines Europäischen Kartelldeliktsrechts? 2011. *Band 264.*
Meier, Sonja: Irrtum und Zweckverfehlung. 1999. *Band 68.*
Melin, Patrick: Gesetzesauslegung in den USA und in Deutschland. 2004. *Band 137.*
Mertens, Jens: Privatrechtsschutz und vertikale Integration im internationalen Handel. 2011. *Band 268.*
Micha, Marianne: Der Direktanspruch im europäischen Internationalen Privatrecht. 2011. *Band 255.*
Minuth, Klaus: Besitzfunktionen beim gutgläubigen Mobiliarerwerb im deutschen und französischen Recht. 1990. *Band 24.*
Mistelis, Loukas A.: Charakterisierungen und Qualifikation im internationalen Privatrecht. 1999. *Band 73.*
Mitzkait, Anika: Leistungsstörung und Haftungsbefreiung. 2008. *Band 205.*
Mörsdorf-Schulte, Juliana: Funktion und Dogmatik US-amerikanischer punitive damages. 1999. *Band 67.*
Monleón, Nicole: Das neue internationale Privatrecht von Venezuela. 2008. *Band 204.*
Morawitz, Gabriele: Das internationale Wechselrecht. 1991. *Band 27.*
Moser, Dominik: Die Offenkundigkeit der Stellvertretung. 2010. *Band 246.*
Mülhens, Jörg: Der sogenannte Haftungsdurchgriff im deutschen und englischen Recht. 2006. *Band 174.*
Müller, Achim: Grenzüberschreitende Beweisaufnahme im Europäischen Justizraum. 2004. *Band 125.*
Müller, Carsten: International zwingende Normen des deutschen Arbeitsrechts. 2005. *Band 157.*
Naumann, Ingrid: Englische anti-suit injunctions zur Durchsetzung von Schiedsvereinbarungen. 2008. *Band 202.*
Nehne, Timo: Methodik und allgemeine Lehren des europäischen Internationalen Privatrechts. 2013. *Band 284.*
Němec, Jiří: Ausländische Direktinvestitionen in der Tschechischen Republik. 1997. *Band 54.*

Studien zum ausländischen und internationalen Privatrecht

Netzer, Felix: Status quo und Konsolidierung des Europäischen Zivilverfahrensrechts. 2011. *Band 261.*
Neumann, Nils: Bedenkzeit vor und nach Vertragsabschluß. 2005. *Band 142.*
Neunhoeffer, Friederike: Das Presseprivileg im Datenschutzrecht. 2005. *Band 146.*
Niklas, Isabella Maria: Die europäische Zuständigkeitsordnung in Ehe- und Kindschaftsverfahren. 2003. *Band 106.*
Nojack, Jana: Exklusivnormen im IPR. 2005. *Band 152.*
Nordmeier, Carl F.: Zulässigkeit und Bindungswirkung gemeinschaftlicher Testamente im Internationalen Privatrecht. 2008. *Band 201.*
Oertel, Christoph: Objektive Haftung in Europa. 2010. *Band 249.*
Orgel, Marc S.: Class Arbitration. 2013. *Band 295.*
Pattloch, Thomas: Das IPR des geistigen Eigentums in der VR China. 2003. *Band 103.*
Peiffer, Evgenia: Schutz gegen Klagen im forum derogatum. 2013. *Band 288.*
Peinze, Alexander: Internationales Urheberrecht in Deutschland und England. 2002. *Band 92.*
Pfeil-Kammerer, Christa: Deutsch-amerikanischer Rechtshilfeverkehr in Zivilsachen. 1987. *Band 17.*
Plett, K. und *K.A. Ziegert* (Hrsg.): Empirische Rechtsforschung zwischen Wissenschaft und Politik. 1984. *Band 11.*
Pißler, Knut B.: Chinesisches Kapitalmarktrecht. 2004. *Band 127.*
–: Gläubigeranfechtung in China. 2008. *Band 203.*
Plett, K. und *K.A. Ziegert* (Hrsg.): Empirische Rechtsforschung zwischen Wissenschaft und Politik. 1984. *Band 11.*
Pöttker, Erik: Klimahaftungsrecht. 2014. *Band 307.*
Pohlhausen, Carlo: Unternehmensfinanzierung am Kapitalmarkt in den arabischen Staaten. 2014. *Band 309.*
Primaczenko, Vladimir: Treuhänderische Vermögensverwaltung nach russischem Recht. 2010. *Band 244.*
Ptak, Paulina: Der Europäische Vollstreckungstitel und das rechtliche Gehör des Schuldners. 2014. *Band 303.*
Reichert-Facilides, Daniel: Fakultatives und zwingendes Kollisionsrecht. 1995. *Band 46.*
Reiter, Christian: Vertrag und Geschäftsgrundlage im deutschen und italienischen Recht. 2002. *Band 89.*
Reuß, Philipp M.: „Forum Shopping" in der Insolvenz – missbräuchliche Dimension der Wahrnehmung unionsrechtlicher Gestaltungsmöglichkeiten. 2011. *Band 259.*
Richter, Stefan: siehe *Veelken, Winfried.*
Riebold, Julia: Die Europäische Kontopfändung. 2014. *Band 308.*
Ringe, Georg: Die Sitzverlegung der Europäischen Aktiengesellschaft. 2006. *Band 171.*
Rogoz, Thomas: Ausländisches Recht im deutschen und englischen Zivilprozess. 2008. *Band 200.*
Rohde, Kerstin: Haftung und Kompensation bei Straßenverkehrsunfällen. 2009. *Band 232.*
Rohe, Mathias: Zu den Geltungsgründen des Deliktsstatus. 1994. *Band 43.*
Rothoeft, Daniel D.: Rückstellungen nach § 249 HGB und ihre Entsprechungen in den US-GAAP und IAS. 2004. *Band 122.*
Rühl, Gisela: Obliegenheiten im Versicherungsvertragsrecht. 2004. *Band 123.*
Ruppert, Philipp: Die Berücksichtigungsfähigkeit ausländischer Anlagengenehmigungen. 2012. *Band 280.*
Rusch, Konrad: Gewinnhaftung bei Verletzung von Treuepflichten. 2003. *Band 109.*
Rybarz, Jonas C.: Billigkeitserwägungen im Kontext des Europäischen Privatrechts. 2011. *Band 262.*
Sachse, Kathrin: Der Verbrauchervertrag im Internationalen Privat- und Prozeßrecht. 2006. *Band 166.*

Studien zum ausländischen und internationalen Privatrecht

Sachsen Gessaphe, Karl August Prinz von: Das Konkubinat in den mexikanischen Zivilrechtsordnungen. 1990. *Band 22.*
Salewski, Sabrina: Der Verkäuferregress im deutsch-französischen Rechtsvergleich. 2011. *Band 254.*
Sandrock, Andrea: Vertragswidrigkeit der Sachleistung. 2003. *Band 104.*
Schacherreiter, Judith: Das Franchise-Paradox. 2006. *Band 167.*
Schärtl, Christoph: Das Spiegelbildprinzip im Rechtsverkehr mit ausländischen Staatenverbindungen. 2005. *Band 145.*
Schattka, Friederike: Die Europäisierung der Abschlussprüferhaftung. 2012. *Band 274.*
Schepke, Jan: Das Erfolgshonorar des Rechtsanwalts. 1998. *Band 62.*
Scherpe, Jens M.: Außergerichtliche Streitbeilegung in Verbrauchersachen. 2002. *Band 96.*
–: siehe *Basedow, J.*
Schilf, Sven: Allgemeine Vertragsgrundregeln als Vertragsstatut. 2005. *Band 138.*
Schimansky, Annika: Der Franchisevertrag nach deutschem und niederländischem Recht. 2003. *Band 112.*
Schindler, Thomas: Rechtsgeschäftliche Entscheidungsfreiheit und Drohung. 2005. *Band 139.*
Schlichte, Johannes: Die Grundlage der Zwangsvollstreckung im polnischen Recht. 2005. *Band 144.*
Schmehl, Christine: Parallelverfahren und Justizgewährung. 2011. *Band 256.*
Schmidt, Claudia: Der Haftungsdurchgriff und seine Umkehrung im internationalen Privatrecht. 1993. *Band 31.*
Schmidt, Jan Peter: Zivilrechtskodifikation in Brasilien. 2009. *Band 226.*
Schmidt, Mareike: Produktrückruf und Regress. 2013. *Band 296.*
Schmidt-Ahrendts, Nils: Das Verhältnis von Erfüllung, Schadensersatz und Vertragsaufhebung im CISG. 2007. *Band 193.*
Schmidt-Parzefall, Thomas: Die Auslegung des Parallelübereinkommens von Lugano. 1995. *Band 47.*
Schneider, Félicie: Die Leistungsverfügung im niederländischen, deutschen und europäischen Zivilprozessrecht. 2013. *Band 291.*
Schneider, Winfried-Thomas: Abkehr vom Verschuldensprinzip? 2007. *Band 179.*
Schnyder, Anton K.: Internationale Versicherungsaufsicht zwischen Wirtschaftsrecht und Kollisionsrecht. 1989. *Band 20.*
Scholz, Ingo: Das Problem der autonomen Auslegung des EuGVÜ. 1998. *Band 61.*
Schreier, Michael: Schutz vor willkürlichen und diskriminierenden Entlassungen. 2009. *Band 230.*
Schröder, Vincent: Die Verweisung auf Mehrrechtsstaaten im deutschen Internationalen Privatrecht. 2007. *Band 192.*
Schubel, Joanna: Gestaltungsfreiheit und Gestaltungsgrenzen im polnischen Vertragskonzernrecht. 2010. *Band 250.*
Schütze, Elisabeth: Zession und Einheitsrecht. 2005. *Band 155.*
Schurr, Francesco A.: Geschäftsimmanente Abstandnahme. 2006. *Band 165.*
Seibl, Maximilian: Die Beweislast bei Kollisionsnormen. 2009. *Band 231.*
Seibt, Christoph H.: Zivilrechtlicher Ausgleich ökologischer Schäden. 1994. *Band 42.*
Seif, Ulrike: Der Bestandsschutz besitzloser Mobiliarsicherheiten. 1997. *Band 52.*
Selbig, Sabine: Förderung und Finanzkontrolle gemeinnütziger Organisationen in Großbritannien und Deutschland. 2006. *Band 173.*
Sieghörtner, Robert: Internationales Straßenverkehrsunfallrecht. 2002. *Band 93.*
Siehr, Kurt: siehe *Dopffel, Peter.*
Söhngen, Martin: Das internationale Privatrecht von Peru. 2006. *Band 162.*
Solomon, Dennis: Der Bereicherungsausgleich in Anweisungsfällen. 2004. *Band 124.*
Sonnentag, Michael: Der Renvoi im Internationalen Privatrecht. 2001. *Band 86.*

Spahlinger, Andreas: Sekundäre Insolvenzverfahren bei grenzüberschreitenden Insolvenzen. 1998. *Band 64.*
Spelsberg-Korspeter, Ullrich: Anspruchskonkurrenz im internationalen Privatrecht. 2009. *Band 225.*
Sperling, Florian: Familiennamensrecht in Deutschland und Frankreich. 2012. *Band 282.*
Sprenger, Carsten: Internationale Expertenhaftung. 2008. *Band 199.*
Stegmann, Oliver: Tatsachenbehauptung und Werturteil in der deutschen und französischen Presse. 2004. *Band 120.*
Stehl, Kolja: Die Überwindung der Inkohärenz des Internationalen Privatrechts der Bank- und Versicherungsverträge. 2008. *Band 211.*
Steinbrück, Ben: Die Unterstützung ausländischer Schiedsverfahren durch staatliche Gerichte. 2009. *Band 221.*
Stiller, Dietrich F.R.: Das internationale Zivilprozeßrecht der Republik Korea. 1989. *Band 19.*
Stringari, Katerina: Die Haftung des Verkäufers für mangelbedingte Schäden. 2007. *Band 184.*
Sujecki, Bartosz: Das elektronische Mahnverfahren. 2008. *Band 206.*
Takahashi, Eiji: Konzern und Unternehmensgruppe in Japan – Regelung nach deutschem Modell? 1994. *Band 38.*
Tassikas, Apostolos: Dispositives Recht und Rechtswahlfreiheit als Ausnahmebereiche der EG-Grundfreiheiten. 2004. *Band 114.*
Thiele, Christian: Die zivilrechtliche Haftung der Tabakindustrie. 2003. *Band 115.*
Thoma, Ionna: Die Europäisierung und die Vergemeinschaftung des nationalen ordre public. 2007. *Band 182.*
Thoms, Cordula: Einzelstatut bricht Gesamtstatut. 1996. *Band 51.*
Tiedemann, Andrea: Internationales Erbrecht in Deutschland und Lateinamerika. 1993. *Band 34.*
Tiedemann, Stefan: Die Haftung aus Vermögensübernahme im internationalen Recht. 1995. *Band 45.*
Tochtermann, Peter: Die Unabhängigkeit und Unparteilichkeit des Mediators. 2008. *Band 210.*
Trautmann, Clemens: Europäisches Kollisionsrecht und ausländisches Recht im nationalen Zivilverfahren. 2011. *Band 263.*
Trillmich, Philip: Klauselkontrolle nach spanischem Recht im Vergleich mit der Klauselrichtlinie 93/13/EWG. 2009. *Band 216.*
Trulsen, Marion: Pflichtteilsrecht und englische family provision im Vergleich. 2004. *Band 129.*
Ubertazzi, Benedetta: Exclusive Jurisdiction in Intellectual Property. 2012. *Band 273.*
Veelken, Winfried, Matthias Karl, Stefan Richter: Die Europäische Fusionskontrolle. 1992. *Band 30.*
Verse, Dirk A.: Verwendungen im Eigentümer-Besitzer-Verhältnis. 1999. *Band 72.*
Vogeler, Andreas: Die freie Rechtswahl im Kollisionsrecht der außervertraglichen Schuldverhältnisse. 2013. *Band 286.*
Waehler, Jan P. (Hrsg.): Deutsch-polnisches Kolloquium über Wirtschaftsrecht und das Recht des Persönlichkeitsschutzes. 1985. *Band 12.*
– (Hrsg.): Deutsches und sowjetisches Wirtschaftsrecht. Band 1. 1981. *Band 4.* Band 2. 1983. *Band 9.*
– Band 3. 1990. *Band 25.*
– Band 4. 1990. *Band 26.*
– Band 5. 1991. *Band 28.*
Wais, Hannes: Der Europäische Erfüllungsgerichtsstand für Dienstleistungsverträge. 2013. *Band 297.*
Wang, Xiaoye: Monopole und Wettbewerb in der chinesischen Wirtschaft. 1993. *Band 35.*

Studien zum ausländischen und internationalen Privatrecht

Wantzen, Kai: Unternehmenshaftung und Enterprise Liability. 2007. *Band 191.*
Wazlawik, Thomas: Die Konzernhaftung der deutschen Muttergesellschaft für die Schulden ihrer US-amerikanischen Tochtergesellschaft. 2004. *Band 131.*
Weber, Johannes: Gesellschaftsrecht und Gläubigerschutz im Internationalen Zivilverfahrensrecht. 2011. *Band 265.*
Weidt, Heinz: Antizipierter Vertragsbruch. 2007. *Band 194.*
Weinert, Mirko: Vollstreckungsbegleitender einstweiliger Rechtsschutz. 2007. *Band 180.*
Weishaupt, Axel: Die vermögensrechtlichen Beziehungen der Ehegatten im brasilianischen Sach- und Kollisionsrecht. 1981. *Band 3.*
Weller, Matthias: Ordre-public-Kontrolle internationaler Gerichtsstandsvereinbarungen im autonomen Zuständigkeitsrecht. 2005. *Band 143.*
Wendelstein, Christoph: Kollisionsrechtliche Probleme der Telemedizin. 2012. *Band 275.*
Weppner, Simon: Der gesellschaftsrechtliche Minderheitenschutz bei grenzüberschreitender Verschmelzung von Kapitalgesellschaften. 2010. *Band 251.*
Wesch, Susanne: Die Produzentenhaftung im internationalen Rechtsvergleich. 1994. *Band 39.*
Wesiack, Max: Europäisches Internationales Vereinsrecht. 2012. *Band 270.*
Weyde, Daniel: Anerkennung und Vollstreckung deutscher Entscheidungen in Polen. 1997. *Band 58.*
Wiese, Volker: Der Einfluß des Europäischen Rechts auf das Internationale Sachenrecht der Kulturgüter. 2006. *Band 160.*
Wilke, Christine: Die Adoption minderjähriger Kinder durch den Stiefelternteil. 2014. *Band 305.*
Willemer, Charlotte: Vis attractiva concursus und die Europäische Insolvenzverordnung. 2006. *Band 163.*
Winter, Matthias: Das Lösungsrecht nach gutgläubigem Erwerb. 2014. *Band 301.*
Witzleb, Normann: Geldansprüche bei Persönlichkeitsverletzungen durch Medien. 2002. *Band 94.*
Wolf, Ulrich M.: Der europäische Gerichtsstand bei Konzerninsolvenzen. 2012. *Band 277.*
Wu, Jiin Yu: Der Einfluß des Herstellers auf die Verbraucherpreise nach deutschem und taiwanesischem Recht. 1999. *Band 71.*
Wurmnest, Wolfgang: Grundzüge eines europäischen Haftungsrechts. 2003. *Band 102.*
–: siehe *Basedow, J.*
Wyen, Jan-Henning: Rechtswahlfreiheit im europäischen Insolvenzrecht. 2014. *Band 304.*
Zeeck, Sebastian: Das Internationale Anfechtungsrecht in der Insolvenz. 2003. *Band 108.*
Ziegert, K.A.: siehe *Plett, K.*
Zobel, Petra: Schiedsgerichtsbarkeit und Gemeinschaftsrecht. 2005. *Band 154.*

Einen Reihenverzeichnis erhalten Sie kostenlos vom Verlag
Mohr Siebeck, Postfach 2040, D-72010 Tübingen.
Neueste Informationen im Internet unter www.mohr.de